처음 시작하는 분들을 위한 맨 처음 책

프리미어 프로 CC 2018

프리미어,
너는 어떻게
사용하는 거니?

완벽한 편집을 위한 **열여덟** 가지 **특별한 레슨**이 담긴 책

프리미어 프로CC
2018

초판 발행 ㅣ 2018년 4월 5일
지은이 ㅣ 이용태
펴낸이 ㅣ 힐북
펴낸곳 ㅣ 힐북
출판등록 번호 ㅣ 제 426-2015-000001 호
ISBN ㅣ 979-11-89114-00-8 03800

주 소 ㅣ 강원도 횡성군 횡성읍 송전로 209
도서문의 ㅣ 신한서적 031-919-9851 (팩스 031-919-9852)

기 획 ㅣ 힐북
진행책임 ㅣ 힐북
편집디자인 ㅣ 힐북디자인랩
표지디자인 ㅣ 힐북디자인랩

본 도서의 내용 중 디자인 및 저자의 창작성이 인정되는 내용을 무단으로 복제 및 복사하는 것은 저작권법에 의해 처리 될 수 있습니다.
Published by Healbook Co., Ltd Printed in Korea

{ 들어가기 }

누구나 할 수 있습니다.

프리미어 프로를 처음 접했던 20년 전이 생각납니다. 컴퓨터 전공도 디자인 전공도 아닌 국문학을 배우던 시절에 접한 프리미어는 정말 신기한 프로그램이었습니다. 순간 배우고 싶다는 욕구가 생기더군요. 그런데 이 분야를 전공한 것이 아니기에 두려움이 많았습니다. 또한 그 시절에는 관련 도서도 거의 없었기 때문에 그 두려움은 더욱 커져만 갔었죠. 하지만 욕구라는 게 참 대단하더군요. 무지한 나에게 용기라는 것이 생겼고, 결국 외국 도서와 헬프 문서를 번역해가며 밤을 세워 공부를 했으니까요. 그래도 힘든 줄 몰랐던 것 같습니다. 이 책은 필자처럼 아무 것도 모르는 분들을 위해 탄생된 책입니다. 영상 및 디자인 전공자가 아니더라도 쉽게 이해하고 사용할 수 있도록 구성하였으니까요. 이제 용기를 내십시오. 누구나 할 수 있습니다.

20년 노하우를 전합니다.

프리미어 프로를 사용한지 20년의 시간, 그 시간 동안에는 참으로 많은 일들이 있었습니다. 그래서 지금의 내가 되었고, 관록이라는 게 생겼습니다. 이 책은 필자의 20년 동안 쌓은 경험을 그대로 담았습니다. 많은 분량은 아니지만 실무에 정말 필요한 부분만을 알차게 구성하고 설명하였으며, 반드시 해야 할 것들에 대한 기능을 빠짐없이 설명하였습니다. 이제 20년 노하우를 여러분께 전합니다.

지금 시작 하십시오.

지금은 미디어 시대입니다. 개인 방송이 우후죽순처럼 생겨나고, 방송을 통해 수익을 창출하고, 상업적이든 비상업적이든, 회사이든 개인이든 간에 미디어, 즉 동영상은 이제 우리 생활에 빠져서는 안될 필수 요소가 되었습니다. 지금 시작해도 늦지 않습니다. 늦었다고 생각할 때가 가장 빠를 때이니까요. 지금 바로 시작하십시오. 여러분의 든든한 갓샘이 되어드리겠습니다.

책 내용에 대한 질문은

이메일 e_yongtae@naver.com
페이스북 https://www.facebook.com/eyongtae

으로 해 주시기 바랍니다.

{ 학습자료 활용법 }

본 도서의 내용을 학습하기 위해서는 힐북 웹사이트에서 제공되는 다양한 학습자료 소스 파일들을 이용하는 것이 좋습니다. 다음의 설명을 참고하여 학습자료 파일을 다운로드 받아 사용하기 바랍니다.

학습자료받기

먼저 [힐북.com] 웹사이트에 접속한 후 [도서학습자료] – [프리미어 프로 CC 2018] 페이지에서 [다운받기] 버튼을 눌러 학습자료를 다운로드 받습니다.

작성일	2018-03-18
대용량자료	다운받기
제목	프리미어 프로 CC 2018

※ 다운받기 메뉴는 홈페이지 리뉴얼에 따라 달라질 수 있습니다.

압축 풀기

그다음 다운로드 받은 압축된 학습자료 파일의 풀어줍니다. 알집이나 V3집과 같은 무료 그램그램을 통해 압축을 풀어주거나 윈도우즈 10 이상의 사용자라면 기본적으로 제공되는 압축/해제 기능을 사용해서 풀어주면 됩니다.

학습자료 폴더 살펴보기

압축을 푼 후 학습자료 폴더로 들어가 보면 본 도서의 학습 예제에 사용되는 다양한 미디어 파일(클립)들이 폴더별로 구분되어있는 것을 알 수 있습니다. 또한 본문에서 설명하는 웹사이트들은 바로가기 파일로 되어있어 간편하게 해당 사이트를 열어줄 수 있습니다.

※ 학습자료는 사용하기 편리하게 비디오, 오디오, 이미지 등의 폴더로 구분되었습니다.

{ 목차 }

들어가기
학습자료 사용법
사용자가 알아두어야 할 용어들

PART 01 시작하기

028　**Lesson 01 프리미어 프로 CC 설치하기**

028　어도비 크리에이티브 클라우드에서 다운로드 받기
028　프리미어 프로 CC 설치 전에 살펴보아야 할 것들
030　프로그램 설치하기
030　팁 & 노트 어도비 계정은 페이스북이나 구글 계정으로도 가능합니다.

036　**Lesson 02 작업 흐름 이해하기**

036　시작하기 창 사용하지 않기 및 인터페이스 밝기 조정하기
036　팁 & 노트 프리미어 프로를 종료하는 또 다른 방법
037　인터페이스 밝기 설정하기
038　새로운 프로젝트 만들기
041　팁 & 노트 어도비 미디어 인코더에 대하여
041　새로운 시퀀스 만들기
044　작업에 사용할 미디어(비디오, 오디오, 이미지) 클립 가져오기
045　팁 & 노트 클립을 가져오는 또 다른 방법들
046　프로젝트 파일에 대하여
047　프로젝트 파일을 저장할 때의 팁
049　시퀀스 생성하기
049　팁 & 노트 클릭 & 드래그와 드래그 & 드롭에 대한 이해
050　편집(트리밍)하기와 이펙트 적용하기
050　팁 & 노트 시퀀스와 타임라인에 대하여
050　팁 & 노트 편집이란?
052　이펙트(효과) 적용하기

052	효과 설정하기
054	파라미터 값 초기화하기
056	작업한 내용 확인을 위한 재생(Play)하기
057	그래픽 가속 엔진 쿠다(CUDA)에 대하여
058	엔터 키를 통해 생성된 렌더 프리뷰 장면 찾기
059	정지 애니메이션을 위한 키프레임 만들기
059	장면전환 효과 적용하기
061	팁 & 노트 프리미어 프로 CC 한국어 도움말 활용하기
061	장면전환 효과 대체 및 삭제하기
062	팁 & 노트 비디오 효과 제거하기
062	오디오 적용 및 편집하기
064	자막 넣기와 최종 출력하기

070 Lesson 03 인터페이스 살펴보기

070	인터페이스 살펴보기
071	팁 & 노트 프리미어 초기화 상태로 실행하기
072	풀다운 메뉴 살펴보기
073	팁 & 노트 실행 취소 및 다시 실행을 한꺼번에 실행하는 작업 내역 사용하기
074	팁 & 노트 작업 레이아웃 초기 상태로 되돌리기
075	팁 & 노트 클립들 사이의 공간 자동으로 메워주기
076	팁 & 노트 잔물결이란?
077	팁 & 노트 단축키를 이용한 작업 채널 전체 화면으로 전환하기
078	팁 & 노트 사용자 언어(메뉴) 영문 버전으로 변경하기
079	레이아웃 프리셋 설정하기(인터페이스 설정)
084	작업 패널과 도구 바 살펴보기
090	팁 & 노트 모니터에 기능 버튼 추가/삭제하기
091	시퀀스 재설정에 대하여

092 Lesson 04 종류별 클립 가져오기

092	프리미어 프로의 작업 과정

{ 목차 }

- 092 프리미어 프로의 가져오기 과정
- 093 비디오 클립 가져오기
- 094 코덱(Codec)에 대하여
- 097 **팁 & 노트** 스마트폰으로 촬영된 비디오 화면 비율에 대하여
- 097 스틸 이미지 클립 가져오기(JPG 파일 가져오기)
- 099 오디오 클립 가져오기
- 100 **팁 & 노트** 배경 음악 선정을 위한 브금(BGM) 저장소에 대하여
- 101 깨진 클립(파일) 경로 다시 연결하기
- 102 알파채널이 포함된 이미지 클립 가져오기
- 104 포토샵(PSD) 이미지 클립 가져오기
- 106 번호가 붙은 시퀀스(Sequence) 이미지 클립 가져오기
- 108 **팁 & 노트** 알파 채널 경계에 대하여
- 108 타임 랩스(인터벌) 촬영 파일 가져오기
- 110 미디어 브라우저에서 가져오기

PART 02 기본 편집

114 Lesson 05 소스 모니터를 이용한 편집

- 114 소스 모니터로 클립 적용 및 편집하기
- 119 **팁 & 노트** 스키머(Skimmer)로 미리 보기와 포스터 프레임 지정하기
- 119 **팁 & 노트** 참조 모니터 활용하기

120 Lesson 06 타임라인을 이용한 편집

- 120 하나의 시퀀스에 속성(규격)이 다른 클립 사용하기
- 123 클립 선택, 복사, 이동, 삭제, 붙여놓기
- 128 **팁 & 노트** 분리된 클립 다시 합쳐주기
- 131 **팁 & 노트** 프로그램 모니터를 활용한 클립 적용하기
- 132 트랙 추가/삭제하기
- 135 트랙(Track) 이해하기

136	**Lesson 07 편집 도구를 이용한 편집**
136	선택 도구를 이용한 편집
138	잔물결 편집 도구를 이용한 편집
140	밀어넣기 도구를 이용한 편집
142	팁 & 노트 그림으로 이해하는 편집 모드
143	자르기 도구를 이용한 클립 자르기
146	펜 도구를 이동한 클립 투명도 조절
147	팁 & 노트 모니터 해상도에 대하여
148	**Lesson 08 정교한 편집에 사용되는 기능들**
148	트림 패널을 이용한 세밀한 편집
152	마커를 이용한 정확한 편집
155	팁 & 노트 마크 인/아웃 구간 제거하기
157	팁 & 노트 클립 표시와 선택 항목 표시에 대하여
157	4점 편집하기
160	팁 & 노트 마커로 이동하기와 삭제하기
160	클립 마커 만들기
162	팁 & 노트 마커 이동하기
163	팁 & 노트 웹 링크의 활용
164	**Lesson 09 비디오 효과와 장면전환 효과**
164	비디오 효과 사용하기
173	팁 & 노트 새로 설정된 효과 사전 설정(프리셋)에 등록하기
174	주요 비디오 효과 살펴보기
197	장면전환 효과 사용하기
197	장면전환의 구조(원리)
200	주요 장면전환 효과 살펴보기
208	팁 & 노트 서드파티 플러그인에 대하여
209	**예제로 익히기** 디졸브 효과를 이용한 점프 컷(Jump Cut) 만들기

{ 목차 }

210	**Lesson 10 오디오 편집**
210	오디오 최적화하기
212	팁 & 노트 전문 오디오 편집 프로그램인 오디션에 대하여
213	트리밍 편집과 볼륨 조절하기
214	잘못된 오디오 교체하기
216	팁 & 노트 클리핑(Clipping)과 오디오 미터에 대하여
216	오디오 볼륨 조절하기
219	팁 & 노트 마스터 볼륨에 대하여
221	5.1 서라운드 채널 구조
222	마이크를 이용한 내레이션 녹음하기
222	팁 & 노트 레코딩 작업 시 소리가 들어오지 않는다면
223	오디션을 이용한 노이즈 제거에 대하여
224	**Lesson 11 오디오 효과와 오디오 전환 효과**
224	오디오 효과 사용하기
224	주요 오디오 효과 살펴보기
227	오디오 전환 효과 살펴보기
228	**Lesson 12 자막(타이틀) 제작**
228	정지 자막 만들기
230	팁 & 노트 교차 디졸브를 이용한 페이드 인/아웃 효과 만들기
231	움직이는 모션(크레딧 롤, 크롤) 자막 만들기
235	팁 & 노트 보호 여백(타이틀/액션 세이프 존)에 대하여
238	팁 & 노트 크레딧 롤과 크롤 자막의 속도 조절과 복사에 대하여
238	모션 그래픽 템플릿 활용하기
240	팁 & 노트 타이프킷을 이용하여 글꼴 다운로드 받기
242	팁 & 노트 모션 그래픽 템플릿 내보내기
244	**예제로 익히기** 타이핑 치듯 나타나는 글자 만들기

246	**Lesson 13 시간에 관한 작업들**
246	정지 장면 만들기
248	**팁 & 노트** 시간 보간 법에 대하여
248	느린 장면, 빠른 장면, 역 재생되는 장면 만들기
251	**팁 & 노트** 필드 옵션에 대하여
252	**예제로 익히기** 구간별 역 재생하기

PART 03 고급편집

256	**Lesson 14 모션 그래픽(애니메이션) 제작**
256	동작(Motion)을 이용한 애니메이션
260	**팁 & 노트** 재생 헤드를 키프레임으로 이동 및 삭제하기
262	**팁 & 노트** 트위닝과 인터폴레이션에 대하여
263	**예제로 익히기** 동작을 이용한 PIP(화면 안에 화면) 멀티 화면 만들기
267	**예제로 익히기** 크레딧 롤 자막이 흐를 때 배경 영상 축소하기
268	효과(Effect)을 이용한 애니메이션
273	**팁 & 노트** 어도비 브릿지에 대하여

274	**Lesson 15 합성 작업의 모든 것**
274	마스크(Mask)를 이용한 합성
274	펜(Pen) 도구 사용법 익히기
279	**예제로 익히기** 마스크와 추적기을 이용한 특정 영역 흑백으로 표현하기
281	**예제로 익히기** 마스크를 이용한 줄어드는 음료수 만들기
283	**예제로 익히기** 로고가 나타나는 애니메이션
285	또 다른 시퀀스, 네스트
287	**예제로 익히기** 마스크 영역에만 자막이 나타나게 하기
288	키잉(Keying) 효과를 이용한 합성
295	**예제로 익히기** 화장품 광고를 위한 크로마키와 배경 작업

{ 목차 }

297 **예제로 익히기** 모퉁이 고정(Corner Pin) 효과를 이용한 합성
298 혼합 모드를 이용한 합성

Lesson 16 색 보정(컬러 커렉션)

304 비디오 스코프 이해하기
306 비디오 스코프 사용하기
307 **팁 & 노트** 색 공간(Color space)에 대하여
312 색 보정(프라이머리 보정)하기
314 **팁 & 노트** 인간이 인지하는 색과 프로그램이 인지하는 색에 대하여
314 Lumetri 색상 도구 패널을 이용한 색 보정
318 LUT 설정하기
319 **팁 & 노트** 색 보정 전문 프로그램인 다빈치 리졸브에 대하여
319 세컨더리 보정(부분 보정)하기

Lesson 17 최종 출력(파일 만들기)

320 비디오(동영상) 파일 만들기
320 유튜브(모바일)를 위한 비디오 파일 만들기
324 360 VR 비디오 만들기
325 이미지 파일 만들기
327 오디오 파일 만들기
327 **팁 & 노트** EDL 파일에 대하여

Lesson 18 알아두면 유용한 기능들

328 클립(오디오) 동기화하기
329 멀티 카메라 활용하기
334 시퀀스 자동화로 선택된 클립 한꺼번에 적용하기
336 캡션 활용하기
338 다이내믹 링크 활용하기
339 단축키 만들기

340	팁 & 노트 작업에 사용되지 않은 클립 제거하기
340	작업에 사용된 파일 통합하기
342	하위(서브)클립 만들기
342	팁 & 노트 작업(타임라인)에 사용된 클립 찾기
343	360 VR 비디오 활용하기
344	오프라인 클립의 활용법
345	비디오 클립 안정화하기
348	클립 레이블 색상 활용하기
350	프리미어 프로 CC 주요 단축키
	찾아보기

프리미어 사용자가 알아두어야 할 용어들

16:9 동영상의 가로와 세로 화면 비율이 16:9인 고화질 비디오(HD : High Definition Video)를 말하며, 최근의 모든 영상 규격은 16:9 와이드 화면 비율을 차용하고 있습니다. 또한 이 비율은 초고화질 비디오인 UHD(Ultra High Definition Video)에서도 사용되며, HD의 해상도가 최대 1920x1080인데 반하여 UHD의 최대 7680x4320까지 지원됩니다.

4:3 과거의 표준 화면 비율(SD : Standard Definition)로 해상도는 720x480입니다.

AAC(Advanced Audio Coding : 고급 오디오 코딩) 압축된 디지털 오디오를 인코딩하는 표준 방법으로 AAC로 인코딩된 파일은 MP3 파일보다 뛰어난 음질을 가지고 있습니다.

AC3(Advanced Codec 3 : 고급 코덱 3) 돌비 디지털(Dolby Digital) 포맷으로 압축된 오디오 형식으로 5.1 서라운드 사운드에 사용됩니다.

AIFF(Audio Interchange File Format : 오디오 교환 파일 형식) 애플이 개발한 크로스 플랫폼 오디오 파일 형식으로 WAV 파일과 마찬가지로 샘플 속도와 비트 뎁스 정보가 비압축, 즉 무손실 압축 포맷으로 되어있어 고품질 오디오 CD를 제작할 때 사용됩니다.

Alpha Channel(알파 채널) 이미지의 색상 채널인 RGB(빨강, 초록, 파랑)에 투명 정보가 포함된 또 하나의 채널로써 종종 8비트 이미지에 사용되지만 일부 프로그램은 16비트만 지원됩니다. 프리미어 프로에서 이미지(동영상)를 사용할 때 알파 채널 영역은 투명하게 처리되어 다른 이미지와 합성할 수 있으며, 이미지의 검은색이 100%일 때 완전히 투명하고, 하얀색이 100%일 때 완전히 불투명하게 사용됩니다. TGA, TIFF, PNG, PSD, 애플 ProRes 4444 그리고 퀵타임 애니메이션 포맷이 알파 채널을 포함합니다.

Aspect Ratio(종횡비) 필름 또는 비디오 프레임(화면)의 가로와 세로 비율을 말합니다. 표준 해상도인 SD는 4:3, 고화질 HD는 16:9의 종횡비를 사용합니다.

```
         ┌─────────────┐
         │             │
         │  4:3의 종횡비 │
         └─────────────┘
           16:9의 종횡비
```

Audio Sample Rate(오디오 샘플 속도) 오디오 신호가 디지털 신호로 변환되는 과정에서 측정되는 초당 샘플링 레이트(비율, 속도)를 말합니다. 높은 샘플 레이트는 고품질 오디오 파일이 만들어지며, 파일의 크기도 증가됩니다.

Audio Waveform(오디오 파형) 시간에 따른 오디오 파형의 진폭 변화의 길이를 시각적으로 표시해놓은 것입니다. 드럼의 비트와 같이 짧고 시끄러운 소리일 수록 끝이 날카롭고, 뽀족한 파형을 갖으며, 파형의 모양을 통해 오디오를 트리밍(Trimming : 자르기)하거나 편집 점을 찾을 수 있습니다.

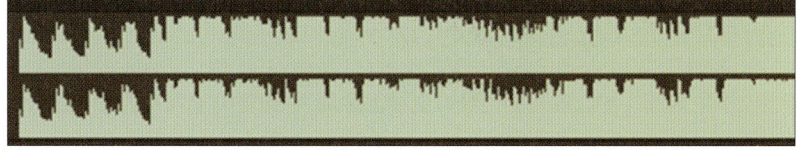

AVCHD 고화질(HD) 비디오 포맷(MPEG-4 파트 10 또는 H.264)으로 블루 레이 플레이어에서는 이것을 표준 적색 레이저 디스크를 사용하여 재생할 수 있습니다.

Bezier Curve(베지어 곡선) 키프레임 애니메이션 설정 시 부드러운 움직임을 만들고, 섬세한 마스크 모양을 만들기 위해 사용되는 곡선으로써 곡선에 인접하는 선분의 조작은 핸들을 통해 이루어집니다.

Bit Rate(비트 레이트 : 데이터 전송률) 영상 및 오디오 데이터를 시간(초)당 전송하는 단위로써 비트의 수가 높을수록 높음 품질의 데이터(결과물)를 얻을 수 있지만 상대적으로 데이터의 용량이 커지기 때문에 적당한 비트 레이트를 사용해야 합니다.

Broadcast Safe(브로드케스트 세이프) 영상의 휘도 및 색조에 대한 방송에 적합한 범위를 말하며, 프리미어 프로에서는 방송 안전 범위 보호를 위해 브로드케스트 컬러 효과를 사용할 수 있습니다.

Chroma Key(크로마키) 비디오 클립의 배경을 빼내어 투명하게 처리를 한 후 다른 비디오(이미지)와 합성을 하기 위해 사용되는 기법입니다. 배경은 일반적으로 파란색과 초록색을 사용하는데, 이것을 블루 스크린, 그린 스크린이라고 하며, 때론 알파 채널이나 루마 매트를 통해 합성 작업을 하기도 합니다. 이러한 기법은 일기 예보나 교육물, 액션 및 SF 영화 등에서 흔히 볼 수 있습니다.

Codec(코덱) 비디오, 오디오, 이미지 파일에 대한 압축 및 압축 해제, 즉 인코딩(Encoding)과 디코딩(Decoding)을 위한 기술입니다.

Color Balance(컬러 밸런스 : 색상 균형) 영상의 RGB 색에 대한 균형잡힌 혼합을 의미하며, 프리미어 프로에서는 하이라이트(밝은 영역), 미드톤(중간 밝기 영역), 셰도우(어두운 영역)의 컬러 밸런스를 조정할 수 있습니다.

Color Correction(색 보정) 영상의 색을 다양한 형태로 보정하는 것으로써 일반적으로 편집의 마무리 단계에서 진행됩니다. 프리미어 프로에서는 하이라이트(밝은 영역), 미드톤(중간 밝기 영역), 셰도우(어두운 영역)를 통해 영상의 색을 정밀하게 보정할 수 있습니다.

Compositing(합성) 두 개 이상의 비디오(이미지) 클립을 하나의 장면으로 합성하는 기법으로써 모든 합성은 타임라인에서 이루어지며, 크로마키와 혼합 모드, 마스크, 루마 매트 등을 통해 작업이 이루어집니다.

Composition Layer(컴포지션 레이어) 애프터 이펙트의 타임라인에서 사용되는 여러 개의 레이어들을 하나의 레이어로 합쳐놓은 것을 말합니다. 하나로 합쳐진 컴포지션 레이어는 더블클릭하여 열어서 트리밍, 이펙트, 트랜지션 등의 작업을 할 수 있습니다. 때론 프리미어 프로에서 가져와 클립으로도 사용됩니다.

Contrast(콘트라스트 : 대조) 이미지의 가장 밝은 부분과 가장 어두운 부분의 값 사이에 대한 차이를 말하며, 높은 콘트라스트 장면(이미지)은 딱딱하고 강하게 표현되고, 낮은 콘트라스트는 그와 반대로 표현됩니다.

Cross Dissolve(크로스 디졸브) 두 장면, 즉 클립과 클립의 장면전환이 이루어질 때 두 장면이 겹쳐지면서 전환되는 기법을 말합니다.

Cutaway(변시 전환) 현재 대상에 관련된 동일한 시간에 발생되는 장면에서 원치 않는 장면을 가려주기 위해 사용되는 기법으로써 오디오는 일반적으로 변시 전환 동안 지속적으로 남아있도록 합니다.

Data Rate(데이터 전송률) 초당 전송되는 데이터 전송량입니다. 데이터 전송률이 높을수록 품질이 향상되며, 더 많은 시스템 리소스(프로세서 속도 및 저장 공간 및 성능)를 필요로 합니다.

Decibel(데시벨 : dB) 사운드 레벨의 측정 단위입니다. 인간의 귀로 들을 수 있는 소리의 크기를 설명하는데 사용되며, 1dB이 인간이 감지할 수 있는 가장 작은 소리입니다. 유사한 것으로 가청 주파수(Audible Frequency)가 있는데, 인간은 보통 20~2만 헤르츠(Hz) 범위의 주파수를 가진 소리를 들을 수 있습니다.

DV(디지털 비디오) 8비트의 표준 영상 화질(SD)과 16비트, 48kHz 또는 12비트, 32kHz의 오디오 샘플링을 지원하는 방식입니다. DVCAM 및 DVCPRO 등도 유사한 규격을 가지고 있지만 컴포넌트 신호에 따른 미세한 차이가 있습니다.

DVD CD와 같은 크기이지만 CD보다 10배 이상 많은 8.5GB(듀얼 레이어일 경우)의 데이터를 저장할 수 있는 디스크입니다. 최근에는 DVD보다 발전된 블루레이(Blue ray) 디스크를 통해 25GB의 데이터를 저장할 수 있습니다.

Ease In/Out 애니메이션의 움직임이 시작되거나 끝날 때 천천히 가/감속하는 설정입니다. 이것은 자연스런 움직임을 위해 사용되는데, 현실에서 마찰에 의해 시뮬레이션되는 것을 유기적으로 시각화해줍니다.

Edit Point(편집 점) 편집 점은 편집 작업 시 클립(장면) 또는 프로젝트의 시작 및 끝부분을 지정하는 편집 지점을 말합니다. 또한 편집 점은 이전 클립의 끝 지점이 다음 클립의 시작 지점에 맞춰주는 포인트로도 사용됩니다.

Equalization(이퀄라이제이션) 보통 이퀄라이저 또는 EQ로 부르며, 오디오의 특정 주파수 대역의 레벨을 조정하여 사운드의 음색을 변형할 수 있습니다.

Exposure(노출) 영상(이미지)에 대한 빛의 양을 말하며, 노출은 영상의 전체적인 밝기뿐만 아니라 콘트라스트에도 영향을 줍니다.

Fade(페이드) 비디오 및 오디오가 시작되는 장면과 소리를 아무것도 없는(들이지 않는) 상태에서 시작하고 끝나는 것을 말하며, 시작되는 것을 페이드 인(Fade In), 끝나는 것을 페이드 아웃(Fade Out)이라고 합니다. 페이드는 일반적으로 검은색을 사용하지만 때론 하얀색이나 그밖에 색을 사용하는 경우도 있습니다.

Footage(푸티지) 프리미어 프로와 같은 비디오 편집 프로그램에서 작업을 하기 위해 가져온 클립(비디오, 오디오, 이미지 등)을 푸티지라고 하는데, 본 도서에서는 클립이라는 용어로 통합하여 부를 것입니다.

Frame(프레임) 영상(비디오 및 영화)을 구분하는 가장 작은 단위는 하나의 스틸 이미지이며, 이것을 프레임이라고 합니다. 일반적으로 TV는 30(29.97)FPS, 즉 초당 30개의 프레임으로 구성되며, 영화는 24개 그밖에 영상 규격에 따라 25나 60개의 프레임을 사용하기도 합니다. 이렇게 구성된 낱개의 프레임이 연속해서 진행되면 시각적으로 움직이는 영상으로 보여지게 되는 것입니다. 또한 하나의 프레임은 인터레이스와 프로그레시브 방식으로 나눠집니다.

Frame Blending(프레임 혼합) 프레임과 프레임 사이를 혼합하여 동작을 자연스럽게 보여지도록 해주는 기법입니다.

Frame In/Out(프레임 인/아웃) 피사체(배우)가 화면(프레임) 밖에서 안으로 들어오는 것을 프레임 인, 다시 화면 밖으로 나가는 것을 프레임 아웃이라고 합니다.

Frame Rate(프레임 레이트) 영상 클립에서 초당 사용되는 프레임 속도, 즉 프레임 개수를 말합니다.

Frame Size(프레임 크기) 프레임의 크기를 말하며, 프레임 크기는 해상도(Resolution)에 영향을 줍니다.

Frequency(프리퀀시) 음향 신호의 Hz(헤르츠) 당 사이클에서 측정된 진동 수를 말하며, 기록의 각 음향 주파수는 오디오의 피치와 연관되는데, 예를 들어 피아노의 키에 의해 발생된 각각의 음은 특정 주파수를 갖게 됩니다.

Gain(게인) 비디오 및 오디오 신호를 인위적으로 증폭할 때 사용되는데, 영상은 화이트 레벨을 증가하여 밝게 해주고, 오디오는 볼륨을 증가해줍니다.

Gamma(감마) 이미지(영상)의 강도(밝기와 명암)를 설정하며, 감마 조정은 종종 맥과 윈도우즈의 그래픽 카드와 디스플레이 사이의 차이를 보상하는데 사용됩니다.

H.264 MPEG-4 파트 10 또는 AVC(고급 비디오 코딩) 방식으로써 촬영 및 배포할 수 있는 표준 압축이며, 인터넷 스트리밍이나 모바일 장치에서도 즐겨 사용되는 범용적인 압축 방식입니다.

HD(HighDefinition : 고화질 비디오) 표준 화질 NTSC나 PAL보다 높은 해상도이며, 일반적인 해상도는 1280x720(720)과 1920×1080(1080i로 또는 1080p)입니다. 참고로 [i]는 인터레이스 방식이며, [p]는 프로그레시브 방식을 말합니다.

HDCAM 8비트 고화질(HD) 디지털 비디오 테이프 레코더의 포맷으로써 DCT의 압축된 3:1:1 녹화 방식에 1080i 호환 다운 샘플링 해상도(1440x1080)를 사용합니다.

HDV DV 테이프에 고화질(HD) 비디오를 기록하는 형식으로써 크로마 서브 샘플링 HDV는 8비트 샘플링과 MPEG-2 비디오 압축을 사용합니다. 비트 레이트가 19Mbps인 720 프로그레시브(1280x720)와 25Mbps의 1080 인터레이스(1920x1080) 두 가지 포맷이 지원됩니다.

Hue(휴 : 색조) 영상에 대한 색상을 말합니다.

Import(임포트 : 가져오기) 작업을 하기 위해 프로젝트 패널로 소스 미디어 파일(클립)을 가져오는 것을 말합니다.

In/Out Point(시작/끝점) 인 포인트는 영상 및 오디오가 시작되는 시점이며, 아웃 포인트는 끝나는 시점입니다.

Interlace(인터레이스) 상하 두 필드로 구성된 비디오 프레임 방식이며, 분할할 때의 주사 방법은 서로 다른 시간에 스캐닝된 홀수 및 짝수 라인이 교대로 이루어져서 하나의 화면으로 표현됩니다.

JPEG 스틸 이미지 파일에서 가장 대중적인 포맷 방식입니다. 고도로 압축된 형식이기 때문에 파일 용량을 줄일 수 있으며, 압축률에 비해 화질 손실률이 적기 때문에 DSLR이나 비디오 및 이미지 편집 프로그램에서 즐겨 사용됩니다.

Keyframe(키프레임) 움직임이 없는 영상(이미지)에 움직임을 주거나 이펙트(효과) 결과가 시간에 따라 변하도록 하기 위해 사용되는 프레임을 말합니다. 애니메이션이나 모션 그래픽 작업 시 키프레임은 매우 중요한 역할을 합니다.

Keying(키잉) 일반적으로 키라고 하며, 크로마키나 루마 매트 등을 사용한 합성 작업을 위해 사용됩니다.

Linear Editing(선형 편집) 디지털 비디오 편집, 즉 비선형 편집(Non linear Editing) 이전의 편집 방식으로써 원본 마스터 테이프를 통해 다른 테이프로 하나하나 장면을 복사하면서 편집을 하게 됩니다. 이와 같은 편집 방식은 편집 과정 중 화질에 대한 손실률이 높다는 것이 가장 큰 단점이며, 최근에는 거의 사라진 편집 방식입니다.

Lower Third(로워 서드) 프레임(화면) 하단 영역에 배치되며, 장면에 대한 부가적인 설명을 할 수 있도록 타이틀 및 간략한 자막을 표현하기 위해 사용됩니다. 예를 들어 스포츠 중계 시 선수의 이름이나 순위, 타율 등과 같은 기록 정보를 전달하기 위해 사용됩니다.

Luma(루마) 영상의 밝기(명도)를 나타내는 값의 범위입니다.

Luma Key(루마 키) 영상의 가장 밝은 영역과 어두운 영역을 기준으로 합성을 하는 방식입니다. 일반적인 크로마키는 파란색과 초록색 매트를 사용하지만 루마 키는 하얀색과 검정색의 차이를 통해 합성이 이루어집니다. 루마 매트 작업 시 검정색(어두운) 영역은 투명하게 처리됩니다.

Marker(마커) 편집 시 특정 클립 및 장면의 위치 등을 표시하는 것으로써 마커가 지정된 지점을 기준으로 클립을 배치하거나 편집할 수 있습니다.

Mp3 MPEG-1 또는 MPEG-2 오디오 레이어 3의 표준 압축 포맷으로 인간이 들을 수 있는 소리 정보(가청 주파수)만 담고, 나머지는 제거하여 저용량 오디오 파일이 생성되도록 합니다.

MPEG(Moving Picture Experts Group) MPEG-1을 포함하는 비디오 및 오디오 표준 압축 그룹으로써 MPEG-2, MPEG-4도 여기에 포함됩니다.

MXF 영상 및 오디오를 위한 표준 파일 형식입니다. 퀵타임(MOV) 파일과 마찬가지로 파일 내부에 프레임 레이트, 프레임 크기, 생성 날짜, 제작자 등의 정보가 포함되는데, 이러한 정보를 메타데이터라고 합니다.

NLE(Non linear Editing) 선형 편집과 대비되는 비선형 편집입니다. 디지털 편집이나 컴퓨터 편집이라고도 합니다.

Non-drop Frame(넌 드롭 프레임) NTSC 영상의 프레임 레이트 중 30프레임을 모두 사용했을 때를 넌 드롭이라 하고, 29.97프레임으로 사용했을 때를 드롭이라고 합니다. 이것은 흑백 TV에서 컬라 TV로 바뀌면서 색상 신호인 크로미넌스(Chrominance) 신호를 기존 신호에 섞어서 보냈을 때 생기는 문제를 보안하기 위해 사용됐습니다. 이렇게 프레임이 증가됨에 따라 1시간 기준의 재생 시간이 3.6초(3.6초 x 30프레임 = 108프레임)만큼 늘어나게 되기 때문에 시간을 정확하게 맞추기 위해서는 1분에 2프레임을 뺀 드롭 프레임으로 사용하게 됩니다.

Progressive(프로그레시브) 디지털 영상의 표준 표현 방식이며, 넌 인터레이스(Non Interlace)라고도합니다. 이 방식은 인터레이스 방식과는 다르게 화면(프레임)을 한번에 순차적으로 표현합니다.

 =

NTSC(National Television Standards Committee) 국제 텔레비전 표준 위원회에서 정의된 비디오 표준 규격으로써 아날로그 NTSC 방식의 영상은 프레임 당 525개로 비월 주사(인터레이스)가 되고, 29.97프레임, 720x480의 화면 해상도가 사용됩니다. 주로 한국, 미국 등에서 사용됩니다.

Offline Editing(오프라인 편집) 원본 영상 파일이 아닌 일반적으로 낮은 해상도의 프록시 파일을 사용한 편집을 말하며, 원본 클립의 지정된 경로에서 벗어나거나 삭제되었을 경우에도 오프라인 편집 상태가 됩니다. 후자의 경우에는 원본 파일을 다시 연결해주어야 합니다.

PAL(Phase Alternating Line) 유럽 및 중국, 일본, 북한 등의 국가에서 사용되는 방식으로써 이 방식은 NTSC와는 다르게 프레임 당 625개로 비월 주사(인터레이스)가 되고, 25프레임, 720x576의 화면 해상도가 사용됩니다.

Pitch(피치) 사운드의 높거나 낮은 주파수들은 각 음파 사이클 당 횟수에 따라 인식되는데, 음악 주파수에서 가장 일반적으로 사용하는 단어가 바로 피치입니다. 느린 상태는 낮은 피치, 빠른 상태는 높은 피치를 생성합니다.

Pixel(픽셀) 영상(이미지)을 표현하는 가장 작은 단위로써 화소(점)라고도 합니다. 하나의 화면(프레임)에 사용되는 픽셀이 많을수록 해상도가 좋아지며, 적을수록 해상도가 떨어지기 때문에 낮은 해상도에서는 화면을 확대했을 때 사각형 모양의 픽셀이 선명하게 드러납니다.

높은 해상도(픽셀)의 영상

낮은 해상도(픽셀)의 영상

Post Production(포스트 프로덕션) 영상물 제작에 있어 모든 작업이 완성되는 최종 편집을 하는 단계이며, 이와 같은 작업을 하는 업체를 말하기도 합니다.

Proxy File(프록시 파일) 작업 시 시스템 성능에 영향을 덜 받게 하기 위해 고해상도의 파일을 저해상도의 프록시 파일로 트랜스코드하여 사용할 수 있습니다.

QuickTime(퀵타임) 애플의 크로스 플랫폼 멀티미디어 기술로써 확장자는 MOV입니다. 이것은 포스트 프로덕션, 비디오, 인터넷 등에서 널리 사용됩니다.

Render(렌더) 사용되는 미디어 파일을 정상적으로 볼 수 있게 하거나 최종 파일로 출력할 때의 과정을 말합니다. 렌더링된 파일은 다양한 형태로 재생할 수 있습니다.

Resolution(해상도, 품질) 해상도는 프레임 크기와 밀접한 관계가 있습니다. 영상의 픽셀 수가 많다는 것 또한 해상도가 높다는 것을 의미하지만 때론 스마트 기기에서는 높은 해상도의 파일이 문제가 될 수도 있으므로 적당한 해상도의 파일로 만들어주어야 합니다.

Reverb(리버브) 소리가 벽이나 천장, 창문 등의 공간 내에서 음파에 부딪혀 들리는 잔향을 말합니다. 이와 같은 효과는 오디오 이펙트(효과)에서 사용할 수 있습니다.

RGB 빛의 3원색인 빨강, 초록, 파랑색을 말하며, 영상 및 이미지의 고유 색상이기도 합니다.

Saturation(채도) 영상(이미지)의 색상에 대한 선명도를 말합니다.

Scene(장면) 같은 시간과 장소에서 촬영되는 하나의 장면을 말하며, 이러한 장면들이 모여 시퀀스가 되고, 최종적으로 하나의 완성된 프로그램(프로젝트)이 됩니다.

Sequence Clip(시퀀스 클립) 시퀀스는 프리미어 프로에서 비디오, 이미지, 오디오 등의 미디어 클립을 가져와 실제 편집 작업을 하는 공간이며, 타임라인이라고도 하는데, 시퀀스 클립은 시퀀스 자체를 일반 미디어 클립처럼 편집 작업에 사용할 수 있는데, 사용하기 위해서는 다른 시퀀스의 타임라인에 적용해야 합니다.

Shot(샷, 쇼트) 하나의 완성된 영상물에 있어 가장 작은 단위의 세그먼트로써 영상물은 샷 – 씬 – 시퀀스로 구성됩니다.

Sound Effects(음향 효과) 문을 닫는 소리나 개가 짖는 소리, 자동차 경적, 뱃고동 소리와 같은 음향 효과를 말합니다.

Special Effects(특수 효과) 모션 효과 및 합성을 위한 키잉 작업 등이 여기에 해당됩니다. 이것은 시각적인 요소를 강조하는 VFX(Visual Effects)와는 다르게 분류됩니다.

SD(표준 화질) NTSC 및 PAL 비디오의 표준 규격을 말합니다.

Stereo(스테레오) 두 개의 서로 다른 사운드 채널을 통해 소리를 전달하는 것을 스테레오라고 합니다. 스테레오 채널은 가장 일반적으로 사용되며, 그밖에 하나의 채널인 모노(Mone) 채널과 5.1 서라운드 채널 등이 있습니다.

Sync(Synchronization : 동기화) 영상의 움직임, 예를 들어 말하는 입모양과 소리가 일치되는 것을 말하며, 프리미어 프로에서는 싱크를 맞춰주거나 유지하기 위해 다양한 기능을 제공합니다.

Third party Plug in(서드파티 플러그인) 공식적으로 하드웨어나 소프트웨어를 개발하는 업체 이외에 소규모의 개발자들에 의해 생산한 프로그램으로써 특정 프로그램에 설치하여 새로운 기능으로 추가되어 사용됩니다. 이것은 메인 프로그램에 없는 부족한 기능을 보강하기 위한 부가적인 프로그램으로 독립적으로 실행되지는 않습니다.

TIFF(Tagged Image File Format) 마이크로 소프트가 개발한 8비트 및 24비트 색상의 이미지 포맷이며, 투명 정보가 포함된 알파 채널을 지원합니다.

Timecode(타임코드) 영상 신호에 고유하게 기록되는 시간 정보를 말하며, 일반적으로 시간:분:초:프레임으로 구분됩니다.

Tint(색조) 색상의 엷고 짙음에 대한 강도를 말합니다. 예를 들어 세피아 톤을 추가하면 오래된 사진이나 영화처럼 표현할 수 있습니다.

Transition(장면전환) 장면이 바뀔 때의 효과를 표현하기 위해 사용됩니다. 프리미어 프로에서는 효과 패널을 통해 트랜지션 효과를 사용할 수 있습니다.

Undo(언두) 작업 중 문제가 발생되었을 때 이전 작업 단계로 돌아가는 기능입니다. 단축키 Ctrl + Z 키를 사용하며, 다시 원래 상태로 복귀하고자 한다면 Ctrl + Shift + Z 키를 사용합니다. 이 단축키들은 누르는 횟수만큼 진행됩니다.

UHD(초고화질) 일반적으로 최소 3840x2160급의 비디오 해상도를 말하며, 4K 영상이라고도 합니다.

Uncompressed(비압축) 압축을 하지 않은 최상의 해상도를 가진 영상(비디오)을 말합니다. 영상의 품질은 최상이지만 파일의 용량이 크다는 단점이 있기 때문에 편집 작업에서는 일반적으로 사용하지 않습니다.

Variable Speed(가변 속도) 비디오 및 오디오 클립의 데이터 양에 따라 동적으로 변화는 속도를 말하는데, 예를 들어 영상 클립에 색상이 많이 사용된 장면과 조금 사용된 장면에서의 데이터 전송 속도를 가변적으로 조절하게 되면 균형적인 재생에 도움이 됩니다.

VCR(Videocassette Recorder) 비디오 카세트 레코더라고 하며, 흔히 말하는 VTR(Video Tape Recoder)과는 다릅니다. 일반적으로 비디오 테이프에 녹화를 하거나 재생을 하기 위해 사용되며, 최근에 DVD 및 컴퓨터 플레이어에 의해 거의 사라진 장치입니다.

Viewer(뷰어) 타임라인에서 작업하는 모습을 보기 위해 사용되는 윈도우이며, 프리미어 프로에서는 프로그램/소스 모니터가 이와 같은 역할을 합니다.

WAVE(또는 WAV) 가장 일반적으로 사용되는 비압축 오디오 포맷으로써 고음질 원형 오디오 데이터를 저장하거나 오디오 CD를 제작하기 위해 사용됩니다.

Waveform Monitor(파형 모니터) 비디오 클립의 색상 및 휘도의 상대적 수준을 나타내는 모니터입니다.

Widescreen(와이드스크린) 과거의 4:3 화면 비율보다 가로가 넓은 16:9 비율의 화면을 말합니다. 픽셀 비율은 1.85(세로가 1일 때의 가로 비율) 및 2.40의 비율을 사용합니다.

XDCAM 테이프가 아닌 디스크에 직접 촬영(저장)되는 방식으로써 MXF 컨테이너 파일 안에 DVCAM IMX 및 비디오를 기록하는 소니가 개발한 광디스크 포맷입니다.

Y'CbCr 디지털 영상의 색 공간으로써 Y는 루마, 즉 감마가 보정된 밝기를 말하고, CbCr은 파란색과 빨간색의 색차 정보입니다. 세 개의 각 색 정보는 각각의 픽셀에 저장됩니다.

학습에 도움이 되는 웹사이트 목록

프리미어 튜토리얼 관련 웹사이트

https://helpx.adobe.com/premiere-pro/tutorials.html
https://www.youtube.com/watch?v=Hls3Tp7JS8E
https://www.youtube.com/watch?v=DLEIzmuhrnY
https://www.premiumbeat.com/blog/15-premiere-pro-tutorials-every-video-editor-watch/
https://motionarray.com/tutorials/premiere-pro-tutorials
http://www.premierebro.com/blog/premiere-pro-cc-2018-tutorials

프리미어 플러그인 관련 웹사이트

http://www.redgiant.com
https://www.neatvideo.com
https://borisfx.com
https://www.digieffects.com
https://www.newbluefx.com
http://www.pixelan.com
http://revisionfx.com

음악 관련 웹사이트

http://www.motionelements.com/ko/music
https://bgmstore.net

무료 이미지(동영상) 제공 웹사이트

http://www.freepik.com
https://pixabay.com
http://blog.naver.com/PostView.nhn?blogId=udstar&logNo=150132811597

포트폴리오 관련 웹사이트

https://www.youtube.com/watch?v=ylO3vMsiS9c
https://www.youtube.com/watch?v=IqpNCcARxjo
https://helpx.adobe.com/premiere-pro/how-to/demo-reel-tips.html

Premiere ProCC 2018 Guide for Beginner

Pr
프리미어 프로
CC 2018

PART 01

시작하기
Start

Lesson 01 프리미어 프로 CC 설치하기
Lesson 02 작업 흐름 이해하기
Lesson 03 인터페이스 살펴보기
Lesson 04 종류별 클립 가져오기

Lesson 01 프리미어 프로 CC 설치하기

프리미어 프로 CC를 설치하기 위해서는 먼저 어도비 크리에이티브 클라우드(Adobe Creative Cloud)에서 다운로드 받아야 합니다. 본 도서에서는 최신 버전인 2018 버전(윈도우즈용)을 사용하고 있습니다.

어도비 크리에이티브 클라우드에서 다운로드 받기

프리미어 프로 CC를 다운로드 받기 위해서는 어도비 크리에이티브 클라우드로 들어가야 합니다. 웹사이트에 들어가면 그림처럼 [크리에이티비티 및 디자인] 메뉴에서 원하는 단체 및 사용자를 선택합니다. 여기에서는 개인적으로 사용하기 위해 [학생 및 교사]를 선택하겠습니다.

다음 페이지가 열리면 [무료 시험버전] 버튼을 클릭하고, 다음 페이지로 이동되면 Adobe Premiere Pro의 [체험판 다운로드] 버튼을 클릭하여 프로그램을 원하는 위치(폴더)에 다운로드합니다. 일단 무료 시험버전을 사용해 본 후 유료 버전을 구입하는 것을 권장합니다.

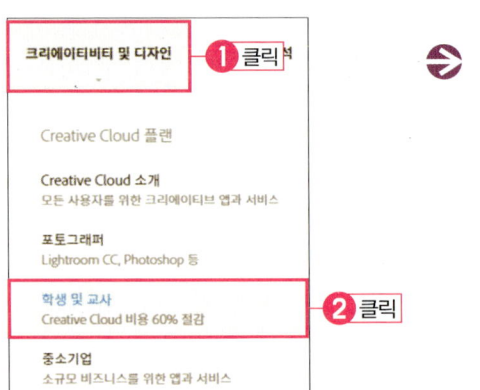

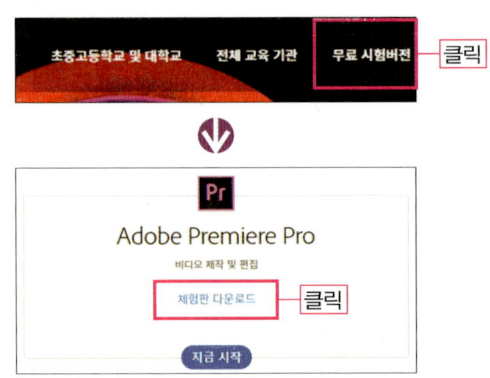

어도비 웹사이트(홈페이지)는 www.adobe.com/kr입니다.

프리미어 프로 CC 설치 전에 살펴보아야 할 것들

프리미어 프로 CC를 설치하기 위해서는 하드웨어 및 운영체제가 적합한 상태인지 확인해 보아야 합니다. 먼저 Intel 기반의 64비트 프로세서가 설치되어있는지 확인하기 위해 윈도우즈 화면 좌측 하단의 Windows 검색기에 [시스템]이라고 입력한 후 나타나는 메뉴 중 [32비트 또는 64비트 버전의…] 메뉴를 선택합니다. 이후 정보 섹션 창이 열리면 현재 사용되는 PC의 시스템 정보가 나타납니다.

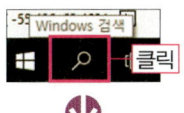

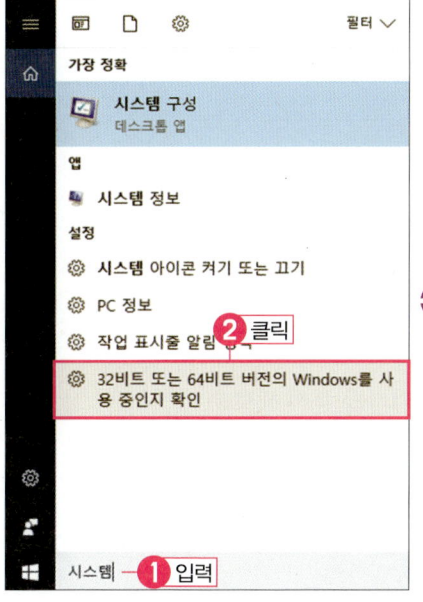
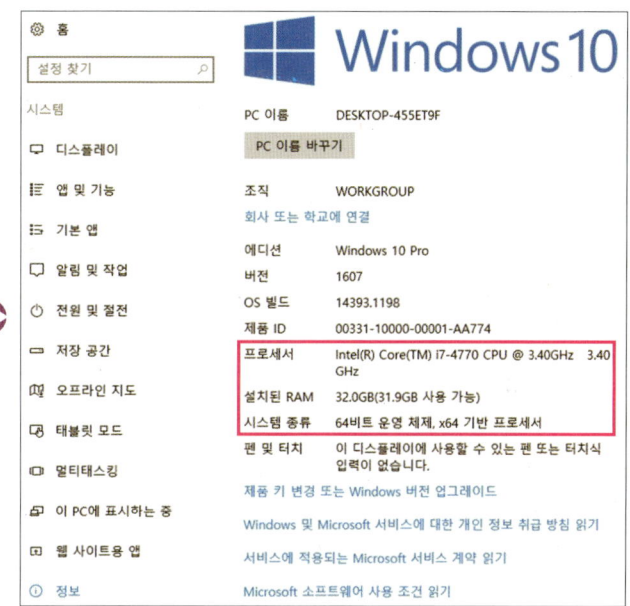

만약 위의 사양보다 낮다면 PC 시스템 사양을 높여주기를 권장합니다.

프리미어 프로 CC 설치 시 권장 사양

프리미어 프로 CC를 정상적으로 설치(사용)하기 위해서는 64비트 기반의 운영체제인 Windows 7 또는 10을 권장합니다. 64비트 운영체제는 윈도우즈를 설치할 때 64비트용으로 설치해 주는 것을 말하며, 그밖에 원활한 작업을 위해 i7(최소 i5) CPU와 16GB 이상의 메모리(RAM), 듀얼(2개) 모니터를 권장합니다. 그리고 맥(Mac) 운영체제에서는 우측의 표와 같이 64비트 기반의 프로세서가 지원되는지 확인해야 하며, 운영체제 또한 OS X 10.11.4 버전 이상이 설치되어야 합니다.

프로세서 이름	프로세서 이름
Intel Core Duo	32비트
Intel Core 2 Duo	64비트
Intel Quad-Core Xeon	64비트
Dual-Core Intel Xeon	64비트
Quad-Core Intel Xeon	64비트
Core i3	64비트
Core i7	64비트
Core i7	64비트

프로그램 설치하기

프로그램 다운로드가 완료되었다면 [Premiere_Pro_Set-UP] 파일을 [더블클릭]하여 설치를 진행합니다. 설치 시 로그아웃이 되었다면 [로그인] 버튼을 툴러 사용자 아이디와 비밀번호를 입력한 후 [로그인]을 해야 합니다.

 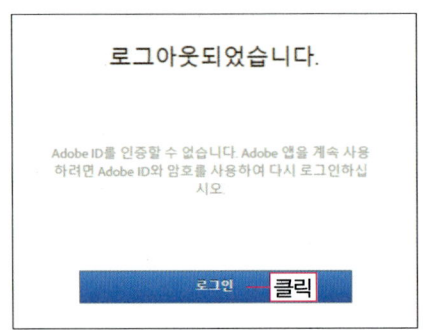

로그인 시 만약 로그인 정보, 즉 등록된 계정이 없다면 Adobe ID 얻기를 통해 새로운 계정(고객 정보)을 만들어야 합니다.

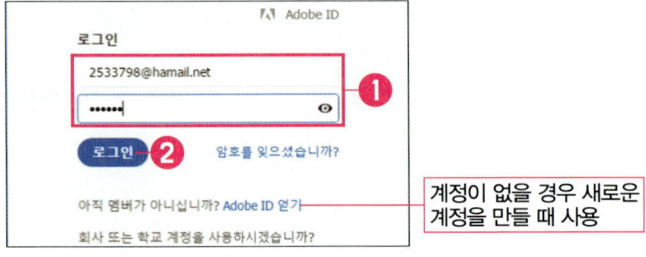

팁 & 노트 | 어도비 계정은 페이스북이나 구글 계정으로도 가능합니다.

어도비 계정(ID)이 없다면 Adobe ID 얻기를 통해 새로운 계정을 만들어야 하지만, 만약 페이스북이나 구글 계정이 있다면 이와 같은 계정을 통해서도 로그인을 할 수 있습니다.

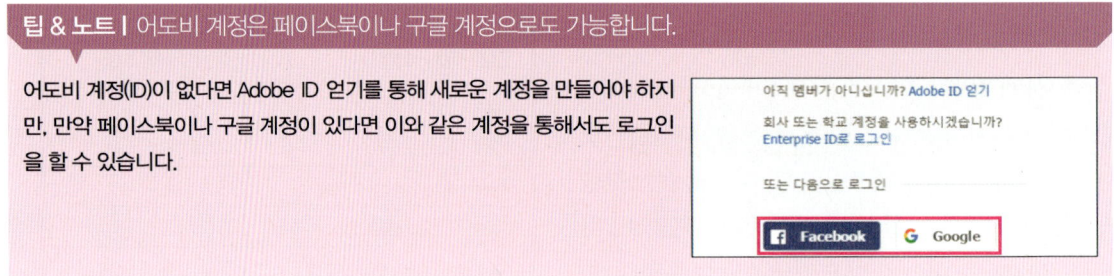

고객 휴대폰 번호 추가에 대한 설정 창이 열리면 여기에서는 일단 [건너뛰기] 버튼을 클릭하여 그냥 넘어갑니다. 만약 유료 버전을 사용할 것이고, 결제 시 항상 휴대폰 결제를 하고자 한다면 휴대폰 번호를 새롭게 추가해야 합니다.

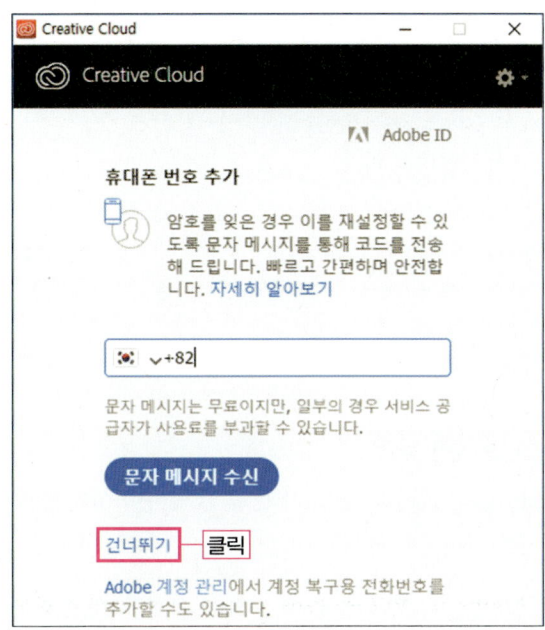

설치 시 언어 설정하기

프로그램 설치를 하기 전에 사용할 언어를 선택하기 위해서는 크리에이트 클라우드 창 우측 세 개의 작은 점으로 된 버튼을 누르면 나타나는 팝업 메뉴에서 환경 설정을 선택합니다.

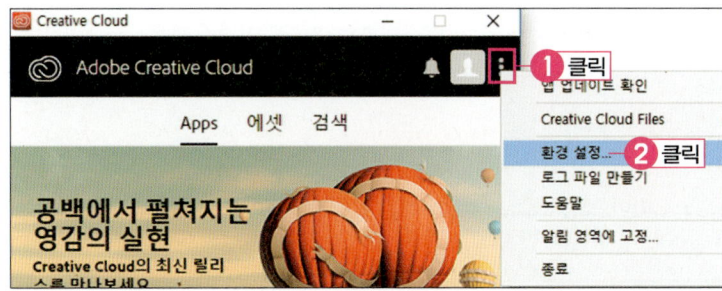

설치 시 선택한 언어는 설치할 때의 언어를 말하며, 프로그램에서 사용되는 언어는 아닙니다.

환경 설정 창이 열리면 [Creative Cloud] 섹션 탭(항목)으로 이동한 후 사용할 언어을 선택하면 됩니다. 여기에서는 한국어를 사용하겠습니다. 선택이 끝났다면 [좌측 화살표] 버튼을 클릭하여 다시 설치 화면으로 이동합니다.

앱(Apps) 항목을 보면 앱 언어가 현재 기본적으로 한국어 버전이 설치되도록 되어있는데, 만약 영문 버전이나 그밖에 언어로 설치하고자 한다면 원하는 언어를 선택하면 됩니다.

프리미어 프로 CC 설치하기 - 하위 버전이 설치되지 않았을 경우

다시 크리에이트 클라우드 창으로 돌아오면 Premiere pro CC의 [시험 사용] 버튼을 클릭하여 설치를 시작합니다.

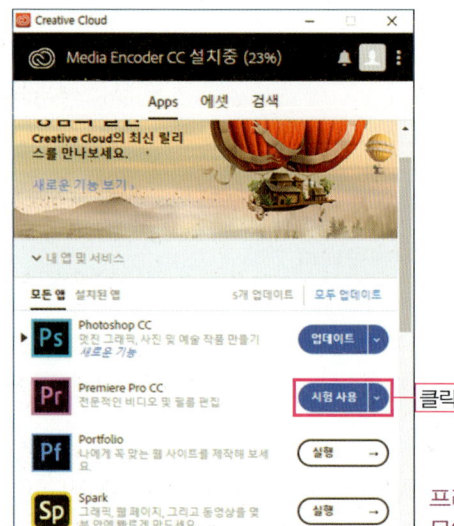

프리미어 프로 CC의 시험 버전은 설치 후 7일 동안만 사용할 수 있기 때문에 7일이 경과된 후에는 유료 버전을 설치해야 합니다.

프리미어 프로 CC 설치하기 - 하위 버전이 설치되어있을 경우

프리미어 프로 CC 설치 시 이전에 사용되던 하위 버전이 설치되어있을 경우에는 하위 버전을 제거한 후 설치해야 합니다. 이럴 땐 Premiere Pro CC의 [업데이트] 버튼을 누른 후 나타나는 업데이트 창에서 다시 [업데이트] 버튼을 누르면 됩니다. 그러면 자동으로 이전 버전을 찾아 삭제한 후 설치됩니다.

설치가 시작되면 프로그램은 기본적으로 C 드라이브의 프로그램 파일 폴더에 설치되며, 설치 후 윈도우즈 [시작 메뉴] 버튼을 눌러보면 상단에 새로 설치된 프리미어 프로 CC 프로그램 아이콘이 등록된 것을 알 수 있습니다. 이제 이 아이콘을 [클릭]하여 실행할 수 있습니다.

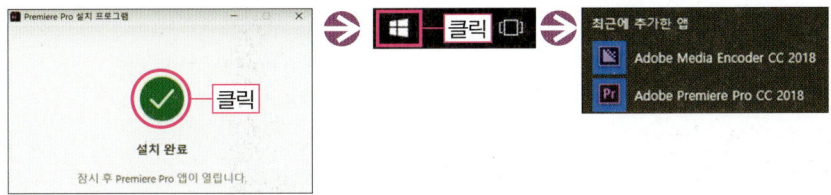

프로그램 삭제(제거)하기

만약 프로그램 설치 후 삭제해야 하는 상황이 생긴다면 제어판을 이용하는 것이 좋습니다. 윈도우즈 검색기에서 [제어판]을 입력한 후 검색된 제어판을 클릭합니다. 제어판이 열리면 [프로그램 제거] 버튼을 클릭(선택)하여 설정 창이 열고, 삭제하고자 하는 프로그램을 선택한 후 [오른쪽 마우스 버튼] - [제거] 버튼을 눌러 삭제할 수 있습니다.

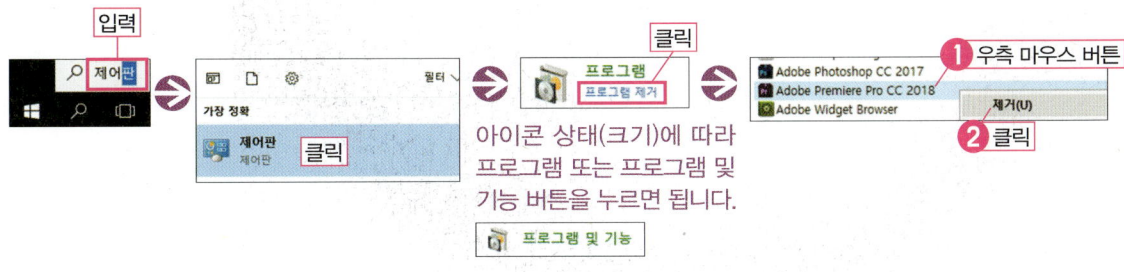

제거 옵션에서 삭제하고자 하는 프로그램이 나타나면 [제거] 버튼을 눌러 삭제하면 됩니다. 이때 [환경 설정 제거]를 체크한 후 제거하면 해당 프로그램의 환경 설정까지 깨끗하게 제거됩니다.

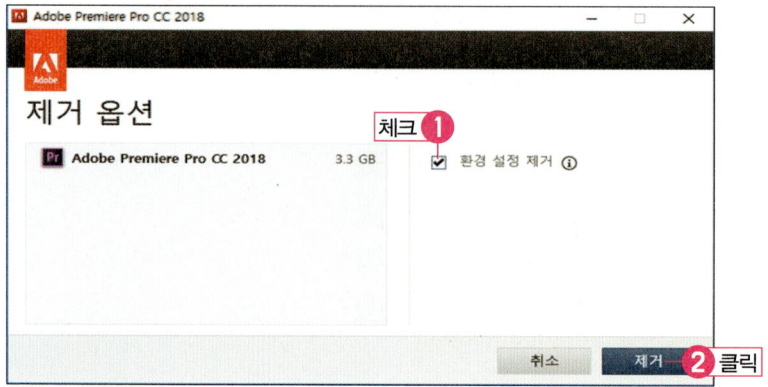

프리미어 프로 CC 실행하기

프로그램이 정상적으로 실행되는지 확인을 하기 위해 윈도우즈 시작 메뉴를 열고 앞서 설치된 [프리미어 프로 CC 2018]을 선택(클릭)하여 실행합니다.

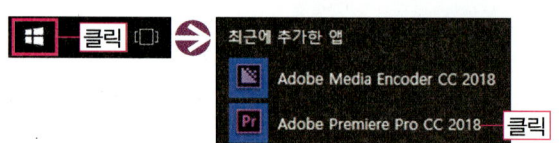

프리미어 프로가 실행되면 그림처럼 7일간 사용할 수 있는 시험판(트라이얼) 버전이 나타납니다. 계속 진행하기 위해 [시험 버전 시작] 버튼을 누릅니다.

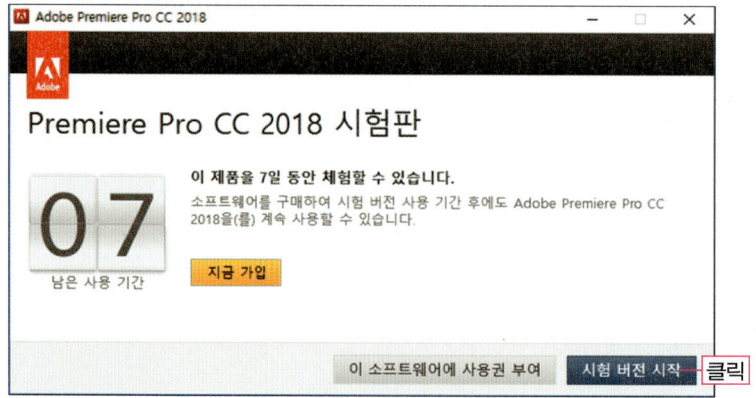

유료 버전 결제를 하기 위해서는 [이 소프트웨어에 사용권 부여] 버튼을 누르면 됩니다.

시작하기 창이 열리면 새로운 작업을 위한 [새 프로젝트], 기존 프로젝트를 열기 위한 [프로젝트 열기], 구룹 작업을 위한 [새 팀 프로젝트] 그리고 [팀 프로젝트 열기] 버튼을 이용할 수 있습니다. 여기에서는 일반적으로 아래쪽 [새로 만들기] 버튼을 이용하여 작업을 시작하게 됩니다.

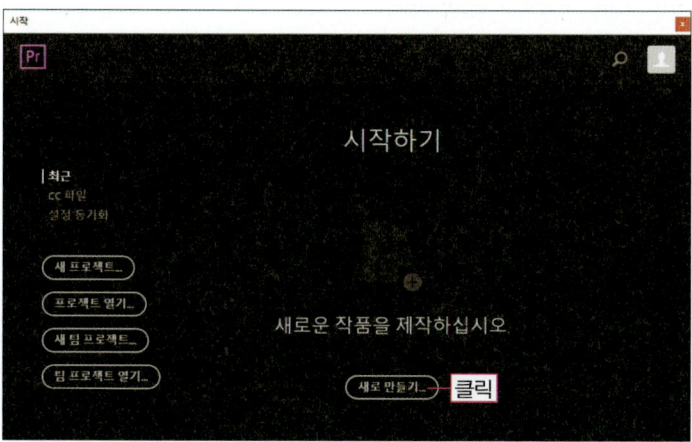

여기에서는 일단 새로운 프로젝트를 만드는 방법만 살펴보기로 하며, 본격적인 사용법은 해당 레슨에서 자세히 살펴보기로 하겠습니다.

프리미어 프로 CC 유료 버전 결제하기

시험 버전이 만료되면 계속 사용할 수 없기 때문에 유료 버전으로 결제를 해야 합니다. 유료 버전을 구입하기 위해서는 앞서 학습한 어도비 홈페이지를 이용하면 되며, 우측에 있는 [지금 시작] 버튼을 통해 유료 버전에 대한 결제 절차를 진행하면 됩니다.

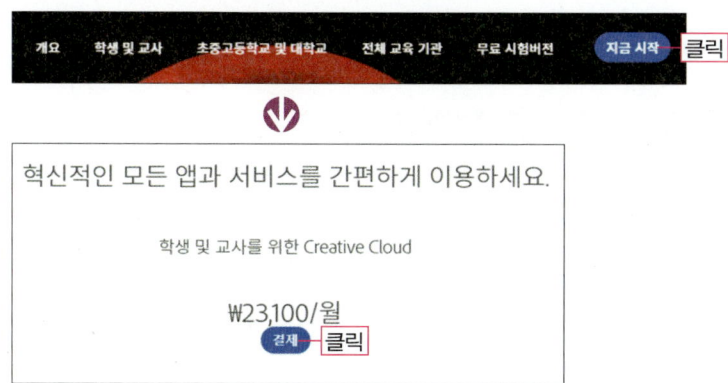

크랙(키젠)을 사용하면 시험 버전을 기간에 제한 없이 정품처럼 사용할 수 있지만, 소프트웨어 발전을 위해 가급적 정품 사용을 권장합니다.

Lesson 02 작업 흐름 이해하기

하나의 프로그램을 이해하는 가장 빠른 방법은 해당 프로그램을 실행하여 프로그램이 어떻게 작동되는지 여러 기능들을 한번 둘러보고 직접 사용해 보는 것입니다. 이러한 오버뷰(Overview)를 하고 나면 프로그램의 각 부분에 대한 세부적인 내용을 배울 때에도 기능들이 어떻게 사용되고, 어느 상황에 사용해야 하는지 이해하는데 많은 도움이 됩니다.

시작하기 창 사용하지 않기 및 인터페이스 밝기 조정하기

프리미어 프로를 실행하면 시작하기 창이 열리는데, 때론 이 시작하기 창이 아주 거추장스러울 때가 있습니다. 먼저 시작하기 창을 이후부터 뜨지 않도록 해보겠습니다. 그러기 위해 일단 우측 상단의 [닫기] 버튼을 눌러 시작하기 창을 닫습니다.

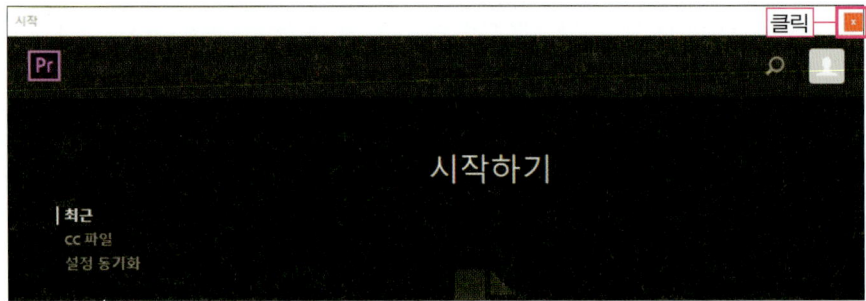

시작하기 창 뜨지 않게 하기

작업 흐름에 대한 이해를 하기 전에 먼저 작업의 편의를 위해 시작하기 창이 뜨지 않도록 해 보겠습니다. 프리미어 프로 맨 위쪽 풀다운 메뉴의 [편집(Edit)] 메뉴에서 [환경 설정(Preference)] - [일반(General)] 메뉴를 선택합니다.

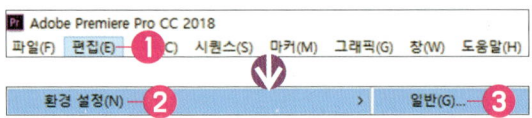

환경 설정 창의 일반 항목이 열리면 우측에 있는 [시작 시] 옵션에서 [시작 화면 표시]를 [최근 항목 열기]로 바꿔줍니다. 그다음 [확인] 버튼을 눌러 적용합니다. 그러면 이후부터는 시작하기 창이 아닌 가장 최근에 작업한 프로젝트가 자동으로 열리게 됩니다.

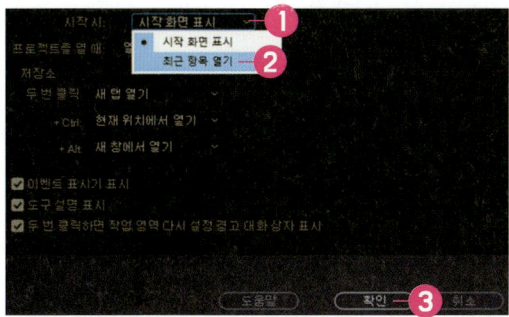

환경 설정이 끝났다면 이제 [파일] - [종료] 메뉴 또는 [Ctrl] + [Q] 키를 눌러 프로그램을 종료했다가 다시 실행해봅니다. 그러면 시작 화면 표시 창이 열리지 않고 최근 항목, 즉 프로젝트가 열리게 될 것입니다.

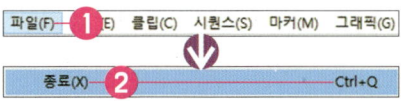

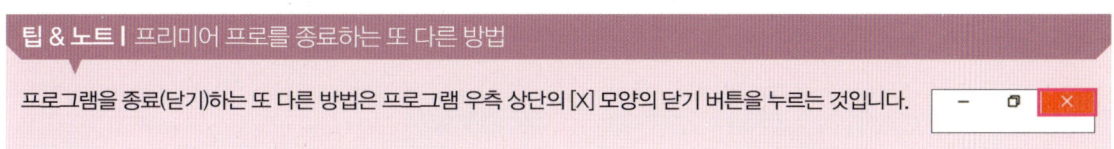

팁 & 노트 | 프리미어 프로를 종료하는 또 다른 방법

프로그램을 종료(닫기)하는 또 다른 방법은 프로그램 우측 상단의 [X] 모양의 닫기 버튼을 누르는 것입니다.

인터페이스 밝기 설정하기

이번에는 프리미어 프로 인터페이스(Interface) 밝기에 대한 설정을 해보도록 하겠습니다. 그러기 위해서는 앞서 살펴본 작업 환경 설정 창을 다시 열어주어야 하는데, 이번에는 [편집] - [환경 설정] - [모양] 메뉴를 선택합니다.

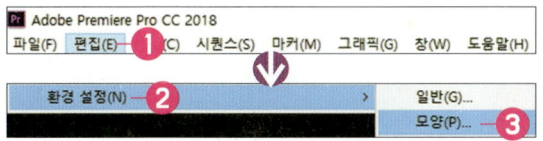

환경 설정 창의 [모양] 항목에서 [명도]를 밝게 설정합니다. 그다음 [확인] 버튼을 클릭하여 적용합니다.

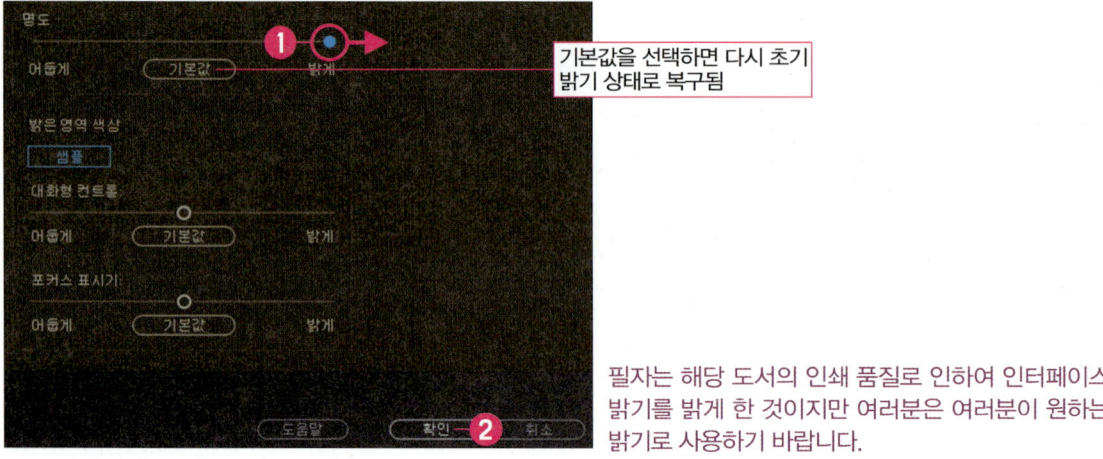

필자는 해당 도서의 인쇄 품질로 인하여 인터페이스 밝기를 밝게 한 것이지만 여러분은 여러분이 원하는 밝기로 사용하기 바랍니다.

새로운 프로젝트 만들기

이제 프리미어 프로의 작업 흐름(Workflow)을 살펴보기 위해 하나의 이미지 파일을 이용하여 해당 프로그램에서 어떠한 작업이 가능한지 시연해 보도록 하겠습니다. 이번 학습에서는 아주 기본적인 작업 흐름에 대한 설명만 할 것입니다. 작업을 처음 시작하기 위해서는 프로젝트를 생성해야 합니다. 프로젝트를 만들기 위해 풀다운 메뉴의 [파일] - [새로 만들기] - [프로젝트] 메뉴를 선택합니다.

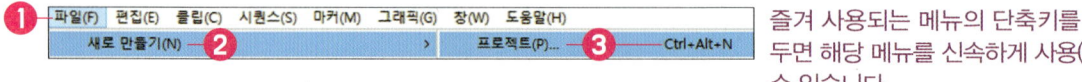

즐겨 사용되는 메뉴의 단축키를 기억해 두면 해당 메뉴를 신속하게 사용(적용)할 수 있습니다.

새 프로젝트 창이 열리면 먼저 적당한 작업 명, 즉 프로젝트 이름을 입력합니다. 그다음 프로젝트 파일이 저장될 위치(폴더)를 지정하면 되는데, 일반적인 위치는 기본 위치가 아닌 작업자가 원하는 위치로 지정하는 것이 좋습니다. 프로젝트 파일이 저장될 위치를 지정하기 위해 [찾아보기] 버튼을 클릭합니다.

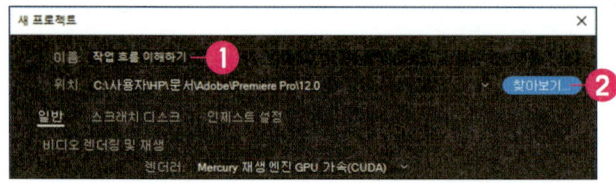

새 프로젝트가 저장될 경로 설정 창이 열리면 원하는 위치를 찾아준 후 찾은 위치에 새로운 폴더를 생성합니다. 그다음 생성된 폴더(이미 폴더가 있다면 해당 폴더)를 선택한 후 [폴더 선택] 버튼을 클릭하여 프로젝트가 저장될 위치를 설정합니다.

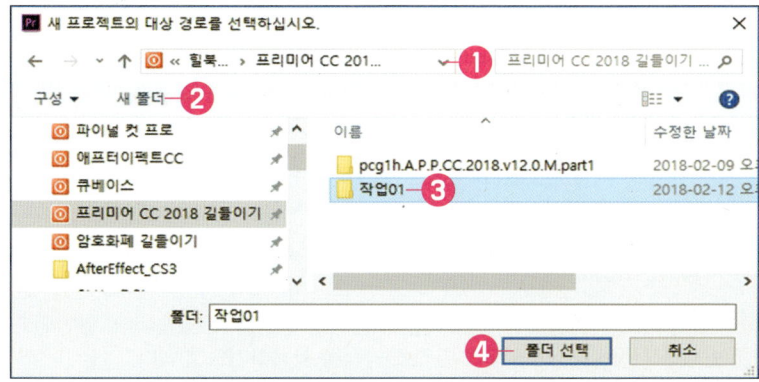

이제 새 프로젝트 창에서 [위치]를 보면 그림처럼 방금 지정된 위치로 바뀐 것을 알 수 있습니다. 이제 [확인] 버튼을 눌러 새 프로젝트를 생성합니다.

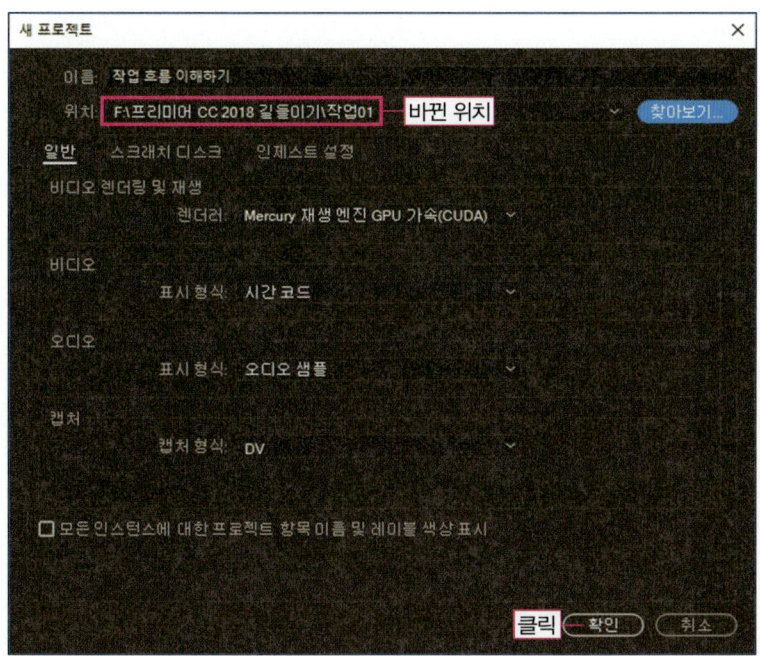

프로젝트 설정 창 살펴보기 – 일반

일반 설정 항목에서는 렌더 및 재생에 사용되는 엔진 설정과 비디오/오디오 표시 형식, 촬영된 영상을 동영상 파일로 생성하는 캡처에 대한 설정을 할 수 있습니다.

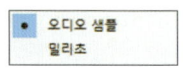

렌더러 작업 후 최종 파일을 만들거나 작업한 내용을 확인하기 위한 재생을 할 때 사용될 렌더 엔진을 선택할 수 있습니다. 일반적으로 사용 중인 PC의 그래픽 카드에 GPU 가속 칩이 사용되었다면 머큐리(Mercury) 재생 엔진 GPU 가속(쿠다 : CUDA) 방식을 사용하여 재생 속도를 향상시킬 수 있습니다.

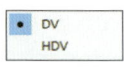

비디오 – 표시형식 비디오 작업 시간을 표시하는 시간자 단위를 설정할 수 있습니다. 일반적으로 시간:분:초:프레임(0:00:00:00) 단위로 사용되는 시간 코드(타임 코드) 방식으로 사용되며, 때에 따라 영화 편집을 위한 피트 + 프레임 16mm 또는 35mm 방식과 애니메이션 작업에 주로 사용되는 프레임 방식을 사용합니다.

오디오 – 표시형식 오디오 작업을 표시하는 시간자 단위를 설정할 수 있습니다. 일반적으로 오디오 샘플 방식을 사용하며, 때에 따라 밀리초 방식을 사용하기도 합니다.

캡처 16mm, 8mm, 6mm 등의 테이프로 촬영(녹화)된 영상을 프리미어 프로에서 편집할 수 있도록 디지털 방식의 동영상(비디오) 파일로 변환할 때 사용됩니다. 하지만 요즘은 테이프가 아닌 촬영된 영상이 곧바로 동영상 파일(클립)로 만들어지기 때문에 캡처 기능을 사용하지 않습니다.

프로젝트 설정 창 살펴보기 – 스크래치 디스크

스크래치 디스크 항목에서는 캡처된 비디오와 오디오, 편집 작업 후 미리보기(프리뷰)할 때 생성된 렌더 파일, 작업 중 자동으로 저장되는 프로젝트 파일, 다운로드 받은 라이브러리 그리고 애프터 이펙트에서 만들어진 모션 템플릿 파일이 저장될 위치(폴더)를 미리 설정할 수 있습니다. 기본적으로 이 경로들은 앞서 살펴본 프로젝트 파일이 저장되는 경로를 사용하게 됩니다.

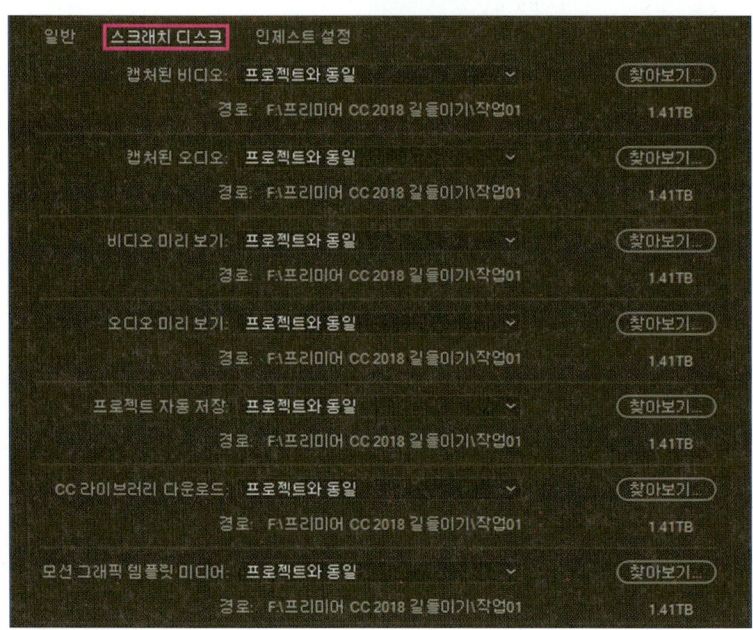

프로젝트 설정 창 살펴보기 – 인제스트 설정

인제스트 설정 항목에서는 작업에 사용되는 미디어(비디오, 오디오, 이미지) 파일들을 링크가 아닌 복사 방식으로 저장할 때 저장되는 파일들의 경로(폴더)를 미리 설정할 수 있습니다. 기본적으로 이 경로들도 앞서 살펴본 프로젝트 파일이 저장될 경로로 사용하지만 때에 따라 이동 및 관리하기 위해 외부(외장) 디스크에 저장하기도 합니다. 또한 인제스트를 사용하기 위해서는 어도비 미디어 인코더(Adobe Media Encoder)를 설치해야 합니다.

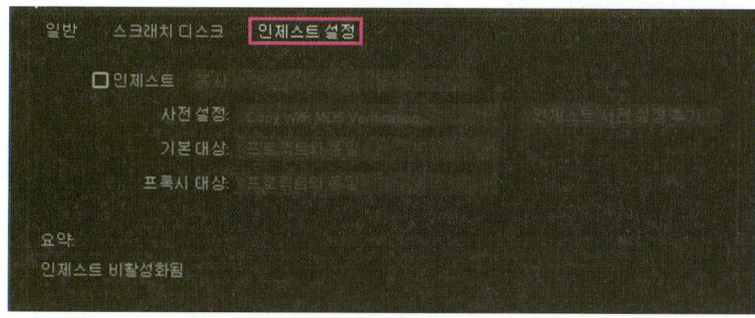

팁 & 노트 | 어도비 미디어 인코더에 대하여

어도비 미디어 인코더는 앞서 설명한 인제스트 파일을 생성하기 위해 사용되지만 일반적으로 프리미어 프로에서 작업한 내용을 미디어(비디오, 오디오) 파일로 출력(파일 만들기)하기 위해 사용됩니다. 미디어 인코더의 가장 큰 장점은 작업한 내용을 최종 출력할 때에도 프리미어 프로에서 다른 작업을 수행할 수 있다는 것입니다. 미디어 인코더를 사용하기 위해서는 프로그램을 별도로 설치해야 하는데, 다운로드는 프리미어 프로를 다운로드 받았던 어도비 웹사이트에서 합니다.

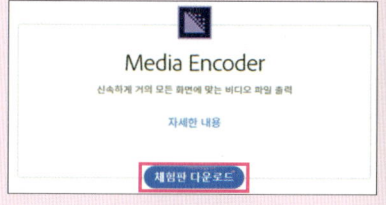 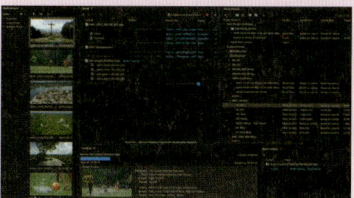

▲ 어도비 미디어 인코더 인터페이스

새로운 시퀀스 만들기

프로젝트를 만들었다면 다음으로 해당 실제 작업을 하기 위한 공간인 시퀀스(Sequence)를 만들어야 합니다. 시퀀스는 하나의 프로젝트에 반드시 하나 이상의 시퀀스를 사용해야 하며, 시퀀스는 사용되는 클립의 속성(비디오, 오디오 규격)에 맞게 설정해야 합니다. 새로운 시퀀스를 만들기 위해서는 [파일] – [새로 만들기] – [시퀀스] 또는 단축키 [Ctrl] + [N] 키를 누르면 되며, 프로젝트 패널 우측 하단에 있는

[새 항목] 아이콘을 클릭하면 나타나는 메뉴에서 [시퀀스]를 선택해도 됩니다.

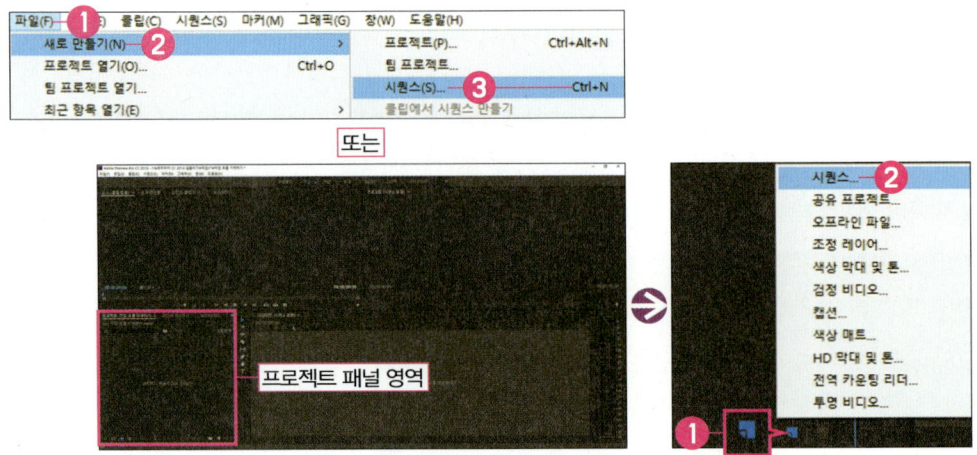

▲ 프리미어 프로 CC 인터페이스의 모습

시퀀스 설정 창 살펴보기 – 시퀀스 사전 설정

시퀀스 사전 설정 항목에서는 미리 설정된 다양한 비디오 규격을 선택할 수 있습니다. 일반적으로 작업에 사용되는 비디오 클립(파일)과 동일한 규격을 사용합니다. 예를 들어 [HDV 720p30]의 비디오 클립을 사용할 경우 해당 규격과 동일한 규격을 선택해야 한다는 것입니다.

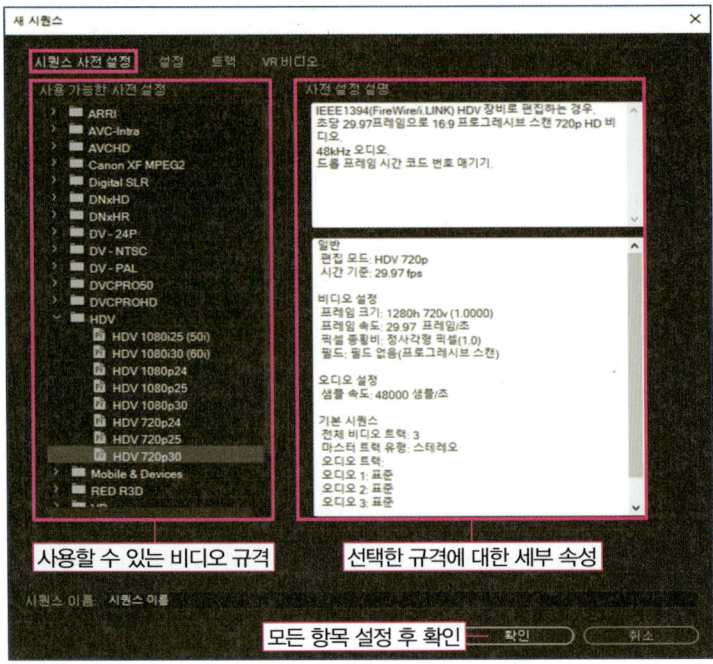

시퀀스 설정 창 살펴보기 – 설정

설정 항목에서는 앞서 시퀀스 사전 설정 항목에서 선택한 규격에 대한 포맷, 프레임 개수, 프레임 비율, 오디오 샘플 등과 같은 세부 속성을 설정할 수 있습니다.

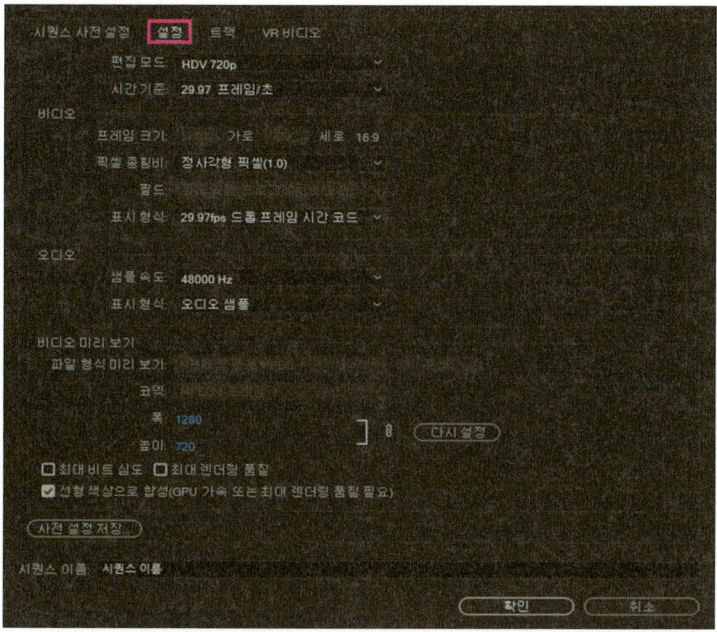

편집 모드 시퀀스의 비디오, 오디오에 대한 해상도, 화면 비율, 프레임 개수 등에 대한 규격 목록 중 작업에 사용되는 규격을 선택할 수 있습니다.

시간 기준 초당 사용되는 프레임 개수(Frame Rate)를 설정할 수 있습니다.

프레임 크기/픽셀 종횡비 화면의 가로/세로 크기와 비율을 설정할 수 있습니다.

필드/표시 형식(비디오) 아날로그 방식의 비디오 편집 시 사용되며, 필드(주사) 방식과 비디오에 대한 타임코드 형식을 설정합니다. 일반적으로 비디오는 30(29.97)프레임을 사용하며, 극장용 영화는 24프레임을 사용합니다.

채널 형식/샘플 속도 오디오 채널과 샘플링 품질을 설정합니다. DV급 음질은 44,100 Hz(헤르츠)이며, DVD급 음질은 48,000 Hz로 사용합니다.

표시 형식(오디오) 비디오에 대한 타임코드 형식을 설정합니다. 일반적으로 오디오는 오디오 샘플 방식을 사용합니다.

파일 형식 미리 보기/코덱 작업한 내용을 재생할 때의 형식과 압축 방식을 설정합니다.

폭/높이 미리 보기할 때의 가로/세로 크기(비율)를 설정합니다.

사전 설정 저장 설정된 속성(규격)을 저장합니다. 저장된 규격은 시퀀스 사전 설정 목록에 등록되어 지속적으로 사용할 수 있습니다.

시퀀스 이름 새로 생성되는 시퀀스의 이름을 입력합니다.

시퀀스 설정 창 살펴보기 – 트랙 및 VR 비디오

트랙 항목에서는 시퀀스(타임라인)에 사용한 비디오/오디오 트랙의 개수와 채널 등을 설정하며, VR 비디오 항목에서는 360 VR 작업을 하기 위한 설정을 할 수 있습니다. 사용하기 위해서는 투영을 [등장방형]으로 설정해야 합니다. 시퀀스 설정은 작업 중 재설정이 가능하며, VR 비디오에 대해서는 해당 학습 (343페이지)에서 보다 자세히 알아보도록 하겠습니다.

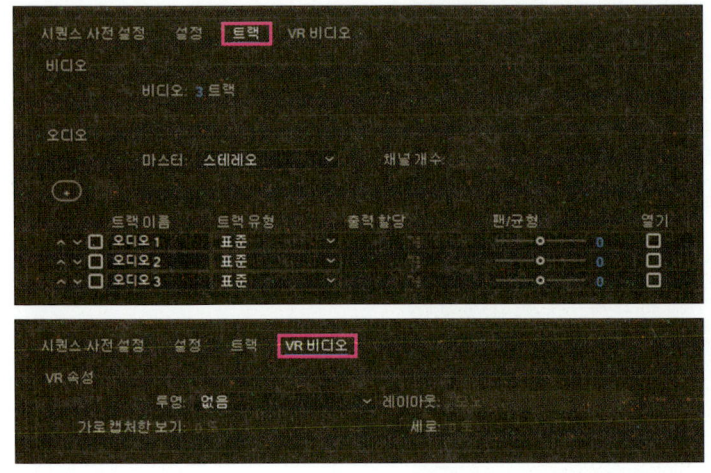

작업에 사용할 미디어(비디오, 오디오, 이미지) 클립 가져오기

작업을 하기 위해서는 가장 먼저 작업에 사용될 파일(클립)들을 프로젝트 패널로 가져와야 합니다. 참고로 프리미어 프로로 불러온 작업 소스, 즉 임포트 된 파일은 공식적으로 클립(Clip)이라고 합니다. 본 도서에서는 공식 명칭인 클립이라고 부를 것이며, 이러한 클립은 편집 작업을 위한 동영상(비디오), 사진(정지 이미지), 그림(일러스트), 음악(오디오) 등의 클립으로 구분됩니다.

메뉴 또는 단축키로 가져오기

작업에 사용할 클립(미디어 파일)을 가져오는 방법은 여러 가지가 있습니다. 먼저 풀다운 메뉴의 맨 왼쪽에 있는 [파일] – [가져오기] 메뉴를 클릭하여 선택해 봅니다. 그러면 파일을 불러올 수 있는 가져오기 창이 열리는데, 여기에서 작업에 사용될 미디어 클립이 있는 경로(폴더)를 찾아 원하는 클립을 선택한 후 [열기] 버튼을 누르면 됩니다. 일단 여기에서는 클립을 가져오지 말고 불러오기 창을 그냥 닫습니다. 보다 간편하게 가져오는 방법은 단축키를 사용하는 것인데, 메뉴 우측을 보면 [Ctrl] + [I]라고 표시된 것을 알 수 있습니다. 이것이 가져오기에 대한 단축키입니다. 이제 [Ctrl] + [I] 키를 눌러봅니다. 그러면 역시 가져오기 메뉴를 선택했을 때처럼 가져오기 창이 열립니다.

> **팁 & 노트** 클립을 가져오는 또 다른 방법들
>
> 클립을 가져오는 또 다른 방법은 프로젝트 패널의 빈 곳에서 오른쪽 마우스 버튼을 클릭하여 나타나는 메뉴에서 가져오기 메뉴를 선택하거나 프로젝트 패널의 빈 곳을 더블클릭하는 방법 그리고 폴더에서 직접 드래그하여 프로젝트 패널로 끌어오는 방법이 있습니다. 이 다양한 방법 중 여러분 취향이나 상황에 맞게 적절하게 이용하면 됩니다.

가져오기 창이 열리면 원하는 원하는 클립을 선택한 후 [열기] 버튼을 누릅니다. 일단 여기에서는 [**학습 자료**] - [**Video**] 폴더에 있는 몇 개의 클립들을 가져옵니다. 하나의 클립이 아닌 여러 개의 클립을 동시에 가져오고자 한다면 [Shift] 키 또는 [Ctrl] 키를 누른 상태에서 원하는 파일들을 선택하면 됩니다. 이렇게 가져온 클립들은 프로젝트 패널의 작업 목록으로 적용됩니다.

▲ 가져온 클립들

가져오기 창 오른쪽 하단의 [지원되는 모든 미디어]를 클릭하면 파일 형식들이 나타나는데, 이 형식들은 모두 프리미어 프로에서 사용, 즉 가져올 수 있는 미디어 파일(클립) 형식이라고 보면 됩니다. 그러므로 여기에서 볼 수 없는 파일 형식은 프리미어 프로가 인식하지 못하기 때문에 가져올 수 없습니다.

프로젝트 파일에 대하여

프리미어 프로에서 작업을 시작하기 위해 최초로 만들어지는 프로젝트 파일은 [.prproj]의 확장자(포맷)를 갖게 됩니다. 이 prproj 파일은 비디오, 오디오, 이미지 클립뿐만 아니라 프리미어 프로(하나의 프로젝트)에서의 작업 과정(정보)을 기록 및 보관하는 파일이라고 이해하면 됩니다. 여러분은 이 프로젝트 파일에 관해 알아야 할 중요한 몇 가지 사실이 있습니다. 우선적으로 프로젝트 패널로 가져온 미디어 클립들은 프로젝트에 저장되는 것이 아닙니다. 예를 들어 하나의 동영상 파일을 프로젝트 패널로 가져왔을 때 보기에는 가져온 동영상이 프로젝트의 일부로써 함께 저장되어있다고 생각하겠지만 사실은 단순히 원본 동영상 파일이 링크된 클립일 뿐이라는 것입니다. 그러므로 프로젝트 패널에 링크, 즉 가져온 파일의 원본이 있는 폴더에서 링크된 원본 파일을 삭제하거나 다른 폴더로 이동하게 되면 해당 프로젝트에서는 더 이상 링크된 동영상 파일을 사용할 수 없게 됩니다. 따라서 이러한 미디어 파일들은 하드디스크의 어디에 위치하고 있는지 항상 숙지하고 있어야 합니다.

이렇듯 클립을 가져오는 과정이 링크를 걸어주는 것과 같기 때문에 아무리 많은 클립들을 사용하더라도 prproj 파일의 크기는 그다지 증가하지 않습니다. 예를 들어 작업을 하기 위해 수 많은 동영상과 음악 파일을 가져온다고 했을 때 일반적으로 파일이 너무 커질까봐 걱정이 되겠지만 프리미어 프로에서는 이들 파일의 위치만 이용하여 필요할 때에만 링크하여 사용하기 때문에 용량의 걱정은 하지 않아도 된다는 것입니다. 이와 같이 파일을 링크하는 방식은 대부분의 동영상 편집 프로그램에서도 사용됩니다.

프리미어 프로(CC 2018 이상의 버전)를 사용하면서 숙지하고 있어야 할 또 다른 하나는 한번에 여러 개의 프로젝트 파일을 열어서 사용할 수 있다는 것입니다. 만약 특정 프로젝트를 열어놓고 작업하고 있는 상태에서 [파일] - [가져오기] 메뉴를 통해 프로젝트를 가져오게 되면 프로젝트 가져오기 창이 뜹니다. 이 창에서는 전체 프로젝트 또는 프로젝트에 사용된 시퀀스만 별도로 선택해서 가져올 수 있습니다. 물론 이것은 현재 작업 중인 프로젝트에 또 다른 프로젝트를 임포트할 수 있다는 것이지 동시에 두 개의 프로젝트를 열어준다는 것은 아닙니다. 참고로 시퀀스에 대해서는 해당 학습에서 자세히 살펴볼 것입니다.

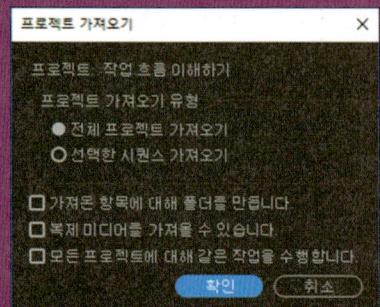

프로젝트 파일을 저장할 때의 팁

프리미어 프로에서처럼 여러 가지 창의력을 필요로 하는 작업에서는 작업을 적절한 시간에 저장하고 또 자주 저장하는 것이 중요합니다. 이것은 누가 가르쳐 주지 않아도 프로그램을 사용하다 보면 저절로 알게 되는 것이지만, 만약 작업하던 파일을 실수로 날려버렸는데 복사본이 없다면 시간적으로나 정신적으로 큰 손실입니다. 이처럼 작업 중인 파일을 저장하는 것은 프리미어 프로와 같은 프로그램들을 사용할 때 매우 중요하며, 관련된 여러 저장 기능들에 대해 알아놓는 것이 좋습니다.

먼저 알려드릴 팁은 파일 메뉴에 있습니다. 파일 메뉴를 보면 [복사본 저장] 메뉴가 있습니다. 필자가 작업을 할 때는 언제나 이 저장 옵션을 사용합니다. 이 메뉴를 선택하면 현재 작업 중인 프로젝트 이름 뒤에 [복사]란 글자가 붙으면서 프로젝트 파일이 저장됩니다. 예를 들어 "제목없음.prproj" 프로젝트를 복사본 저장으로 저장하게 되면 "제목없음 복사.prproj"란 이름의 파일이 생성됩니다. 여기에서 만약 다시 한번 이 메뉴를 선택하게 되면 앞서 저장되었던 프로젝트 복사본 위에 덮어 씌워지게 됩니다. 이러한 방법은 저장한 프로젝트가 잘못되어 이전의 작업 내용으로 다시 돌아가고자 했을 때나 원본 프로젝트 파일이 손상되었을 때 매우 유용합니다.

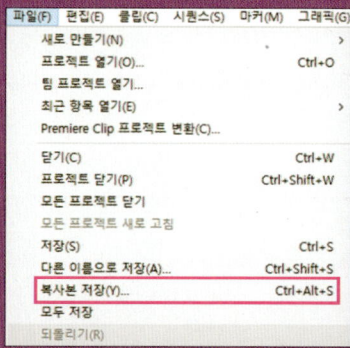

그밖에 일반적으로 사용하는 저장 메뉴는 [저장]하기인데, 단축키 [Ctrl] + [S]를 주로 사용하며, 새로운 이름으로 저장하기 위해서는 [다른 이름으로 저장] 메뉴를 사용합니다. 또한 [모두 저장] 메뉴는 현재 열려있는 모든 프로젝트가 한꺼번에 저장됩니다.

프리미어 프로에서는 방금 살펴본 저장 방법 이외에 또 다른 저장 방법도 사용합니다. 이 방법은 정해진 시간이 되면 자동으로 작업 내용이 저장되는 것인데, 해당 기능은 [편집] – [환경 설정] 메뉴에서 찾아볼 수 있습니다. 편집 메뉴의 경우 프리미어 프로의 작업 환경 설정에 대한 옵션으로 저장에 관한 설정은 [자동 저장] 섹션 항목에서 이루어집니다.

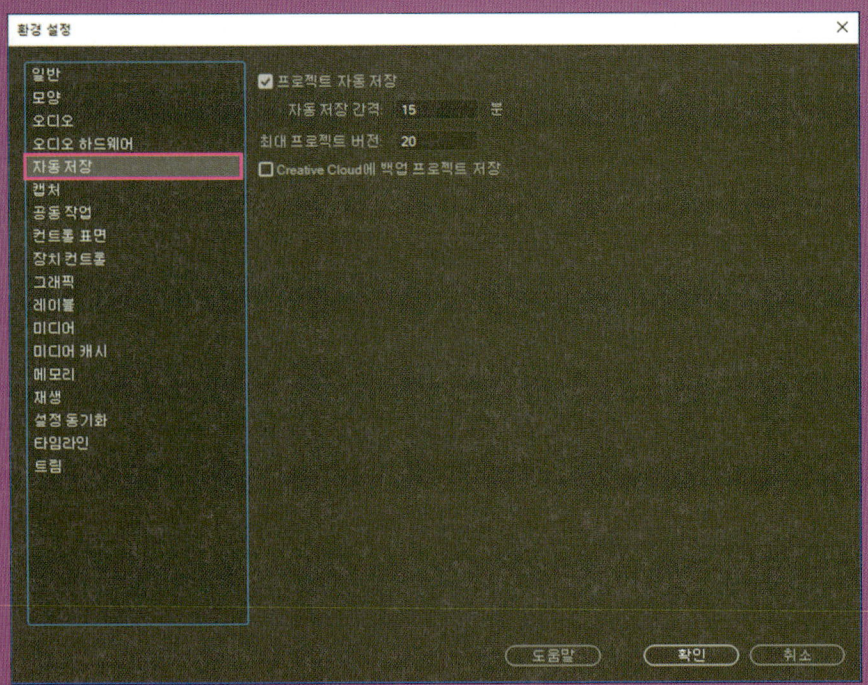

프리미어 프로의 자동 저장 항목에서는 굳이 여러분이 직접 일일이 저장하지 않아도 설정된 시간 간격에 맞게 자동적으로 파일을 저장할 수 있는 프로젝트 자동 저장 기능을 제공합니다. 이 기능 옵션을 체크하게 되면 얼마나 자주 파일을 자동으로 저장할 것인지에 대한 간격을 [자동 저장 간격]에서 분 단위로 설정할 수 있으며, [최대 프로젝트 버전]에서는 몇 개의 파일을 돌아가며 자동 저장할 것인지를 결정합니다. 만약 이 값이 5로 설정되어있다면 해당 프로젝트를 저장할 파일 프로젝트 파일을 5개를 만들어 설정된 시간 간격마다 돌아가면서 저장될 수 있도록 해 줍니다. 이것으로 자동 저장을 5번 실행하고 6번째 실행할 때에는 처음에 자동 저장되었던 프로젝트 파일에 지금 작업한 내용이 덮어씌워지는 것입니다. 참고로 [Creative Cloud에 백업 프로젝트 저장] 옵션을 체크하면 하드디스크가 아닌 어도비 웹사이트의 클라우드 공간에 프로젝트 파일이 저장됩니다. 하지만 이 기능은 항상 인터넷 환경이 활성화되어있어야 하기 때문에 즐겨 사용되지는 않습니다. 이와 같은 여러 저장 옵션들이 여러분의 작업에 많은 도움이 되길 바랍니다.

시퀀스 생성하기

앞서 불러온 비디오 클립을 가지고 작업을 하기 위해서는 먼저 하나의 시퀀스(Sequence)을 생성해야 합니다. 시퀀스를 생성하는 방법은 앞선 학습에서 살펴보았지만 이번에는 다른 방법을 이용하여 생성해 보겠습니다. 프로젝트 패널에 적용된 클립 중 하나를 드래그 & 드롭하여 오른쪽 [미디어를 여기로 끌어 시퀀스를 생성합니다]라고 쓰여있는 곳으로 갖다 놓습니다. 그러면 드래그해 놓은 클립이 새로 생성된 시퀀스에 적용되며, 위쪽 프로그램 모니터에 적용된 클립의 모습이 나타납니다. 참고로 새로 생성된 시퀀스의 규격은 적용된 비디오 클립의 규격(가로세로 크기, 프레임 개수 등)에 맞게 자동으로 설정됩니다.

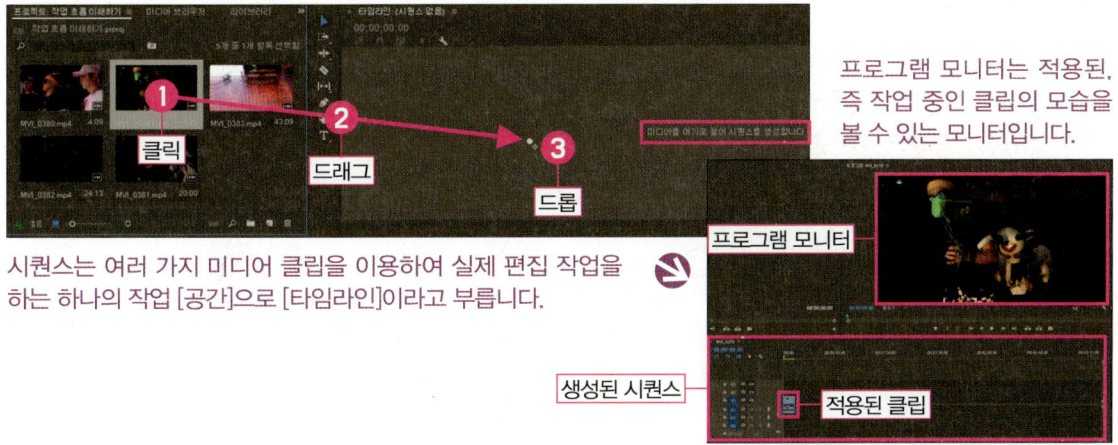

팁 & 노트 | 클릭 & 드래그와 드래그 & 드롭에 대한 이해

클릭 & 드래그와 드래그 & 드롭에서 클릭은 마우스 왼쪽 버튼을 눌러 무언가 대상을 선택하는 행위이고, 드래그는 선택된 대상을 끌어주는 행위이며, 드롭은 끌어온 대상을 특정 곳에 놓는 행위를 말합니다. 일종의 끌어다 놓기라고 이해하면 될 것입니다.

시퀀스는 한 프로젝트에서 여러 개를 생성하여 작업을 할 경우도 있는데, 만약 앞선 방법이 아닌 다른 방법으로 새로운 시퀀스를 만들어주고자 한다면 프로젝트 패널 우측 하단의 [새 항목] 아이콘 버튼을 클릭하여 나타나는 메뉴 중 맨 위쪽에 있는 [시퀀스] 메뉴를 선택하거나 풀다운 메뉴의 [파일] - [새로 만들기] - [시퀀스] 메뉴 또는 단축키 [Ctrl] + [N]을 사용하면 됩니다.

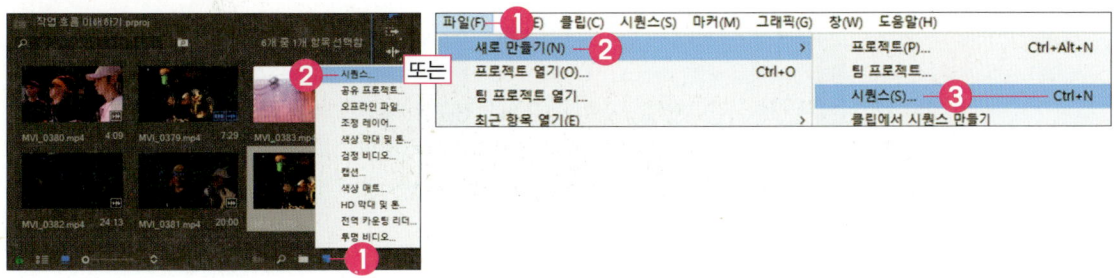

편집(트리밍)하기와 이펙트 적용하기

시퀀스, 즉 타임라인에 편집할 클립을 갖다 놓았다면 이제 적용된 클립의 장면 중 불필요한 장면을 편집을 해야 합니다. 이러한 편집을 트리밍(Trimming)이라고 하며, 편집 후에는 장면에 효과(Effect)를 적용하여 변화를 주게 됩니다. 물론 장면에 반드시 효과를 적용해야 하는 것은 아니지만 일반적으로 장면의 색상, 밝기, 채도 등의 색 보정 작업을 위해서라도 효과는 사용하기 때문에 효과를 적용하고, 설정하는 방법에 대해서는 알아두어야 할 것입니다.

간단한 편집하기 – 불필요한 장면 자르기

이제 앞서 적용한 클립에서 불필요한 장면을 편집해보도록 하겠습니다. 먼저 장면을 확대해주기 위해 타임라인(시퀀스 공간) 좌측 하단에 확대/축소 기능을 이용하여 작업하기 좋은 상태로 확대를 해줍니다. 그다음 클립의 아웃 포인트(끝점)를 클릭 & 드래그하여 그림처럼 왼쪽으로 이동합니다. 그러면 이동된 거리만큼 장면이 잘려지는데, 이것을 트리밍(Trimming) 편집이라고 합니다. 이때 프로그램 모니터에서는 편집되는 장면을 확인할 수 있기 때문에 원하는 장면을 정확하게 편집할 수 있습니다.

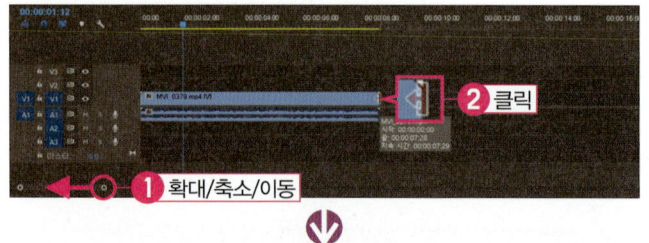

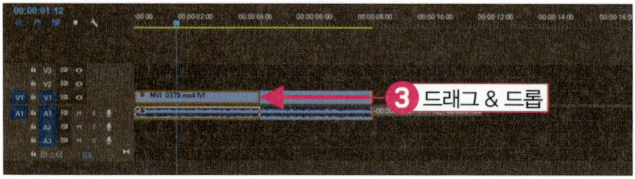

지금의 편집 작업에서는 특별히 정해진 편집점이 없기 때문에 여러분이 원하는 장면으로 편집을 하면 됩니다.

팁 & 노트   시퀀스와 타임라인에 대하여

영화에서의 시퀀스(Sequence)는 여러 장면(Scene)이 합쳐진 것을 말하지만 프리미어 프로에서의 시퀀스는 하나의 편집 작업을 구분하기 위해 사용되는 공간을 말합니다. 이러한 시퀀스는 하나의 프로젝트에서 실제 작업을 하는 공간이며, 이 시퀀스 공간을 타임라인(Timeline)이라고 합니다. 시퀀스 공간의 규격은 사용되는 파일(클립)이나 최종적으로 파일을 만들 때, 즉 출력할 때의 렌더 설정에 따라 달라지며, 하나의 프로젝트를 수행하는데 있어 하나의 시퀀스를 사용하는 경우도 있지만 대부분 하나 이상의 시퀀스를 만들어 각각의 장면들을 분산(구분)하여 작업을 하게 됩니다. 참고로 시퀀스는 편집을 위한 일반 미디어 클립처럼 사용되기도 합니다. 이 부분에 대해서는 해당 레슨에서 살펴볼 것입니다.

계속해서 이번에는 클립의 인 포인트(시작점)를 클릭 & 드래그하여 시작 장면을 기준으로 불필요한 장면을 편집해줍니다. 그러면 편집된 시작점 구간이 빈 영역으로 남게 됩니다.

시작점 편집 후 생긴 빈 영역을 메우기 위해 클립의 가운데 부분을 클릭 & 드래그하여 빈 영역으로 이동합니다.

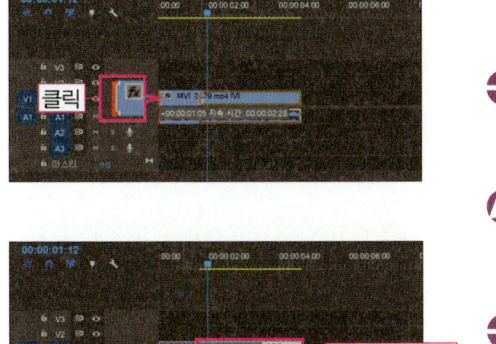

클립을 이동할 때는 클립의 시작점과 끝점이 아닌 클립의 가운데 부분을 선택해야 한다는 것을 명심하기 바랍니다.

팁 & 노트 편집이란?

편집이란 화려한 장식(효과)이 아닌 불필요한 장식(장면)을 제거하여 있는 그대로의 모습을 전달하기 위한 작업입니다.

같은 방법으로 나머지 클립도 타임라인에 적용하여 원하는 장면만 남도록 편집(트리밍)한 후 앞서 편집한 클립 뒤쪽에 차례대로 배치합니다. 이때 클립의 길이가 각각 다르므로 타임라인을 확대/축소해 가며 편집을 하면 됩니다.

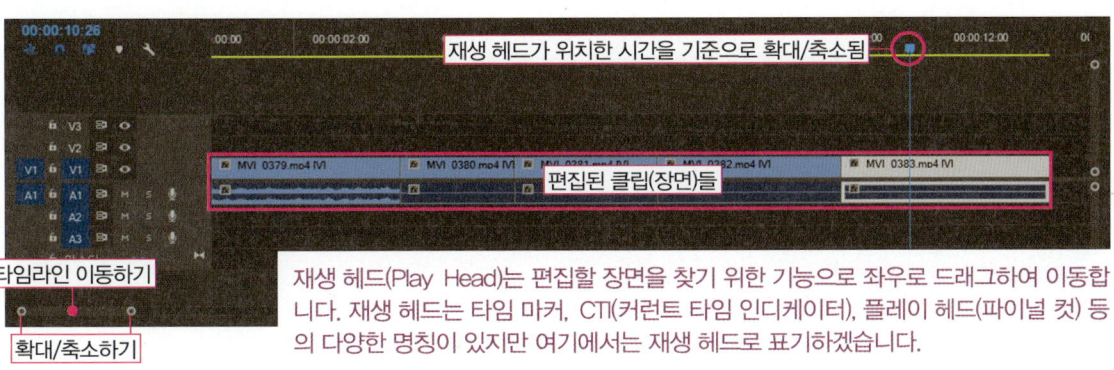

재생 헤드(Play Head)는 편집할 장면을 찾기 위한 기능으로 좌우로 드래그하여 이동합니다. 재생 헤드는 타임 마커, CTI(커런트 타임 인디케이터), 플레이 헤드(파이널 컷) 등의 다양한 명칭이 있지만 여기에서는 재생 헤드로 표기하겠습니다.

이펙트(효과) 적용하기 – 간단한 색 보정하기

기본 편집이 끝났다면 이제 효과를 적용하여 클립, 즉 장면에 변화를 주도록 하겠습니다. 효과를 사용하기 위해서는 프로젝트 패널 우측 상단에 있는 [»] 모양의 플라이 아웃 메뉴에서 숨겨진 패널보기 아이콘을 클릭한 후 [효과] 패널을 선택면 됩니다.

효과 패널을 보면 오디오 및 비디오에 대한 다양한 효과 목록들이 있습니다. 일단 비디오 효과 폴더를 열고, 색상 교정 폴더 안에 있는 색상 균형(HLS) 효과를 클릭 & 드래그하여 타임라인에 있는 첫 번째 비디오 클립 위로 갖다 놓습니다.

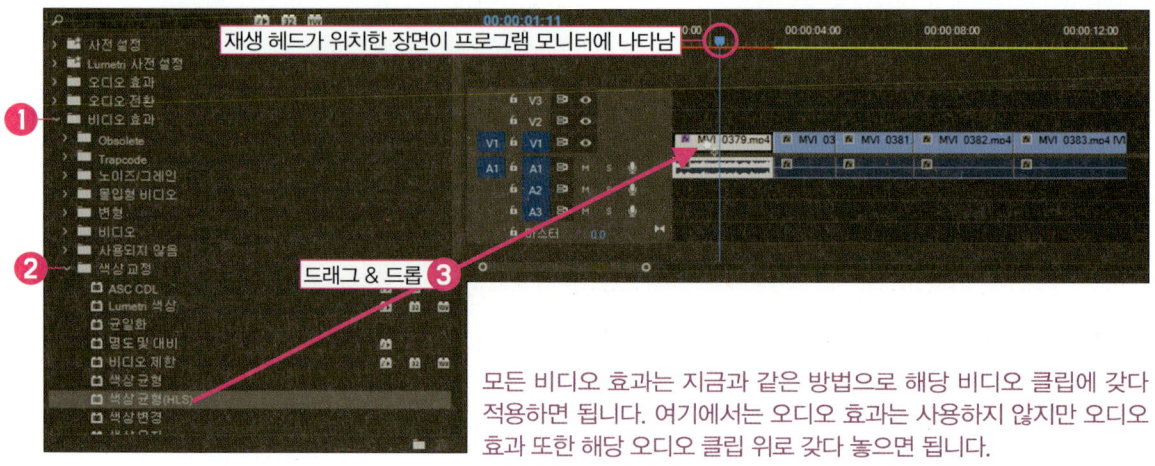

모든 비디오 효과는 지금과 같은 방법으로 해당 비디오 클립에 갖다 적용하면 됩니다. 여기에서는 오디오 효과는 사용하지 않지만 오디오 효과 또한 해당 오디오 클립 위로 갖다 놓으면 됩니다.

효과 설정하기

효과가 적용되면 적용된 효과에 대한 세부 설정을 해야 합니다. 앞서 적용한 색상 균형 효과는 장면의 색상, 밝기, 채도에 대한 설정을 할 수 있습니다. 효과 설정을 하기 위해 효과가 적용된 클립을 선택한 후 프리미어 프로 인터페이스 좌측 상단의 [효과 컨트롤] 패널을 선택합니다. 그다음 앞서 적용한 [색상 균형] 효과를 열어보면 색조, 밝기, 채도를 설정할 수 있는 옵션들이 있는 것을 알 수 있습니다.

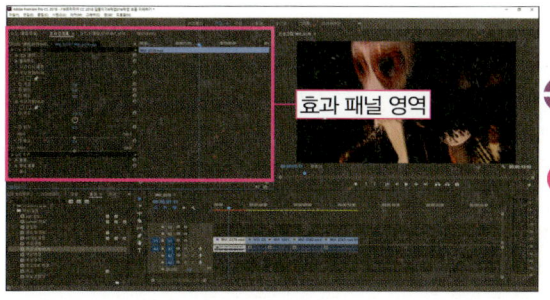
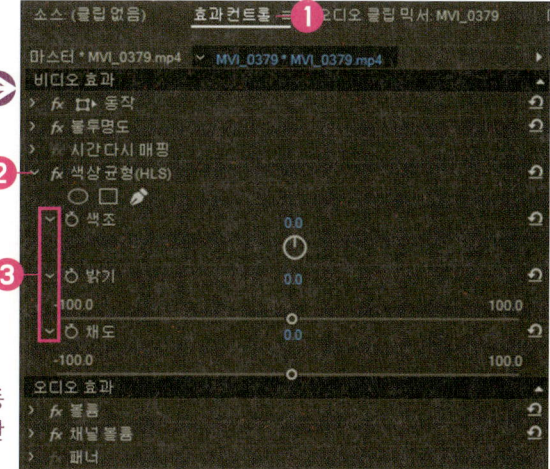

▲ 프리미어 프로 CC 인터페이스의 모습

효과 컨트롤 패널에서는 기본적으로 장면에 모션을 주는 동작, 투명도 설정을 위한 불투명도, 오디오 볼륨 설정을 위한 오디오 효과 항목이 제공됩니다.

먼저 색조에 대한 설정을 해보도록 하겠습니다. 파란색 파라미터 수치 값에서 클릭 & 좌우로 드래그하여 값을 변경해보면 프로그램 모니터에서 변화되는 결과를 확인할 수 있습니다. 계속해서 채도에 대한 파라미터 값을 설정하기 위해 이번엔 수치 값이 아닌 아래쪽 조정 슬라이더를 좌우로 이동해봅니다. 그러면 역시 채도 값이 변경되며, 프로그램 모니터에서 변화되는 결과를 확인할 수 있습니다.

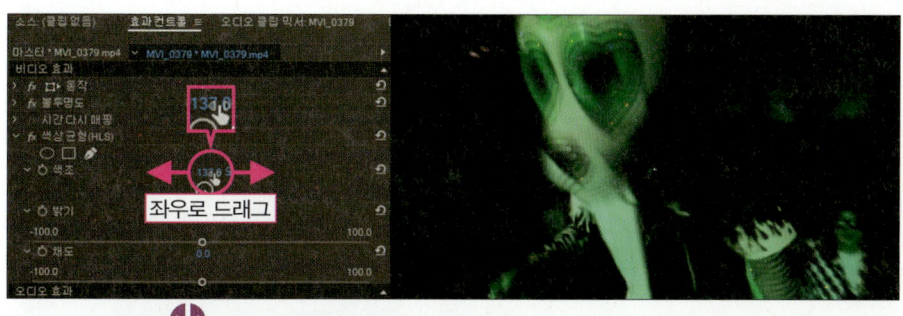

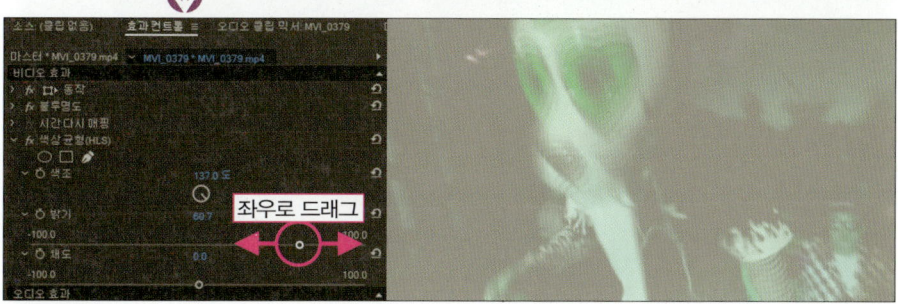

모든 효과 옵션에 대한 파라미터(변수) 값은 수치 값을 클릭하여 직접 원하는 수치로 입력할 수도 있습니다.

파라미터 값 초기화하기

이번에는 컬러로 된 장면을 흑백 영상으로 만들어보기 위해 일단 앞서 설정한 색조와 밝기 값을 원래의 값, 즉 초기 값으로 되돌려줍니다. 직접 설정 값을 조절하여 초기 값으로 해줄 수도 있지만, 각 파라미터 우측에 있는 매개 변수 재설정(Reset) 아이콘을 클릭하면 한번에 초기 값으로 되돌려줄 수 있습니다.

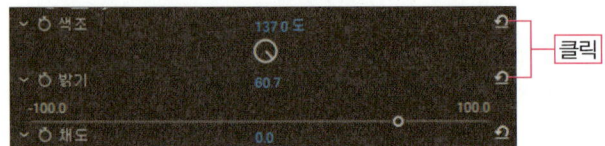

효과 패널에 있는 모든 항목의 파라미터 값은 매개 변수 재설정을 통해 초기 값으로 복귀할 수 있습니다.

흑백 영상 만들기 - 정지 영상

컬러 영상을 흑백 영상으로 만드는 것은 프리미어 프로와 같은 동영상 편집 프로그램에서 흔히 하는 작업입니다. 흑백 영상을 표현할 수 있는 방법도 여러 가지이지만 이번에는 앞서 적용한 색상 균형(HLS) 효과에서 표현해 보도록 하겠습니다. 효과 컨트롤 패널에서 채도 값을 설정해봅니다. 그러면 수치가 낮아질수록 채도가 낮아져 흑백 영상에 가까워진다는 것을 알 수 있습니다.

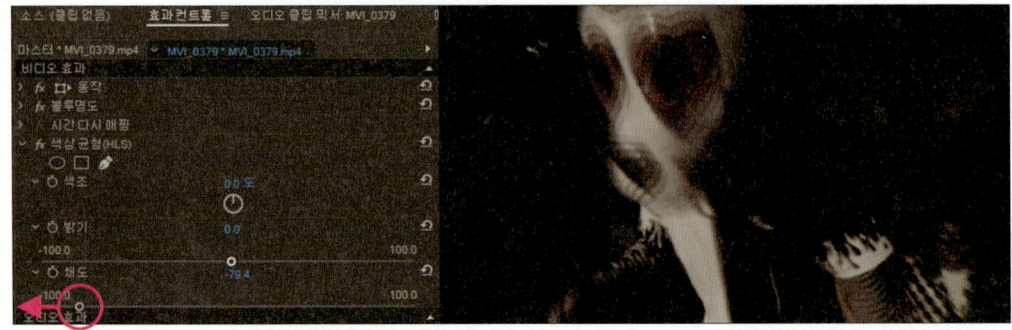

흑백 영상 만들기 - 시간에 따라 변하는 영상(키프레임 애니메이션)

이번에는 단순히 전체 클립이 흑백으로 보이는 영상이 아닌 시간에 따라 서서히 컬러에서 흑백 또는 흑백에서 컬러로 바뀌는 장면을 표현해보도록 하겠습니다. 이 작업을 하기 위해서는 제법 난이도가 높은 키프레임(Keyframe)을 이용해야 합니다. 키프레임 애니메이션 작업을 하기 위해 먼저 애니메이션이 시작되는 시간으로 재생 헤드를 이동합니다. 여기에서는 시퀀스의 타임라인이 아닌 효과 컨트롤의 타임라인에 있는 재생 헤드를 왼쪽으로 이동하여 시작 프레임으로 이동합니다. 그다음 [채도] 값을 [100]으로 설정한 후 [애니메이션 켜기/끄기]를 클릭하여 키프레임을 생성합니다.

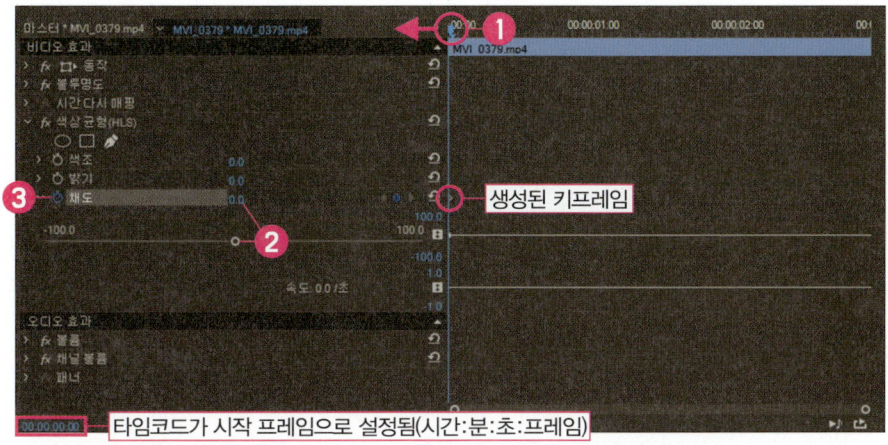

이번 학습에서는 1초동안 컬러에서 흑백으로 바뀌는 장면을 표현할 것입니다.

계속해서 시간(재생 헤드)을 1초로 이동한 후 [채도] 값을 [-100]으로 설정하여 흑백 영상으로 만들어줍니다. 그러면 1초 지점에 새로운 키프레임이 추가되며, 타임라인 그래프는 그림처럼 살짝 아래로 내려가는 모습이 됩니다. 이것은 즉 채도가 100이었다가 1초동안 -100으로 떨어진다는 것을 의미합니다.

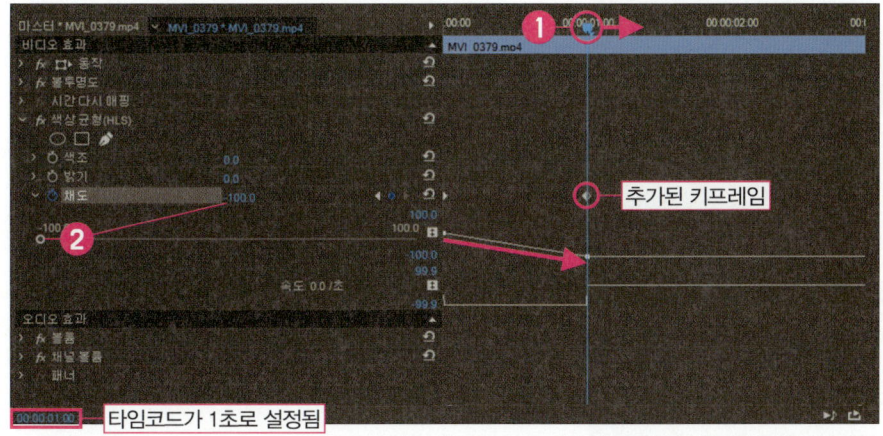

프리뷰

작업 흐름 이해하기 **055**

키프레임을 생성하기 위한 애니메이션 켜기/끄기 아이콘은 한번 켜놓으면, 다시 끌 때까지 계속 활성화된 상태이기 때문에 시간을 옮기고, 효과 값에 변화를 주었을 때 해당 시간에 새로운 키프레임이 추가됩니다. 여기에서 만약 애니메이션 켜기/끄기 아이콘을 다시 한번 클릭하게 되면 모든 키프레임은 제거되어 더 이상 애니메이션은 표현되지 않게 됩니다.

작업한 내용 확인을 위한 재생(Play)하기

작업을 했다면 작업한 내용을 확인하기 위해 재생을 해보아야 할 것입니다. 프리미어 프로에서는 몇 가지 방법을 통해 재생을 할 수 있습니다. 먼저 시퀀스 타임라인에 있는 [재생 헤드]를 좌우로 이동하여 확인해 보는 방법이 있습니다. 하지만 이 방법은 실제 재생 속도로 볼 수 없기 때문에 주로 편집 작업을 할 때 사용합니다.

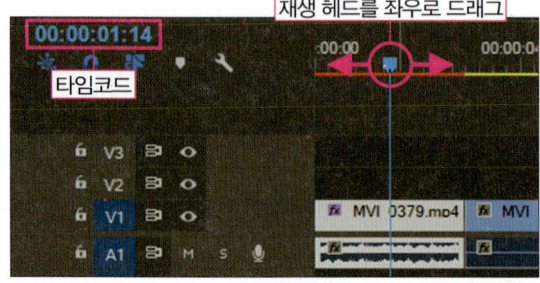

재생 헤드가 이동되는 시간을 표시하는 타임코드(시퀀스 타임라인의 타임코드)는 전체 작업 시간을 확인할 수 있습니다.

또 다른 재생 방법은 스페이스바(Spacebar)를 누르는 것입니다. 재생 헤드를 재생하고자 하는 지점(시간)으로 이동한 후 [스페이스바]를 눌러봅니다. 그러면 재생 헤드가 있는 곳을 시작으로 재생됩니다.

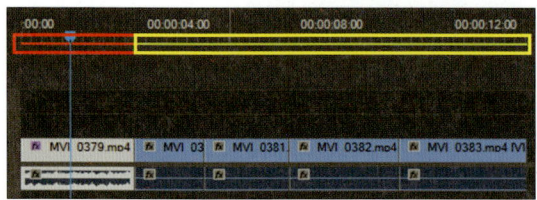

빨간색 영역은 렌더 프리뷰가 필요한 영역이며, 노랑색 영역은 컴퓨터, 즉 그래픽 카드(GPU – CUDA)를 통해 정상적인 재생이 가능한 영역입니다.

그러나 문제는 스페이스바를 눌러 재생했을 때 정상적인 속도로 재생이 되느냐는 것입니다. 현재 타임라인 상단 시간자 부분에 빨간색과 노란색의 선이 있는데, 여기서 빨간색은 원본 비디오 클립에 효과를 적용하여 변화된 지점을 뜻합니다. 쉽게 말해 빨간색 영역은 정상적인 속도록 재생되지 않는 다른 것을 의미합니다. 물론 많은 효과를 적용하지 않았다면 컴퓨터 성능으로도 충분히 정상적인 속도로 재생이 가능하지만 컴퓨터 성능이 떨어진다면 버벅거리면서 재생이 될 것입니다.

그래픽 가속 엔진 쿠다(CUDA)에 대하여

프리미어 프로의 일부 효과는 정상적인 속도(렌더)로 재생하기 위해 인증된 그래픽 카드의 처리 기술을 활용할 수 있습니다. 프리미어 프로와 같은 동영상 편집 프로그램에서는 고성능 머큐리(Mercury) 재생 엔진인 쿠다(CUDA) 기술을 활용하여 보다 향상된 속도로 재생을 할 수 있도록 도와줍니다. 자신이 사용하는 PC의 그래픽 카드가 CUDA 기술이 지원되는지 확인 및 설정하기 위해서는 [파일] □ [프로젝트 설정] □ [일반] 메뉴를 선택한 후 열린 창에서 [비디오 렌더링 및 재생] 항목의 렌더러를 [Mercury 재생 엔진 GPU 가속(CUDA)]으로 설정해야 합니다. 쿠다 가속 엔진을 사용하면 보다 향상된 렌더 및 재생 속도를 느낄 수 있습니다.

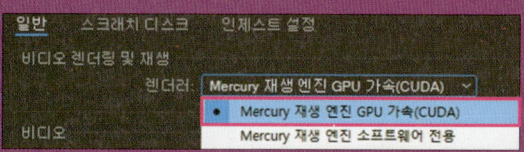

앞서 언급했듯 시간자에 표시된 노란색 선은 그래픽 카드가 CUDA 기술을 지원하기 때문에 정상적인 속도로 재생이 가능한 영역을 의미합니다. 그렇다면 문제가 있는 빨간색 영역을 정상적인 속도로 재생하기 위해서는 어떻게 해야 할까요? 그것은 먼저 여러분이 사용하는 PC의 그래픽 카드가 CUDA 엔진이 지원되는지 확인한 후 CUDA가 지원되지 않은 그래픽 카드를 사용하고 있다면 CUDA가 지원되는 그래픽 카드로 교체해야 합니다.

자신이 사용하는 PC의 그래픽 카드를 확인하기 위해서는 윈도우 검색기에서 [장치 관리자]를 입력하여 장치 관리자 창을 열어준 후 디스플레이 어댑터를 열어 확인해 보면 되며, 프리미어 프로에서 CUDA 기술을 활용할 수 있는 인증된 그래픽 카드 목록은 어도비 웹사이트에서 [프리미어 프로 시스템 요구 사항] 검색어로 찾아 볼 수 있습니다.

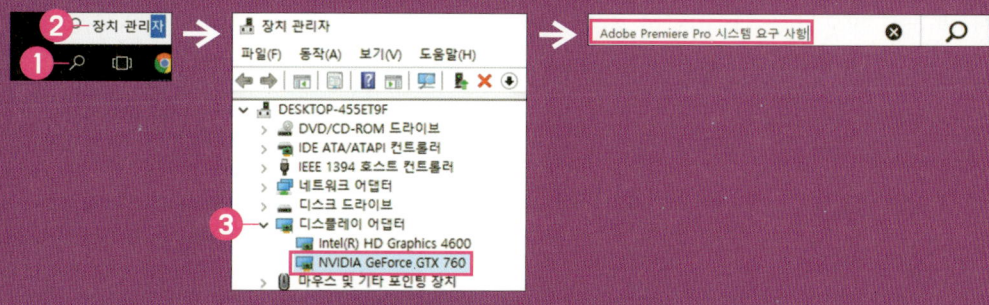

마지막 재생 방법으로는 [엔터] 키를 누르는 것입니다. 재생 헤드를 재생할 위치에 갖다 놓고 [엔터] 키를 누릅니다. 그러면 렌더링 창이 열리고, 렌더링 진행 상태를 보여주며, 렌더링이 끝나면 자동으로 재생이 시작됩니다. 이때 앞서 빨간색이었던 영역은 초록색으로 바뀌게 됩니다.

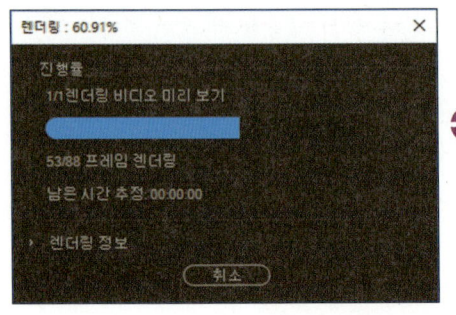 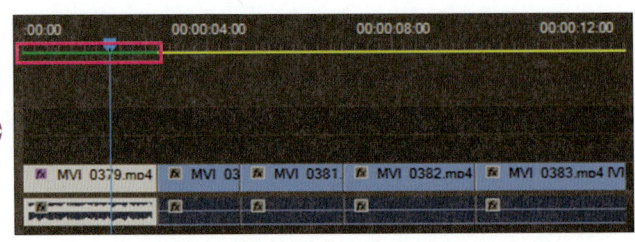

바뀐 초록색 영역은 이제 렌더 프리뷰, 즉 정상적인 속도로 재생될 수 있음을 의미합니다.

엔터 키를 통해 생성된 렌더 프리뷰 장면 찾기

앞서 빨간색 영역을 정상적인 속도로 재생하기 위해 엔터 키를 눌러 렌더 프리뷰를 하였습니다. 이때 생성된 파일은 비디오/오디오 미리 보기 파일로 별도 저장됩니다. 이것은 프리미어 프로에서 정상적으로 재생하기 위한 링크 파일이라고 이해하면 됩니다. 이 렌더 프리뷰 파일을 확인 및 제거하기 위해서 [파일] - [프로젝트 설정] - [스크래치 디스크] 메뉴를 선택해 봅니다. 그러면 앞선 학습에서 살펴본 프로젝트 설정 창이 열리는데, 이 설정 창에서 [비디오/오디오 미리 보기]를 보면 경로가 프로젝트와 동일하게 되어있는 것을 확인할 수 있습니다.

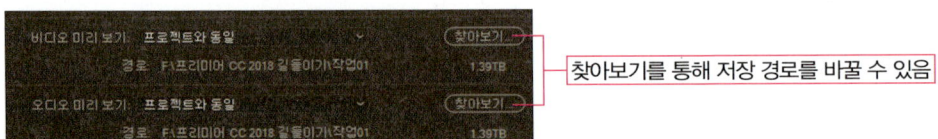

이제 비디오/오디오 미리 보기 경로를 찾아 들어가 봅니다. 해당 경로(폴더)로 들어가다 보면 프리미어 프로에서 자동 저장되는 4개의 폴더가 나타날 것입니다. 이 폴더 중 [Adobe Premiere Pro Video Previews] 폴더 안에는 해당 프로젝트 이름의 폴더가 있으며, 해당 이름의 폴더로 들어가 보면 앞서 렌더 프리뷰를 통해 저장된 비디오 파일을 확인할 수 있습니다.

  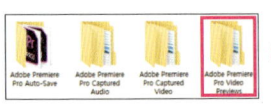   

◀ 렌더 프리뷰된 파일들

이 파일들이 바로 실시간 재생이 가능하도록 하는 프리뷰 파일이며, 엔터 키를 누를 때마다 새로운 파일이 생성됩니다. 만약 모든 작업이 끝났다면 이 파일은 불필요하므로 [Delete] 키를 눌러 삭제하면 되지만, 작업이 끝나지 않았다면 가급적 삭제해서는 안됩니다. 그것은 작업 중 삭제하면 이 구간(장면)을 다시 렌더를 해야 하기 때문입니다.

정지 애니메이션을 위한 키프레임 만들기

키프레임을 사용한다는 것은 키프레임에 포함된 정보(속성) 값을 통해 변화를 주기 위한 것이지만 때론 특정 구간, 즉 시간 동안 아무런 변화가 생기지 않도록 정지 장면(애니메이션)을 표현하기 위해서도 사용됩니다. 정지 애니메이션을 위한 키프레임 생성은 앞쪽에 있는 키프레임 속성 값과 동일한 키프레임을 만들어주면 되는데, 정지하고자 하는 시간으로 재생 헤드를 이동한 후 [키프레임 추가/제거] 아이콘을 클릭합니다. 그러면 앞쪽 키프레임 속성 값과 동일한 값의 키프레임이 추가됩니다. 이것으로 두 키프레임 구간 동안에는 아무런 변화가 생기지 않게 됩니다.

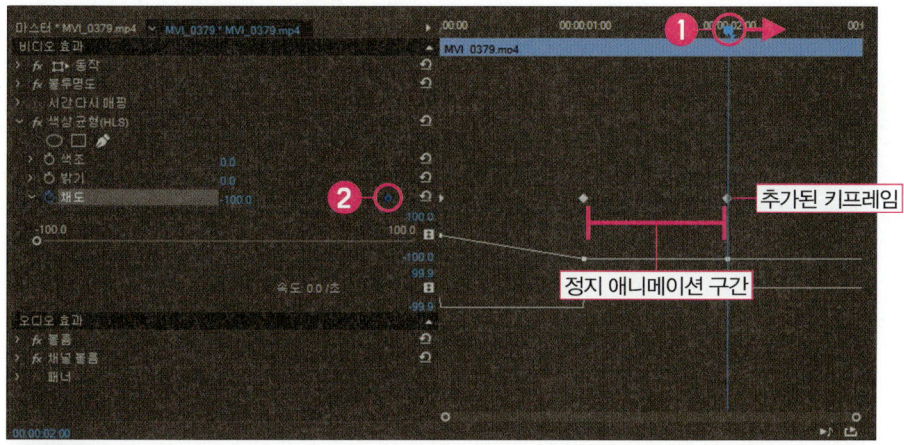

특정 키프레임의 속성 값을 수정하기 위해서는 먼저 수정하고자 하는 키프레임으로 재생 헤드가 위치해있어야 합니다. 물론 직접 드래그하여 원하는 키프레임으로 갖다 놓을 수 있겠지만 [이전 키프레임]과 [다음 키프레임] 아이콘을 이용하면 보다 쉽고 정확하게 원하는 키프레임으로 이동할 수 있습니다.

이전/다음 키프레임으로 이동하기

장면전환 효과 적용하기

장면전환(트랜지션) 효과는 비디오 효과와는 다르게 각 장면과 장면이 바뀔 때 표현하는 효과입니다. 장면전환 효과를 적용하기 위해 효과 패널에서 비디오 전환 폴더를 열어줍니다. 여기에서는 일단 [3D 동작] 폴더를 열고 [뒤집기] 효과를 클릭 & 드래그하여 타임라인에 있는 첫 번째 클립과 두 번째 클립 사이에 갖다 놓습니다. 이렇듯 장면전환 효과는 비디오 효과와는 다르게 클립 자체가 아닌 연결된 클립과 클립 사이에 적용해야 합니다.

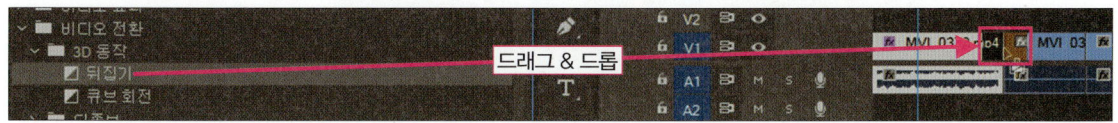

장면전환 효과가 적용된 구간을 확인(재생)하기 위해 재생 헤드를 장면전환 효과 구간에서 좌우로 드래그해보면 방금 적용된 장면전환 효과가 어떤 효과인지 알 수 있습니다.

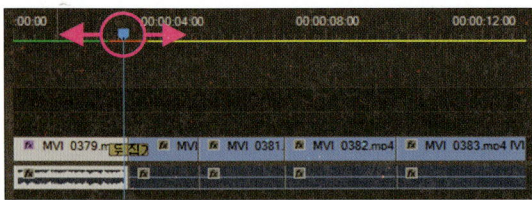
장면전환 효과가 적용된 구간 역시 빨간색 영역으로 표시됩니다. 즉 렌더 프리뷰를 통해야만 실시간 재생이 가능하다는 의미입니다. 앞서 학습한 것처럼 엔터 키를 누르면 됩니다.

프리뷰

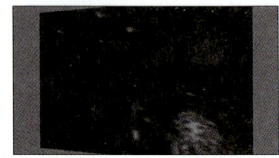   

장면전환 효과 설정하기

장면전환 효과는 적용된 기본 상태를 그대로 사용하는 경우도 있지만 사용자가 원하는 형태(방향, 색상, 지속시간 등)로 재설정하는 경우도 있습니다. 이번에는 장면전환 효과를 설정하는 방법에 대해 알아보도록 하겠습니다. 앞서 적용된 장면전환 효과를 선택합니다. 그러면 효과 패널이 장면전환 효과를 설정할 수 있는 상태(기능)로 전환됩니다. 일단 실제 소스 표시를 체크해보면 실제 장면전환에 사용되는 클립의 모습이 나타나게 됩니다. 여기에서 [사용자 정의] 버튼을 클릭합니다. 효과 설정 창이 열리면 띠 값을 5, 칠 색상을 분홍색으로 설정한 후 [확인]합니다.

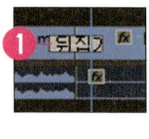
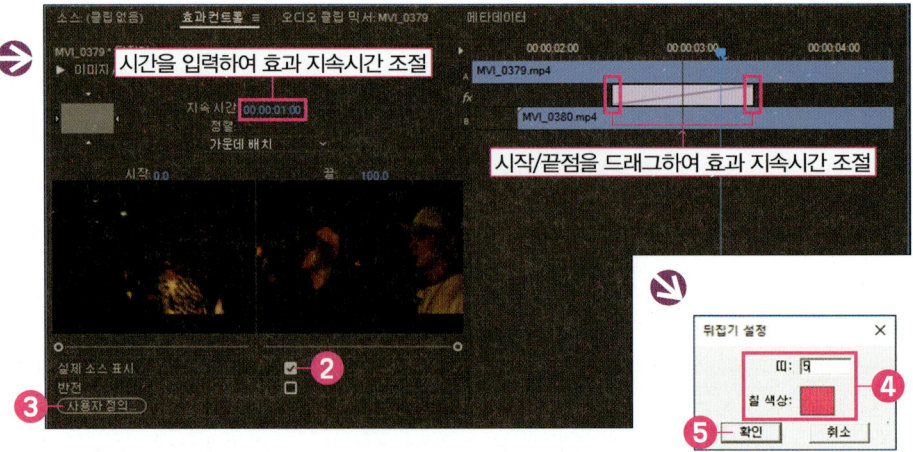

설정 후의 모습을 보면 5개로 분할된 화면과 회색에서 분홍색의 배경으로 바뀐 것을 알 수 있습니다. 살펴본 것처럼 적용된 장면전환 효과에 대한 다양한 변화를 줄 수 있습니다.

장면전환 효과는 효과마다 서로 다른 설정 옵션(기능)들을 제공하기 때문에 본 도서에서 살펴보지 않은 효과에 대해서는 여러분이 직접 살펴보아야 할 것입니다. 프리미어 프로에 대한 모든 매뉴얼은 어도비 웹페이지에서 확인할 수 있습니다.

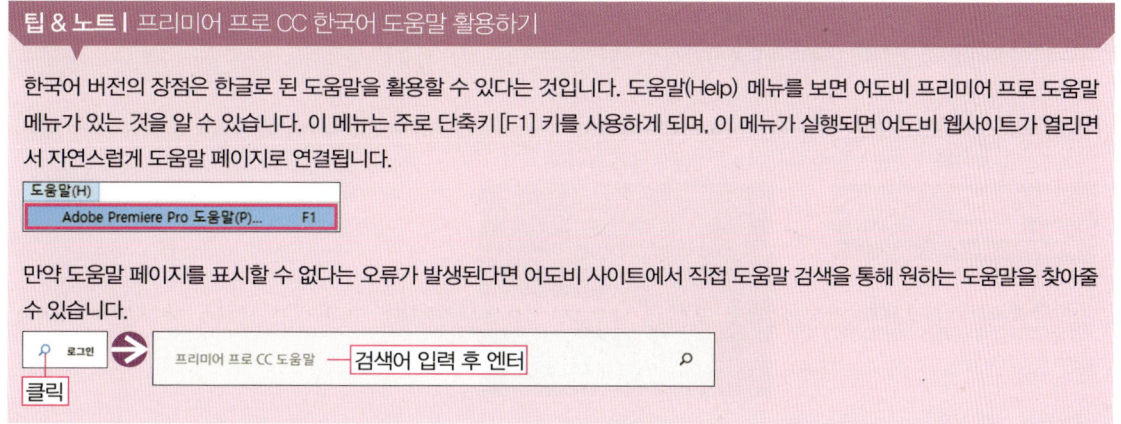

팁 & 노트 | 프리미어 프로 CC 한국어 도움말 활용하기

한국어 버전의 장점은 한글로 된 도움말을 활용할 수 있다는 것입니다. 도움말(Help) 메뉴를 보면 어도비 프리미어 프로 도움말 메뉴가 있는 것을 알 수 있습니다. 이 메뉴는 주로 단축키 [F1] 키를 사용하게 되며, 이 메뉴가 실행되면 어도비 웹사이트가 열리면서 자연스럽게 도움말 페이지로 연결됩니다.

만약 도움말 페이지를 표시할 수 없다는 오류가 발생된다면 어도비 사이트에서 직접 도움말 검색을 통해 원하는 도움말을 찾아줄 수 있습니다.

본 도서에서 설명하지 않은 효과 및 기능에 대해서는 도움말을 통해 학습하기 바라며, 이 도움말 페이지는 인터넷 브라우저(크롬 및 익스플로러)에 북마크하여 신속하게 활용할 수 있도록 해 놓길 바랍니다.

장면전환 효과 대체 및 삭제하기

작업을 하다 보면 적용된 장면전환 효과가 마음에 들지 않아 삭제를 해야 하거나 다른 효과로 바꿔주어야 할 경우가 생깁니다. 먼저 앞서 적용된 효과를 다른 효과와 대체해보도록 하겠습니다. 이 방법은 아주 간단합니다. 교체하고자 하는 효과를 끌어다 앞서 적용된 효과 위에 갖다 놓기만 하면 되기 때문입니다. 이번에는 가장 일반적이고, 자연스런 장면으로 바뀌도록 하기 위해 사용되는 디졸브 폴더의 [교차 디졸브] 효과를 적용해 봅니다. 그러면 앞서 적용된 뒤집기 효과가 교차 디졸브 효과로 대체됩니다.

이번에는 장면전환 효과를 완전히 제거하는 방법에 대해 알아보겠습니다. 제거하고자 하는 장면전환 효과에서 [오른쪽 마우스 버튼]을 클릭하면 2개의 메뉴가 나타나는데, 이 메뉴 중 [지우기] 메뉴를 선택하면 해당 장면전환 효과가 삭제됩니다. 이처럼 아주 간단한 방법으로 효과를 제거할 수 있습니다.

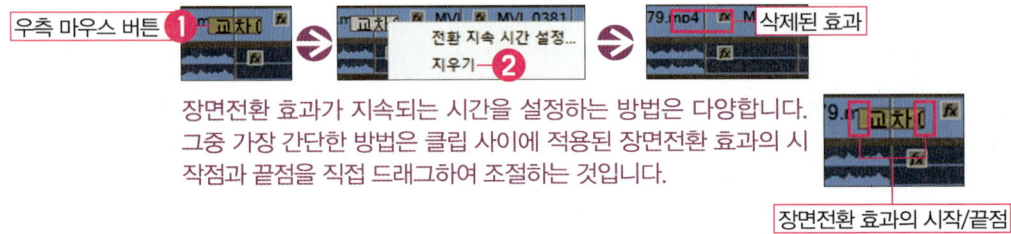

장면전환 효과가 지속되는 시간을 설정하는 방법은 다양합니다. 그중 가장 간단한 방법은 클립 사이에 적용된 장면전환 효과의 시작점과 끝점을 직접 드래그하여 조절하는 것입니다.

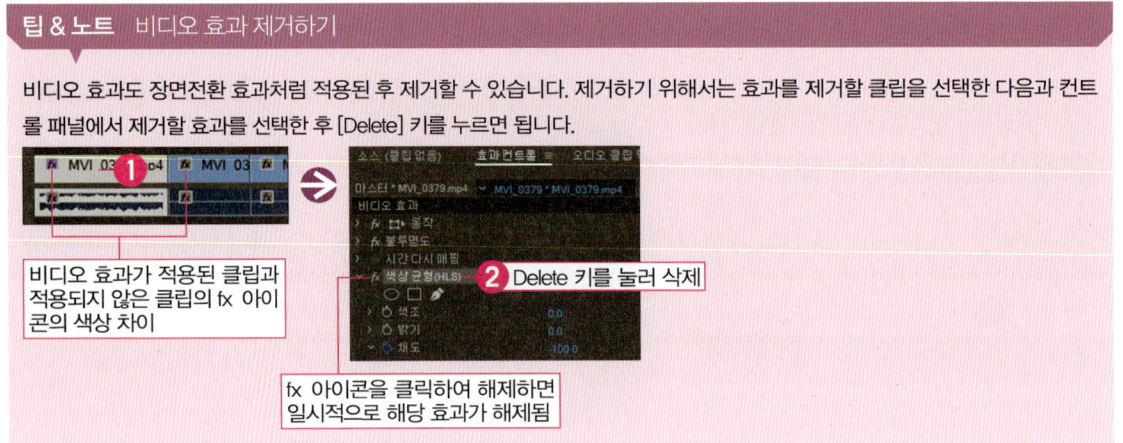

오디오 적용 및 편집하기

동영상 편집 작업에서의 오디오는 배경음악(BGM)과 효과음 그밖에 내레이션 등으로 구분됩니다. 앞서 클립에 효과를 적용했기 때문에 이번 학습에서는 배경음악을 적용하고 볼륨 조절과 같은 간단한 편집 방법에 대해 알아보도록 하겠습니다.

오디오 클립 적용하기

오디오 클립도 비디오 클립처럼 가져오기 메뉴를 통해 임포트하여 적용하면 됩니다. [파일] - [가져오기] 메뉴 또는 단축키 [Ctrl] + [I] 키를 눌러 [학습자료] - [Audio] 폴더에 있는 [HANG5VA(행오버)] 파일을 가져옵니다.

학습자료로 제공되는 HANG5VA(행오버)는 월드 디제이 페스티벌과 UMF 코리아, 태국, 중국, 일본 등 각종 페스티벌 섭외 1순위인 EDM 그룹의 뮤직비디오 클립입니다.

먼저 앞서 사용하고 있던 비디오 클립 사이에 장면전환 효과(교차 디졸브)를 모두 적용해 줍니다.

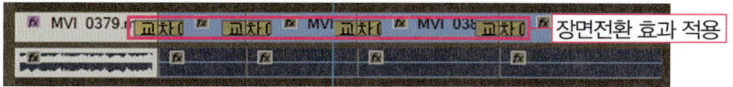

이제 방금 가져온 오디오 클립은 타임라인의 비디오 클립 아래쪽 트랙에 적용해야 하는데, 기본적으로 A1, A2, A3이란 이름의 오디오 트랙이 제공되는데, 이 3개의 오디오 트랙 중 하나의 트랙에 드래그 & 드롭하여 적용하면 됩니다.

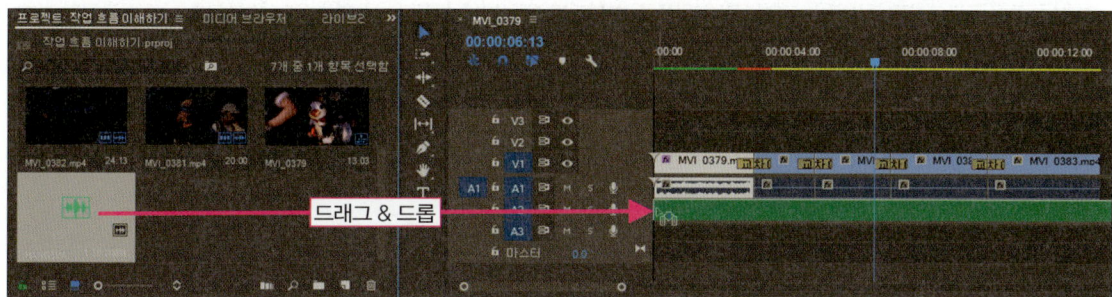

비디오 혹은 오디오 트랙은 상황에 따라 더 추가하거나 삭제할 수 있으며, 오디오 편집을 위한 트랙은 일반적으로 배경음악, 효과음, 내레이션 등의 세 가지 작업을 하게 되므로 3개의 트랙을 사용합니다. 세 작업을 일관성 있게 하기 위해서는 각 오디오 트랙에 적용되는 오디오는 서로 구분하여 사용하는 것이 좋습니다.

오디오 편집하기

앞서 적용한 오디오 클립의 길이가 편집된 비디오 클립들의 길이보다 길기 때문에 필요한 만큼만 편집(트리밍)해야 합니다. 오디오 클립도 비디오 클립과 마찬가지로 인/아웃 포인트를 이용하여 편집하면 됩니다. 오디오 클립의 끝점을 왼쪽으로 드래그하여 그림처럼 비디오 클립의 길이에 맞춰줍니다.

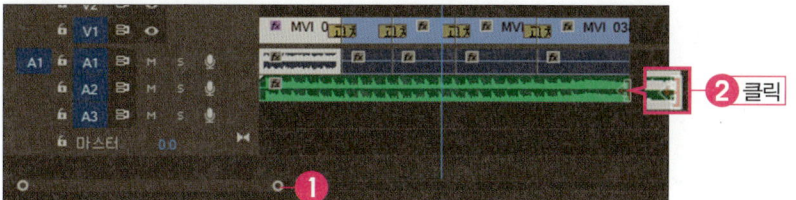

확대/축소는 단축키 [Alt] 키를 누른 상태에서 마우스 가운데(휠) 버튼을 회전하여 확대/축소할 수도 있습니다.

자막 넣기와 최종 출력하기

오디오 편집까지 끝났다면 프리미어 프로에서의 기본 편집은 거의 끝난 것이나 다름 없습니다. 물론 실제 작업에서는 더욱 다양한 편집을 해야 하겠지만 말이죠. 이제 이후의 작업은 필요에 따라 자막을 넣는 것과 최종 출력, 즉 작업한 내용을 파일로 만드는 것입니다. 이번 학습에서는 자막을 만드는 방법과 작업한 내용을 최종적으로 파일을 만드는 기본 방법에 대해 알아보도록 하겠습니다.

자막 만들기

자막은 프로젝트(작품)의 주제를 알리기 위한 타이틀과 특정 장면에 대한 글자, 로고, 이미지를 이용한 서브 타이틀, 프로젝트에 참여한 제작진에 대한 소개를 위한 크레딧으로 구분되며, 그밖에 제품 홍보를 위한 자막, 특정 정보를 알리기 위한 보도의 목적으로도 사용됩니다. 프리미어 프로 CC 2018 버전부터는 기존의 자막 만들기 기능뿐만 아니라 그래픽 템플릿을 이용하여 보다 간편하게 타이틀 제작을 할 수 있습니다.

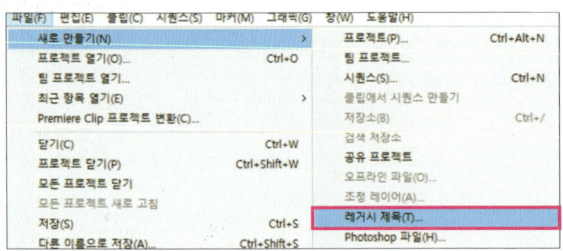
▲ 이전부터 사용되던 자막 만들기 메뉴

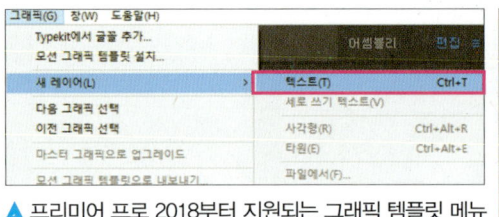
▲ 프리미어 프로 2018부터 지원되는 그래픽 템플릿 메뉴
자막 제작을 위한 문자 도구 ▲

이번에는 간단하게 자막을 만들어보기 위해 그래픽 템플릿을 이용해보도록 하겠습니다. 먼저 타임라인에서 재생 헤드를 자막이 적용될 위치로 이동합니다. 그다음 [그래픽] - [새 레이어] - [텍스트] 메뉴를 선택합니다. 그러면 재생 헤드가 위치한 시간과 비디오 클립들이 있는 위쪽 트랙(V2)에 [새 텍스트 레이어]가 적용됩니다.

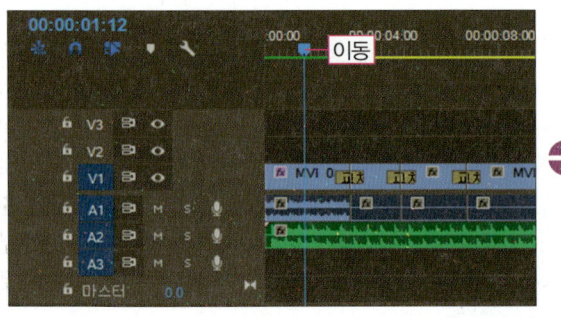
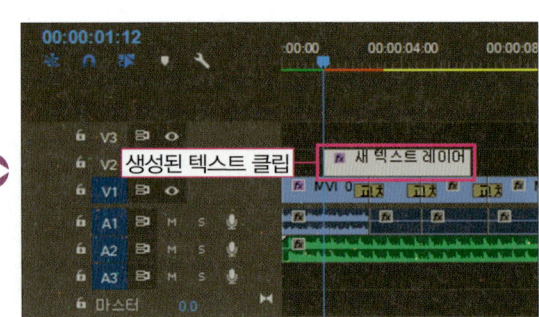

자막 메뉴를 사용하기 위해서는 반드시 타임라인의 기능이나 공간을 클릭하여 활성화해 놓아야 합니다.

자막(글자) 수정하기

프로그램 모니터를 보면 앞서 적용된 자막이 만들어진 것을 알 수 있습니다. 먼저 [선택 도구]를 사용하여 자막의 위치를 가운데로 이동(클릭 & 드래그)한 후 자막 글자를 [더블클릭]합니다. 그러면 자막에 사용될 글자를 수정(입력)할 수 있는 상태로 전환되는데, 필자는 사용된 비디오/오디오 클립에 맞게 [HANG5VA(행오버)]라고 입력했습니다.

 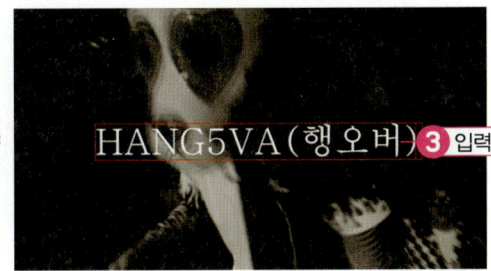

선택 도구는 가장 많이 사용되는 기능으로 기본적으로 선택되어있는 상태이며, 작업에 사용되는 클립, 자막 등의 객체를 선택하고 이동, 수정할 때 사용됩니다. 또한 특정 객체를 삭제할 때도 먼저 삭제할 객체를 선택 도구로 선택해야 합니다.

이번에는 자막, 즉 글자에 대한 글꼴, 정렬, 색상, 크기 등에 대한 설정을 하기 위해 [효과 컨트롤] 패널을 선택합니다. 먼저 글꼴 목록을 열어서 원하는 글꼴로 바꿔주고, 크기와 색상도 바꿔줍니다. 이처럼 자막 클립을 사용하면 자막에 대한 다양한 변화를 줄 수 있습니다.

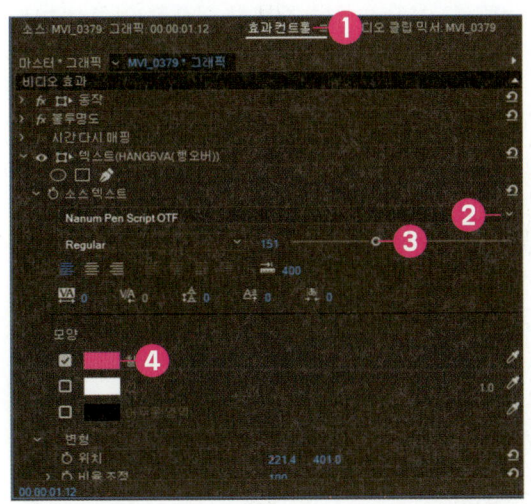 

자막을 설정하기 위해서는 선택 도구를 통해 자막 클립이 선택되어있어야 합니다.

효과 컨트롤 패널 우측에 있는 스크롤을 아래로 내려보면 자막의 위치, 비율, 회전, 투명도 등을 설정을 할 수 있는 옵션들이 있으며, 각 옵션에 키프레임을 생성하여 시간에 따라 위치, 크기, 회전 등이 변하는 모션(애니메이션)을 표현할 수도 있습니다.

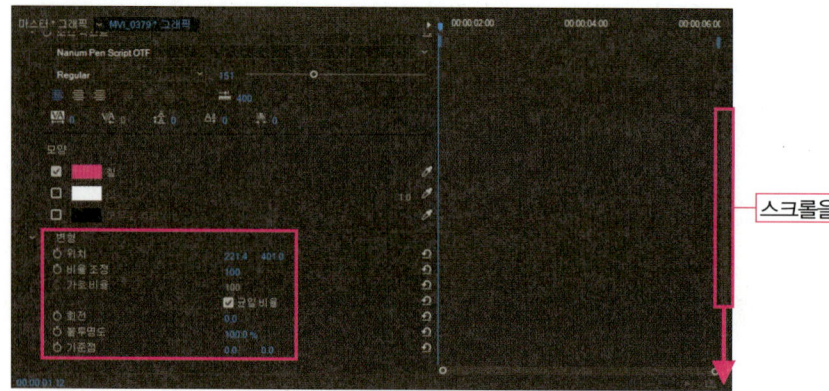

그밖에 [선] 옵션을 체크하여 글자에 테두리를 만들 수 있으며, [어두운 영역 옵션]을 체크하여 자막에 그림자 효과를 표현할 수도 있습니다. 이 부분은 어렵지 않으므로 여러분이 직접 설정을 통해 살펴보기 바랍니다.

최종 출력하기 - 동영상 파일 만들기

자막까지 완성되었다면 이제 작업한 내용에 대한 최종 출력을 하기 위해 [파일] - [내보내기] 메뉴를 살펴봅니다. 내보내기 메뉴에는 다양한 방식으로 출력할 수 있는 메뉴를 제공합니다. 여기에서는 일반적으로 맨 위쪽에 있는 [미디어] 메뉴를 사용할 것인데, 이 메뉴를 사용해야만 작업한 내용을 비디오 또는 오디오, 이미지 파일로 만들어줄 수 있기 때문입니다.

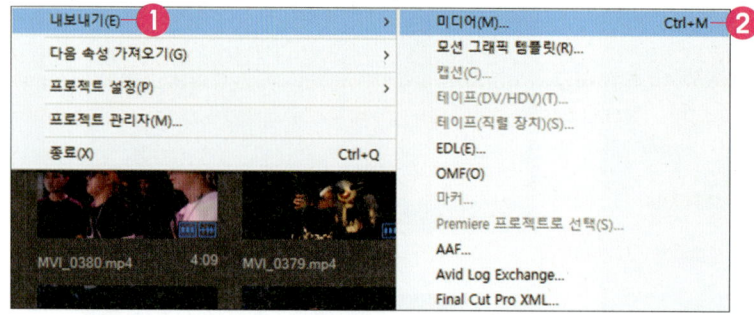

내보내기할 때에도 시퀀스(타임라인)가 선택되어있어야 하며, 내보내기 메뉴에서는 그밖에 모션 그래픽 템플릿, 비디오 테이프로 녹화 그리고 프리미어 프로에서 작업한 내용을 그대로 파이널 컷이나 아비드 등의 편집 프로그램으로 가져와 재작업할 수 있는 파일을 만들 수 있는 메뉴들을 제공합니다.

내보내기 설정 창이 열리면 최종적으로 만들어지는 비디오/오디오 규격을 설정해야 합니다. 여기에서는 비디오 항목에 대해서만 설정해 보겠습니다. [형식]은 파일 확장자를 선택하는데, 가장 다양한 매체(인터넷, 스마트폰, 테블릿 PC, 네비게이션 등의 모바일 장치)에서 사용되는 [H.264]로 선택합니다. 그 다음 [사전 설정]에서는 가장 많이 사용되는 규격을 미리 설정하여 목록으로 제공하는데, 여기에서는 유튜브용 동영상으로 사용하기 위해 [YouTube 720p HD]로 선택합니다. 그리고 출력 이름의 파란색 글자를 클릭하여 출력될 파일의 이름과 저장될 위치(폴더)를 지정해줍니다. 위치는 여러분이 원하는 위치로 지정하면 됩니다.

설정한 YouTube 720p HD 규격은 가로/세로 1280x720 크기와 mp4 방식의 비디오 파일이 만들어집니다.

모든 설정이 끝났다면 내보내기 설정 창 하단에 있는 [내보내기] 버튼을 누릅니다. 그러면 렌더링 과정을 거쳐 프리미어 프로에서 작업한 내용이 최종 파일로 만들어집니다. 만들어진 파일은 실행하여 문제가 없는지 확인해보아야 하며, 문제가 있을 경우에는 수정하여 다시 만들어줍니다.

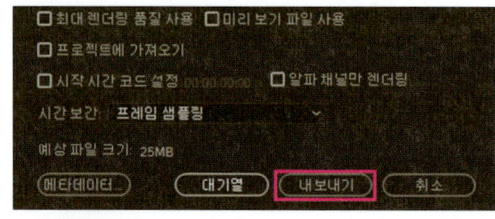

메타데이터는 동영상이나 이미지, 오디오 파일의 속성 정보를 보여주며, 대기열은 출력할 규격을 여러 개로 설정한 후 한꺼번에 파일로 만들어줄 때 사용됩니다. 그밖에 세부 설정법에 대해서는 해당 학습(320페이지)에서 살펴볼 것입니다.

◀ 최종 결과물

출력된 파일 파일 재작업하기

완성된 동영상 파일, 즉 클립은 하나의 완성된 결과물이기도 하지만 다른 프로젝트나 시퀀스로 가져와 다양한 작업을 거쳐 또 다른 형태의 결과물로 만들어줄 수도 있습니다. 완성된 파일은 가져오기 메뉴(Ctrl + I)를 통해 다른 미디어 클립과 똑같이 사용하면 되며, 가져온 파일에 또 다른 효과나 모션 작업 등의 다양한 작업을 통해 전혀 다른 새로운 결과물로 만들어줄 수 있습니다.

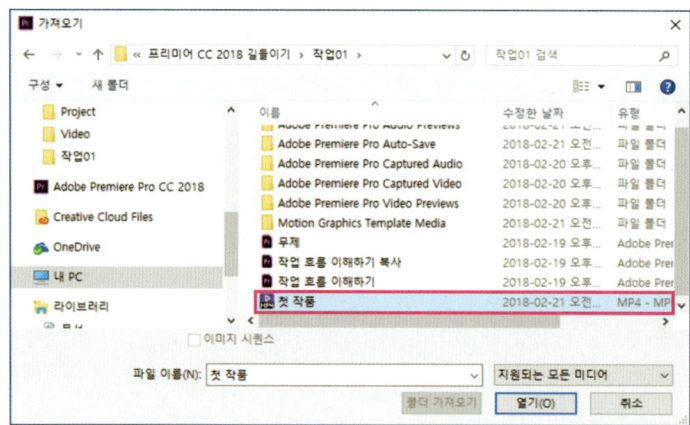

지금까지 프리미어 프로의 작업 흐름에 대해 살펴 보았습니다. 살펴본 것처럼 프리미어 프로는 비디오 클립이나 스틸(정지) 이미지 클립 등을 가져와 다양한 방법을 통해 작업을 할 수 있다는 것을 알 수 있었습니다. 특히 효과나 애니메이션은 프리미어 프로에서 반드시 수행해야 하는 필수 작업이라는 것 또한 알 수 있었을 것입니다. 여기에 추가적으로 글자, 즉 자막에 애니메이션을 적용할 수도 있을 것입니다. 이처럼 비디오 편집 그래픽을 어떻게 꾸미느냐는 전적으로 여러분의 창의력에 달려 있습니다. 앞으로 이어질 학습을 통해 필자는 여러분에게 어떻게 그리고 왜 프리미어 프로를 사용해야 하는지에 대해 설명을 할 것입니다. 하지만 여러분이 더 훌륭한 에디터로 탄생되기 위해서는 프로그램을 창의적으로 사용하여 새로운 영상을 만들 수 있는 능력을 길러야 합니다. 그러기 위해서는 프리미어 프로의 수많은 기능들을 스스로 사용해 보고 응용해보는 수 밖에는 없습니다. 이제부터 프리미어 프로를 통해 여러분의 상상력을 마음껏 펼쳐보기 바랍니다.

팁 & 노트   메타데이터에 대하여

프리미어 프로에서는 선택된 클립의 메타데이터를 볼 수 있는데, 이것은 동영상이나 이미지, 오디오 파일의 속성 정보를 기록한 것이라고 이해하면 됩니다. 메타데이터는 카메라로 촬영된 동영상 및 이미지 파일의 촬영 정보와 카메라에 대한 정보도 포함되어 있습니다. 이렇듯 메타데이터는 클립의 길이, 코덱, 프레임 개수, 프레임 크기, 확장자, 샘플 레이트, 제작자, 저작권과 같은 파일에 대한 모든 속성에 대한 정보가 담겨있는 데이터입니다. 이러한 메타데이터는 단순히 파일의 속성을 확인하기 위해서만 필요한 것이 아닌, 파일을 분류하기 위해서도 중요한 요소가 됩니다. 프리미어 프로에서의 메타데이터는 메타데이터 패널과 최종 출력 시 사용되는 내보내기 설정 창을 통해 확인 및 수정이 가능합니다.

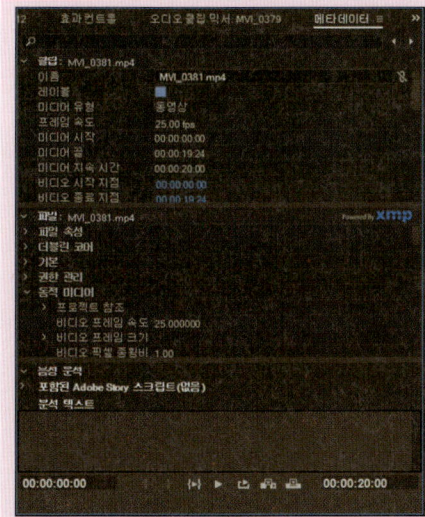
◀ 선택된 클립에 대한 메타데이터

▲ 출력 시 작성하는 메타데이터

Lesson 03 인터페이스 살펴보기

이번 레슨에서는 프리미어 프로의 사용자 인터페이스(UI : User Interface)에 대해 알아보겠습니다. 사용자 인터페이스는 사용자가 자유롭게 인터페이스를 바꿀 수 있다는 의미이며, 만약 프리미어 프로를 처음 사용하는 분이라면 어느 정도 기능을 익힌 뒤 자신에게 맞는 인터페이스를 설정하는 것도 좋은 방법일 것입니다. 또한 학습 과정에서 프리미어 프로를 시작하기 전에 알아두어야 할 몇 가지 개념과 단어들에 대해서도 알아볼 것입니다.

인터페이스 살펴보기

프리미어 프로는 기본적으로 전체 메뉴를 선택(사용)할 수 있는 풀다운 메뉴 바, 작업에 사용되는 파일을 가져와 관리를 해주는 프로젝트 패널, 이펙트 설정을 위한 효과 컨트롤 패널, 실제 편집 작업을 하기 위한 시퀀스(타임라인) 패널 그리고 작업 정보와 오디오, 라이브러리, 자막(글자) 작업을 위한 그래픽 등의 패널로 구성되어있습니다.

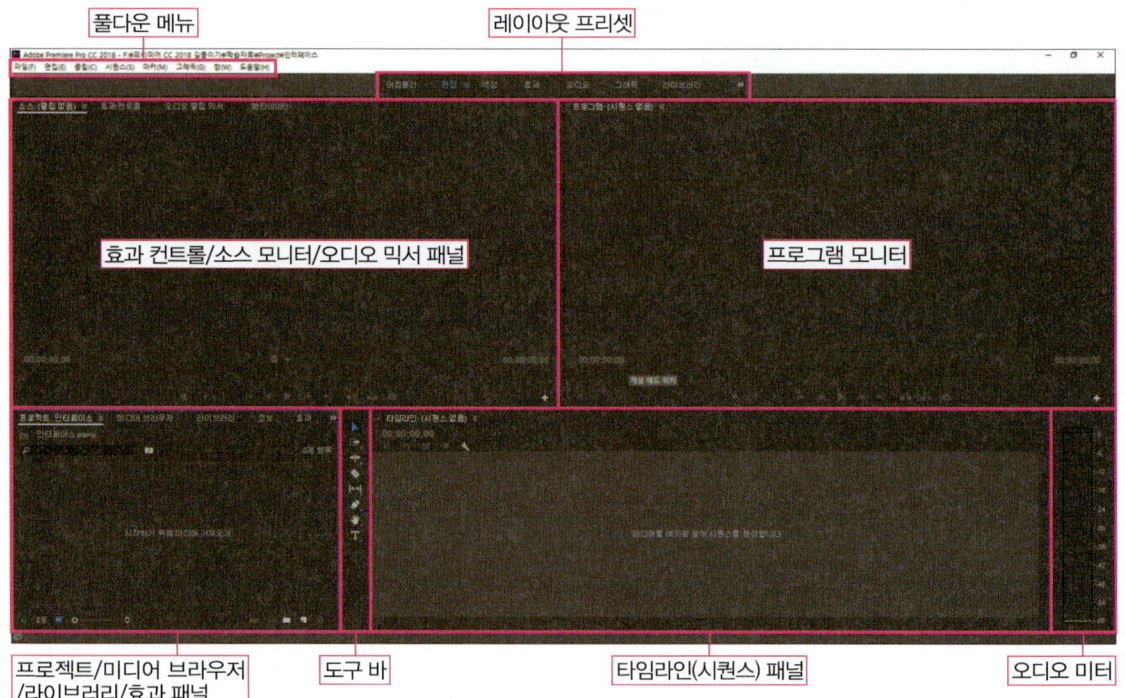

풀다운 메뉴 바	프로젝트 설정, 파일 가져오기, 새 시퀀스 만들기, 클립 복사, 자르기, 붙여넣기, 마커, 자막, 작업 창 열기/닫기 설정 등 프리미어 프로의 모든 작업 기능을 실행할 수 있는 곳입니다. 또한 각 메뉴들은 단축키를 통해 실행이 가능합니다.
레이아웃 프리셋	작업 상황에 맞는 레이아웃으로 신속하게 전환할 수 있습니다. 만약 다른 레이아웃을 이곳에 표시하고자 한다면 [창] – [작업 영역] – [작업 영역 편집] 메뉴를 사용합니다.
효과 컨트롤/소스 모니터/오디오 믹서 패널	기본적으로 4개의 작업 패널이 그룹 형태로 도킹된 패널로써 효과 패널은 클립에 적용된 효과에 대한 설정을 하며, 소스 모니터는 각 클립을 개별 확인 및 편집할 수 있는 모니터입니다. 오디오 믹서 패널은 오디오 설정을 위해 사용되며, 메타데이터 패널은 클립의 속성과 정보를 확인하고 설정합니다. 프리미어 프로의 작업 패널은 다른 패널로 그룹화(도킹)할 수 있습니다.
프로그램 모니터	타임라인에 적용된 클립을 편집할 때 편집되는 과정을 실시간으로 볼 수 있게 해줍니다.
프로젝트/미디어 브라우저/라이브러리/효과 패널	기본적으로 일곱 개의 작업 패널이 그룹 형태로 도킹된 패널로써 가져온 미디어 클립들을 관리하는 프로젝트 패널과 미디어 클립들을 직접 가져오는 미디어 브라우저, 라이브러리 관리, 클립 정보, 비디오/오디오 효과 및 장면전환 효과, 마커 그리고 작업한 과정이 기록된 작업 내역(History) 패널로 구분됩니다.
도구 바	타임라인에 적용된 클립을 편집할 때 사용되는 작업 도구들을 사용할 수 있습니다. 이 도구들을 통해 클립을 선택, 이동, 자르기, 글자(자막) 생성 등의 작업을 할 수 있습니다.
타임라인(시퀀스) 패널	시퀀스는 실질적인 편집 작업을 위한 공간이며, 이 공간을 타임라인이라고 합니다. 타임라인에서는 작업 시간과 각 작업 트랙(비디오/오디오)을 통해 다양한 미디어 클립을 적용하여 편집을 할 수 있습니다.
오디오 미터	작업에 사용되는 오디오 클립의 볼륨 및 밸런스 등 오디오에 대한 정보를 표시합니다.

팁 & 노트 프리미어 초기화 상태로 실행하기

프리미어 프로를 사용하다 보면 작업 환경이 엉켜 프리미어가 처음 설치되었을 때처럼 환경 설정을 초기화해야 할 경우가 생깁니다. 이럴 땐 프리미어를 실행 한 후 즉시 [Ctrl] + [Alt] + [Shift] 키를 누르면 초기화된 상태로 실행할 수 있습니다.

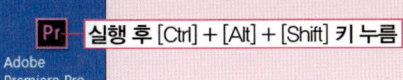

풀다운 메뉴 살펴보기

프리미어 프로에서 사용할 수 있는 모든 기능(메뉴)을 실행하는 곳으로써 여기에서는 각 그룹별 메뉴에 대해서만 설명할 것이며, 여기에서 설명하지 않은 메뉴에 대해서는 어도비 웹사이트를 활용하기 바랍니다.

파일(File) 메뉴

새로운 프로젝트 및 시퀀스 그리고 자막 등을 생성하거나 작업된 프로젝트 저장하기, 작업을 위한 클립 가져오기 및 내보내기, 작업 중인 프로젝트 확인 및 설정, 관리 그밖에 다이내믹 링크를 통해 애프터 이펙트와 작업(시퀀스) 공유하기 그밖에 프로그램 종료에 대한 메뉴들로 구성되어있습니다.

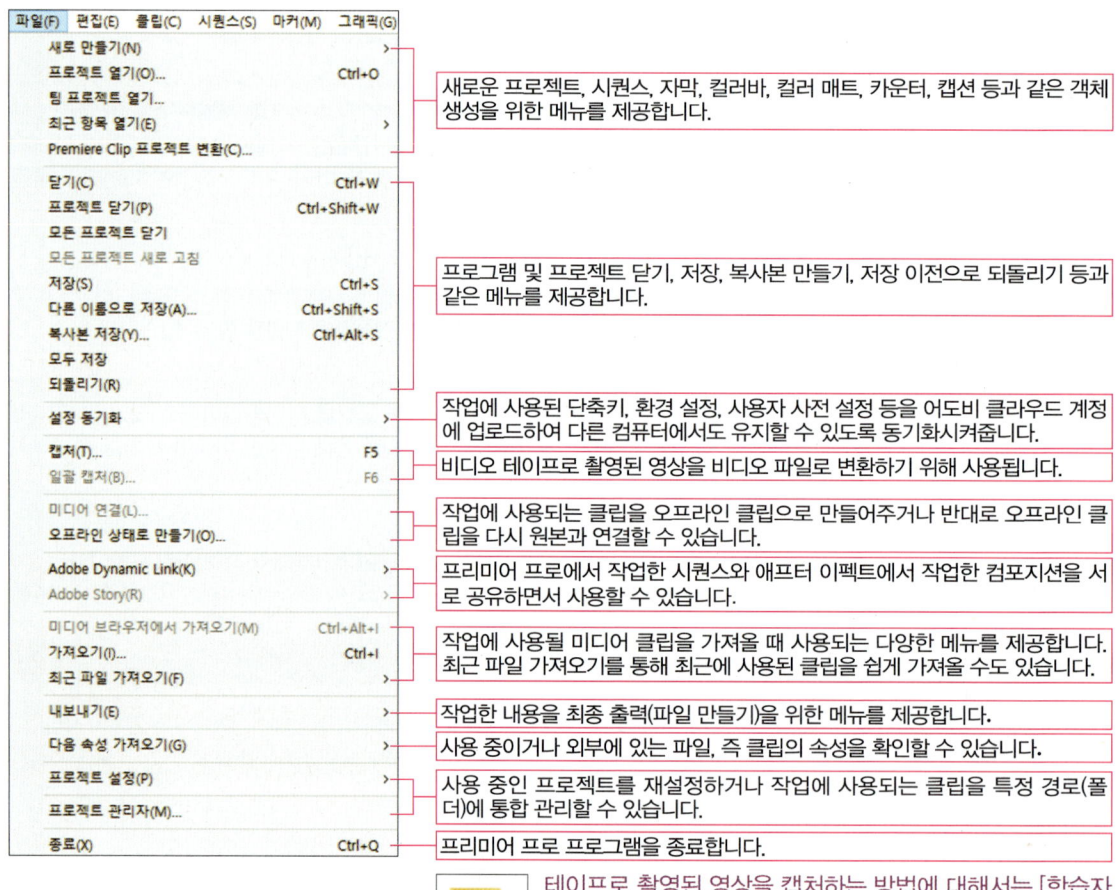

- 새로운 프로젝트, 시퀀스, 자막, 컬러바, 컬러 매트, 카운터, 캡션 등과 같은 객체 생성을 위한 메뉴를 제공합니다.
- 프로그램 및 프로젝트 닫기, 저장, 복사본 만들기, 저장 이전으로 되돌리기 등과 같은 메뉴를 제공합니다.
- 작업에 사용된 단축키, 환경 설정, 사용자 사전 설정 등을 어도비 클라우드 계정에 업로드하여 다른 컴퓨터에서도 유지할 수 있도록 동기화시켜줍니다.
- 비디오 테이프로 촬영된 영상을 비디오 파일로 변환하기 위해 사용됩니다.
- 작업에 사용되는 클립을 오프라인 클립으로 만들어주거나 반대로 오프라인 클립을 다시 원본과 연결할 수 있습니다.
- 프리미어 프로에서 작업한 시퀀스와 애프터 이펙트에서 작업한 컴포지션을 서로 공유하면서 사용할 수 있습니다.
- 작업에 사용될 미디어 클립을 가져올 때 사용되는 다양한 메뉴를 제공합니다. 최근 파일 가져오기를 통해 최근에 사용된 클립을 쉽게 가져올 수도 있습니다.
- 작업한 내용을 최종 출력(파일 만들기)을 위한 메뉴를 제공합니다.
- 사용 중이거나 외부에 있는 파일, 즉 클립의 속성을 확인할 수 있습니다.
- 사용 중인 프로젝트를 재설정하거나 작업에 사용되는 클립을 특정 경로(폴더)에 통합 관리할 수 있습니다.
- 프리미어 프로 프로그램을 종료합니다.

테이프로 촬영된 영상을 캡처하는 방법에 대해서는 [학습자료] - [캡처 강좌] 폴더에 있는 동영상 강좌를 참고하기 바랍니다.

편집(Edit) 메뉴

클립 선택하기, 선택된 클립 복사하기, 잘라내기, 붙여넣기, 복제하기, 클립의 특성(속성)을 다른 클립에 상속하기, 특성 지우기, 클립 찾기, 타임라인에 사용되지 않는 클립 제거하기, 오디오 편집을 위한 오디션 프로그램 실행하기, 단축키 및 작업 환경 설정에 대한 메뉴로 구성되어있습니다.

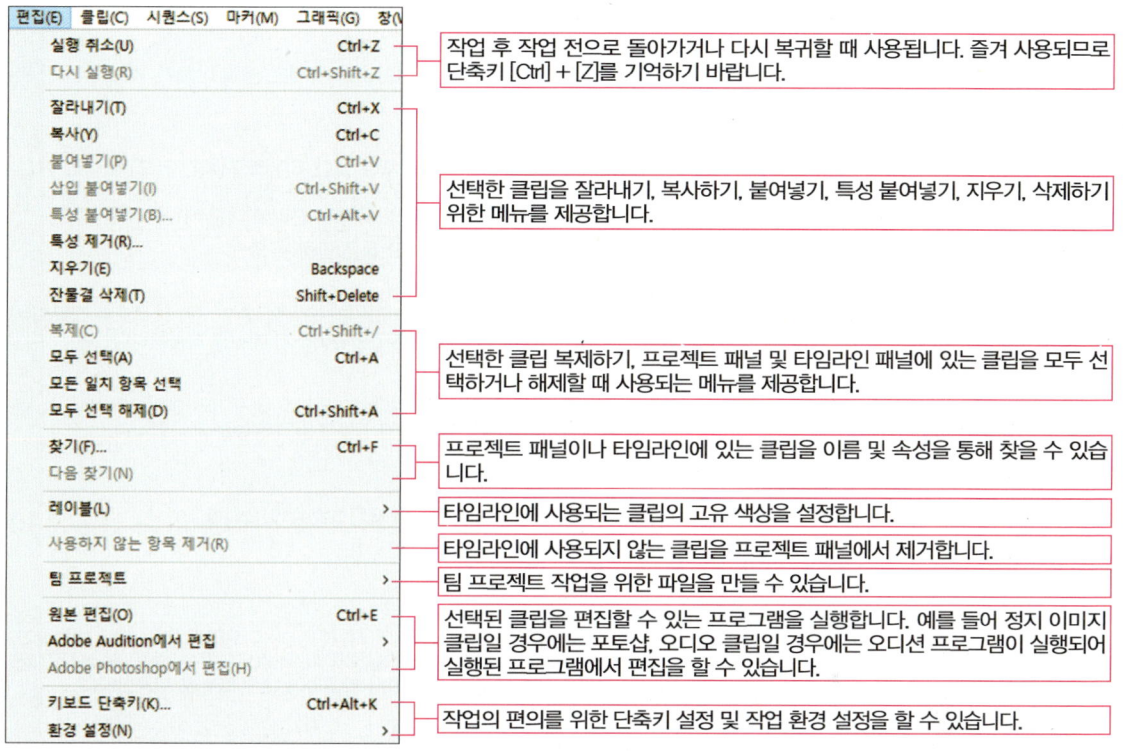

작업 후 작업 전으로 돌아가거나 다시 복귀할 때 사용됩니다. 즐겨 사용되므로 단축키 [Ctrl] + [Z]를 기억하기 바랍니다.

선택한 클립을 잘라내기, 복사하기, 붙여넣기, 특성 붙여넣기, 지우기, 삭제하기 위한 메뉴를 제공합니다.

선택한 클립 복제하기, 프로젝트 패널 및 타임라인 패널에 있는 클립을 모두 선택하거나 해제할 때 사용되는 메뉴를 제공합니다.

프로젝트 패널이나 타임라인에 있는 클립을 이름 및 속성을 통해 찾을 수 있습니다.

타임라인에 사용되는 클립의 고유 색상을 설정합니다.

타임라인에 사용되지 않는 클립을 프로젝트 패널에서 제거합니다.

팀 프로젝트 작업을 위한 파일을 만들 수 있습니다.

선택된 클립을 편집할 수 있는 프로그램을 실행합니다. 예를 들어 정지 이미지 클립일 경우에는 포토샵, 오디오 클립일 경우에는 오디션 프로그램이 실행되어 실행된 프로그램에서 편집을 할 수 있습니다.

작업의 편의를 위한 단축키 설정 및 작업 환경 설정을 할 수 있습니다.

> **팁 & 노트** 실행 취소 및 다시 실행을 한꺼번에 실행하는 작업 내역 사용하기
>
> 작업을 한 후 이전 작업 구간으로 되돌아가거나 다시 복귀할 때 사용되는 실행 취소와 다시 실행은 주로 언두와 리두라는 이름으로 사용하는데, 이 작업은 단축키 [Ctrl] + [Z]와 [Ctrl] + [Shift] + [Z] 키를 사용합니다. 작업에 아주 유용한 기능이기 때문에 기억해두는 것이 좋습니다. 하지만 이 기능은 단축키를 한 번 누를 때마다 한 단계씩만 이동되기 때문에 여러 단계의 구간을 이동하기 위해서는 단축키를 수 차례 눌러야 합니다. 이럴 때 [작업 내역]을 이용하면 원하는 작업 구간을 한꺼번에 이동 및 복귀할 수 있습니다. 사용 방법은 원하는 작업 구간 목록을 클릭하는 것입니다.
>
> 이동하고자 하는 작업 구간 클릭

클립(Clip) 메뉴

클립의 이름을 수정하거나, 서브(하위) 클립 생성하기, 오프라인 상태로 편집하기, 키프레임 애니메이션 설정, 오디오 게인 설정, 속도 조절, 타임라인에 삽입하기, 시퀀스 동기화, 그룹 및 중첩(네스트), 멀티 카메라 편집 등에 대한 메뉴로 구성되어있습니다.

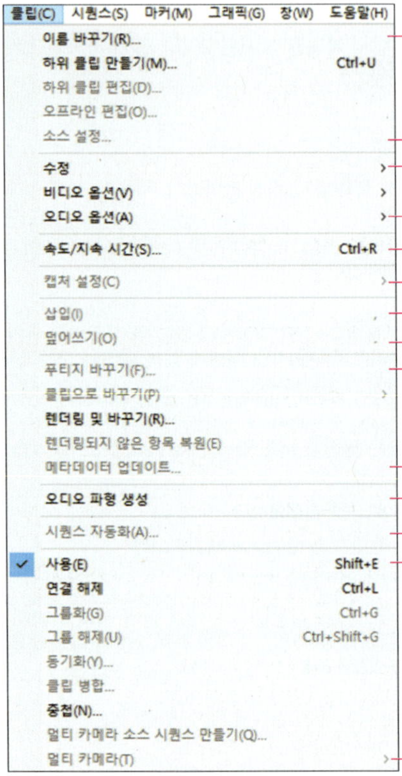

- 클립 이름 바꾸기, 원본 클립에 대한 서브(복제본) 클립 만들기, 서브 클립 등 편집에 대한 메뉴를 제공합니다.
- 수정 메뉴에서는 오디오 클립의 채널 설정, 타임코드(시간 코드)에 대한 설정, 비디오 옵션에서는 비디오 클립의 프레임 정지, 필드 설정, 프레임 혼합 등을 설정, 오디오 옵션에서는 오디오 게인 및 채널 분리에 대한 메뉴를 제공합니다.
- 슬로우 비디오, 역 재생되는 비디오 등을 만들 수 있습니다.
- 캡처에 대한 설정을 할 수 있습니다.
- 소스 모니터에 적용된 클립을 타임라인에 적용할 때 인서트 방식으로 적용되는 삽입과 오버라이트 방식으로 적용되는 덮어쓰기 메뉴를 제공합니다.
- 선택된 클립을 다른 클립으로 대체하는 푸티지 바꾸기와 클립으로 바꾸기, 렌더링을 통해 속성 바꾸기, 메타데이터 설정 등의 메뉴를 제공합니다.
- 오디오 파형을 생성하고 시퀀스를 자동화할 수 있습니다.
- 클립을 사용하지 못하도록 잠그거나 사용하기, 비디오와 오디오 채널 해제하기, 그룹 설정, 동기화, 여러 개의 클립을 하나로 네스트해주는 중첩, 여러 대의 카메라로 촬영한 클립을 편집하는 멀티 카메라에 대한 메뉴를 제공합니다.

팁 & 노트 작업 레이아웃 초기 상태로 되돌리기

프리미어 프로의 작업 레이아웃은 [창] 메뉴의 [작업 영역] 메뉴를 통해서도 사용이 가능하며, 각각의 레이아웃은 마지막으로 사용, 즉 설정했던 인터페이스를 기억합니다. 예를 들어 [편집] 레이아웃을 선택하고, 이 인터페이스를 다른 형태로 설정한 후 [색상]이나 [효과] 레이아웃 등으로 변경했다가 다시 [편집]으로 돌아와보면 편집 레이아웃은 방금 다른 형태로 설정한 그대로를 기억하고 있게 됩니다. 이러한 인터페이스를 다시 정상으로 되돌리기 위해 [저장된 레이아웃으로 재설정] 메뉴를 선택하면 다시 초기 상태의 레이아웃으로 복구됩니다.

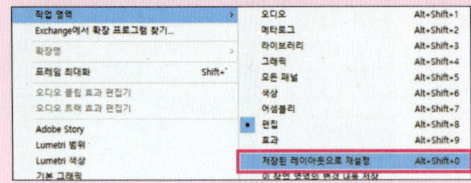

시퀀스(Sequence) 메뉴

프리미어 프로에서 실질적인 작업을 하기 위한 공간인 시퀀스(타임라인)에서 렌더링, 트랙 추가/삭제, 확대/축소 등의 작업을 할 수 있는 메뉴로 구성되어있습니다.

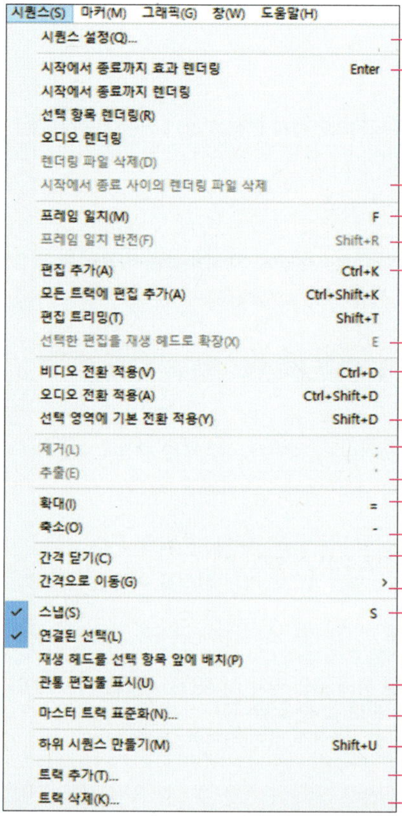

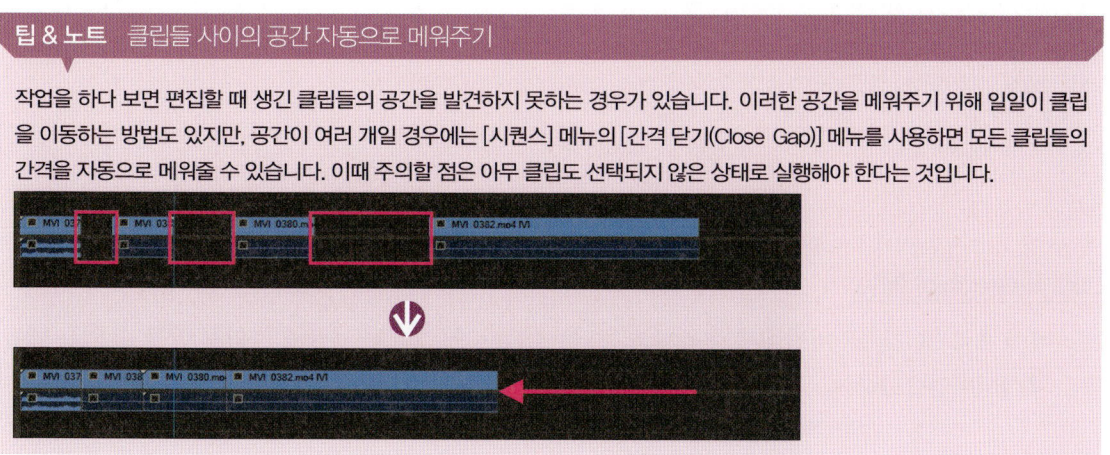

- 사용 중인 시퀀스의 규격을 재설정할 수 있습니다.
- 작업한 내용을 렌더 프리뷰(미리 보기)를 하기 위한 렌더링에 대한 메뉴를 제공합니다. 렌더 프리뷰는 주로 [엔터] 키를 이용합니다.
- 타임라인에서 사용 중인 클립의 특정 장면(재생 헤드가 위치한 장면)을 소스 모니터와 매칭시킬 수 있습니다.
- 재생 헤드가 위치한 지점에 있는 클립을 편집, 즉 잘라주거나 세부 편집을 위한 트리밍 편집을 할 수 있는 메뉴를 제공합니다.
- 클립과 클립 사이에 비디오 장면전환 효과나 오디오 전환 효과를 자동으로 적용하며, 기본 장면전환 효과를 적용할 수 있습니다.
- 타임라인에서 인/아웃 포인트를 설정한 후 제거 및 추출 메뉴를 사용하여 인/아웃 포인트 구간에 있는 클립을 제거하거나 추출할 수 있습니다.
- 타임라인을 확대/축소할 수 있습니다. 이 작업은 대부분 단축키나 타임라인 좌측 하단의 확대/축소 기능을 사용합니다.
- 타임라인에 사용되는 클립들 사이에 공간을 메워주고, 재생 헤드가 있는 지점을 기준으로 가까운 편집 점으로 이동할 때 사용되는 메뉴를 제공합니다.
- 클립을 이동할 때 클립의 시작점과 끝점을 다른 클립의 편집 점이나 재생 헤드에 맞춰주는 스냅과 비디오와 오디오 채널을 연결 및 개별로 선택할 수 있게 해주는 연결된 선택, 재생 헤드 설정 등에 대한 메뉴를 제공합니다.
- 마스터 트랙에 대한 볼륨 표준화(Normalize)를 설정할 수 있습니다.
- 현재 사용 중인 시퀀스에 대한 서브(복제본) 시퀀스를 만들어줍니다.
- 타임라인에 새로운 트랙을 추가하거나 불필요한 트랙을 삭제할 수 있습니다.

팁 & 노트 — 클립들 사이의 공간 자동으로 메워주기

작업을 하다 보면 편집할 때 생긴 클립들의 공간을 발견하지 못하는 경우가 있습니다. 이러한 공간을 메워주기 위해 일일이 클립을 이동하는 방법도 있지만, 공간이 여러 개일 경우에는 [시퀀스] 메뉴의 [간격 닫기(Close Gap)] 메뉴를 사용하면 모든 클립들의 간격을 자동으로 메워줄 수 있습니다. 이때 주의할 점은 아무 클립도 선택되지 않은 상태로 실행해야 한다는 것입니다.

마커(Marker) 메뉴

마커는 특정 지점(시간)에 표시를 하여 정교한 편집을 하기 위해 사용하거나 장면을 찾기 위한 마커로써 프리미어 프로에서는 일반적으로 편집을 위한 마커와 신(Scene) 마커와 플래시 애니메이션의 큐 마커를 만들어주는 메뉴로 구성되어있습니다.

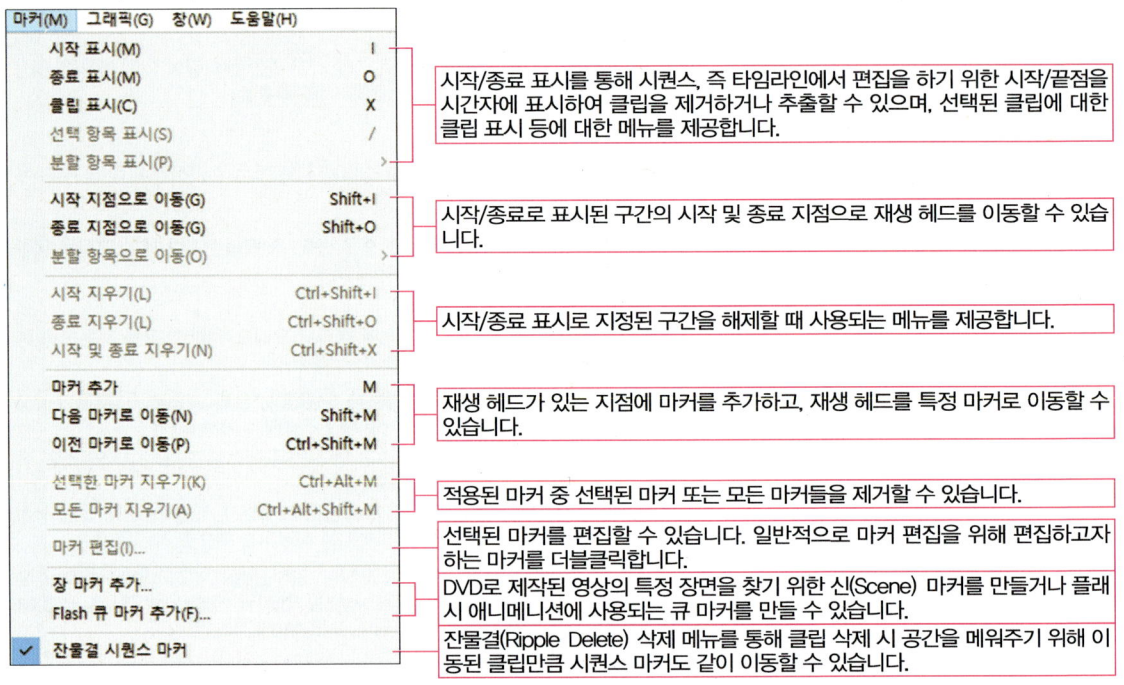

팁 & 노트 잔물결이란?

프리미어 프로를 처음 접하거나 영문 버전에 익숙한 사용자에게 잔물결이란 단어는 다소 생소하고 난해하게 느껴질 것입니다. 이 메뉴는 영문 버전에서는 리플(Ripple)이라고 하는데, 쉽게 말해 클립과 클립 사이의 공간을 의미합니다. 그러므로 한글 버전에서의 [잔물결 삭제] 메뉴는 영문 버전의 [리플 딜리트(Ripple Delete)] 메뉴와 같은 것입니다.

▲ 한글 버전에서의 메뉴   ▲ 영문 버전에서의 메뉴

그래픽(Graphic) 메뉴

프리미어 프로 CC 2018 버전에서 새롭게 제공되는 메뉴로써 그래픽 템플릿 자막을 만들 수 있는 메뉴들로 구성되어있습니다.

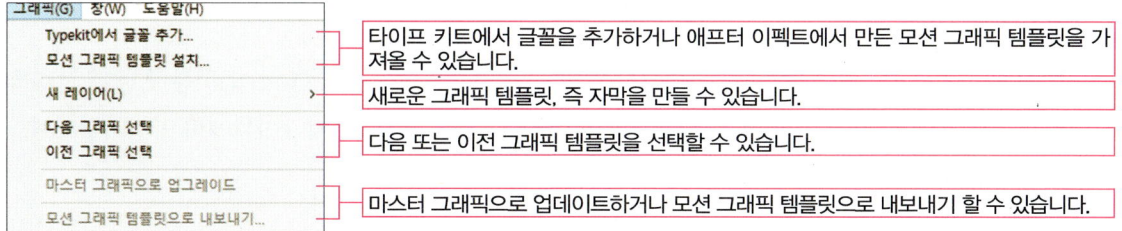

그래픽(G) 창(W) 도움말(H)
Typekit에서 글꼴 추가...
모션 그래픽 템플릿 설치...
새 레이어(L)
다음 그래픽 선택
이전 그래픽 선택
마스터 그래픽으로 업그레이드
모션 그래픽 템플릿으로 내보내기...
타이프 키트에서 글꼴을 추가하거나 애프터 이펙트에서 만든 모션 그래픽 템플릿을 가져올 수 있습니다.
새로운 그래픽 템플릿, 즉 자막을 만들 수 있습니다.
다음 또는 이전 그래픽 템플릿을 선택할 수 있습니다.
마스터 그래픽으로 업데이트하거나 모션 그래픽 템플릿으로 내보내기 할 수 있습니다.

창(Window) 메뉴

프리미어 프로에서 사용되는 모든 작업 패널을 보이기/숨기기 할 수 있는 메뉴들로 구성되어있습니다. 만약 불필요한 작업 패널이 인터페이스 화면에 표시될 경우에는 해당 작업 패널을 선택하여 해제하면 화면(인터페이스)에서 사라지게 됩니다. 작업 패널이 어떤 것들이 있는지 여러분이 직접 살펴보면서 각 패널의 이름과 사용법에 대해 알아두기 바랍니다.

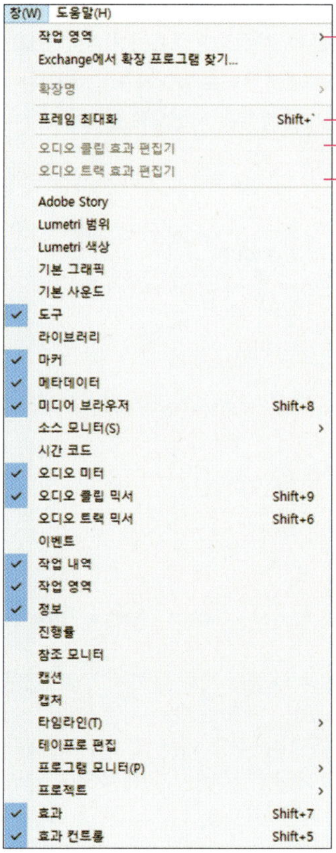

창(W) 도움말(H)
작업 영역
Exchange에서 확장 프로그램 찾기...
확장명
프레임 최대화 Shift+`
오디오 클립 효과 편집기
오디오 트랙 효과 편집기
Adobe Story
Lumetri 범위
Lumetri 색상
기본 그래픽
기본 사운드
도구
라이브러리
마커
메타데이터
미디어 브라우저 Shift+8
소스 모니터(S)
시간 코드
오디오 미터
오디오 클립 믹서 Shift+9
오디오 트랙 믹서 Shift+6
이벤트
작업 내역
작업 영역
정보
진행률
참조 모니터
캡션
캡처
타임라인(T)
테이프로 편집
프로그램 모니터(P)
프로젝트
효과 Shift+7
효과 컨트롤 Shift+5
프리미어 프로 인터페이스 레이아웃을 선택하거나 설정할 수 있는 메뉴들을 제공합니다.
선택된 작업 패널을 전체 화면으로 전환합니다. 전체 화면을 다시 원래 화면으로 되돌려주기 위해서는 같은 메뉴의 프레임 크기 복원을 선택하면 됩니다.
오디오 클립과 트랙에 대한 효과 편집을 할 수 있습니다.

팁 & 노트 단축키를 이용한 작업 채널 전체 화면으로 전환하기

프레임 최대화 작업은 특정 작업 패널을 전체 화면에서 작업할 수 있기 때문에 넓은 화면에서 정교한 작업을 할 수 있게 해주는데, 프레임 최대화는 주로 전체 화면으로 전환하고자 하는 작업 패널에 마우스 커서를 갖다 놓은 후 [~] 키를 누르는 방법을 사용합니다. 다시 복귀하고 위해서도 역시 [쉴드] 키를 누르면 됩니다.

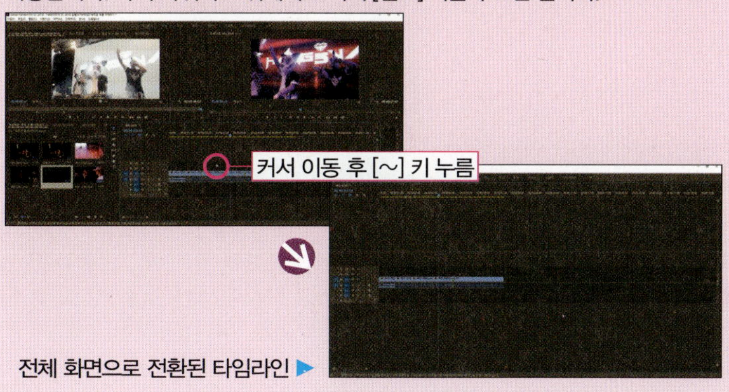

커서 이동 후 [~] 키 누름

전체 화면으로 전환된 타임라인 ▶

도움말(Help) 메뉴

프리미어 프로에서 사용되는 메뉴와 기능 그밖에 버전, 키보드(Keyboard Shortcuts) 등에 대한 정보를 도움말 문서를 통해 살펴볼 수 있습니다. 이와 같은 작업은 대부분 어도비 웹사이트에서 이루어집니다.

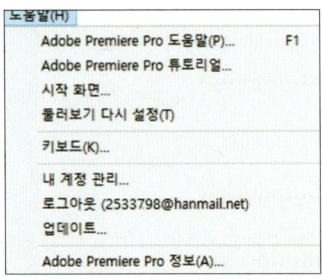

팁 & 노트   사용자 언어(메뉴) 영문 버전으로 변경하기

기본적으로 프리미어 프로를 설치하면 한글 버전으로 설치됩니다. 물론 본 도서에서는 한글 버전으로 설명하고 있지만, 만약 영문 버전으로 전환해야 할 경우가 생긴다면 간단한 방법으로 한글 버전을 영문 버전으로 전환할 수 있습니다. 프리미어 프로가 설치된 [C 드라이브] – [Program Files] – [Adobe] – [Adobe Premiere Pro CC 2018] – [Dictionaries] 폴더로 들어가 [ko_KR]이란 이름의 폴더명을 수정한 후 다시 프리미어 프로를 실행하게 되면 한글 버전이 인식되지 않기 때문에 영문 버전으로 실행됩니다. 반대로 다시 한글 버전으로 복귀하기 위해서는 수정한 폴더명을 원래 이름으로 바꿔주면 됩니다.

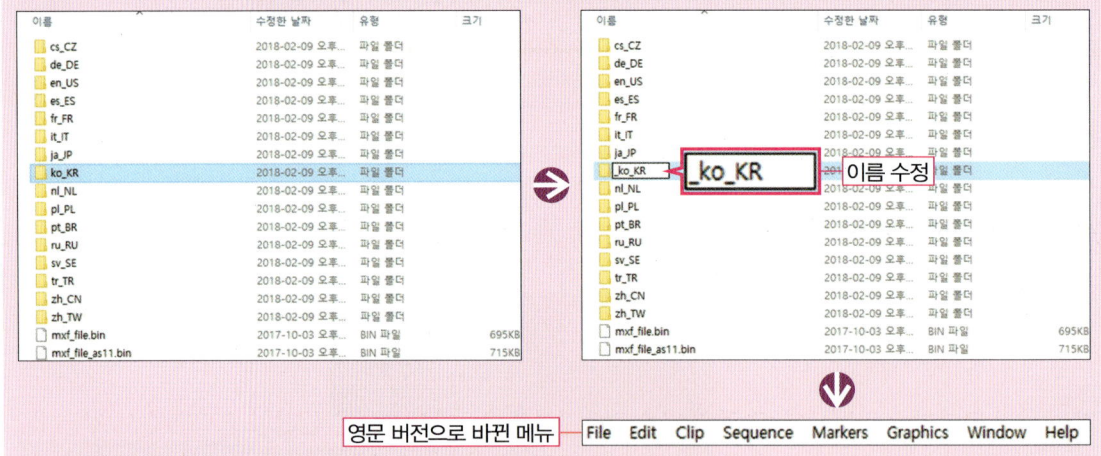

영상 관련 업체, 학교 및 학원에서 주로 영문 버전으로 사용하고, 시중에 나온 도서나 인터넷 자료들이 대부분 영문 버전으로 된 것들이 많기 때문에 영문 버전 사용자가 많은 게 사실이지만, 처음 사용하는 분들에게는 기본적으로 설치된 한글 버전이 더 이해하기 쉽기 때문에 본 도서에서는 한글 버전으로 설명하고 있으며, 주요 기능 및 메뉴에 대해서는 영문 버전에서의 용어를 같이 표기하고 있습니다. 이제부터라도 우리 고유의 언어인 한글 버전을 사용하여 널리 활성화되기를 기대합니다.

레이아웃 프리셋 설정하기(인터페이스 설정)

레이아웃 프리셋은 즐겨 사용되는 작업 레이아웃을 미리 만들어놓은 것입니다. 각 작업 상황에 맞게 설정하면 보다 편리하게 작업을 수행할 수 있습니다. 예를 들어 기본 레이아웃인 편집에서 오디오를 선택하면 오디오 작업 위주로 구성된 작업 레이아웃으로 전환됩니다.

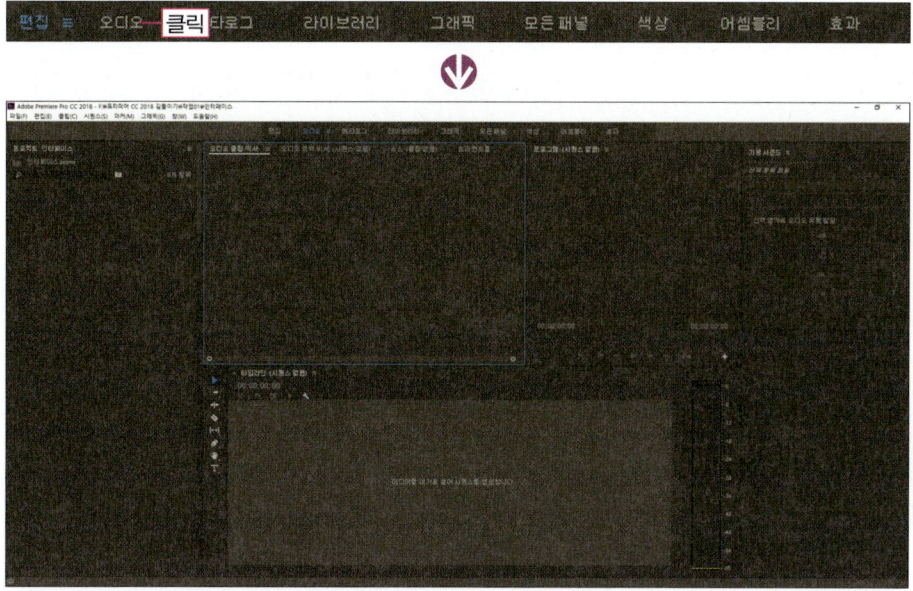

이렇듯 작업 상황에 맞게 레이아웃을 설정하여 보다 편리한 작업을 하기 바라며, 일반적으로는 편집 또는 어셈블리 레이아웃을 사용합니다.

사용자 레이아웃 설정하기

프리미어 프로의 인터페이스는 기본적으로 패널과 프레임으로 이루어져 있습니다. 이 두 가지 요소를 통해 여러분이 원하는 대로 자유롭게 조절할 수 있으며, 사용자 레이아웃으로 등록해놓고 사용할 수도 있습니다. 작업의 편의를 위해 마우스 커서를 각 작업 패널 사이에 갖다 놓고 클릭 & 드래그해보면 각 작업 패널의 크기가 조절됩니다. 작업 패널 설정은 2개 혹은 3개의 패널을 동시에 조절할 수도 있는데, 예를 들어 마우스 커서를 타임라인, 효과, 프로그램 모니터 3개의 패널 사이에 갖다 놓고, 커서의 모양이 네 방향 화살표 모양으로 바뀔 때 클릭 & 드래그하면 해당 3개의 패널에 대한 프레임의 크기가 상하좌우로 조절되며, 좌우 패널 사이에 갖다 놓으면 좌우로 조절, 상하 패널 사이에 갖다 놓으면 상하로 조절할 수 있습니다.

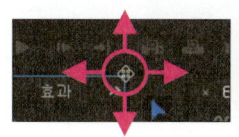 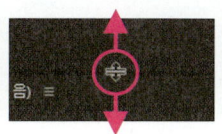 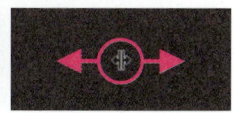

새로 설정한 레이아웃 등록하기

사용자의 입맛에 맞게 각 작업 패널을 설정해 놓은 후 설정된 레이아웃은 새로운 레이아웃으로 등록해서 사용할 수 있습니다. 앞서 설명한 방법으로 각 작업 패널의 위치, 크기를 설정한 후 [창] - [작업 영역] - [새 작업 영역으로 저장] 메뉴를 선택합니다. 새 작업 영역 설정 창이 열리면 적당한 이름을 입력한 후 적용합니다. 그러면 사용자 정의의 새로운 레이아웃이 등록됩니다.

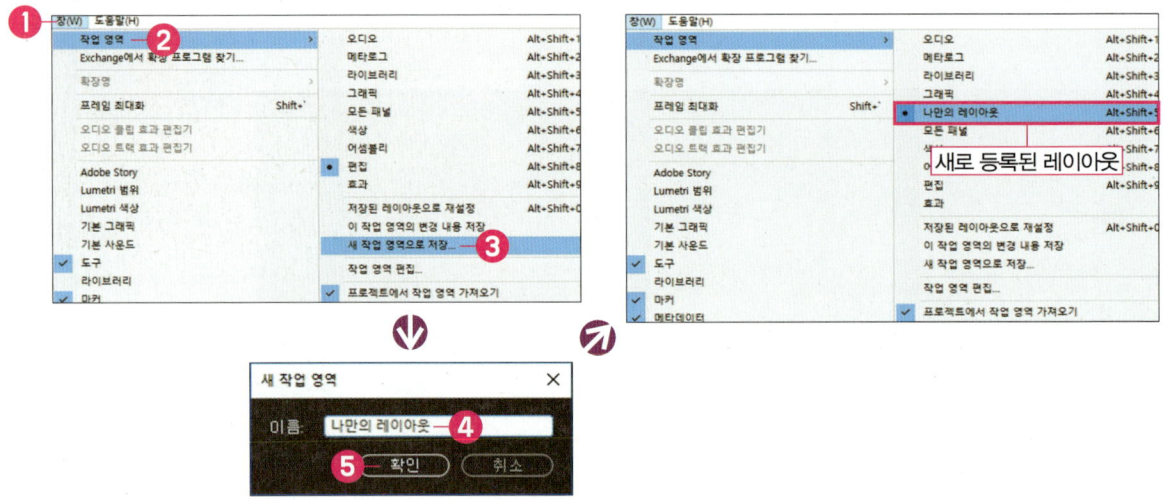

레이아웃 삭제하기

새로 등록된 레이아웃이나 기존 레이아웃 중 불필요한 레이아웃을 제거할 수도 있습니다. [창] - [작업 영역] - [작업 영역 편집] 메뉴를 선택하여 작업 영역 편집 창을 열어줍니다. 여기에서 삭제하고자 하는 레이아웃을 선택한 후 [삭제] 버튼을 누르면 해당 레이아웃이 제거됩니다.

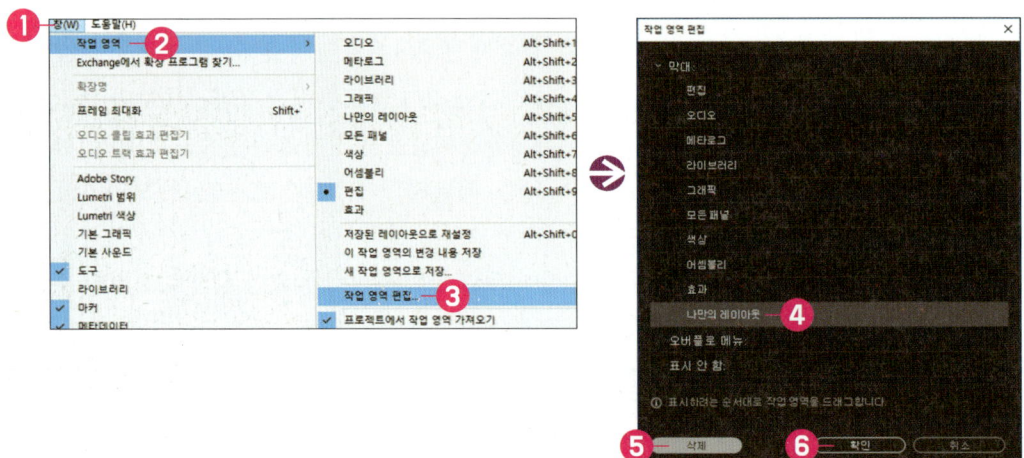

레이아웃 프리셋에 등록 및 제거하기

인터페이스 상단에 있는 레이아웃 프리셋에 레이아웃을 등록하거나 제거할 수 있습니다. 앞서 살펴본 작업 영역 편집 창에서 제거하고자 하는 레이아웃, 예를 들어 라이브러리를 드래그하여 [아래쪽 표시 안 함] 항목 아래로 갖다 놓은 후 적용하면 레이아웃 프리셋에 해당 레이아웃이 제거됩니다.

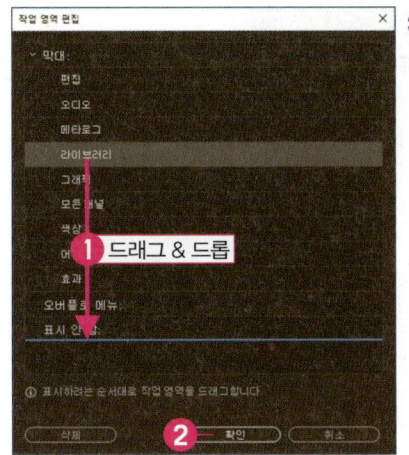
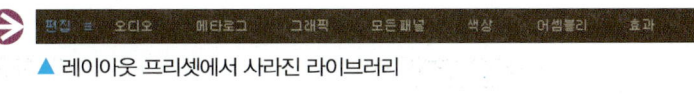

▲ 레이아웃 프리셋에서 사라진 라이브러리

작업 패널 위치 이동하기 – 다른 프레임으로 도킹하기

프레임과 각 패널들은 자유롭게 위치 조정도 가능합니다. 패널을 이동하기 위해서는 해당 패널의 이름을 클릭 & 드래그하여 원하는 프레임으로 드롭하면 되는데, 드래그할 때 마우스 커서의 위치에 따라 옅은 보라색 사각형 면들이 표시되는 것을 드롭 존(Drop zone)이라고 합니다. 아래 그림처럼 특정 작업 패널(소스 모니터)을 드래그 & 드롭하여 다른 작업 패널(프로그램 모니터)로 이동할 때 패널 가운데 부분에 옅은 보라색 사각형이 나타나면 해당 작업 패널에 그룹, 즉 도킹됩니다.

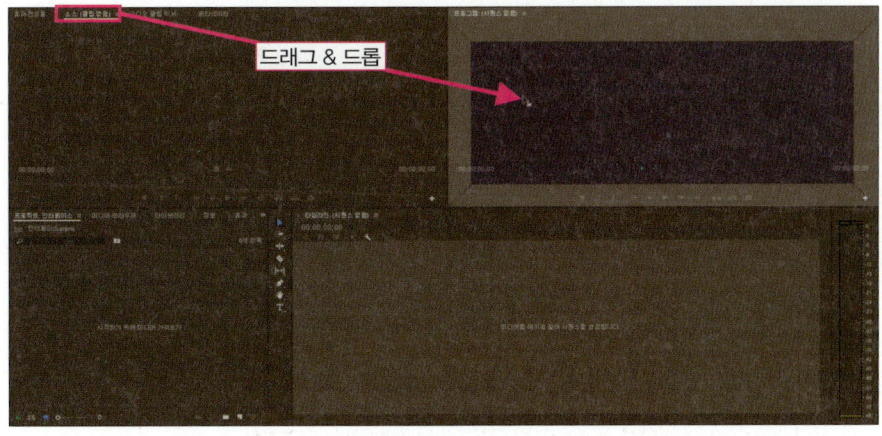

작업 패널 위치 이동하기 – 다른 위치에 개별로 사용하기

작업 패널을 다른 패널의 가운데가 아닌 상하좌우 드롭 존에 갖다 놓으면 해당 위치에 새로운 프레임으로 생성됩니다. 이것은 다른 패널뿐만 아니라 이동하는 패널 그룹의 드롭 존에서도 같은 결과를 얻을 수 있습니다.

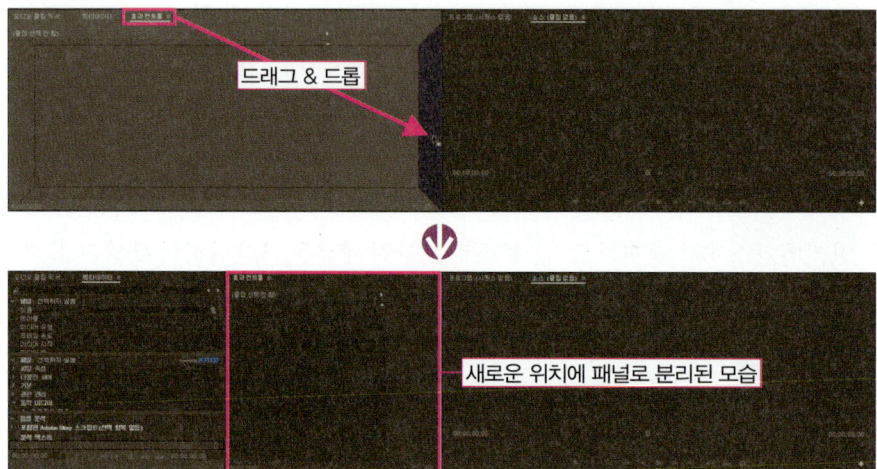

이동한 패널 다시 원래 위치로 이동하기

다른 패널로 이동하거나 개별 패널로 만들어놓은 패널을 다시 원래 패널 그룹으로 이동하는 방법 또한 같은 방법을 사용하면 되며, 앞서 살펴보았던 [창] – [작업 영역] – [저장된 레이아웃으로 재설정] 메뉴를 선택하여 해당 작업 패널을 원래 상태로 한번에 되돌릴 수도 있습니다.

그룹 패널의 패널 위치 변경하기

그룹 패널로 구성된 패널들의 위치는 사용 빈도에 따라 앞(왼)쪽 혹은 뒤(오른)쪽으로 이동할 수 있습니다. 예를 들어 효과 컨트롤 패널의 사용 빈도가 높아 오디오 클립 믹서 패널보다 앞쪽으로 이동하고자 한다면 효과 컨트롤 패널을 클릭 & 드래그하여 소스 패널과 오디오 클립 믹서 패널 사이에 갖다 놓으면 됩니다.

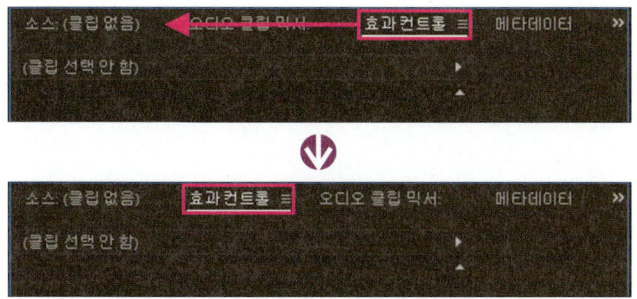

패널 닫기/열기

사용하지 않는 패널을 인터페이스에서 제거하고 싶다면 패널 이름 왼쪽의 [x] 버튼을 클릭하면 됩니다. 이것은 모든 패널에 공통적으로 해당됩니다.

반대로 사라진 패널을 다시 나타나게 하고 싶다면 풀다운 메뉴의 [창] 메뉴에서 제거한 패널을 다시 선택(체크)하면 됩니다.

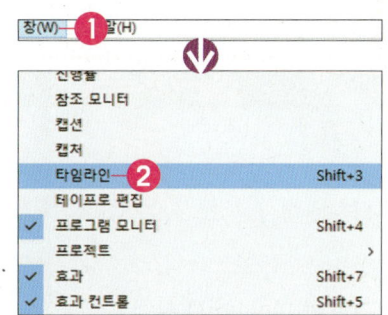

플라이아웃 메뉴 활용하기

플라이아웃 메뉴는 각 패널 우측 상단에 있는 3개의 짧은 선으로 된 부분을 클릭하면 나타나는 메뉴입니다. 이 플라이아웃 메뉴를 이용하여 해당 패널 닫기, 분리 등과 같은 공통된 기능이나 해당 패널에서만 사용되는 다양한 메뉴(기능)들을 이용할 수 있습니다. 이 플라이아웃 메뉴를 이용하면 훨씬 다양하게 패널들을 활용할 수 있습니다. 지금까지 살펴본 방법을 통해 여러분 취향에 맞는 인터페이스로 세팅해보기 바랍니다.

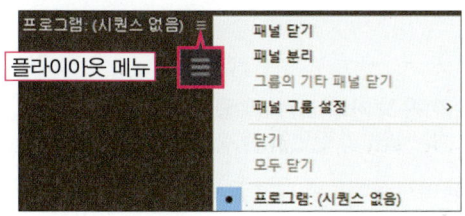

작업 패널과 도구 바 살펴보기

프리미어 프로의 작업 패널들과 도구들은 각기 다른 작업을 수행하기 때문에 각 패널과 도구들에 대한 이름과 사용법에 대해 알아두어야 합니다. 여기에서는 주요 패널과 도구들에 대해서 살펴볼 것입니다.

프로젝트 패널 살펴보기

작업에 사용되는 모든 미디어 클립(스틸 이미지, 동영상, 오디오 등)과 실제 작업이 이루어지는 시퀀스(타임라인), 자막, 모양(Shape) 그밖에 작업 아이템들을 관리하는 패널입니다. 프로젝트 패널에서 관리되는 미디어 클립(파일)들은 각기 다른 아이콘 모양을 가지며, 폴더를 만들어 속성별로 구분하여 관리할 수도 있습니다.

1 **저장소 콘텐트 필터링** 프로젝트 패널에 사용되는 클립을 찾아 선택해줍니다. 입력된 글자(속성)에 맞는 클립을 찾을 때 유용합니다.

2 **쿼리에서 새 검색 저장소 만들기** 검색할 클립의 속성을 구분하여 보다 세밀하게 클립을 찾을 수 있는 검색기를 제공합니다.

3 **패널 플라이아웃 메뉴** 그룹 패널에서 숨겨진 패널을 찾아 열어줍니다.

4 **클립 보기** 비디오 클립을 미리 볼 수 있는 섬네일입니다. 현재는 아이콘 보기로 설정되었을 때 나타나는 방식이며, 섬네일 위에 마우스 커서를 갖다 놓고 좌우로 드래그(이동)하면 해당 클립의 장면을 볼 수 있습니다.

5 **프로젝트 잠그기/해제하기** 프로젝트에 관리되는 모든 클립들을 사용하지 못하도록 잠가 둘 수 있습니다.

⑥ **목록 보기** 클립을 섬네일 보기가 아닌 목록 형태로 볼 수 있도록 해줍니다. 많은 클립들을 사용할 때 프로젝트의 공간을 줄일 수 있습니다.

⑦ **아이콘 보기** 클립을 섬네일 형태로 보여줍니다. 비디오/이미지 클립에 어떤 장면이 담겨있는지 가장 쉽게 파악할 수 있는 방식입니다.

⑧ **확대/축소** 섬네일이나 목록의 크기를 조절합니다.

⑨ **아이콘 정렬** 클립의 이름 및 시간 등의 속성을 기준으로 정렬할 수 있습니다.

⑩ **시퀀스 자동화** 선택한 클립을 자동으로 연결하여 시퀀스를 만들고, 타임라인에 적용합니다.

⑪ **찾기** 프로젝트 패널에 있는 클립을 검색하여 찾아줍니다.

⑫ **새 저장소** 프로젝트 패널에 폴더를 생성하여 폴더별로 클립들을 관리할 수 있습니다.

⑬ **새 항목** 시퀀스, 조정 레이어, 컬러바 등의 새로운 작업 아이템을 생성합니다.

⑭ **지우기** 불필요한 클립을 선택하여 삭제합니다.

도구 바 살펴보기

작업 시 가장 즐겨 사용되는 도구들을 아이콘 형태로 모아놓은 곳입니다. 타임라인 패널에서 클립 선택하기, 자르기, 장면 찾기, 화면 줌 인/아웃, 모양 만들기, 자막 만들기 등의 도구들을 사용할 수 있습니다.

① **선택 도구** 기본적으로 선택된 도구로써 타임라인에 있는 클립을 선택하고, 이동, 인/아웃 포인트를 편집(트리밍)할 때 사용됩니다.

② **앞/뒤 선택 도구** 선택한 클립을 기준으로 앞 혹은 뒤쪽에 있는 모든 클립을 한꺼번에 선택합니다.

③ **편집 도구** 클립의 재생 길이(속도)를 조절하며, 길이를 조절할 때 공간이 생기지 않도록 인접한 클립의 길이가 자동으로 조절되어 맞춰줍니다.

④ **자르기 도구** 클립에서 원하는 부분, 즉 장면을 잘라줄 수 있습니다.

⑤ **밀기 도구** 클립의 길이에는 변화가 생기지 않게 편집하거나 위치를 조정할 수 있습니다.

⑥ **펜 도구** 다양한 모양 아이템 객체를 만들 수 있습니다. 포토샵의 펜 도구와 같은 방법으로 사용됩니다.

8 **손 도구** 타임라인에서 원하는 작업 위치로 이동할 때 사용합니다. 많은 클립을 사용할 때 원하는 장면으로 이동할 수 있지만 주로 마우스 휠(가운데) 버튼이나 아래쪽 스크롤 바를 사용하여 이동합니다.

7 **문자 도구** 자막, 즉 글자를 입력할 수 있습니다. 프로그램 모니터에 직접 입력하면 됩니다.

타임라인 패널 살펴보기

타임라인은 시퀀스가 생성되면 자동으로 나타나며, 프로젝트 패널의 클립을 편집 트랙에 적용하여 자르거나 키프레임을 통한 애니메이션, 이펙트(효과) 적용, 변형 등의 실질적인 작업이 이루어지는 공간입니다. 타임라인 패널의 각 기능들을 통해 비디오, 오디오, 이미지를 다양하게 편집할 수 있으며, 클립에서 오른쪽 마우스 버튼을 눌러 나타나는 메뉴를 통해 다양한 작업을 수행할 수 있습니다.

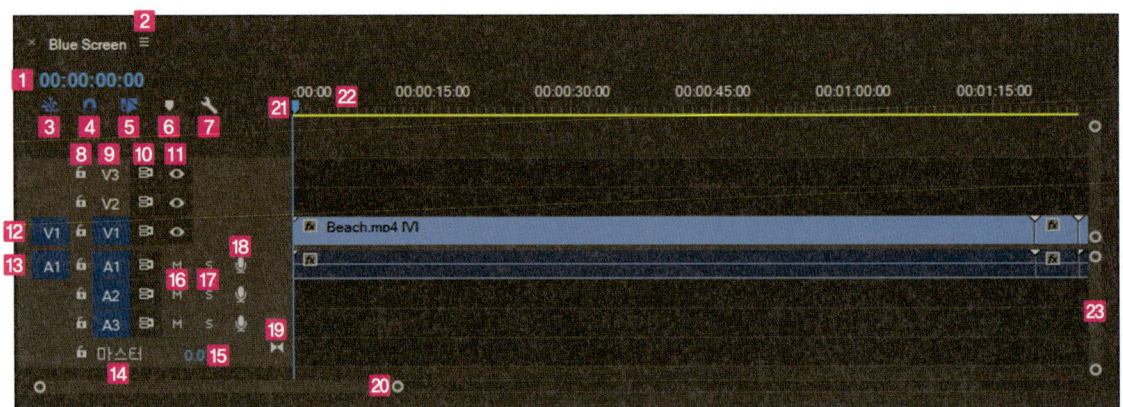

1 **타임코드(재생 헤드 위치)** 작업 시간에 대한 정보를 타임코드 형태로 나타내며, 시간:분:초:프레임 단위로 구분합니다. 타임코드 위에 마우스 커서를 갖다 놓고 좌우로 드래그하여 시간을 설정할 수 있으며, 클릭하여 직접 입력할 수도 있습니다.

2 **플라이아웃 메뉴** 타임라인에서 제공되는 플라이아웃 메뉴를 사용할 수 있습니다.

3 **시퀀스 중첩 또는 개별 클립으로 삽입 또는 덮어쓰기** 시퀀스를 다른 시퀀스, 즉 타임라인에 클립 형태로 적용할 때 시퀀스 클립을 하나의 시퀀스 형태로 적용할 것인지, 시퀀스에 사용된 클립들을 개별로 분리된 상태로 적용할 것인지 설정할 수 있습니다.

4 **스냅** 클립을 이동할 때 다른 클립의 편집 점, 즉 인/아웃 포인트(시작/끝점) 또는 재생 헤드에 정확하게 맞춰줄 수 있게 해줍니다.

5 **연결된 선택** 오디오가 포함된 비디오 클립을 동시에 이동하거나 해제하여 개별로 이동할 수 있게 해줍니다.

6 **마커 추가** 마커를 추가할 수 있습니다. 마커는 재생 헤드가 위치한 지점에 생성되며, 클립이 선택되면 클립 마커, 클립이 선택되지 않으면 시간자에 시퀀스 마커가 생성됩니다.

7 **타임라인 표시 설정** 타임라인 패널에 표시될 클립의 속성 내용을 설정합니다.

8 **트랙 잠금 켜기/끄기** 해당 트랙에 있는 클립을 사용하지 못하도록 잠가둘 수 있습니다.

9 **트랙 대상 지정 켜기/끄기** 소스 모니터에 있는 클립을 타임라인에 적용할 때 적용되는 클립의 길이에 영향을 받거나 받지 않는 트랙을 선택할 수 있습니다.

10 **동기화 잠금 전환** 해당 트랙이 다른 트랙의 영향을 받지 않도록 설정합니다.

11 **트랙 출력 켜기/끄기** 비디오 트랙에서 사용되며, 해당 트랙 클립들의 장면을 보이지 않도록 할 수 있습니다.

12 **비디오 클립 삽입 및 덮어쓰기** 소스 모니터에 있는 클립을 타임라인에 적용할 때 적용되는 클립의 비디오가 적용될 트랙을 선택할 수 있습니다. 선택된 파란색 트랙에 클립이 적용됩니다.

13 **오디오 클립 삽입 및 덮어쓰기** 소스 모니터에 있는 클립을 타임라인에 적용할 때 적용되는 클립의 오디오가 적용될 트랙을 선택할 수 있습니다. 선택된 파란색 트랙에 클립이 적용됩니다.

14 **마스터** 오디오 클립 전체를 설정하는 마스터 트랙을 사용할 수 있습니다.

15 **트랙 볼륨** 마스터 트랙의 볼륨을 조절합니다.

16 **트랙 음소거** 해당 오디오 트랙의 소리가 들리지 않도록 음소거할 수 있습니다.

17 **솔로 트랙** 해당 오디오 트랙의 소리를 솔로로 들을 수 있습니다.

18 **음성 더빙 기록** 마이크를 통한 내레이션 녹음에 사용할 녹음 트랙을 선택할 수 있습니다.

19 **오디오 채널 표시** 사용되는 오디오가 모노 혹은 스테레오, 서라운드 채널인지 확인할 수 있습니다.

20 **타임라인 확대/축소** 타임라인을 확대/축소할 수 있으며, 가운데 부분을 이동하여 원하는 시간대로 이동할 수도 있는데, 이것은 일종의 스크롤 바의 역할과 같습니다.

21 **재생 헤드** 재생 헤드가 있는 지점의 장면과 소리를 프로그램 모니터에서 보고 들을 수 있습니다. 그러므로 이 재생 헤드는 편집 작업의 기준선으로 사용됩니다.

22 **시간자** 타임라인의 작업 시간에 대한 표시를 하며, 시퀀스 설정 시 표시 형식에 따라 단위가 달라집니다.

23 **스크롤 바** 위/아래로 이동하여 트랙을 확인할 수 있습니다.

오디오 미터

오디오 클립의 dB(데시벨)을 램프를 통해 확인할 수 있으며, 아래쪽 [S] 버튼을 통해 좌우 채널의 소리를 개별로 들을 수 있습니다.

정보 패널

선택된 클립의 길이, 시작/끝점, 재생 헤드가 위치한 지점의 시간 정보를 확인할 수 있습니다.

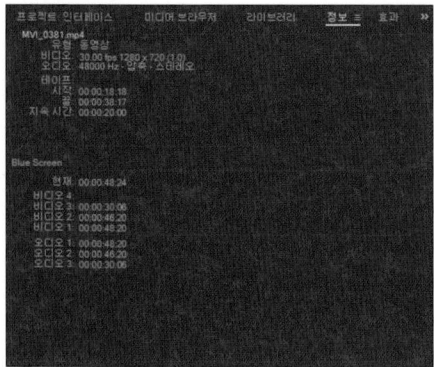

라이브러리 패널

이미지 및 동영상 마켓인 어도비 스톡에서 원하는 아이템 소스를 검색하여 곧바로 사용할 수 있습니다. 검색기에서 원하는 아이템을 입력(필자는 Clock이란 단어를 입력했음)한 후 확인해보면 아래쪽에 검색 결과가 나타나며, 나타난 아이템 중 사용하고자 하는 아이템을 타임라인 패널이나 프로젝트 패널로 드래그 & 드롭하여 사용할 수 있습니다. 하지만 아이템에 어도비 스톡 워터마크가 표시되기 때문에 정상적으로 사용할 수 없을 것입니다. 만약 해당 아이템을 워터마크 없이 사용하고자 한다면 라이브러리 패널의 해당 아이템에서 [오른쪽 마우스 버튼] – [이미지 라이선스 받기(License Image)] 메뉴를 선택하여 라이선스 받기 창을 통해 구매해야 합니다.

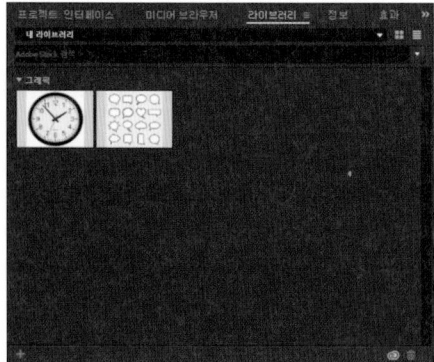

프로그램 모니터

프로그램 모니터는 타임라인에 적용된 클립을 편집할 때 편집되는 과정(재생 헤드가 위치한 지점)을 실시간으로 볼 수 있게 해줍니다. 또한 모니터를 통해서도 타임라인의 클립을 제거하거나 추출할 수 있으며, 알파 및 멀티 카메라 편집 작업에도 유용하게 사용됩니다.

1 **플라이아웃 메뉴** 프로그램 모니터에서 제공되는 플라이아웃 메뉴를 사용할 수 있습니다.

2 **재생 헤드 위치(타임코드)** 프로그램 모니터의 재생 시간을 확인하고, 특정 장면을 찾아줄 수 있습니다.

3 **확대/축소 레벨 선택** 모니터의 화면 크기를 조절할 수 있습니다. 맞추기로 설정해놓으면 프로그램 모니터 패널의 크기를 조절할 때 항상 같은 크기로 조절됩니다.

4 **재생 해상도 선택** 모니터 해상도를 설정합니다. 전체로 설정하면 최상의 해상도로 보여지지만 재생 속도가 느려질 수 있습니다.

5 **설정** 프로그램 모니터에 대한 설정을 할 수 있습니다.

6 **시작/종료 지속 시간** 타임라인에 사용되는 마지막 클립을 기준으로 전체 작업 시간을 표시합니다.

7 **재생 헤드** 프로그램 모니터에 나타나는 장면을 찾기 위한 재생 헤드입니다.

8 **마커 추가** 프로그램 모니터에서 직접 마커를 추가할 수 있습니다.

9 **시작/종료 표시** 타임라인에 적용된 클립을 제거 및 추출하기 위한 시작과 종료 지점을 만들어줍니다.

10 **시작/종료 지점으로 이동하기** 시작과 종료로 표시된 구간의 시작 및 종료 지점으로 재생 헤드를 이동합니다.

11 **1프레임 이전/다음 단계** 재생 헤드를 한 프레임 앞/뒤로 이동합니다. 정교한 편집을 위해 사용됩니다.

12 **재생/정지 켜기/끄기** 타임라인에서 작업한 내용을 확인하기 위한 재생 및 정지를 할 수 있습니다. 주로 스페이스 바를 사용합니다.

13 **제거** 시작/종료로 표시된 지점의 클립을 제거, 즉 잘라냅니다. 잘려진 공간은 그대로 남아있습니다.

14 **추출** 시작/종료로 표시된 지점의 클립을 제거하며, 잘려진 공간은 뒤쪽 클립이 이동하여 메워줍니다.

15 **프레임 내보내기** 프로그램 모니터에서 보이는 장면을 정지 이미지 파일로 출력합니다. 특정 장면을 jpge 등의 이미지 파일을 만들 때 유용합니다.

16 **단추 편집기** 프로그램 모니터 하단에 표시되는 기능 버튼을 추가 및 삭제할 수 있습니다.

> **팁 & 노트** 모니터에 기능 버튼 추가/삭제하기
>
> 프로그램 또는 소스 모니터 하단의 기능 버튼들은 사용자에 의해 추가 및 제거할 수 있습니다. [단추 편집기] 버튼을 누르면 단추 편집기가 열리는데, 여기에서 추가하고자 하는 버튼을 선택한 후 드래그하여 버튼들이 있는 바에 갖다 놓으면 됩니다. 반대로 불필요한 버튼은 바에 있는 버튼을 드래그하여 바깥쪽으로 꺼내면 됩니다.
>
>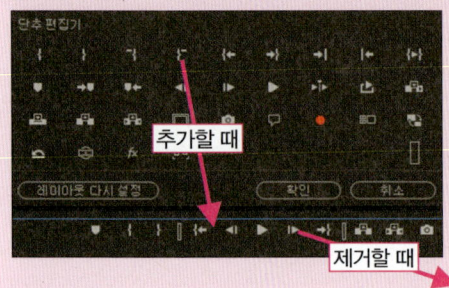

지금까지의 패널들은 가장 기본적이고도 중요한 패널이기 때문에 반드시 이해하기 바라며, 여기에서 살펴보지 않은 소스 모니터에 대해서는 기본 편집 파트에서 살펴볼 것입니다. 그밖에 설명하지 않은 패널이나 기능에 대해서는 어도비 웹사이트의 도움말을 통해 살펴보기 바랍니다.

시퀀스 재설정에 대하여

프리미어 프로에서 처음 작업을 시작하기 위해서는 프로젝트를 만들고, 만든 프로젝트에는 실제 작업을 하기 위한 공간인 시퀀스를 만들어주어야 합니다. 앞서 언급했듯 시퀀스는 하나의 프로젝트에 하나 이상의 시퀀스를 사용해야 하며, 시퀀스는 사용되는 클립의 속성(비디오, 오디오 규격)의 차이에 의해 작업 중 재설정을 하여 클립의 속성에 맞춰주어야 하는 경우도 생깁니다. 작업 중 시퀀스를 재설정하기 위해서는 [시퀀스] 메뉴의 [시퀀스 설정] 메뉴를 선택하면 됩니다.

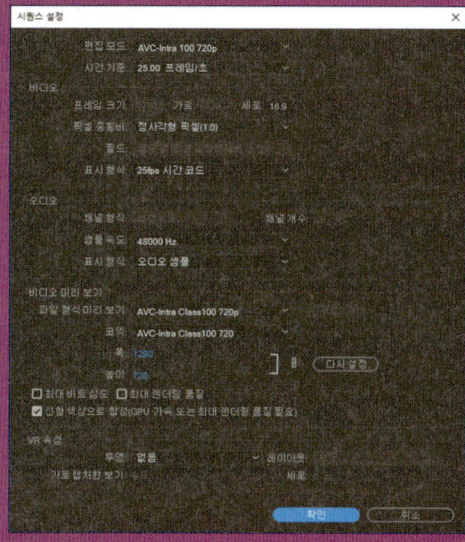

편집 모드 시퀀스의 비디오/오디오의 해상도, 화면 비율, 프레임 개수 등에 대한 규격 목록 중 작업에 사용되는 규격을 선택할 수 있습니다.

시간 기준 초당 사용되는 프레임 개수(Frame Rate)를 설정할 수 있습니다.

프레임 크기/픽셀 종횡비 화면의 가로/세로 크기와 비율을 설정할 수 있습니다.

필드/표시 형식(비디오) 아날로그 방식의 비디오 편집 시 사용되며, 필드(주사) 방식과 비디오에 대한 타임코드 형식을 설정합니다. 일반적인 비디오는 30(29.97)프레임을 사용하며, 극장용 영화는 24프레임을 사용합니다.

채널 형식/샘플 속도 오디오 채널과 샘플링 품질을 설정합니다. DV급 음질은 44,100 Hz이며, DVD급 음질은 48,000 Hz로 사용합니다.

표시 형식(오디오) 비디오에 대한 타임코드 형식을 설정합니다. 일반적으로 오디오는 오디오 샘플 방식을 사용합니다.

파일 형식 미리 보기/코덱 작업한 내용을 재생할 때의 형식과 압축 방식을 설정합니다.

폭/높이 미리 보기할 때의 가로/세로 크기를 설정합니다.

VR 속성 프리미어 프로에서 360 VR로 촬영된 비디오를 편집할 때 사용되며, 사용하기 위해서는 투영을 [등장방형]으로 설정해야 합니다.

Lesson 04 종류별 클립 가져오기

프리미어 프로에서 작업을 할 때 프로젝트 생성 후 가장 먼저 하게 되는 작업은 작업에 사용할 다양한 종류의 미디어 클립들을 가져오는 것입니다. 클립을 가져오는 방법은 앞서 학습한 적이 있지만 이번 레슨에서는 종류별로 클립을 가져오는 방법에 대해 알아보도록 하겠습니다. 프리미어 프로는 고화질 RED 포맷의 비디오, 디지털 카메라(DSLR)에서 사용되는 Raw 포맷 이미지, 포토샵의 PSD, 일러스트레이터의 Ai나 플래시의 SWF 벡터 포맷 파일 등 수많은 파일 형식을 지원합니다. 이처럼 프리미어 프로의 높은 호환성 덕분에 클립을 가져오는 작업에 특별한 문제가 없을 것입니다.

프리미어 프로의 작업 과정

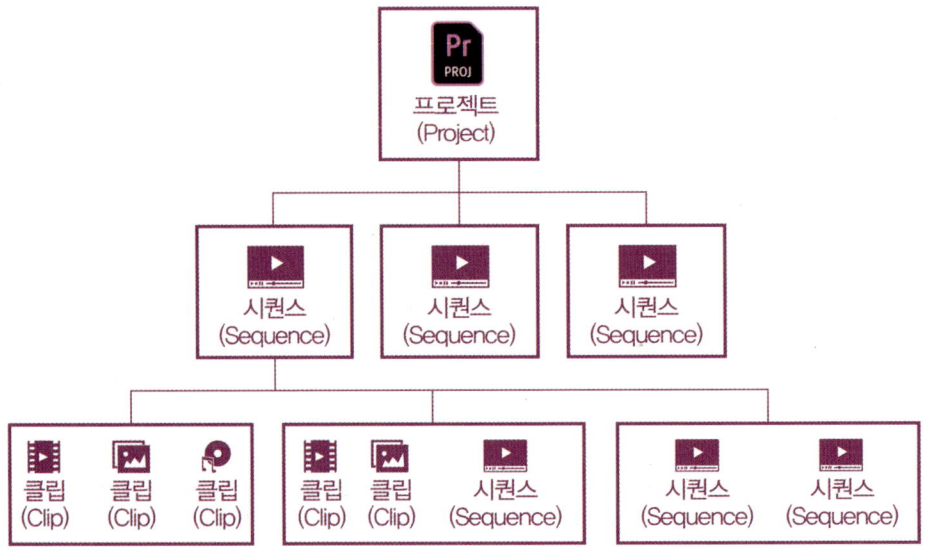

프리미어 프로의 가져오기 과정

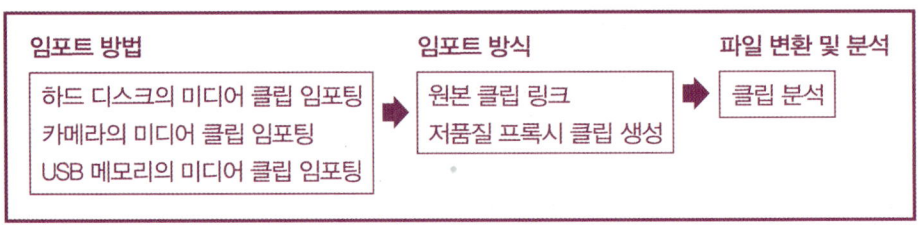

비디오 클립 가져오기

동영상 파일을 가져오는 방법은 매우 간단하며, 메뉴보다는 단축키 [Ctrl] +[I]키를 이용하게 됩니다. 물론 상황에 따라서는 프로젝트 패널의 빈 곳을 더블클릭하여 가져올 수도 있습니다. 프리미어 프로에서는 하드디스크에 있는 동영상 클립(파일)과 카메라에 있는 동영상 클립 그리고 USB 메모리에 있는 동영상 클립을 그대로 가져올 수 있지만 USB 메모리나 외장 하드디스크를 이용하기 보다는 가급적 컴퓨터 내에 장착된 하드디스크를 이용하는 것을 권장합니다. 그것은 USB나 외장 하드는 클립을 인식하는 속도가 느리며, 자칫 연결이 끊어졌을 때 문제가 될 수 있기 때문입니다.

고용량 동영상(RED) 클립 프록시로 전환하기

레드(RED) 카메라에서 촬영된 동영상은 주로 영화(드라마에서도 사용됨) 촬영을 위해 사용되는 고품질(4K, 8K 등) 영상 클립을 말합니다. 하지만 이 영상 클립은 고품질이기 때문에 파일 용량 또한 크며, 원본 그대로를 작업에 사용하게 되면 컴퓨터 속도가 느려질 수 있기 때문에 품질을 저하시켜 사용하는 것이 좋습니다. 이와 같은 작업에 사용되는 파일을 프록시(Proxy) 파일이라고 합니다. 학습을 위해 [Ctlr] + [I] 키를 눌러 [학습자료] - [RED] 폴더에 있는 [A001.R3D] 파일을 가져옵니다.

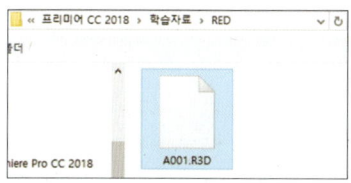

RED 카메라에서 촬영된 R3D 형식의 파일을 가져오기 위해서는 해당 파일 형식을 인식할 수 있는 코덱을 설치해야 합니다.

레드 클립을 가져오게 되면 다른 파일 형식과 마찬가지로 프로젝트 패널에 적용됩니다. 그러면 일반적인 비디오 클립과 유사한 모양의 아이콘(섬네일)으로 나타나는 것을 알 수 있습니다.

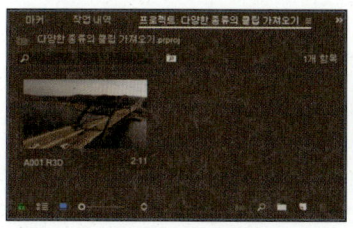

각 클립은 섬네일 우측 하단의 아이콘 모습을 통해 어떠한 파일 형식(비디오, 이미지, 오디오, 시퀀스 등)인지 구분할 수 있습니다.

시퀀스 클립 / 비디오 클립 / 레드 비디오 / 이미지 클립 / 오디오 클립

이제 방금 가져온 [A001.R3D] 레드 클립에서 [오른쪽 마우스 버튼]을 누른 후 나타나는 메뉴에서 [프록시] - [프록시 만들기]를 선택합니다.

코덱(Codec)에 대하여

코덱은 비디오, 오디오, 이미지 파일에 대한 압축 및 압축 해제, 즉 인코딩(Encoding)과 디코딩(Decoding)을 위한 기술로써 애플 ProRes는 퀵타임(MOV) 표준 비디오 코덱입니다. 만약 학습자료 이외에 여러분 개인이 촬영한 동영상을 사용할 경우 MOV 파일을 사용한다면 Apple(애플)사의 Quicktime(퀵타임) 코덱을 설치해야 합니다. 물론 이것은 Mac(맥) 기반의 OS X 운영체제를 사용하는 분들이 아닌 Windows(윈도우즈) 운영체제를 사용하는 분들에게 해당됩니다. 윈도우즈를 사용을 할 경우에는 퀵타임 플레이어를 설치하는 것만으로도 퀵타임 코덱을 사용할 수 있습니다. 퀵타임 플레이어는 무료로 제공되기 때문에 인터넷 검색을 통해 찾아서 설치하면 됩니다. 퀵타임이 설치된 컴퓨터에서는 학습자료에 있는 모든 동영상 파일을 아무 문제없이 사용할 수 있습니다.

그밖에 AVI와 같은 일반적인 동영상을 가져올 때 문제가 된다면 해당 파일의 코덱을 확인한 후 적당한 코덱을 설치해야 합니다. 이러한 것들은 대부분 통합 코덱을 설치하는 것으로 해결할 수 있습니다. 또한 동영상 파일 형식 중 RED(레드)라고 불리우는 [.R3D] 고해상도(4K, 8K급) 파일을 사용하기 위해서는 해당 코덱을 설치해야 합니다. 코덱을 설치하기 위해서는 https://www.red.com에 접속한 후 [REDCINE-X PRO]를 다운받아 설치하면 되며, 맥용 코덱이 필요하다면 [RED APPLE WORKFLOW INSTALLER]를 설치하면 됩니다. 또한 레드 코덱은 학습자료 폴더에 있는 [Downloads - RED Digital Cinema] 실행 파일을 통해 해당 웹 사이트에 쉽게 접속할 수 있습니다.

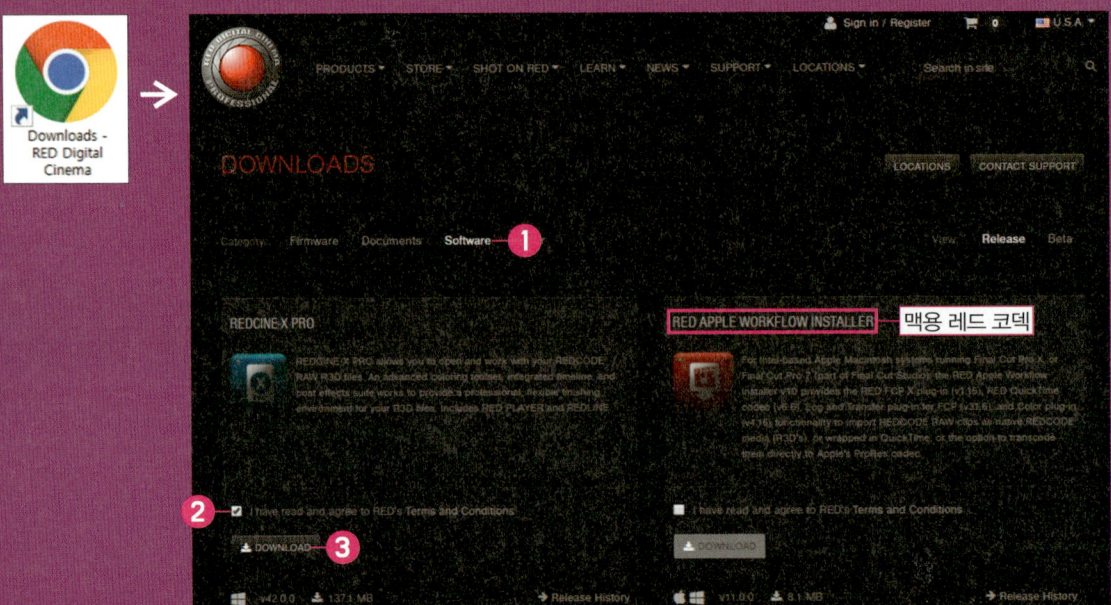

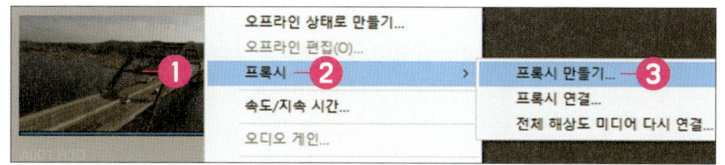

프록시 만들기 창이 열리면 저품질(저용량) 프록시 파일로 만들어주기 위한 형식을 선택합니다. 필자는 퀵타임(MOV) 파일을 만들기 위해 QuickTime을 선택하였습니다. 그다음 세부 설정을 하기 위해 사전 설정에서 원하는 포맷을 선택하면 됩니다. 여기에서는 일단 아무거나 선택해봅니다. 참고로 포맷(형식)은 MOV뿐만 아니라 H.264 형식도 사용할 수 있습니다.

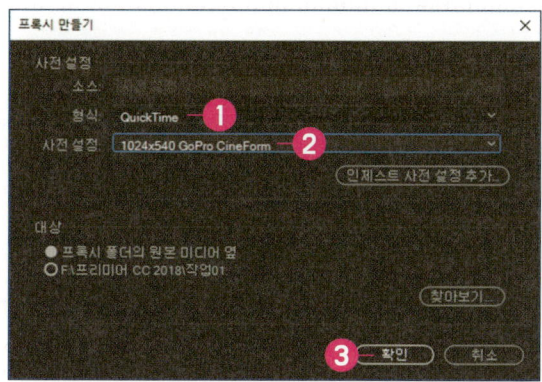

인제스트 사전 설정 추가 어도비 미디어 인코더에서 설정한 규격을 가져와 사용할 수 있습니다. 이것은 미디어 인코더가 설치되어있어야 합니다.

대상 프록시 파일이 저장될 경로(폴더)를 선택합니다. 별도로 원하는 위치가 있다면 찾아보기를 통해 지정할 수도 있습니다.

그러면 프록시 파일을 만들기 위한 미디어 인코더가 실행되며, 방금 설정한 규격에 맞는 프록시 파일이 자동으로 만들어집니다.

 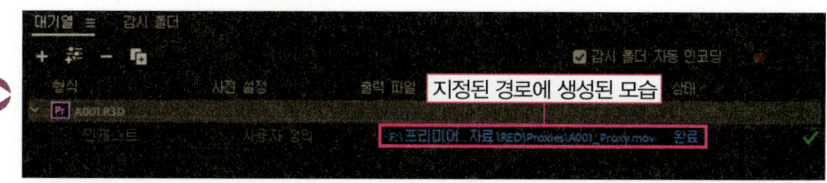

여기에서 방금 만든 프록시 파일이 저장된 폴더를 찾아 들어가보면 [Proxies]란 이름의 폴더에 [A001_Proxy]란 MOV 파일이 생성된 것을 알 수 있습니다. 이제 이 비디오 클립이 고용량의 레드 파일을 대체하여 사용됩니다.

  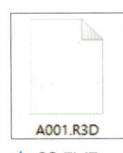

▲ 11MB ▲ 62.5MB

원본 레드 파일과 프록시 파일의 용량을 비교해 보면 프록시 파일이 11MB이며, 원본 레드 파일은 62.5MB입니다. 이것으로 프록시 파일의 용량이 엄청나게 줄어든 것을 알 수 있습니다.

프록시 파일을 원본 파일로 교체하기

프록시 파일로 작업한 후 최종적으로 출력(파일 만들기)을 하기 위해서는 다시 고품질 원본 파일로 바꿔 주어야 합니다. 원본 파일로 전환하기 위해서는 프로젝트 패널에 있는 프록시 클립에서 [오른쪽 마우스 버튼] - [프록시] - [전체 해상도 미디어 다시 연결] 메뉴를 선택하면 됩니다.

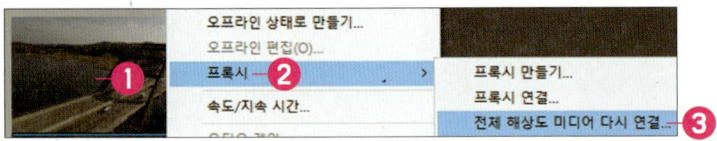

전체 해상도 미디어 다시 연결 창이 열리면 다시 링크하고자 하는 원본 레드 파일이 선택된 것을 확인한 후 [연결] 버튼을 클릭합니다. 이후 또 하나의 창이 열리면 방금 선택한 고용량 레드 파일을 선택한 후 [확인] 버튼을 눌러 프록시 파일을 원본 파일로 최종 교체합니다. 이렇듯 원본 작업 파일이 지나치게 커서 시스템에 무리가 간다면 저품질 프록시 파일로 전환하여 사용하기를 권장합니다.

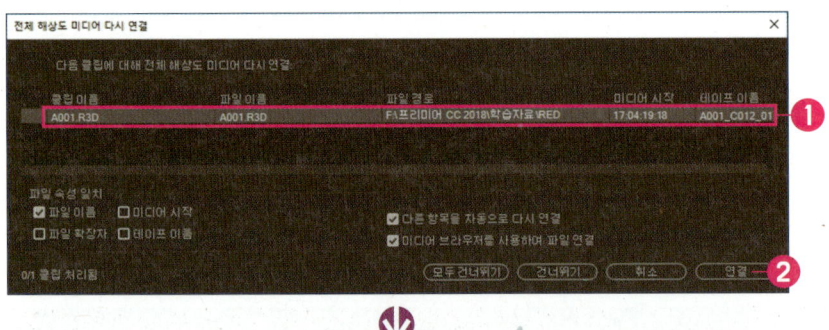

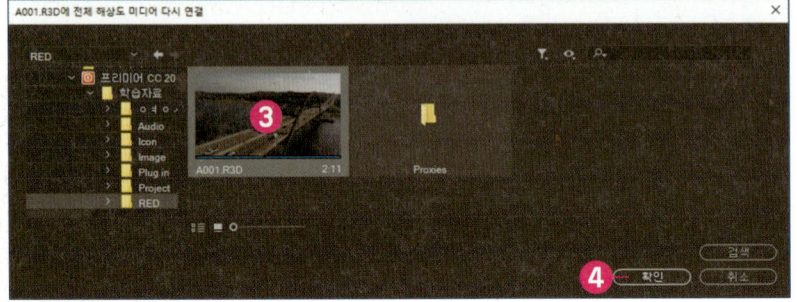

> **팁 & 노트** 스마트폰으로 촬영된 비디오 화면 비율에 대하여
>
> 스마트폰으로 촬영된 비디오 클립 또한 일반적인 비디오 클립과 같은 방법으로 가져오지만 스마트폰에서 촬영된 비디오는 세로 또는 가로가 길기 때문에 스마트폰에서 촬영된 비디오만 별도의 시퀀스에서 사용해야만 촬영된 장면을 그대로 사용할 수 있습니다. 만약 일반적인 16:9 비율로 설정된 시퀀스에서 스마트폰 비디오를 사용하고자 한다면 화면 일부가 잘리게 되거나 강제적으로 비율을 맞추었을 때 화면이 왜곡되는 것을 감수해야만 합니다.

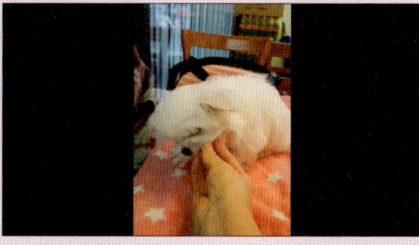
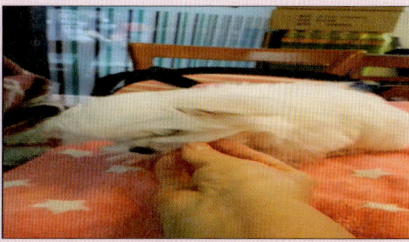

▲ 16:9 화면 비율과 맞지 않는 모습   ▲ 16:9 화면 비율에 강제로 맞춰 왜곡된 모습

◀ 스마트폰 원본 비디오

스틸 이미지 클립 가져오기(JPG 파일 가져오기)

미디어 클립 중 스틸(정지) 이미지 파일은 한 장의 이미지 파일을 말하며, 일반적으로 이미지 또는 사진 파일이라고 부릅니다. 이미지 파일은 비디오나 오디오와는 다소 다른 형태로 가져오게 됩니다. 물론 가져오는 방법은 동일하지만, 이미지 클립은 한 장으로 된 정지 이미지(Still Image) 형태이기 때문에 한 장의 이미지가 사용되는 길이(시간)를 조절해야 합니다. [학습자료] - [Image] - [Image19] 파일을 가져옵니다. Image19 파일은 세로 사진입니다.

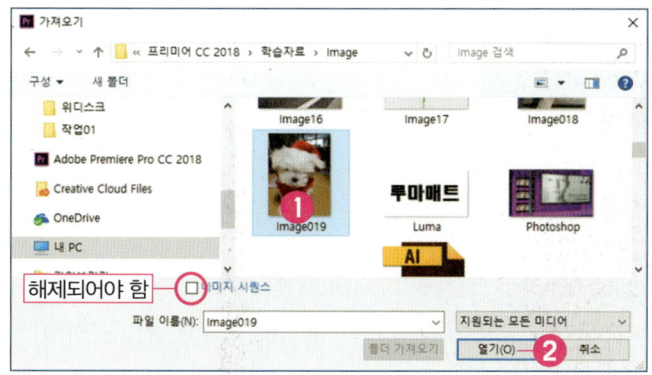

번호가 붙은 이미지 파일 중 하나의 파일만 가져올 때는 [이미지 시퀀스]가 해제되어야 선택된 이미지만 가져올 수 있습니다.

만약 이미지 파일을 가져올 때 에러가 난다면 인쇄용 CMYK 컬러 모드의 이미지인지 의심해보아야 합니다. 프리미어 프로는 포토샵처럼 인쇄를 위한 프로그램이 아니기 때문에 문제가 되는 이미지를 포토샵에서 RGB 방식의 이미지로 변환한 후 사용해야 합니다.

스틸 이미지 기본 길이 설정하기

앞서 불러온 이미지 클립을 드래그하여 [새 항목] 아이콘에 갖다 놓습니다. 그러면 해당 이미지 클립과 동일한 속성(규격)의 시퀀스가 생성되며, 기본적으로 V1 트랙에 자동으로 적용됩니다.

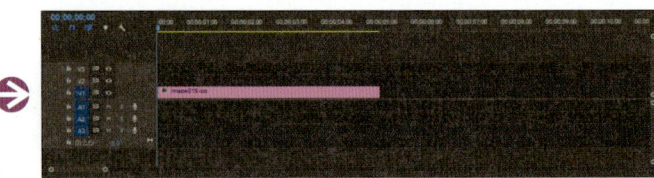

클립을 [새 항목]에 직접 갖다 놓아도 클립의 속성과 같은 규격(속성)의 시퀀스가 생성됩니다.

새로 생성된 시퀀스의 타임라인을 보면 이미지 클립이 비디오 트랙에 적용된 것을 알 수 있으며, 전체 길이는 5초(4초 29프레임)인 것을 알 수 있습니다. 이렇듯 스틸 이미지의 기본 길이는 환경 설정에서 설정된 값에 의해 정해집니다.

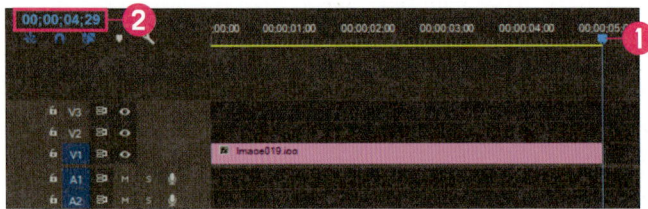

재생 헤드를 클립의 시작/끝점으로 쉽게 이동하는 방법은 단축키 [↑] 또는 [↓]를 사용하는 것입니다.

정지(스틸) 이미지는 하나의 장면으로 되었기 때문에 시작/끝점을 드래그하여 길이를 자유롭게 조절할 수 있습니다.

정지 이미지의 기본 길이를 설정하기 위해 [편집] - [환경 설정] - [타임라인] 메뉴를 선택합니다. 타임라인 항목의 [스틸 이미지 기본 지속 시간]을 보면 5초로 설정된 것을 알 수 있습니다. 이제 이 시간을 10초로 수정해봅니다. 그다음 [OK] 버튼을 클릭하여 적용합니다. 그러면 이후에 가져오는 정지 이미지 클립의 길이는 기본적으로 10초로 사용됩니다. 참고로 이후부터의 모든 학습에서 사용되는 이미지 클립은 10초로 사용할 것입니다.

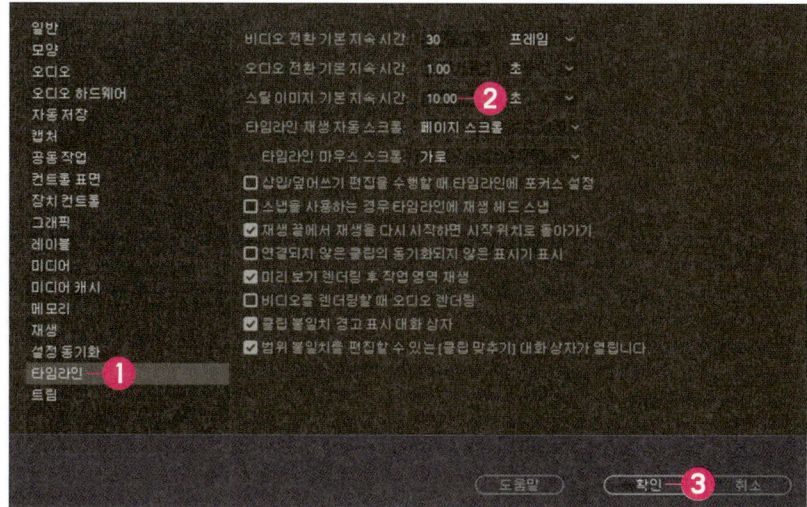

스틸 이미지 기본 지속 시간 값이 설정되기 전에 가져온 이미지의 길이는 이전 길이 값에 영향을 받기 때문에 새로운 이미지 파일을 가져와 비교해 봅니다.

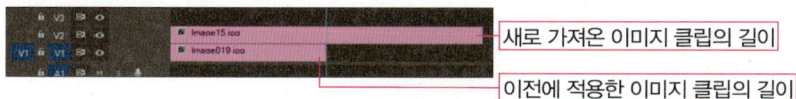

비디오/오디오 전환 기본 지속 시간 비디오와 오디오 장면전환 효과의 기본 길이를 설정합니다.

타임라인 재생 자동 스크롤 스페이스바 또는 엔터 키를 통해 타임라인에서 재생할 때 가려졌던 클립들의 모습이 타임라인에 나타나는 방식을 설정합니다.

스냅을 사용하는 경우 타임라인에 재생 헤드 스냅 재생 헤드를 이동할 때 클립의 인/아웃 포인트(시작/끝점)에도 스냅이 작동되도록 설정합니다.

오디오 클립 가져오기

오디오 클립 또한 비디오와 스틸 이미지 파일과 같은 방법으로 가져올 수 있으며, 오디오도 비디오 클립처럼 정해진 길이가 있기 때문에 오디오 클립 자체의 길이를 사용하게 됩니다. 또한 오디오 클립은 비디오 클립처럼 장면(화면)이 없기 때문에 소리를 듣거나 오디오 파형(Waveform : 웨이브폼)을 통해 편집을 하게 됩니다. 프리미어 프로에서는 일반적으로 고품질 WAV 파일이나 MP3와 같은 압축형 파일 형식을 사용합니다.

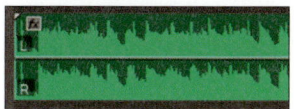
◀ 오디오 클립의 웨이브폼

오디오 클립 형식 변환하기 – 오디오 CD에서 트랙 추출하기

시중에 나와있는 다양한 파일 변환 프로그램이 있지만 필자가 추천하는 프로그램은 무료로 사용할 수 있는 포맷 팩토리(Format Factory)라는 미디어 파일 변환 프로그램입니다. 포맷 팩토리는 오디오 CD에 있는 음원 트랙을 WAV, MP3, WMA, ACC, AC3 등 모든 오디오 포맷으로 변환할 수 있으며, 거의 모든 파일 형식을 다른 형식의 파일로 변환할 수도 있습니다. 예를 들어 WAV를 MP3로도 변환이 가능합니다. 이것은 비단 오디오 포맷뿐만 아니라 동영상 포맷도 서로 다른 형식으로 변환이 가능합니다. 또한 DVD에 있는 영상을 AVI나 MOV, MP4 등의 파일로 변환할 수도 있습니다. 포맷 팩토리를 사용하기 위해서는 [학습자료] 폴더에 있는 [Format Factory – 무료 미디어 파일 변환기] 웹사이트 실행 파일을 통해 포맷 팩토리 사이트로 들어가면 됩니다. 그다음 언어를 한국어로 선택하고, 다운로드 사이트 1이나 2 버튼을 클릭하여 내려받습니다. 포맷 팩토리가 다운로드되었다면 설치한 후 실행합니다. 포맷 팩토리가 열린 후 오디오 CD(CD 삽입 후)의 음원 트랙을 WAV나 MP3로 변환하고자 한다면 [뮤직CD → 오디오 파일] 버튼을 클릭하면 됩니다. 자세한 사용법은 해당 사이트의 스크린 샷을 참고하거나 인터넷 검색을 통해 살펴보기 바랍니다.

팁 & 노트 배경 음악 선정을 위한 브금(BGM) 저장소에 대하여

영상 편집 시 특정 장면에 맞는 배경음악(BGM)이 필요할 때 여러분이 생각하는 음악을 사용할 수도 있겠지만, 음악에 대한 조예가 깊지 않다면 장르(장면)에 맞는 음악을 선곡하는 것은 결코 쉽지 않을 것입니다. 이럴 때 브금 저장소라는 사이트는 배경음악에 대한 다양한 정보와 음원을 제공합니다. 아래의 주소나 [학습자료] 폴더에 있는 [브금저장소] 웹사이트 실행 파일을 통해 해당 사이트를 살펴보기 바랍니다. https://bgmstore.net

깨진 클립(파일) 다시 연결하기

작업을 하다 보면 사용되는 파일의 경로가 바뀌거나(외장 하드나 하드디스크이 이름이 바뀌었을 때도 해당됨) 사용자 부주의로 사용 중인 파일이 삭제되면 프로젝트 패널과 시퀀스(타임라인)에 있는 클립들이 정상적으로 나타나지 않고, 물음표(?) 모양의 아이콘으로 나타나며, 시퀀스는 빨간색 배경으로 나타나게 됩니다. 이것은 원본 파일의 연결된 경로를 인식하지 못하는 것이기 때문에 깨진 경로의 파일 경로를 다시 리플레이스(Replace)해 주어야 합니다. 이럴 땐 깨진 클립 위에서 [오른쪽 마우스 버튼] – [미디어 연결] 메뉴를 사용하여 원본 파일을 찾아 다시 링크해주면 됩니다.

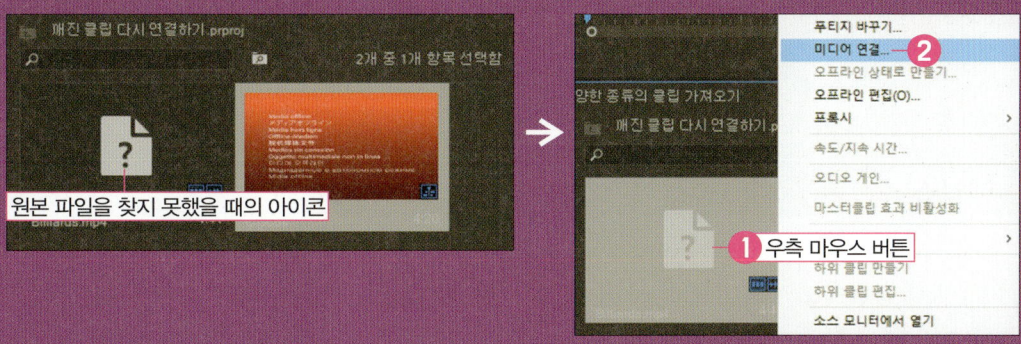

원본 파일을 찾지 못했을 때의 아이콘

만약 원본 파일이 분실되거나 이름이 바뀐 상태에서 프리미어 프로를 실행하게 되면 그림처럼 미디어 연결 창이 열리는데, 연결하고자 하는 클립을 확인한 후 [찾기] 버튼을 클릭하여 원본 파일을 찾아 링크를 해주면 됩니다. 이 작업 과정은 앞서 학습한 프록시 파일을 연결할 때와 동일합니다.

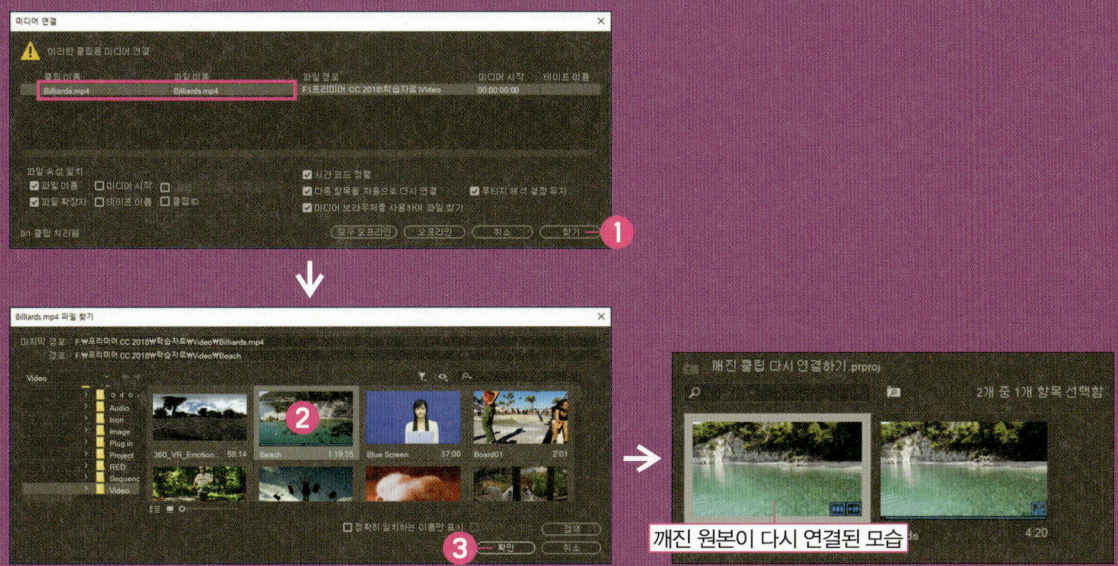

깨진 원본이 다시 연결된 모습

알파 채널이 포함된 이미지 클립 가져오기

알파 채널(Alpha Channel)은 이미지에 투명한 정보가 포함된 파일을 말하며, 일반적으로 사용되는 JPGE나 BMP 형식의 이미지 파일에는 포함되지 않고, PNG, TIFF, GIF 형식의 이미지 파일 등에서 사용됩니다. 이렇듯 투명 정보가 포함된 이미지는 투명한 곳에 다른 이미지(장면)를 나타나게 하여 합성된 장면을 표현할 수 있습니다. 알파 채널에 대해 알아보기 위해 [학습자료] - [Project] 폴더에서 [알파 채널] 프로젝트 파일을 실행합니다. 그러면 그림처럼 비디오 1번 트랙(V1)에 Image09 클립이 적용되어있는 것을 알 수 있습니다.

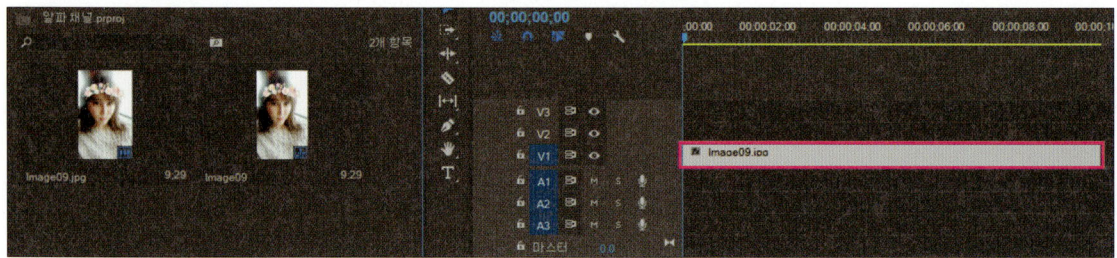

이제 알파 채널에 대해 알아보기 위해 [Ctrl] + [I] 키를 눌러 [학습자료] - [Icon] 폴더로 들어갑니다. 아이콘 폴더에는 다양한 표정의 아이콘들이 있는데, 모든 파일들은 표정 모습을 제외한 나머지 영역이 알파 채널로 되어있습니다. 여기에서 하나의 파일(필자는 12번을 선택했음)을 선택하여 가져옵니다.

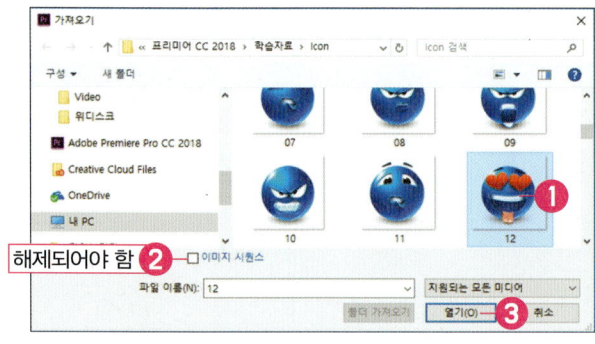

번호가 붙은 이미지 파일을 가져올 때 선택된 하나의 이미지만 불러오기 위해서는 [이미지 시퀀스]가 해제되어있어야 합니다.

방금 가져온 아이콘 이미지 클립을 드래그하여 미리 적용해놓았던 이미지 클립 위쪽의 비디오 2(V2) 트랙에 적용합니다.

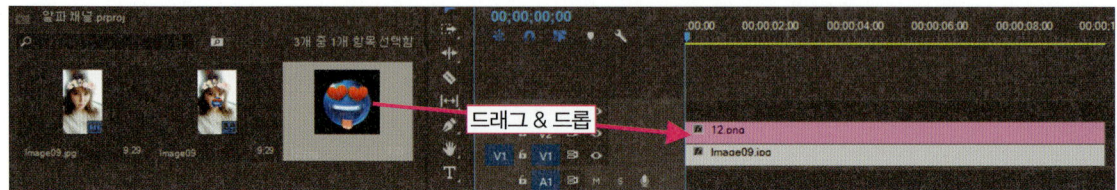

그러면 위쪽 트랙에 적용된 아이콘 이미지의 빨간색 하트와 웃는 모습의 파란색 캐릭터를 제외한 나머지 영역이 투명한 알파 채널이 포함되었기 때문에 투명하게 처리되어 투명한 영역에는 아래쪽 트랙의 이미지가 나타나는 것을 알 수 있습니다. 이렇듯 알파 채널이 포함된 이미지를 사용하면 상하 두 트랙의 이미지를 합성할 수 있습니다.

팁 & 노트 알파 채널의 원리

▲ 위쪽 이미지
아래쪽 이미지 ▶
◀ 합성된 모습

알파 채널 속성 설정하기

프리미어 프로에서는 알파 채널 속성을 자동으로 분석하여 적용하지만, 만약 알파 채널을 사용하지 않거나 알파 채널 영역을 반전 또는 알파 채널 적용 방식을 변경하고자 한다면 프로젝트 패널에 있는 아이콘 이미지 클립에서 [오른쪽 마우스 버튼] – [수정(Modify)] – [푸티지 해석(Interpret Footage)] 메뉴를 통해 재설정이 가능합니다.

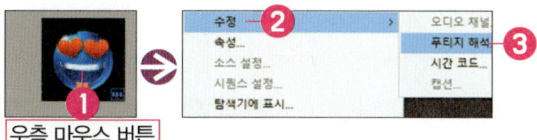

클립 수정 창이 열리면 푸티지 해석(Interpret Footage) 항목의 알파 채널에서 알파 채널에 대한 설정을 할 수 있습니다. 만약 알파 채널 영역의 경계가 깔끔하지 않게 표현된다면 각각의 방식을 변경하여 최적의 결과를 만들어주면 됩니다.

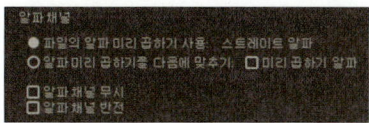

포토샵(PSD) 이미지 클립 가져오기

포토샵 프로젝트 파일인 PSD는 기본적으로 알파 채널이 포함되어있으며, 다른 이미지 파일과는 다르게 각 작업 내용이 레이어 구조로 되어있기 때문에 각 레이어들을 개별로 사용할 것인지 아니면 합쳐진 상태로 사용할 것인지에 대한 설정을 할 수 있습니다. 또한 레이어에서 사용된 이미지를 크기별로 사용할 것인지 아니면 전체 작업 크기로 사용할 것인지에 따라 설정이 달라지기 때문에 상황에 맞는 적절한 설정이 필요합니다. 학습을 위해 [학습자료] - [Image] 폴더에서 [동물원] 파일을 가져옵니다.

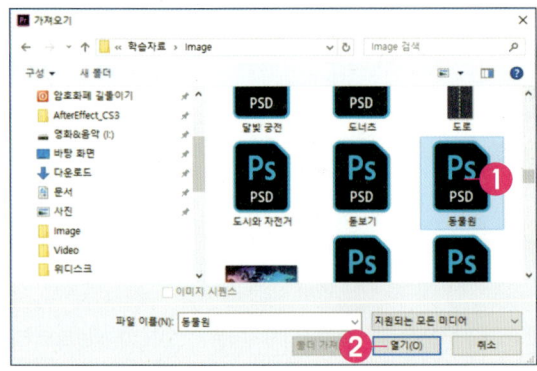

작업 클립을 가져오는 방법은 앞서 살펴본 [Ctrl] + [I] 키를 이용하는 것이 가장 편리하기 때문에 이 단축키는 반드시 기억해두기 바랍니다.

포토샵 도큐먼트 규격에 맞게 불러오기

포토샵 파일을 가져오면 아래의 그림 중 첫 번째 그림처럼 레이어 파일 가져오기 설정 창이 열립니다. 현재는 가져오기 방식이 기본 설정인 [모든 레이어 병합]으로 되어있는데, 이것은 포토샵에서 사용된 모든 레이어를 하나로 합쳐서 사용한다는 것이며, 포토샵에서 사용되는 작업 규격, 즉 도큐먼트 규격을 그대로 반영하여 프리미어 프로의 시퀀스 규격으로 사용하기 위한 설정입니다. 여기에서는 일단 기본 설정 상태에서 [확인]을 합니다. 그다음 가져온 포토샵 클립을 [새 항목]에 적용해보면 포토샵에서 작업한 규격과 모든 레이어가 하나로 사용되는 것을 알 수 있습니다.

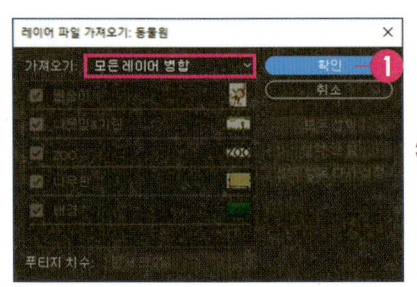  

계속해서 이번에는 다른 방법으로 가져오기 위해 다시 [동물원] 파일을 가져옵니다. [레이어 파일 가져

오기] 창이 열리면 이번에는 가져오기를 [병합된 레이어]로 설정하고, [원숭이] 레이어만 해제한 후 [확인]을 합니다. 그다음 가져온 클립을 [새 항목]에 적용하여 새로운 시퀀스를 만들어줍니다. 그러면 역시 앞선 방식과 마찬가지로 포토샵 도큐먼트 규격과 동일하게 적용되는 것을 알 수 있으며, 해제된 원숭이 레이어는 시퀀스에 포함되지 않은 것을 알 수 있습니다.

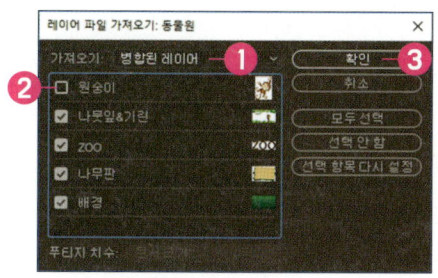 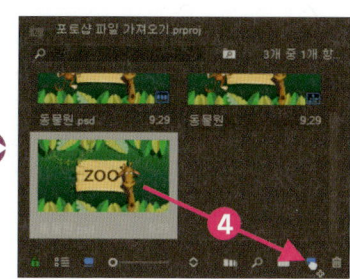 

개별 레이어로 가져오기

계속해서 이번에는 포토샵에서 사용된 레이어를 개별로 가져오도록 하겠습니다. 역시 앞서 가져왔던 **[동물원]** 파일을 다시 한번 가져옵니다. 레이어 파일 가져오기 창에서 가져오기를 [개별 레이어]로 설정한 후 [원숭이] 레이어만 체크한 후 [확인]합니다. 이때 아래쪽 푸티지 치수는 [문서크기]로 사용합니다. 그다음 [새 항목]을 통해 새로운 시퀀스를 만들어보면 원숭이 레이어만 적용된 것을 알 수 있습니다.

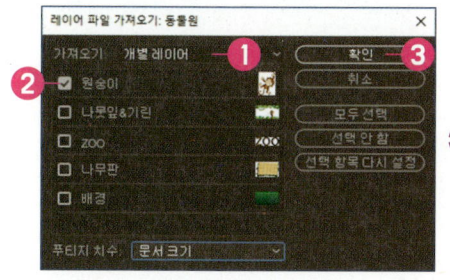  

개별 레이어로 가져올 때 푸티지 치수를 문서 크기로 설정하면 포토샵 작업 도큐먼트 크기로 사용되며, 레이어 크기로 가져오면 해당 레이어 크기로 사용됩니다. 아래 두 그림을 비교해보면 쉽게 이해할 수 있을 것입니다.

그림처럼 레이어 크기로 가져오게 되면 해당 레이어의 크기가 프리미어 프로의 시퀀스 크기가 되며, 이미 사용되고 있는 시퀀스(타임라인)에 적용하면 해당 레이어 크기만큼만 사용됩니다.

▲ 문서 크기로 가져온 모습   ▲ 레이어 크기로 가져온 모습

시퀀스 생성하여 가져오기

마지막으로 포토샵의 도큐먼트 크기에 맞는 시퀀스를 만들어 가져오는 방법에 대해 알아보겠습니다. 역시 [동물원] 포토샵 파일을 가져옵니다. 레이어 파일 가져오기 창이 열리면 가져오기를 [시퀀스]로 설정한 후 [확인]합니다. 이때 아래쪽 푸티지 치수는 문서 크기와 레이어 크기 둘 중 하나를 선택해야 하는데, 푸티지 치수는 앞서 살펴본 것처럼 포토샵의 도큐먼트 크기로 시퀀스를 만들 것인지 아니면 해당(사용된) 레이어 크기를 시퀀스 크기로 사용할 것인지 결정합니다. 여기에서는 [문서 크기]를 사용합니다. 가져온 후의 모습은 이전과는 다르게 폴더가 생성된 것을 알 수 있는데, 이 폴더를 [더블클릭]해보면 폴더 안에는 포토샵에서 사용된 모든 레이어가 있으며, 맨 아래쪽에는 [동물원]이란 이름의 시퀀스가 생성된 것을 알 수 있습니다. 이처럼 시퀀스 형태로 포토샵 파일을 가져오게 되면 도큐먼트 규격과 동일한 규격의 시퀀스가 생성됩니다.

번호가 붙은 시퀀스(Sequence) 이미지 클립 가져오기

시퀀스 파일은 번호가 붙은 연속된 이미지 파일로써 영상 편집과 같은 작업에서는 낱장으로 된 스틸 이미지를 순서대로 사용한다는 의미로 이해하면 됩니다. 시퀀스 파일은 주로 3D 프로그램에서 제작된 인트로 및 타이틀이나 2D 애니메이션에서 제작된 파일을 불러와 편집할 때와 타임 랩스(Time lapse : 인터벌) 촬영에서 얻어진 이미지를 동영상처럼 움직임을 갖게 하기 위해 사용되며, 투명 정보가 포함된 PNG, TIFF, GIF 이미지와 같은 파일 형식을 사용합니다. 학습을 위해 [학습자료] - [Project] - [관객] 프로젝트 파일을 실행합니다. 실행한 관객 프로젝트에는 [LED Screen]이라는 클립이 타임라인에 적용된 것을 알 수 있습니다.

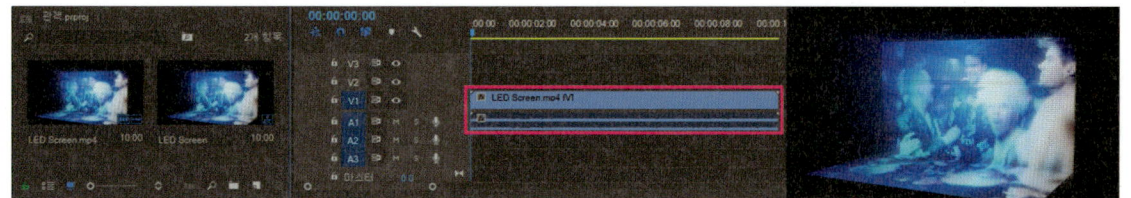

알파 채널이 포함된 시퀀스 이미지 클립 가져오기

시퀀스 이미지 클립을 사용하는 이유는 다른 영상과 합성을 위해 투명 정보가 포함된 알파 채널 이미지를 사용하는 경우가 많습니다. 학습을 하기 위해 앞서 가져온 프로젝트에 [학습자료] - [Sequence] - [시퀀스-관객환호] - [관객환호_00000] 파일을 선택한 후 [이미지 시퀀스] 옵션을 체크합니다. 그다음 [열기] 버튼을 눌러 가져옵니다.

시퀀스 파일은 번호가 붙은 연속된 이미지 파일이기 때문에 첫 번째 번호의 클립을 선택해야 나머지 파일이 순서대로 이어지게 되며, 이미지 시퀀스를 체크해야만 나머지 파일도 하나로 합쳐진 비디오 클립처럼 가져올 수 있습니다. 만약 이미지 시퀀스를 체크하지 않고 가져오면 정지 이미지를 가져올 때처럼 선택된 파일만 임포팅됩니다.

방금 가져온 관객환호 파일을 위쪽 V2 트랙에 적용한 후 확인(재생)을 해보면 LED 스크린 앞으로 실루엣 모양의 관객들이 환호하는 영상이 나타나는 것을 알 수 있습니다.

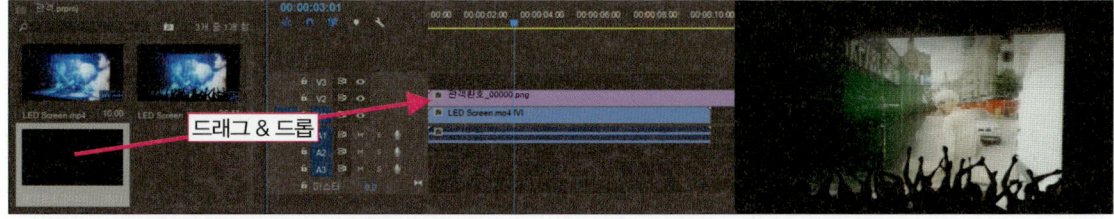

이처럼 이미지 시퀀스를 체크한 후 불러오면 클립의 번호 순서대로 합쳐지기 때문에 동영상(비디오) 클립처럼 사용할 수 있으며, 비디오 클립처럼 속도 조절 및 프레임 개수(프레임 레이트)를 조절할 수 있습니다.

▶ 프리뷰

팁 & 노트 — 알파 채널 경계에 대하여

알파 채널을 사용할 때 이미지와 투명한 경계가 매끄럽지 않을 경우가 있습니다. 이럴 땐 푸티지 해석(프로젝트 패널의 해당 클립에서 [오른쪽 마우스 버튼] – [수정] – [푸티지 해석] 메뉴 선택)에서 알파 채널 항목의 몇몇 옵션을 설정하여 가장 자연스럽게 나타나는 방식을 사용하면 됩니다.

▲ 파일의 알파 미리 곱하기 사용 시   ▲ 알파 미리 곱하기를 다음에 맞추기(미리 곱하기 알파) 사용 시

타임 랩스(인터벌) 촬영 파일 가져오기

타임 랩스(Time lapse), 즉 인터벌로 촬영된 클립은 일정한 시간을 두고 촬영된 연속된 이미지이기 때문에 시퀀스 파일이라고 할 수 있습니다. 이번에는 타임 랩스로 촬영된 이미지 파일을 시퀀스 형태로 가져와 시간(속도)을 설정하는 방법에 대해 살펴보겠습니다. 학습을 위해 [학습자료] – [Sequence] – [Time lapse] – [Sunset_000000] 파일을 선택한 후 [이미지 시퀀스]를 체크하여 가져옵니다. 가져온 Sunset 파일을 살펴보면 앞서 학습한 관객 환호 파일처럼 번호 순서대로 합쳐진 상태로 적용된 것을 알 수 있습니다. 이제 이 클립을 새로운 시퀀스에 적용해봅니다. 그러면 적용된 클립의 전체 길이가 3초인 것을 알 수 있습니다. Sunset 파일은 일몰되는 과정을 타임 랩스로 촬영된 것으로써 이처럼 알파 채널이 없는 이미지일 경우에는 PNG가 아닌 JPG와 같은 일반적인 이미지 파일을 사용해도 무관합니다. [스페이스바]를 눌러 확인을 해보면 아주 느린 속도로 일몰되는 장면이 표현되는 것을 알 수 있습니다.

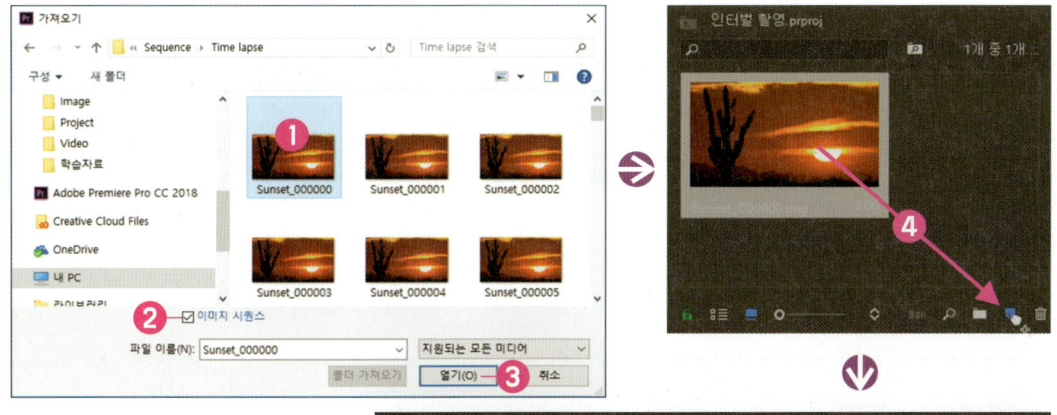

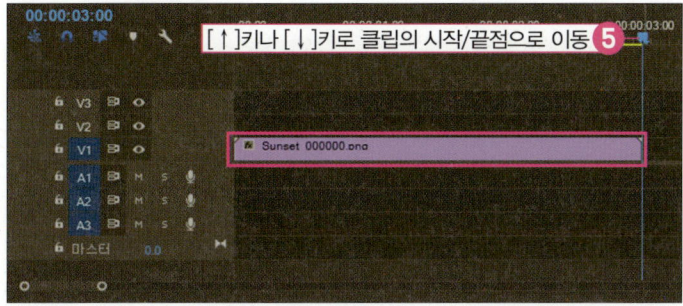

프리뷰 ▶

시퀀스 파일의 프레임 레이트 설정하기

시퀀스 파일 또는 동영상 파일의 프레임 레이트(프레임 개수)를 조절하기 위해서는 여러 가지 방법이 있습니다. 그중 가장 일반적으로 사용하는 것은 푸티지 해석을 이용하는 것입니다. 프로젝트 패널에 있는 Sunset 클립에서 [오른쪽 마우스 버튼] - [수정(Modify)] - [푸티지 해석(Interpret Footage)] 메뉴를 선택합니다. 푸티지 해석 창의 프레임 속도 항목에서 파일의 프레임 속도 사용(Frame Rate)을 확인해 보면 현재는 기본적으로 29.97(Frames per second)프레임으로 되어있습니다. 이 프레임 개수(레이트)를 조절하기 위해 아래쪽 [이 프레임 속도 가정]을 15프레임으로 줄여주게 되면 30에서 15프레임으로 줄어들었기 때문에 재생 속도도 그만큼 느려지게 되며, Sunset 클립의 최종 길이 또한 3초에서 6초로 늘어나게 됩니다.

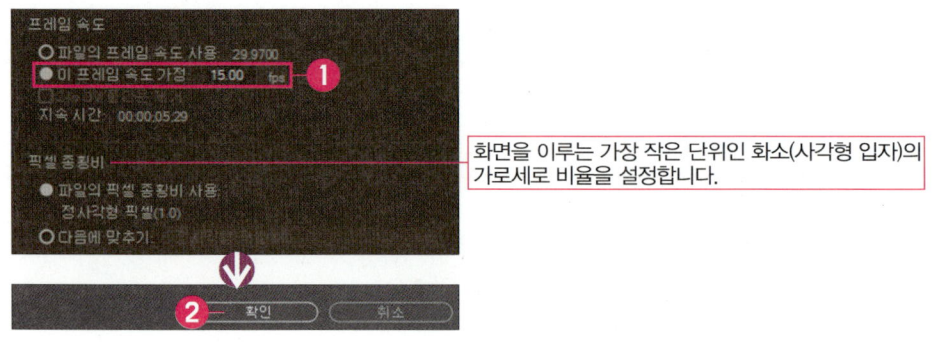

방금 설정한 프레임 레이트는 클립에 적용되었지만 원래 상태의 모습 그대로이기 때문에 이제 클립의 끝점(아웃 포인트)을 우측으로 드래그하여 더는 늘어나지 않을 때까지 늘려줍니다. 그러면 설정된 6초까지 클립이 늘어날 것입니다. 이처럼 클립의 프레임 레이트(개수)를 설정하여 재생 속도를 조절할 수 있습니다.

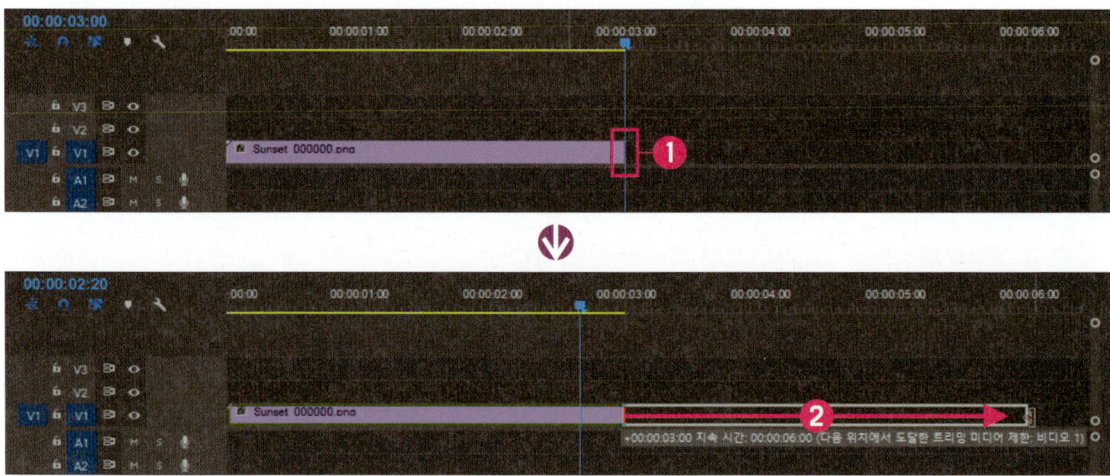

클립의 재생 속도를 조절하는 또 다른 방법은 도구 바의 속도 조정 도구를 이용하거나 클립 속도/지속 시간 기능을 사용할 수 있는데, 이 방법에 대해서는 해당 학습(248페이지)에서 살펴볼 것입니다.

미디어 브라우저에서 가져오기

프리미어 프로에서 미디어 클립을 가져오는 방법은 미디어 브라우저에서도 가능합니다. 미디어 브라우저에서는 사용할 클립이 있는 곳을 찾아 직접 드래그하여 타임라인이나 소스 모니터에 적용할 수 있습니다. 살펴본 것처럼 미디어 클립은 미디어 브라우저 또는 프로젝트 패널에서 가져오는 두 가지 방법 중 작업 상황이나 여러분의 취향에 맞게 적절하게 이용하기 바랍니다.

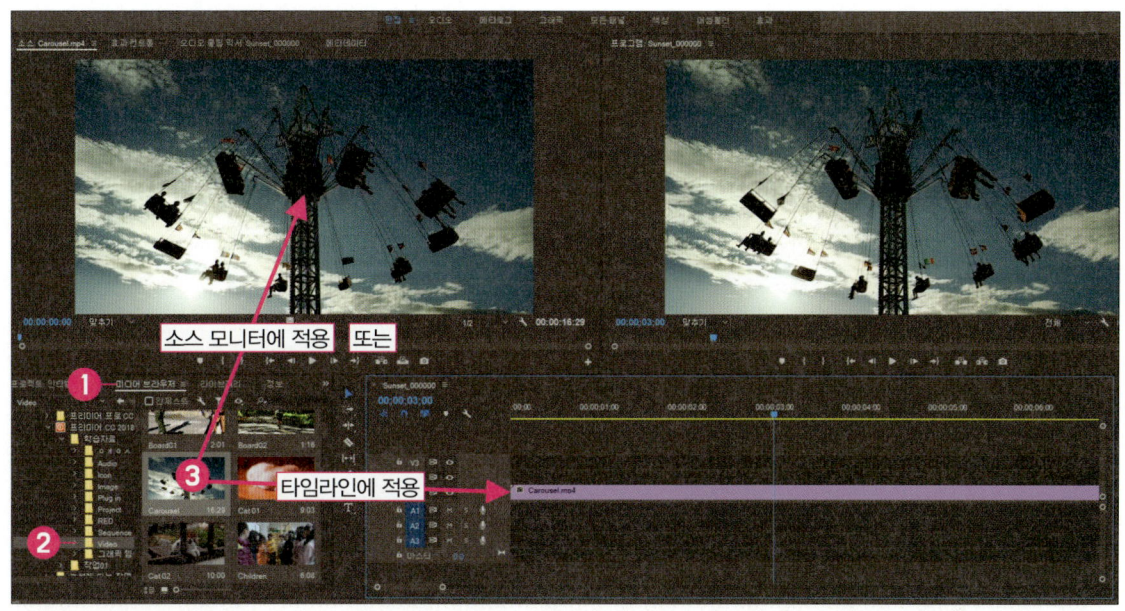

즐겨 사용하는 폴더 즐겨찾기로 등록하기

미디어 브라우저를 사용할 때 작업에 자주 사용되는 클립들이 특정 폴더에 많이 포함되어있을 경우에는 해당 폴더를 즐겨찾기로 등록해 놓을 수 있습니다. 예를 들어 학습자료의 Video 폴더를 즐겨 사용한다면 해당 폴더에서 [오른쪽 마우스 버튼] - [즐겨찾기에 추가] 메뉴를 선택하면 즐겨찾기에 해당 폴더가 등록되어 원하는 파일을 쉽게 찾아 사용할 수 있습니다.

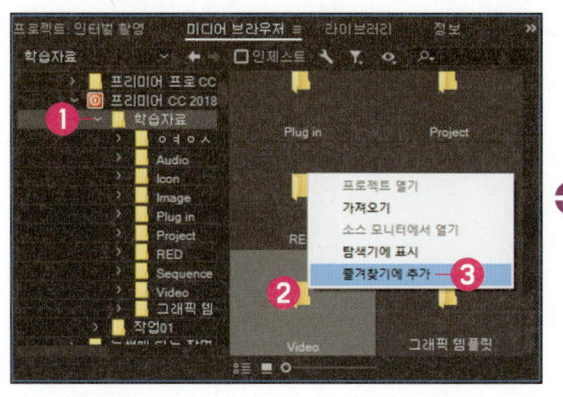 

종류별 클립 가져오기 **111**

Premiere ProCC 2018 Guide for Beginner

Pr 프리미어 프로
CC 2018

PART 02

기본편집
Basic editing

Lesson 05 소스 모니터를 이용한 편집
Lesson 06 타임라인을 이용한 편집
Lesson 07 편집 도구를 이용한 편집
Lesson 08 정교한 편집에 사용되는 기능들
Lesson 09 비디오 효과와 장면전환 효과
Lesson 10 오디오 편집
Lesson 11 오디오 효과와 오디오 전환 효과
Lesson 12 자막(타이틀) 제작
Lesson 13 시간에 관한 작업들

Lesson 05 소스 모니터를 이용한 편집

어셈블 편집(Assemble editing)은 원본 영상(오디오) 클립의 필요한 부분만 발췌하는 편집 과정이며, 러프 편집(Rough editing)은 어셈블 편집 후 얻어진 영상(오디오) 클립의 앞뒤(인/아웃 포인트) 장면 중 문제가 되는 부분만을 대략적으로 편집해 놓는 과정입니다. 하지만 컴퓨터 프로그램을 사용하는 넌리니어(Non Linear) 편집에서의 어셈블과 러프 편집은 편집에 사용될 클립들을 가져와 세부 편집을 하기 전의 대략적인 편집, 즉 가편집을 하는 과정의 시작이라고 이해하면 됩니다. 이번 레슨에서는 소스 모니터를 이용하여 어셈블 편집을 하는 방법에 대해 알아보도록 하겠습니다.

소스 모니터로 클립 적용 및 편집하기

앞서 학습한 [작업 흐름 이해하기]에서는 클립을 직접 타임라인에 적용하여 간단한 편집을 하는 방법에 대해 살펴보았습니다. 하지만 프리미어 프로에서의 기본 편집법은 클립을 먼저 소스 모니터에 갖다 놓고 어셈블 편집을 한 후 타임라인으로 적용하는 것입니다. 물론 이 두 가지 방법 중 사용자의 취향에 따라 달라지므로 어느 방법이 정답이다라고 정의하기는 어렵습니다. 여러분은 지금부터 학습하는 내용을 참고하여 여러분에게 맞는 작업 방법을 찾아나가면 될 것입니다. 학습을 위해 **[학습자료]** – **[Project]** – **[소스 모니터를 이용한 어셈블 편집]** 프로젝트 파일을 실행합니다.

소스 모니터에 클립 적용하기

프로젝트 패널에 있는 클립을 소스 모니터에 적용하는 방법은 여러 가지가 있습니다. 먼저 메뉴를 사용하여 적용해보도록 하겠습니다. 앞서 실행한 프로젝트를 보면 4개의 비디오 클립이 있습니다. 그중 [Salad days03.mp4] 파일에서 [오른쪽 마우스 버튼] – [소스 모니터에서 열기] 메뉴를 선택합니다. 그러면 비어있던 회색의 소스 모니터에 해당 클립의 모습이 나타납니다.

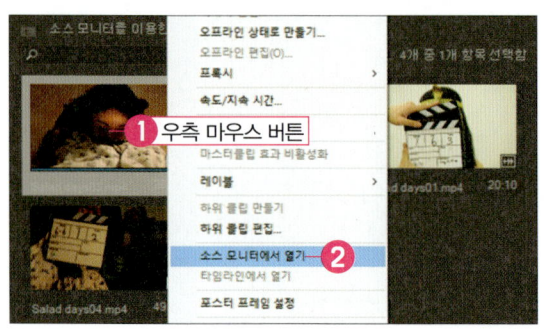 

계속해서 이번에는 직접 드래그하여 적용해보겠습니다. 프로젝트 패널에 있는 클립 중 나머지 3개의 클립을 모두 선택(Ctrl 키를 누른 상태로 선택)한 후 드래그하여 위쪽 소스 모니터로 갖다 놓습니다. 그러면 선택된 3개의 클립이 모두 한꺼번에 적용됩니다.

소스 모니터의 플라이아웃 메뉴를 보면 방금 적용된 4개의 클립이 적용된 것을 알 수 있으며, 작업에 사용할 클립을 필요에 따라 선택할 수 있습니다. 또한 닫기 메뉴를 통해 불필요한 클립을 소스 모니터에서 제거할 수도 있습니다.

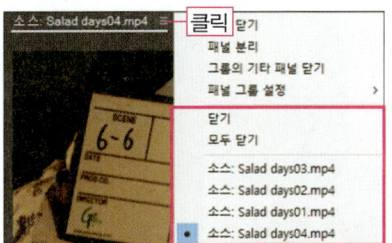

소스 모니터는 앞서 학습한 프로그램 모니터와 대부분의 기능이 같으므로 해당 학습에서 설명한 프로그램 모니터를 참고하면 되며, 여기에서는 소스 모니터에서만 사용되는 기능에 대해서만 살펴볼 것입니다.

시작/끝점 편집하기(어셈블 편집)

이제 앞서 적용한 클립의 앞뒤 장면, 즉 마크 인/아웃(Mark In/Out)을 지정하여 어셈블 편집 점을 지정해보도록 하겠습니다. 먼저 [Salad days01] 클립부터 편집해보겠습니다. 재생(스페이스바)하거나 재생 헤드를 이동하여 그림처럼 마크 인이 될 장면을 찾아준 후 [시작 표시(마크 인)] 버튼을 누릅니다. 그러면 현재 장면이 편집 점(인 포인트)으로 지정됩니다.

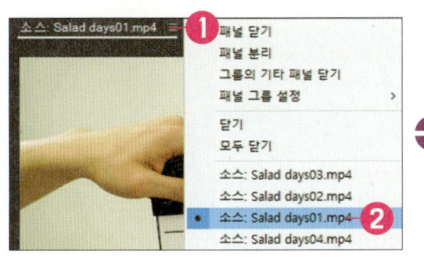

계속해서 이번에는 마크인이 될 장면을 찾아준 후 [종료 표시(마크 아웃)] 버튼을 누릅니다. 그러면 현재 장면이 편집 점(아웃 포인트)으로 지정됩니다. 이와 같은 방법으로 특정 클립의 인/아웃 포인트를 지정하는 것이 어셈블 편집이라 할 수 있습니다.

어셈블 편집한 클립(장면) 타임라인에 적용하기

소스 모니터에서 인/아웃 포인트를 지정했다면 이제 타임라인에 적용해야 할 차례입니다. 그러기 위해서는 타임라인, 즉 시퀀스가 생성되어야 합니다. [Ctrl] + [N] 키를 눌러 시퀀스를 생성하면 되지만 이번에는 그냥 소스 모니터에 있는 클립(화면)을 드래그하여 적용해봅니다. 그러면 적용된 클립과 같은 속성(규격)의 시퀀스가 생성되면서 적용됩니다.

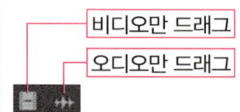

소스 모니터의 소스를 드래그하여 적용할 때 화면 아래쪽 [비디오/오디오만 드래그] 아이콘을 드래그하여 적용하면 비디오 또는 오디오 부분만 적용됩니다.

계속해서 이번에는 소스 모니터의 삽입(Insert : 인서트) 기능을 사용하여 적용해보겠습니다. 먼저 소스 모니터에 편집할 클립을 [Salad days02]로 바꿔준 후 그림처럼 적당한 장면을 찾아 마크 인/아웃(시작

/종료 표시) 지점을 만들어줍니다. 그다음 타임라인의 재생 헤드를 앞서 적용한 클립의 끝점에 갖다 놓고, 소스 모니터의 [삽입] 버튼을 누릅니다. 그러면 재생 헤드가 위치한 지점을 시작으로 두 번째 클립이 적용됩니다. 이처럼 3개의 편집 점을 사용하는 것을 [3점 편집]이라고 합니다.

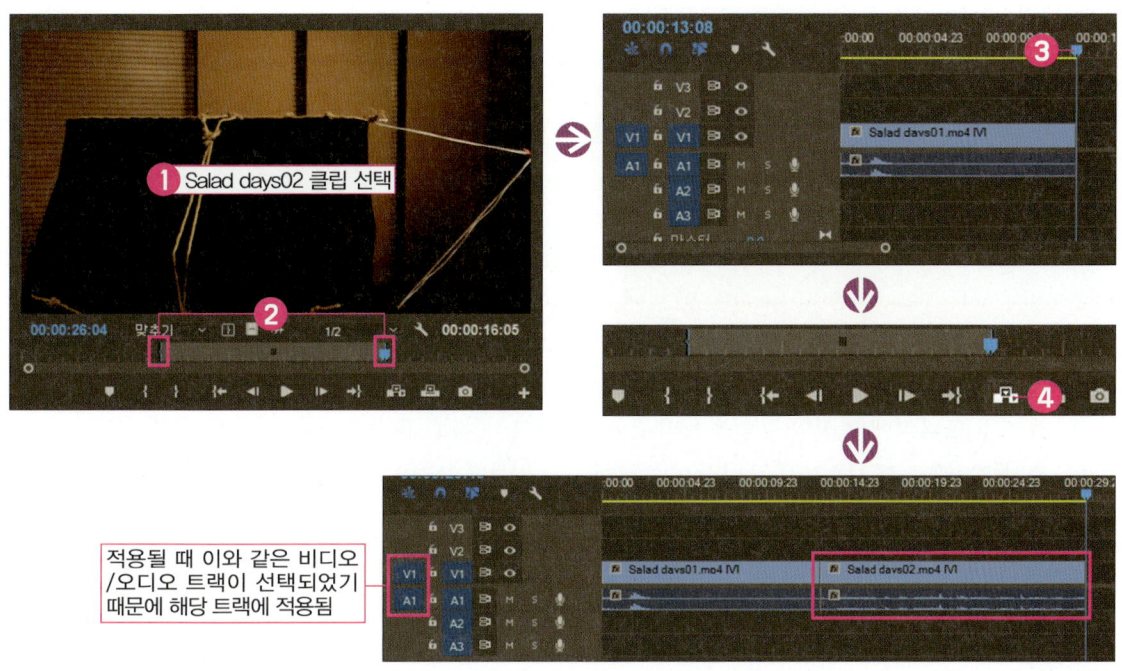

이번에는 타임라인에 사용되는 클립 사이(중간)에 클립을 적용해보도록 하겠습니다. 먼저 소스 모니터에 편집할 클립을 [Salad days03]으로 바꿔준 후 그림처럼 적당한 장면을 찾아 마크 인/아웃(시작/종료 표시) 지점을 만들어줍니다. 그다음 타임라인의 재생 헤드를 두 번째 적용한 클립 가운데 부분으로 갖다 놓고, 소스 모니터의 [삽입(인서트)] 버튼을 누릅니다.

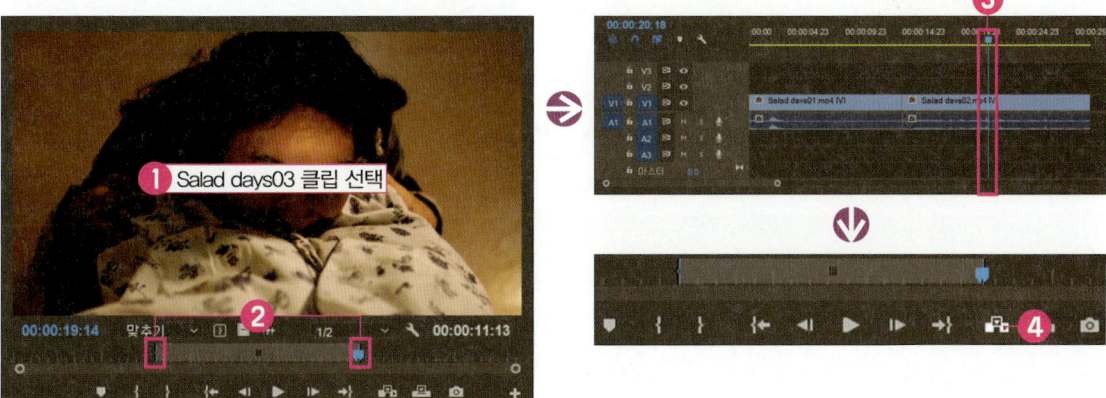

그러면 재생 헤드가 위치한 지점을 시작으로 소스 모니터에 있던 클립(Salad days02)이 적용되는데, 이때 앞서 적용된 두 번째 클립이 잘려지고, 잘려진 클립은 적용된 클립(Salad days03)의 길이만큼 뒤로 밀려납니다. 이처럼 삽입은 특정 클립이 있는 곳에 적용할 경우 적용되는 자리에 있던 클립이 잘려 밀려나게 됩니다.

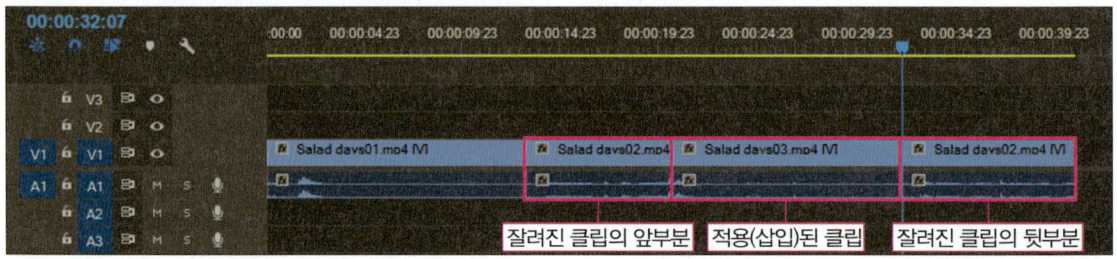

계속해서 이번에는 소스 모니터의 덮어쓰기(Overwrite : 오버라이트) 기능을 사용하여 적용해보겠습니다. 먼저 소스 모니터에 편집할 클립을 [Salad days04]로 바꿔준 후 그림처럼 적당한 장면을 찾아 마크 인/아웃(시작/종료 표시) 지점을 만들어줍니다. 그다음 타임라인의 재생 헤드를 앞서 적용한 클립(Salad days01)의 가운데 부분에 갖다 놓고, 소스 모니터의 [덮어쓰기] 버튼을 누릅니다. 그러면 재생 헤드가 위치한 지점을 시작으로 소스 모니터에 있던 클립(Salad days04)이 적용되는데, 이때 앞서 적용된 첫 번째 클립(Salad days01)이 적용된 클립의 길이만큼 덮어씌워져 제거됩니다. 이처럼 삽입과 덮어쓰기는 서로 다른 결과를 보여줍니다.

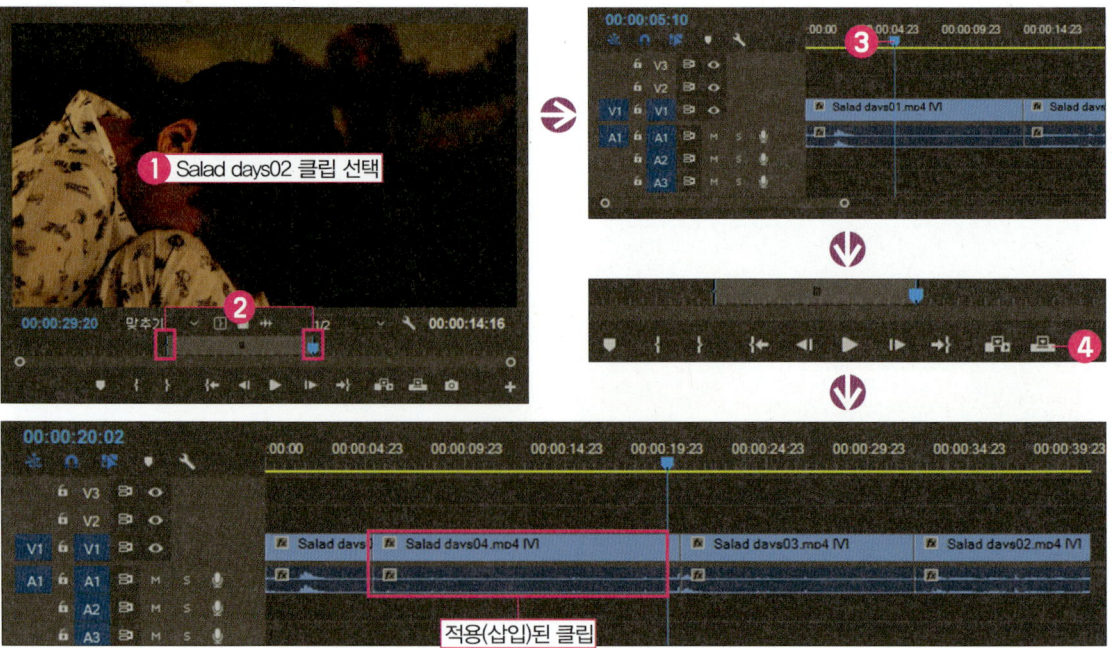

팁 & 노트 스키머(Skimmer)로 미리 보기와 포스터 프레임 지정하기

스키머는 프로젝트 패널에 있는 비디오 클립 위에 마우스 커서를 갖다 놓았을 때 커서의 위치에 따라 해당 클립의 장면이 보이게 하는 편리한 기능입니다. 만약 비디오 또는 오디오 클립의 소리까지 듣고자 한다면 해당 클립을 클릭한 후 아래쪽 재생 슬라이더를 조정하면 됩니다.

또한 스키머 기능을 이용하면 해당 비디오 클립의 포스터 프레임을 지정할 수 있습니다. 포스터 프레임은 특정 클립이 어떤 내용을 담고 있는지 기억하기 좋은 핵심 장면을 표시하는 것입니다. 포스터 프레임을 지정하기 위해 원하는 장면에서 [오른쪽 마우스 버튼] - [포스터 프레임 설정] 메뉴를 선택합니다. 그러면 해당 클립의 아이콘(섬네일)이 해당 장면으로 지정되며, 커서를 다른 곳에 위치했을 때에도 해당 클립은 방금 지정된 포스터 프레임의 장면으로 표시됩니다.

팁 & 노트 참조 모니터 활용하기

참조 모니터는 편집 시 특정 장면을 서로 비교하면서 작업을 할 수 있도록 도와주는 별도의 모니터로써 [창] - [참조 모니터] 메뉴를 선택하여 참조 모니터를 띄워줄 수 있습니다. 참조 모니터에 나타나는 장면(프레임)은 타임라인과는 별개로 특정 장면을 볼 수 있기 때문에 타임라인에서의 작업 내용과 비교해가면서 작업을 할 수 있으며, 때론 프로그램 모니터와 동기화하여 서로 일치된 화면으로 전환할 수도 있습니다.

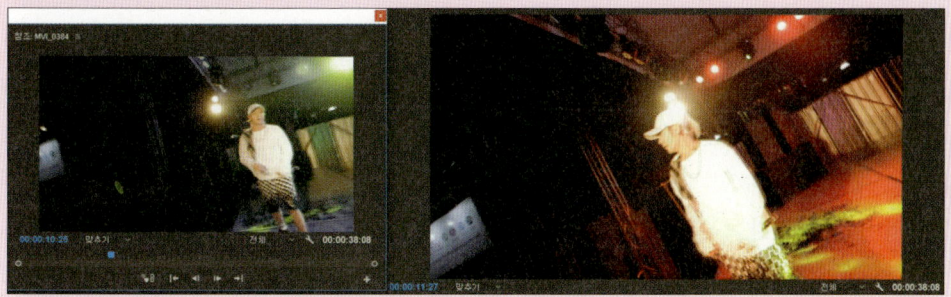

▲ 참조 모니터(좌)와 프로그램 모니터(우)

Lesson 06 타임라인을 이용한 편집

타임라인에서의 편집은 소스 모니터에서의 편집보다 훨씬 다양하고 세밀한 편집을 할 수 있기 때문에 실제 편집은 대부분 타임라인에서 이루어지게 됩니다. 앞서 학습한 것처럼 클립을 타임라인에 적용하는 방법은 소스 모니터, 프로젝트 패널, 미디어 브라우저에서 적용하는 세 가지 방법이 있지만 필자는 대부분의 작업을 프로젝트 패널에서 직접 적용한 후 편집을 합니다. 물론 이와 같은 방법은 사용자의 취향에 따라 다르기 때문에 여러분에게 맞는 방법을 사용하면 됩니다.

하나의 시퀀스에 속성(규격)이 다른 클립 사용하기

편집에 사용하는 클립의 속성, 즉 규격이 모두 같다면 문제가 되지 않겠지만, 사용되는 클립의 속성이 서로 다를 경우에는 어느 특정 클립의 속성에 맞게 시퀀스를 설정해야 합니다. 이번 학습에서는 클립의 속성을 확인하여 특정 속성에 맞게 시퀀스를 설정하는 방법에 대해 알아보도록 하겠습니다. 학습을 위해 [학습자료] - [Project]} - [타임라인을 이용한 편집] 프로젝트 파일을 실행합니다. 실행된 프로젝트에는 5개의 클립과 [MVI_0379]란 이름의 클립이 타임라인에 적용된 상태입니다.

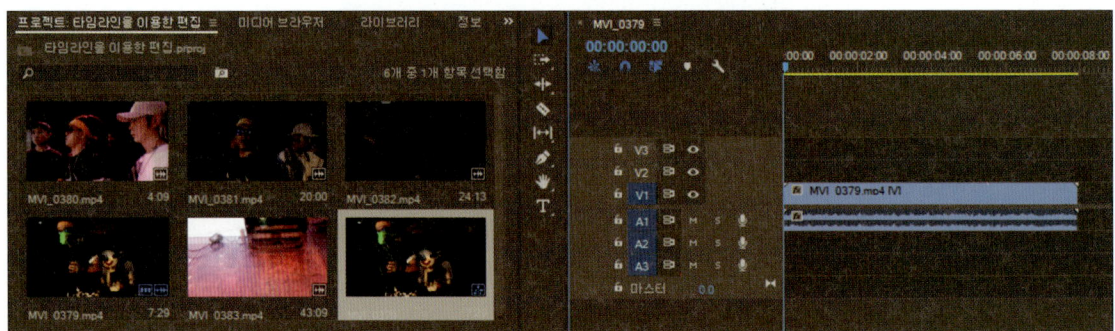

클립 속성 확인하기

이번에는 프로젝트 패널에 있는 5개의 클립에 대한 속성을 확인해보도록 하겠습니다. 먼저 타임라인에 적용된 [MVI_0379] 클립을 프로젝트 패널에서 선택한 후 [오른쪽 마우스 버튼] - [속성(Properties)] 메뉴를 선택합니다. 속성 창을 보면 해당 클립의 이미지 크기가 1920 x 1080, 프레임 속도(개수)가 29.97이라는 것을 알 수 있습니다.

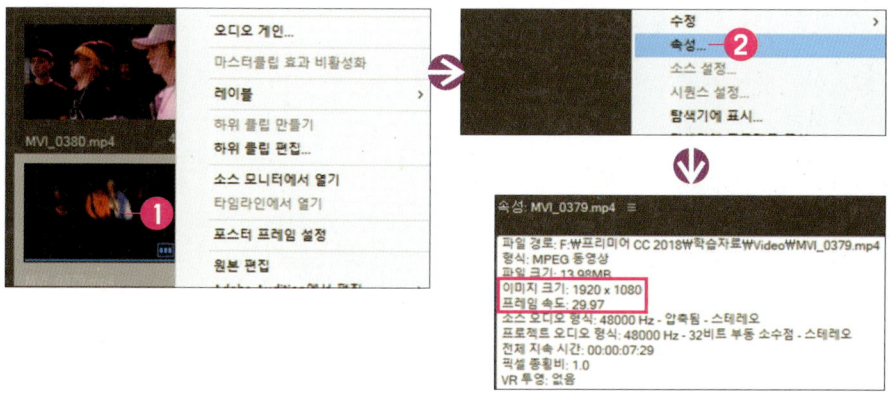

그밖에 [MVI_0380]부터 [MVI_0383] 클립까지 확인해보면 이미지 크기가 1280 x 720, 프레임 속도가 25프레임이라는 것을 알 수 있습니다. 이것으로 보아 처음 살펴본 [MVI_0379] 클립의 이미지 크기와 프레임 속도가 다르다는 것을 알 수 있습니다.

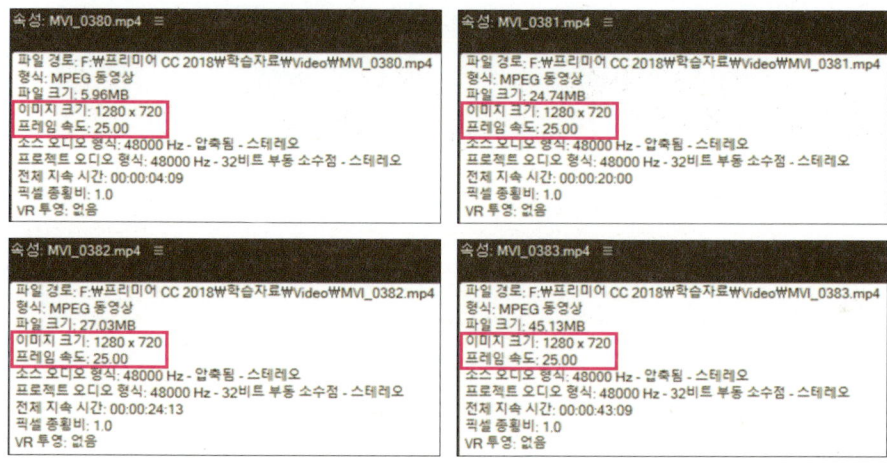

시퀀스 속성 확인하기

이번에는 현재 사용되는 시퀀스 속성에 대해 알아보기 위해 [시퀀스] - [시퀀스 설정] 메뉴를 선택합니다. 이때 타임라인이 선택(활성화)되어야 시퀀스 설정 메뉴를 사용할 수 있습니다.

시퀀스 설정 창을 보면 시간 기준(프레임 속도)이 29.97프레임, 프레임 크기(이미지 크기)가 1920 x 1080으로 된 것을 알 수 있습니다. 이것으로 보아 현재 시퀀스는 타임라인에 적용된 [MVI_0379] 클립

에 맞게 설정된 것을 알 수 있습니다. 확인 후 창을 닫고 나옵니다.

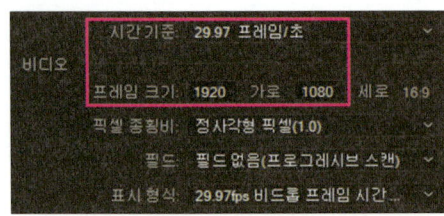

시퀀스 속성을 재설정하고자 한다면 시퀀스 설정 창에서도 가능하지만 여기에서는 다른 방법을 사용할 것입니다.

여기에서 속성이 다른 [MVI_0380] 클립을 프로젝트 패널에서 드래그하여 타임라인의 V2 트랙에 적용해봅니다. 그러면 현재 시퀀스 속성보다 작기 때문에 화면이 작게 나타나는 것을 알 수 있습니다.

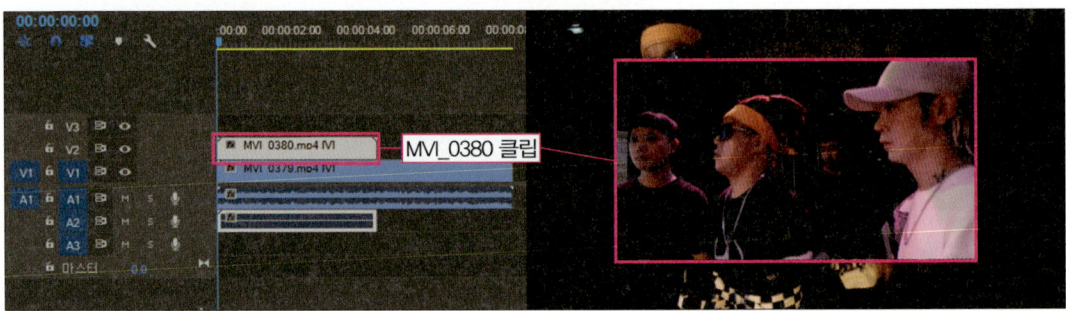

시퀀스 규격에 프레임(화면) 크기 맞추기

이번에는 시퀀스보다 작은 클립을 시퀀스 크기에 맞춰보도록 하겠습니다. 앞서 적용한 [MVI_0380] 클립을 선택한 후 [오른쪽 마우스 버튼] - [프레임 크기로 비율 조정] 메뉴를 선택합니다. 그러면 해당 클립이 현재 시퀀스 규격에 맞춰집니다. 이와 같은 방법으로 사용되는 시퀀스의 규격보다 작거나 혹은 큰 클립의 크기를 맞춰줄 수 있습니다.

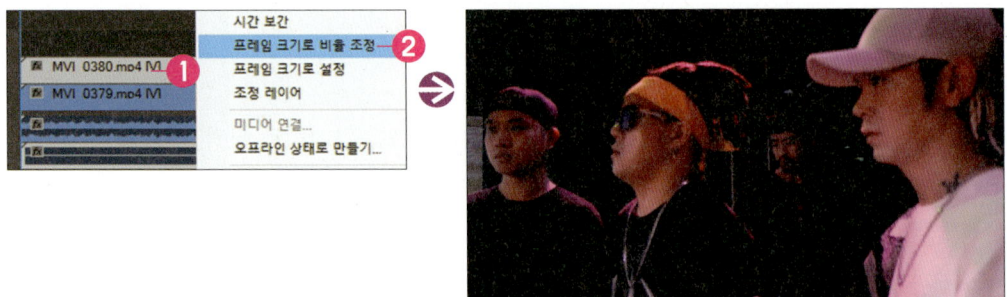

프레임 크기를 맞춰줄 때 현재 시퀀스와 클립의 크기만 다르고 비율이 같다면 [프레임 크기로 비율 조정] 메뉴를 사용하면 되고, 크기와 비율이 모두 다르다면 [프레임 크기로 설정] 메뉴를 사용해야 합니다. 이것은 시퀀스 크기보다 큰 클립을 사용할 경우에도 동일합니다.

시퀀스 속성 재설정하기

시퀀스 속성을 재설정하기 위해 타임라인에 적용된 모든 클립을 선택한 후 [Delete] 키를 눌러 삭제합니다. 그러면 프로젝트 패널의 시퀀스가 아무 것도 없는 상태(검정색)로 바뀌게 됩니다.

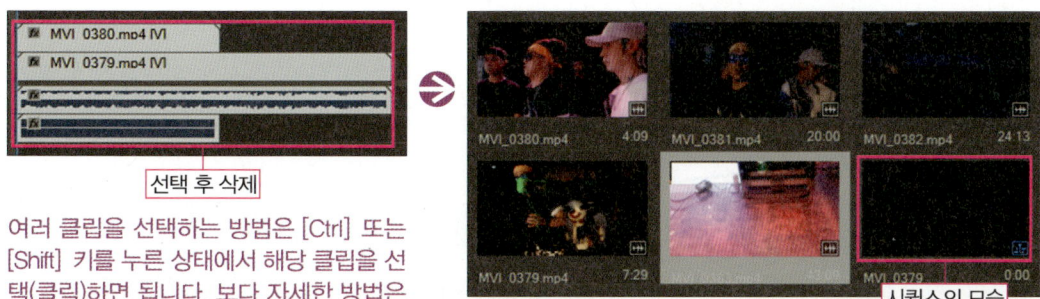

여러 클립을 선택하는 방법은 [Ctrl] 또는 [Shift] 키를 누른 상태에서 해당 클립을 선택(클릭)하면 됩니다. 보다 자세한 방법은 다음 학습에서 살펴볼 것입니다.

클립 삭제 후 다시 프로젝트 패널에 있는 클립 중 첫 번째로 적용되었던 [MVI_0379] 클립이 아닌 그 외의 클립 중 하나(MVI_0380)를 타임라인에 적용합니다. 그러면 그림처럼 클립 불일치 경고 창이 뜨는데, 이것은 현재의 시퀀스 규격과 적용되는 클립의 규격이 다를 때 나타나는 대화상자입니다. 만약 현재의 시퀀스 규격을 지금 새롭게 적용되는 클립의 규격에 맞추고자 한다면 [시퀀스 설정 변경] 버튼을 누르면 됩니다. 그러면 현재 시퀀스는 적용되는 클립의 규격에 자동으로 맞춰지게 됩니다. 이와 같은 방법으로 시퀀스 설정을 간단하게 수행할 수 있습니다.

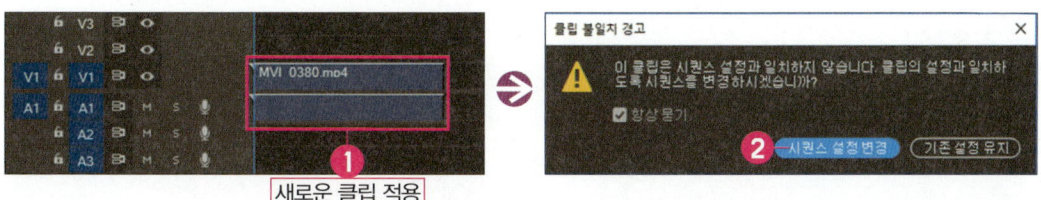

속성이 다른 클립들을 하나의 시퀀스에서 사용할 경우에는 작은 규격의 클립, 즉 시퀀스 규격에 작은 클립의 크기를 맞추게 되면 작은 클립의 커지기 때문에 해상도(품질) 또한 낮아집니다. 그러므로 작은 클립의 규격을 시퀀스 규격으로 맞춰 사용하는게 좋습니다. 쉽게 말해 작업에 사용되는 클립 중 작은 클립의 규격을 시퀀스 규격으로 처음부터 사용하는 것이 가장 좋은 방법이라는 것입니다.

클립 선택, 복사, 이동, 삭제, 붙여넣기

편집에서 가장 기본이 되는 것은 바로 클립을 선택하고, 복사, 이동, 삭제, 붙여넣기 하는 것입니다. 이번 학습에서는 선택 도구를 이용하여 클립을 다루는 가장 기본적인 방법에 대해 알아보도록 하겠습니다.

클립 선택 및 이동하기

클립의 선택은 클립을 클릭한다는 것이고, 클립을 선택한다는 것은 선택된 클립을 이동하거나 복사, 삭제 등의 작업을 위한 것이며, 효과를 적용하거나 속성 설정 등을 하기 위한 것이기도 합니다. 클립의 선택은 주로 타임라인이나 프로젝트 패널에서 이루어지는데, 여기에서는 타임라인에서의 선택과 이동에 대해 알아볼 것입니다. 학습을 위해 [학습자료] - [Project] - [클립 선택 이동] 프로젝트 파일을 실행합니다. 실행된 프로젝트에는 4개의 클립이 타임라인에 적용된 상태입니다. 이제 이 4개의 클립 중 두 번째 클립을 클릭하여 선택합니다.

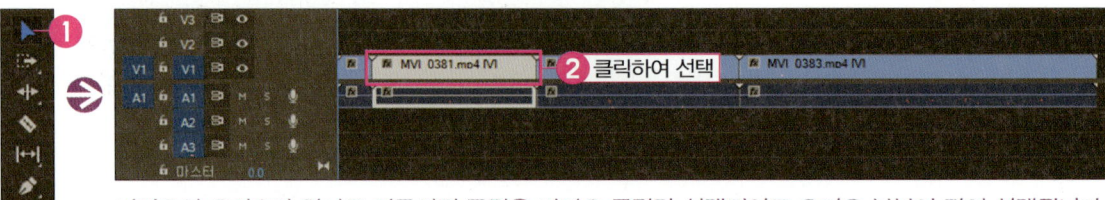

비디오와 오디오가 하나로 이루어진 클립은 비디오 클립만 선택되어도 오디오 부분이 같이 선택됩니다. 클립 및 모든 객체의 선택은 [선택 도구]을 통해 이루어지며, 클립의 인/아웃 포인트를 이용한 편집 또한 선택 도구를 사용합니다.

방금 선택된 클립 중 비디오 부분만 위쪽 V3 트랙으로 드래그(이동)합니다. 그러면 오디오 부분은 원래 위치에 그대로 남아있는 것을 알 수 있습니다. 여기에서 오디오 부분도 아래 트랙으로 내리고자 한다면 오디오 부분을 선택한 후 아래로 내려주면 됩니다. 트랙 변경을 한 클립을 오른쪽으로 이동해봅니다. 이처럼 클립의 이동은 다른 트랙이나 다른 시간대로 이동하기 위해 사용됩니다.

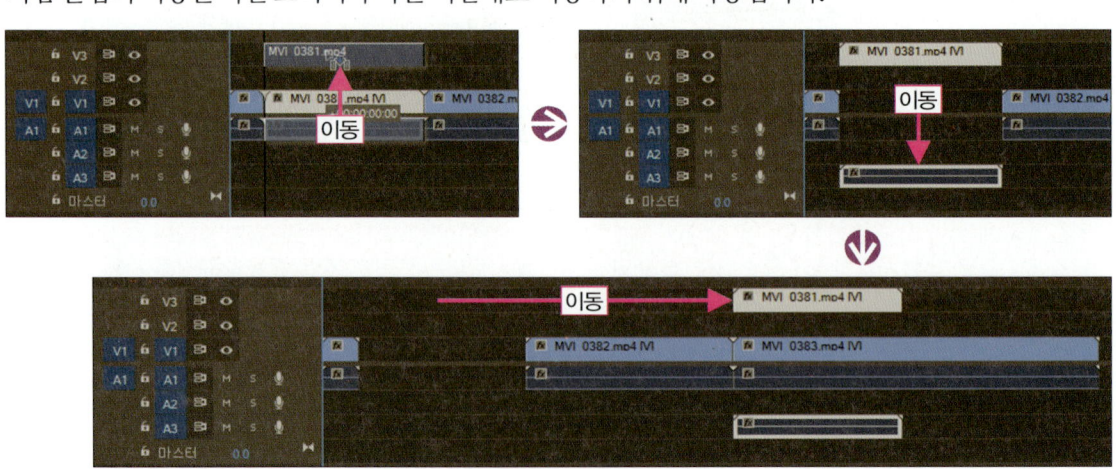

이번에는 여러 개의 클립을 선택하는 방법에 대해 알아봅니다. 여러 개의 클립을 선택하는 방법은 몇 가지가 있는데, 먼저 그림처럼 우측 하단의 아무 클립도 없는 트랙에서 클릭 & 드래그하여 사각형 영역을

좌측 상단까지 만들어줍니다. 그러면 사각형 영역에 포함된 모든 클립이 한꺼번에 선택됩니다. 이렇게 선택된 클립은 한꺼번에 이동 및 삭제할 수 있습니다.

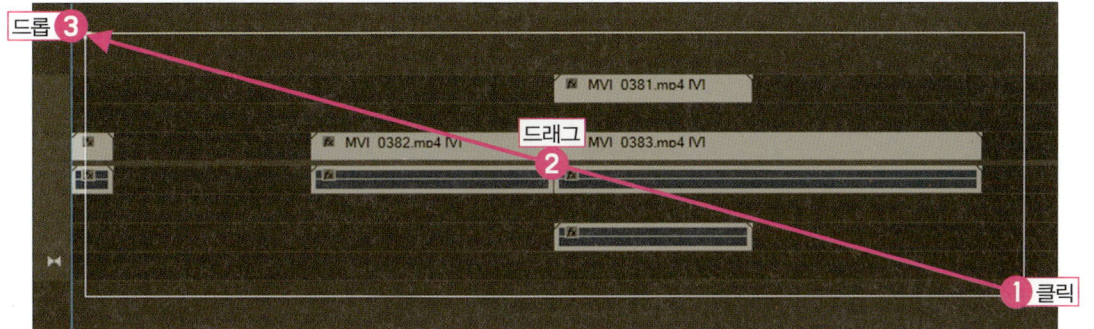

선택된 클립 해제하기 선택된 클립을 해제하기 위해서는 [Ctrl] + [Shift] + [A] 키를 누르거나 타임라인의 빈 곳을 클릭하는 것입니다.

그리고 원하는 클립만 복수로 선택하기 위해서는 [Shift] 키를 누른 상태에서 원하는 클립을 선택하면 됩니다.

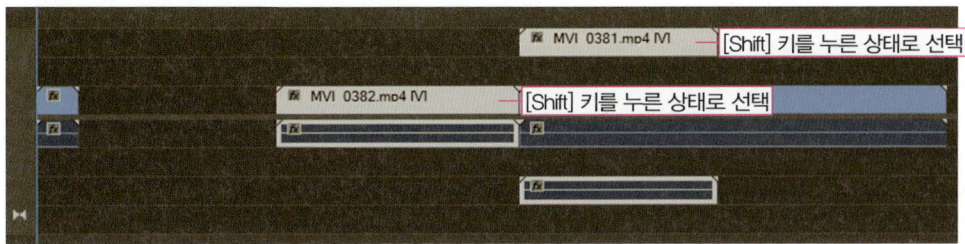

또한 타임라인에 있는 모든 클립을 선택하고자 한다면 [Ctrl] + [A] 키를 누르면 되며, [편집] 메뉴의 [모두 선택] 메뉴를 통해서도 전체 선택이 가능합니다.

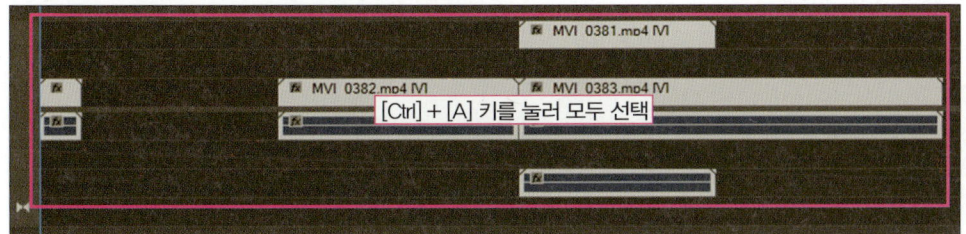

특정 클립을 시작으로 뒤쪽 클립을 모두 선택하고자 한다면 [앞으로 트랙 선택 도구]를 선택한 후 선택될 클립의 첫 번째 클립을 선택하면 됩니다. 앞으로 트랙 선택 도구 사용 시 단축키 없이 그대로 선택하

면 트랙의 개수와는 상관없이 뒤쪽(오른쪽)에 있는 모든 트랙의 클립들이 선택됩니다.

 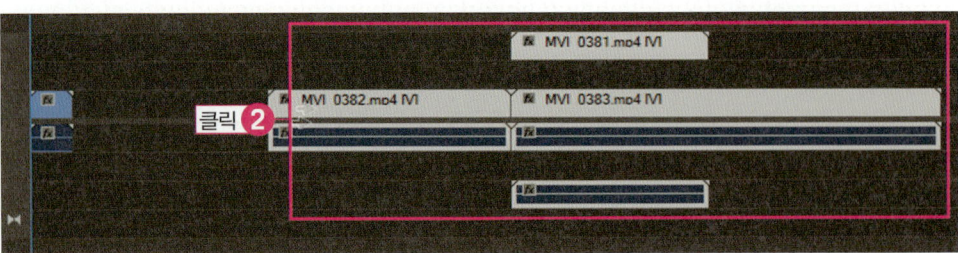

그러나 [앞으로 트랙 선택 도구]를 사용할 때 [Shift] 키를 누르면 전체 트랙이 아닌 선택한 클립이 있는 트랙의 뒤쪽 클립들만 선택됩니다.

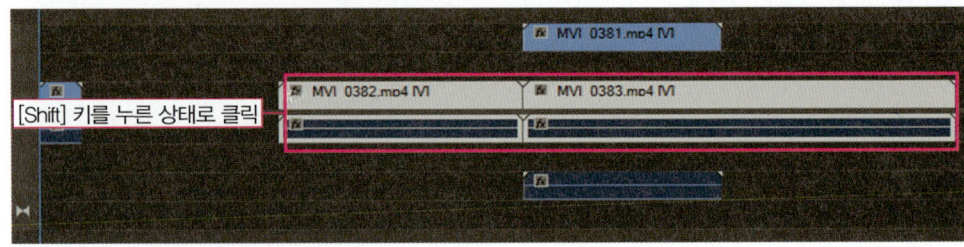

트랙 선택 도구에서 [뒤로 트랙 선택 도구]를 사용하면 [앞으로 트랙 선택 도구]와는 반대로 앞쪽(왼쪽)에 있는 클립들을 선택할 수 있습니다.

클립 삭제하기

클립의 삭제는 불필요한 클립을 제거할 때 사용합니다. 클립을 삭제하는 방법은 아주 간단합니다. 삭제할 클립을 선택한 후 [Delete] 키를 누르면 되기 때문입니다. 학습을 위해 [학습자료] - [Project] - [클립 삭제] 프로젝트 파일을 실행합니다. 현재 타임라인에는 4개의 클립이 3개의 트랙에 적용된 상태입니다. 여기에서 첫 번째 클립을 삭제하기 위해 선택합니다. 그다음 [Delete] 키를 눌러 삭제합니다. 그러면 삭제된 클립의 길이만큼 공간이 남아있게 됩니다.

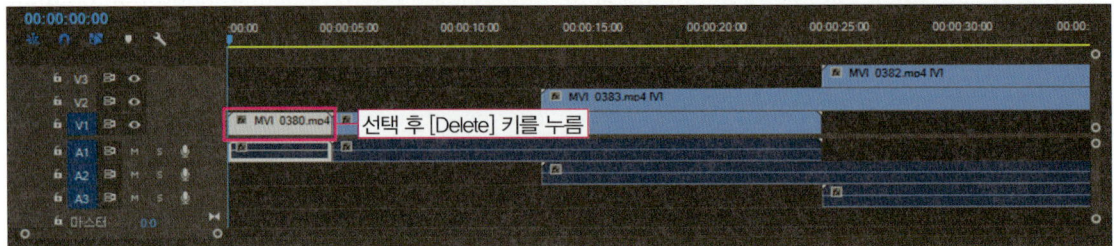

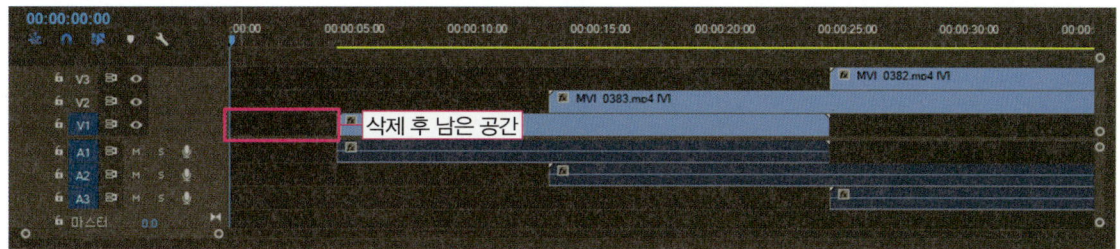

삭제 후 남은 공간에 다른 클립을 갖다 놓아도 되겠지만, 만약 불필요하다면 이 공간을 뒤쪽 클립들을 끌어다 메워주면 되는데, 하지만 뒤쪽에 클립들이 수없이 많다면 이 또한 쉬운 작업이 아닐 것입니다. 이럴 땐 빈 곳을 선택한 후 [Delete] 키를 눌러 간편하게 원하는 결과를 얻을 수 있습니다.

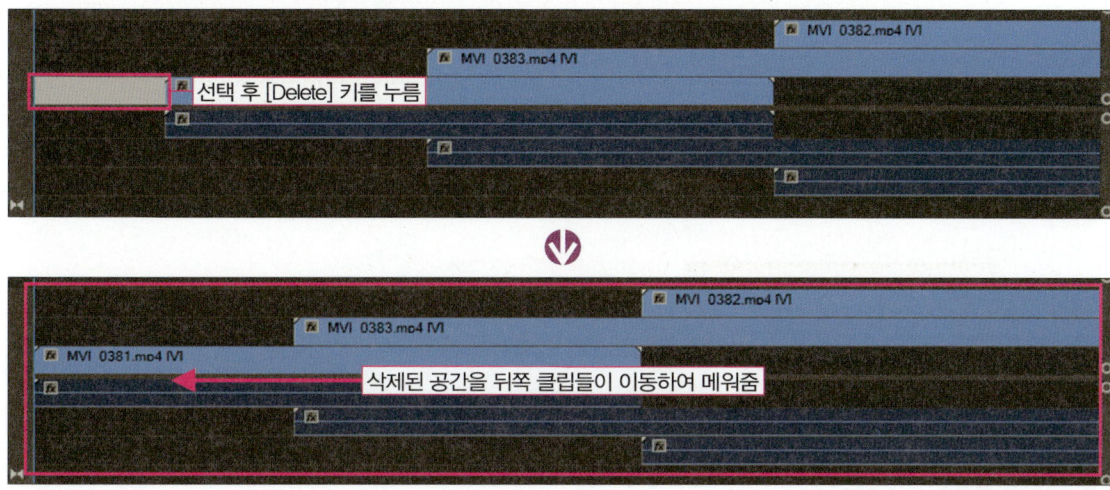

이번에는 클립을 삭제할 때 아예 삭제된 공간을 뒤쪽 클립들이 자동으로 메워주는 방법에 대해 알아보겠습니다. [Ctrl] + [Z] 키를 눌러 다시 삭제되기 전으로 복귀합니다. 그다음 삭제할 첫 번째 클립을 선택합니다.

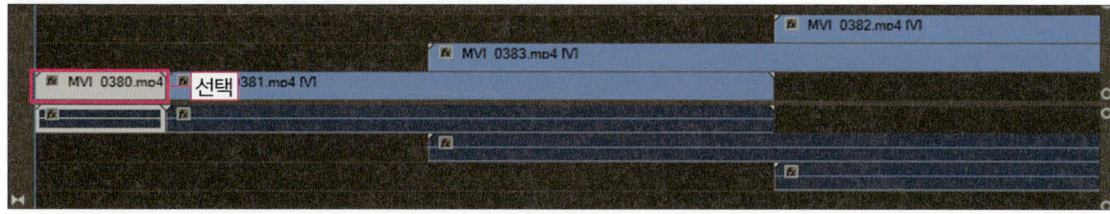

첫 번째 클립이 선택된 상태에서 [편집] - [잔물결 삭제(Ripple Delete)] 메뉴를 선택하거나 단축키

[Shift] + [Delete] 키를 누릅니다. 그러면 선택된 클립이 삭제되고, 삭제된 공간은 뒤쪽 클립들이 이동하여 메워줍니다.

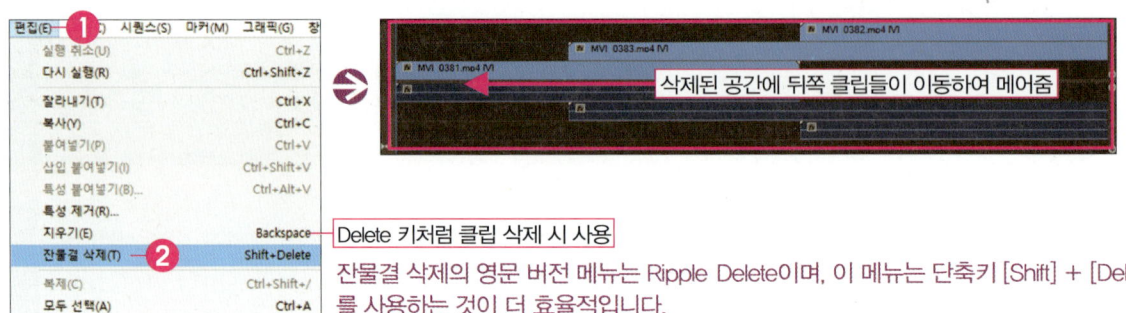

Delete 키처럼 클립 삭제 시 사용

잔물결 삭제의 영문 버전 메뉴는 Ripple Delete이며, 이 메뉴는 단축키 [Shift] + [Delete] 키를 사용하는 것이 더 효율적입니다.

비디오/오디오 분리하여 개별로 선택, 이동, 삭제하기

비디오와 오디오가 하나로 된 클립에서 비디오 혹은 오디오 부분만 이동하거나 삭제해야 한다면 먼저 해당 클립을 분리해야 합니다. 묶여진 클립을 분리하기 위해서는 분리할 클립에서 [오른쪽 마우스 버튼] - [연결 해제] 메뉴를 선택하면 됩니다. 그다음 오디오 부분을 선택한 후 [Delete] 키를 눌러보면 오디오 부분만 삭제되는 것을 알 수 있습니다.

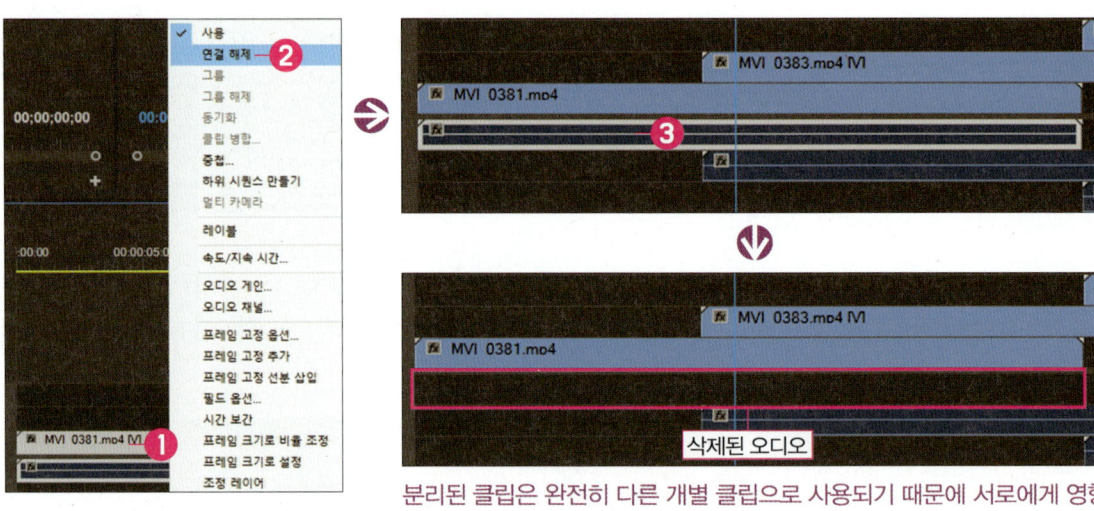

분리된 클립은 완전히 다른 개별 클립으로 사용되기 때문에 서로에게 영향을 주지 않고, 이동 및 삭제가 가능합니다.

팁 & 노트 분리된 클립 다시 합쳐주기

분리된 클립을 다시 합쳐주기 위해서는 합쳐주고자 하는 클립을 모두 선택한 후 [오른쪽 마우스 버튼] - [연결] 메뉴를 선택하면 됩니다. 연결 메뉴는 클립(비디오/오디오)을 연결 해제했을 때에만 사용할 수 있습니다.

이번에는 도구를 이용하여 클립을 분리해보도록 하겠습니다. 학습을 위해 방금 분리된 클립을 다시 합쳐준 후 타임라인 좌측 상단의 [연결된 선택] 도구를 클릭하여 해제(회색)합니다. 그다음 그림처럼 오디오 부분을 드래그하여 우측으로 이동해보면 오디오 부분만 이동되는 것을 알 수 있습니다.

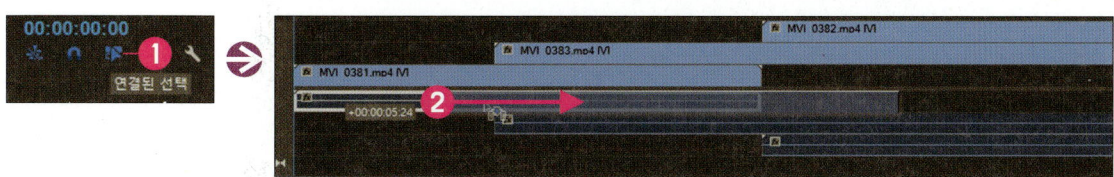

이동 후 비디오와 오디오 클립을 보면 원래의 싱크(동기화)가 어긋났기 때문에 두 클립의 시작점 부분에 빨간색 숫자가 나타납니다. 이 수치를 통해 두 클립이 얼마만큼 싱크가 틀어졌는지 알 수 있습니다. 이처럼 연결된 선택 도구를 사용하면 비디오/오디오 부분을 서로 분리할 수 있지만 완전히 분리되는 것이 아니라는 것을 기억하기 바랍니다.

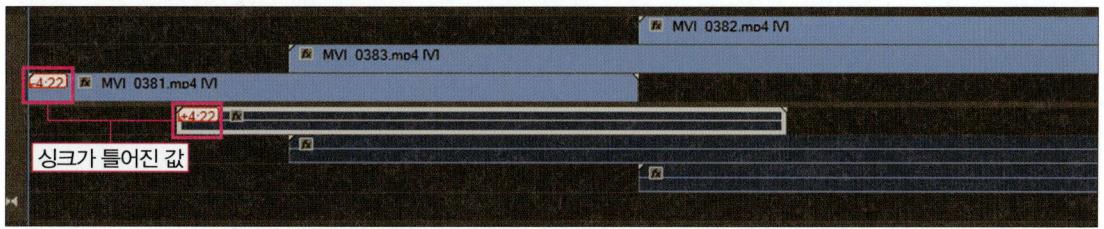

클립 복사 및 붙여넣기

클립을 복사한다는 것은 복사된 클립을 반복 사용하기 위함이며, 복사된 클립을 다른 트랙에 사용하기 위해서는 붙여넣기 기능을 사용해야 합니다. 학습을 위해 앞서 사용했던 프로젝트를 초기 상태로 복귀시켜주기 위해 [파일] - [되돌리기] 메뉴를 선택합니다. 이 메뉴는 마지막으로 저장되었던 작업 상태로 프로젝트를 한번에 복귀시킬 때 사용합니다.

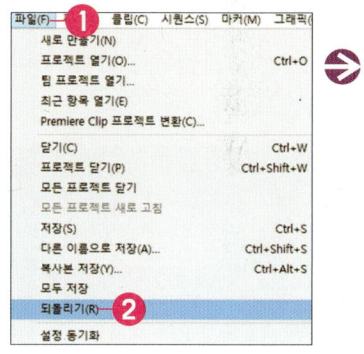

복사할 클립을 선택한 후 [편집] - [복사] 메뉴를 선택하거나 단축키 [Ctrl] + [C] 키를 누릅니다. 일반적으로 복사는 단축키를 사용하기 때문에 반드시 기억해두기 바랍니다.

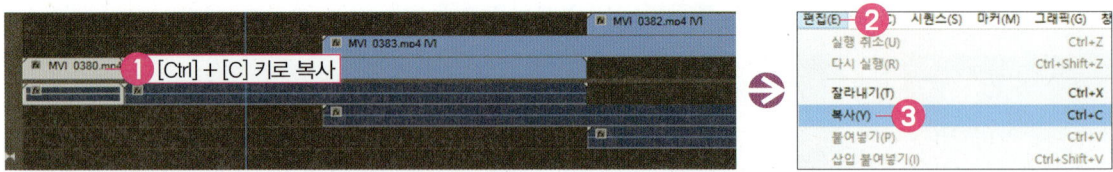

이제 복사된 클립을 붙여넣기 위해 재생 헤드를 붙여넣기 할 지점으로 이동하고, 붙여넣기 할 트랙을 선택합니다. 여기에서는 그림처럼 비디오 V2, 오디오 A2 트랙에 적용되도록 선택합니다. 그다음 [편집] - [붙여넣기] 메뉴 또는 단축키 [Ctrl] + [V] 키를 눌러 붙여넣기 합니다. 그러면 방금 설정한 지점과 트랙에 적용됩니다.

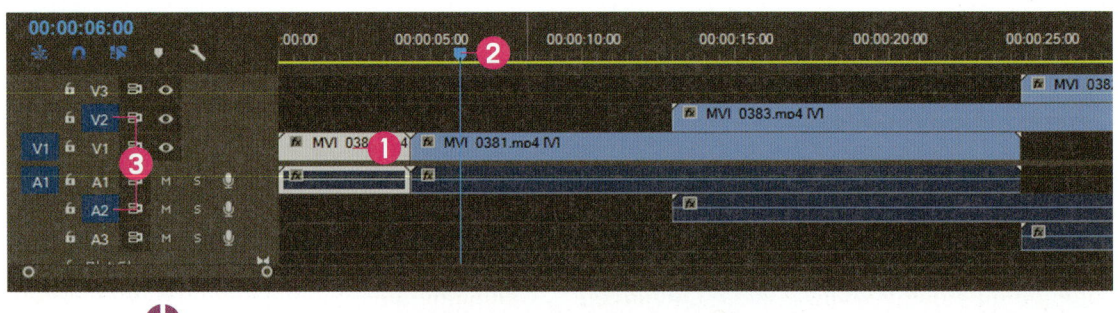

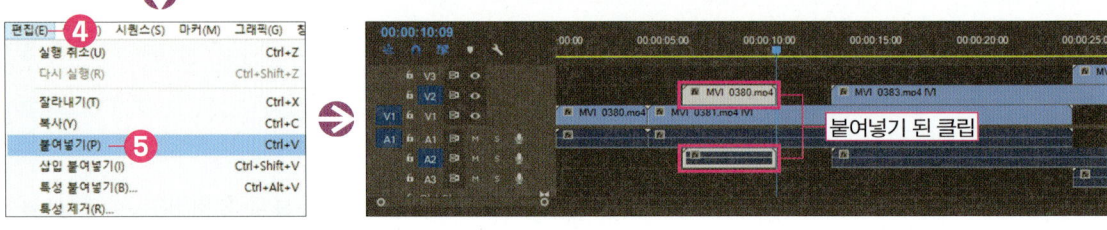

계속해서 이번에는 인서트(삽입) 메뉴를 통해 붙여넣기를 해보겠습니다. 앞서 복사된 클립을 그대로 현재 지점에 붙여넣기 위해 [편집] - [삽입 붙여넣기] 메뉴 또는 [Ctrl] + [Shift] + [V] 키를 누릅니다. 그러면 현재 지점의 기존 타임라인에 있는 클립 사이에 붙여넣기 됩니다.

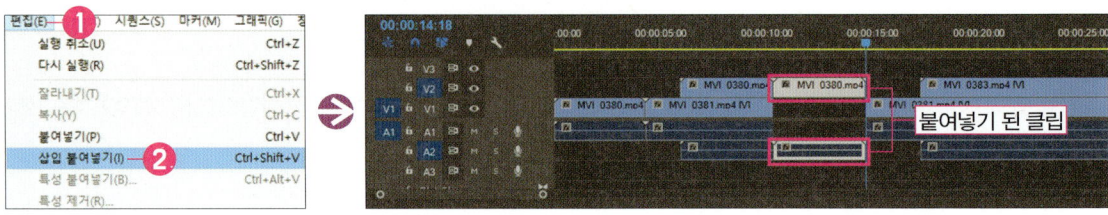

팁 & 노트 — 프로그램 모니터를 활용한 클립 적용하기

일반적으로 프로젝트 패널이나 미디어 브라우저 또는 소스 모니터에서 클립을 타임라인에 적용하지만 프로젝트 패널이나 소스 모니터에 있는 클립을 프로그램 모니터에 직접 드래그하여 적용하여 타임라인에 적용할 수도 있습니다. 프로그램 모니터로 클립을 갖다 놓으면 그림처럼 6개의 적용 옵션이 나타나는데, 여기에서 원하는 방식을 선택하면 됩니다. 예를 들어 가운데의 삽입에 갖다 놓으면 삽입(인서트) 방식으로 적용됩니다.

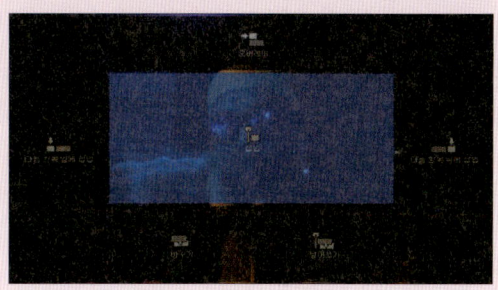

스냅을 이용한 클립의 이동

스냅은 클립을 이동하고, 편집할 때 편집 점, 즉 클립의 인/아웃 포인트나 마커가 있는 지점에 다른 클립의 인/아웃 포인트나 재생 헤드에 정확하게 일치되도록 해주는 기능입니다. 정교한 편집을 위해 즐겨 사용되지만 때론 해제되어야 하는 경우도 있습니다. 앞서 붙여넣기 한 2개의 클립 중 앞쪽 클립을 좌측으로 이동해봅니다. 이동하다 보면 현재는 스냅이 켜진 상태이기 때문에 아래쪽 클립의 시작점 부분에 정확하게 맞춰지는 것을 알 수 있습니다.

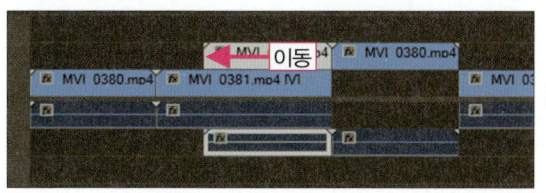 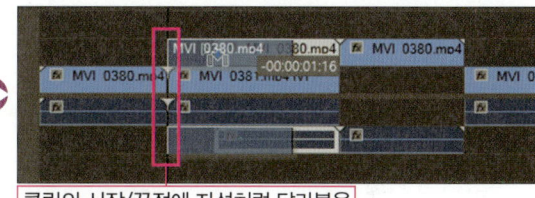

이번에는 스냅을 꺼놓고 클립을 이동해보도록 하겠습니다. 붙여넣기 된 클립 중 두 번째 클립을 좌측으로 이동합니다. 그러면 방금 전과는 다르게 클립의 시작/끝점을 무시하고 그냥 지나치는(겹쳐지는) 것을 알 수 있습니다.

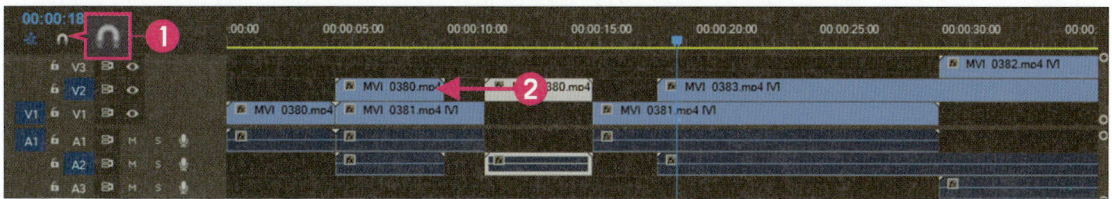

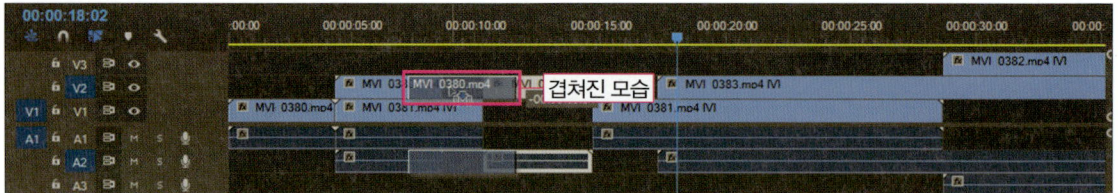

이처럼 스냅은 편집 점에 정확하게 일치시키기 위해 사용되기 때문에 평소에는 켜놓고 작업을 하는 것이 좋습니다.

트랙 추가/삭제하기

트랙은 타임라인에서 실제 편집을 하기 위한 작은 공간이며, 포토샵이나 애프터 이펙트와 같은 프로그램에서 사용되는 레이어와 같은 개념으로써 프리미어 프로에서는 비디오와 오디오 트랙을 원하는 만큼 추가하고, 삭제할 수 있습니다. 학습을 위해 [학습자료] - [Project] - [트랙 추가 삭제] 프로젝트 파일을 실행합니다. 이 프로젝트는 현재 3개의 트랙에 클립이 모두 적용된 상태입니다.

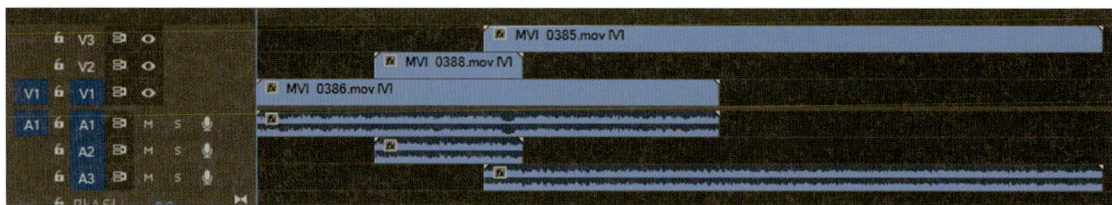

클립을 드래그하여 트랙 추가하기

만약 3개의 기본 트랙이 부족할 경우에는 새로운 트랙을 추가해야 합니다. 트랙을 추가하는 방법은 몇 가지가 있는데, 먼저 가장 쉽게 트랙을 추가하는 방법은 프로젝트 패널에 있는 클립 하나를 드래그하여 맨 위쪽 V3 트랙 위쪽의 아무것도 없는 곳에 갖다 놓습니다. 그러면 자동으로 빈 곳에 새로운 트랙이 생성됩니다. 이처럼 클립을 갖다 놓는 것만으로도 트랙을 추가할 수 있습니다.

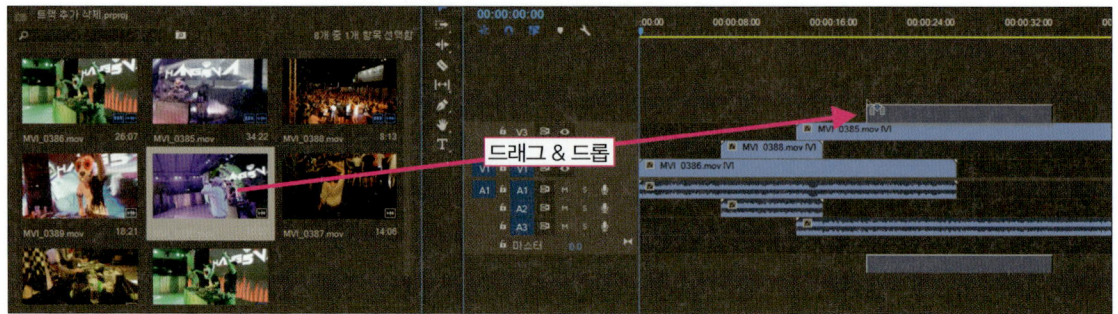

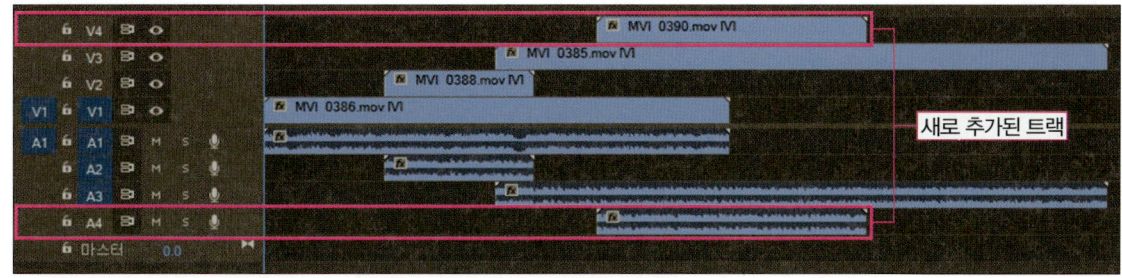

메뉴를 사용하여 트랙 추가/삭제하기

트랙은 기본적으로 시퀀스를 만들 때 설정하지만, 시퀀스 설정을 할 때는 아직 작업을 하기 전이기 때문에 얼만큼의 트랙이 필요한지 알 수 없습니다. 그러므로 대부분의 트랙 추가는 앞서 학습한 방법이나 지금 학습할 메뉴를 사용하게 됩니다. [시퀀스] 메뉴를 보면 트랙 추가/삭제 메뉴가 있지만 일반적으로 타임라인의 트랙 리스트에서 직접 트랙을 추가하거나 삭제하게 됩니다. 아무 트랙 리스트에서 [오른쪽 마우스 버튼]을 클릭하면 다양한 트랙 추가/삭제 메뉴가 나타나는데, 그중 위쪽에 있는 트랙 추가/삭제는 하나의 트랙을 추가하거나 삭제할 때 사용되며, 아래쪽의 트랙 추가/삭제는 트랙 설정 창을 제공합니다. 일단 여기에서는 아래쪽 [트랙 추가] 메뉴를 선택해봅니다. 트랙 추가 설정 창이 열리면 비디오 트랙을 2, 오디오 트랙을 0으로 설정합니다. 그러면 비디오 트랙만 2개 더 추가됩니다.

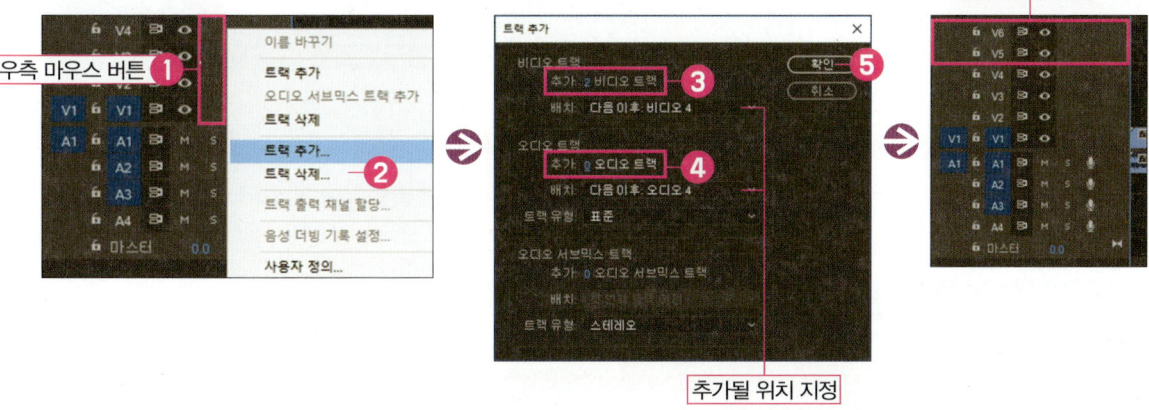

이번에는 불필요한 트랙을 삭제해보도록 하겠습니다. 트랙의 삭제 또한 추가와 비슷한 방법을 사용합니다. 트랙 리스트에서 [오른쪽 마우스 버튼] - [트랙 삭제]를 선택한 후 트랙 삭제 창에서 비디오 트랙만 삭제하기 위해 [비디오 트랙 삭제]를 체크합니다. 그리고 삭제될 대상 트랙은 [모든 빈 트랙]으로 설정하여 사용되지 않는 모든 트랙을 삭제합니다.

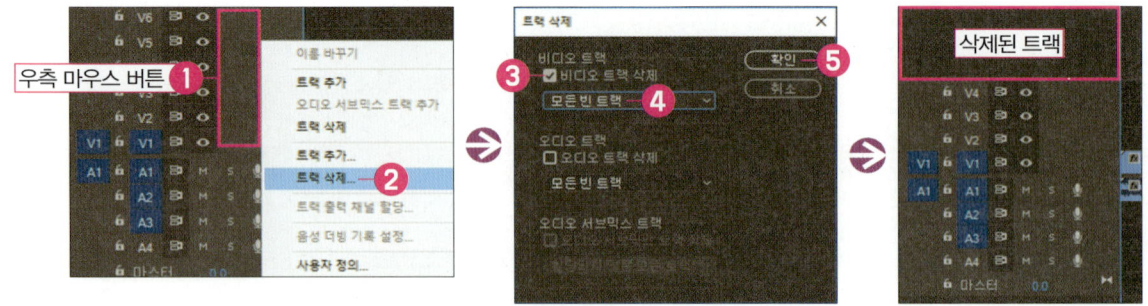

트랙의 높이 조절하기

트랙의 기본 높이는 비디오 클립의 장면(섬네일)이 보이지 않을 정도로 얇게 설정된 상태입니다. 만약 비디오 클립 자체에 장면을 보고자 한다면 트랙의 높이를 높여주어야 합니다. 트랙의 높이 조절은 트랙과 트랙 사이에 마우스 커서를 갖다 놓고 원하는 높이만큼 드래그하면 됩니다.

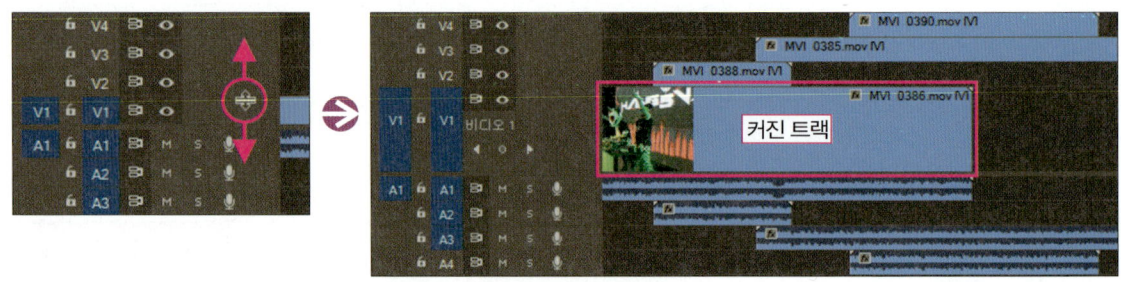

트랙의 높이를 조절하는 또 다른 방법으로는 높이를 조절하고자 하는 트랙을 [더블클릭]하는 것입니다. 그러면 해당 트랙이 정해진 높이만큼 커집니다. 커진 트랙을 다시 더블클릭하게 되면 반대로 원래 높이로 복귀됩니다.

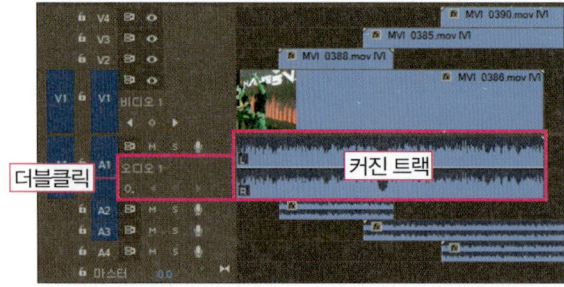

트랙 이름 바꾸기 트랙이 커지면 트랙의 이름이 나타나는데, 이 상태에서 [오른쪽 마우스 버튼]을 사용하면 트랙의 이름을 바꿔줄 수 있는 메뉴가 나타납니다.

트랙(Track) 이해하기

트랙(Track)은 일종의 레이어(Layer)와 같은 것으로써 정렬 순서(Stacking Order)에 따라 표현되는 부분이 달라집니다. 예를 들어 타임라인 상에서 하나의 트랙이 다른 트랙보다 위쪽에 있게 되면 위쪽 트랙에 포함된 클립(이미지)의 모습이 아래쪽 트랙의 모습을 가리기 때문에 화면에 나타나지 않게 됩니다.

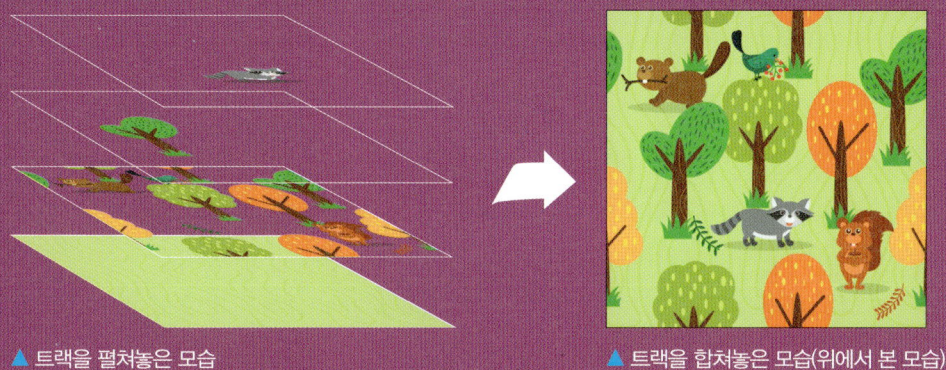

▲ 트랙을 펼쳐놓은 모습 　　　　　　　　　　▲ 트랙을 합쳐놓은 모습(위에서 본 모습)

위의 그림에서 왼쪽은 여러 개의 트랙으로 구성된 모습이고, 오른쪽은 왼쪽 그림의 트랙들의 모습을 하나로 합쳐놓은 것입니다. 이렇듯 트랙은 각각의 트랙에 서로 다른 장면이 담겨있으며, 장면, 즉 비디오 클립에 투명한 부분(알파 채널)은 아래쪽 레이어와 합성된 결과물을 얻을 수 있습니다. 만약 위와 같은 트랙 구조에서 맨 위쪽에 있는 너구리 모습이 있는 트랙의 클립을 아래로 내리게 된다면 그림처럼 나무에 가려져서 보이지 않게 됩니다. 이렇듯 트랙은 계층 구조의 형태로 사용됩니다.

▲ 너구리 클립을 아래 트랙으로 이동한 모습 　　　▲ 너구리 클립이 나무에 가려진 모습

Lesson 07 편집 도구를 이용한 편집

편집 도구는 앞서 살펴본 소스 모니터와 타임라인을 이용한 편집보다 비교적 세부적인 편집을 위해 사용됩니다. 편집 도구는 기본적으로 클립을 타임라인에 적용하고, 클립의 인/아웃 포인트를 이용한 편집(트리밍)과 같은 기본적인 작업뿐만 아니라 장면을 세밀하게 편집하기 위해서도 사용됩니다. 이번 레슨에서는 주요 편집 도구에 대해 알아보도록 하겠습니다.

선택 도구를 이용한 편집

선택(Selection) 도구는 기본적으로 선택되어있는 도구로써 클립을 선택 및 이동, 자리바꿈 등을 할 때 사용됩니다. 작업 시 가장 많이 사용되는 툴이며, 클립을 이동하는 것 이외에 클립의 인/아웃 포인트(시작/끝점)를 드래그하여 트리밍 편집을 할 때도 사용됩니다. 선택 도구는 앞서 살펴본 적이 있지만 다시 한 번 살펴보기로 하겠습니다. 단축키는 [V]입니다.

이번 학습부터는 학습자료 폴더에 있는 클립들을 사용해도 되지만 여러분이 가지고 있는 클립들을 가져와서 사용해도 상관없습니다.

인/아웃 포인트를 이용한 트리밍 편집

선택 도구를 이용하여 할 수 있는 편집은 가장 기본적인 클립의 시작/끝점을 이용한 트리밍 편집입니다. 아래 그림처럼 클립의 시작점을 잡고(클릭하고) 불필요한 장면이 잘려질 때까지 우측으로 드래그하거나 반대로 클립의 끝점을 잡고 불필요한 장면이 잘려질 때까지 우측으로 드래그하면 됩니다. 이때 트리밍되는 길이가 클립 아래쪽에 표시됩니다.

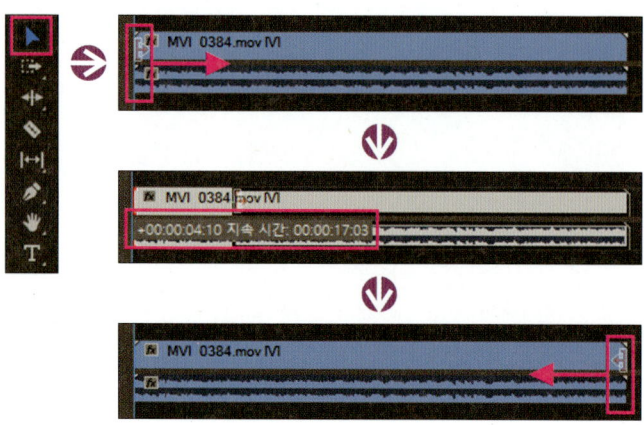

팁 & 노트 핸들(Handle)이란?

핸들은 클립의 시작점(In Point)과 끝점(Out Point)을 기준으로 트리밍되어 사라진 장면, 즉 구간을 말하는데, 이 편집된 장면은 드래그(핸들링)하여 다시 복구할 수 있는 영역입니다. 트리밍 작업을 하거나 장면전환 효과(트랜지션)를 적용할 때에도 이와 같이 핸들링이 가능한 편집된 영역이 있어야만 정상적인 작업을 할 수 있습니다.

한 프레임씩 트리밍되는 넛지 편집 – 작은 트림 편집

넛지(Nudge)는 조금씩, 즉 한 프레임씩 트리밍을 할 때 사용되는 기능으로써 편집 도구에 있는 기능은 아니지만, 선택 도구를 사용하여 선택해야 하기 때문에 지금 살펴보도록 하겠습니다. 넛지 편집은 단축키를 주로 사용하기 때문에 [Ctrl] + [←] 또는 [→] 키를 기억하기 바랍니다. 넛지 편집을 하기 위해 클립의 인 또는 아웃 포인트를 선택(클릭)해봅니다. 그러면 선택한 엣지 부분이 빨간색으로 표시됩니다. 그 다음 앞서 살펴본 [Ctrl] + [←] 또는 [→] 키를 한번씩 눌러봅니다. 그러면 선택된 인 또는 아웃 포인트가 한 프레임씩 트리밍되는 것을 알 수 있습니다. 이렇듯 넛지 편집을 사용하면 프레임 단위로 세밀한 편집을 할 수 있습니다.

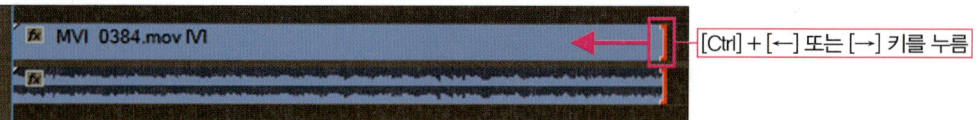

넛지 편집 시 사용되는 단축키 [Ctrl] + [←] 또는 [→] 키를 사용할 때 [Shift] 키를 더하면 5프레임 간격으로 편집됩니다.

Shift 키를 사용한 넛지 편집 시 간격을 설정할 수도 있습니다. [편집] – [환경 설정] – [트림] 메뉴를 선택한 후 환경 설정 창에서 [복수 트림 오프셋]을 보면 현재 5프레임으로 되어있는데, 이 값을 50으로 증가합니다. 그리고 다시 시프트 키를 이용한 넛지 편집을 해보면 50프레임 간격으로 트리밍되는 것을 알 수 있습니다.

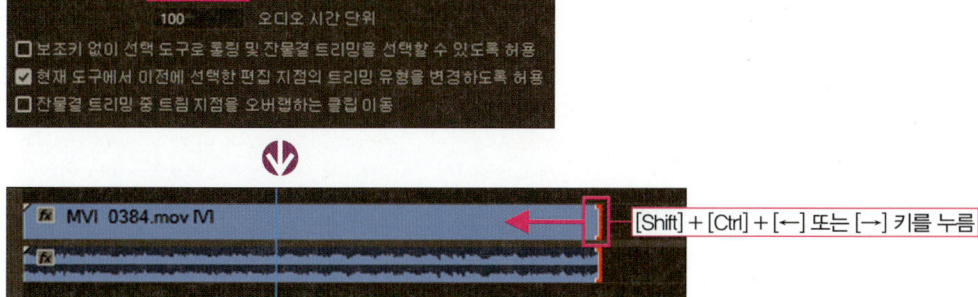

잔물결 편집 도구를 이용한 편집

이번에는 잔물결 편집 도구, 즉 리플(Ripple) 편집 도구를 이용한 편집에 대해 알아보도록 하겠습니다. 잔물결 편집 도구에서는 3개의 편집 도구가 제공되는데, 먼저 가장 상위에 있는 [잔물결 편집 도구]에 대해 알아보겠습니다. 잔물결 편집 도구에 대해 살펴보기 위해 먼저 2개의 클립을 타임라인에 적용한 후 적용된 두 클립의 인/아웃 포인트를 적당히 편집해 놓습니다.

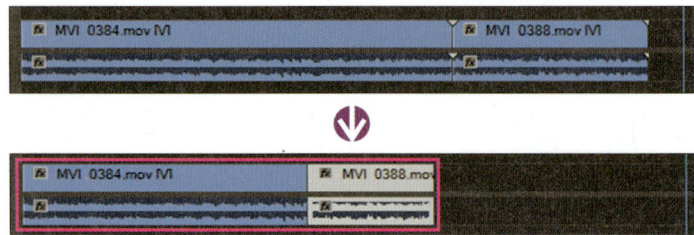

이제 클립과 클립 사이에 커서를 갖다 놓습니다. 그러면 클립의 아웃 포인트 쪽에 노란색 대괄호가 표시됩니다. 이 상태가 바로 잔물결 편집 모드입니다. 이 상태에서 클릭 & 좌우로 드래그해보면 선택된 두 클립의 인/아웃 포인트를 기준으로 트리밍되는 것을 알 수 있습니다. 이때 잘려진 길이만큼 뒤쪽 클립이 이동하여 공간을 메워줍니다.

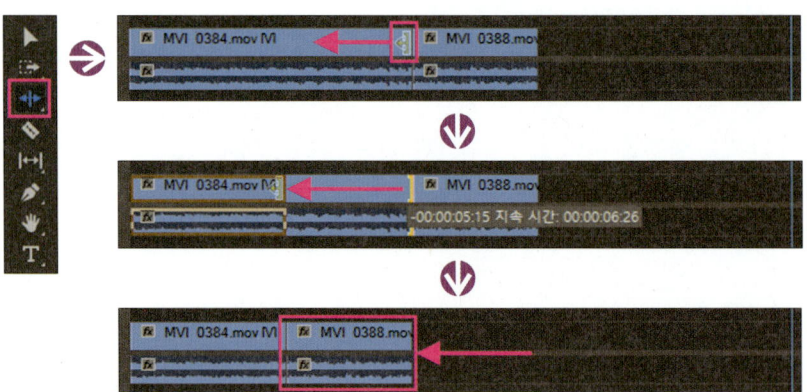

잔물결 편집 모드에서 편집할 때 프로그램 모니터를 보면 편집되는 두 클립의 장면을 볼 수 있기 때문에 어떻게 편집되는지 쉽게 확인할 수 있습니다.

잔물결 편집 모드에서도 넛지 편집이 가능합니다. 선택 도구에서와 마찬가지로 인/아웃 포인트 지점을 클릭하면 노란색으로 표시되며, 이때 단축키 [Ctrl] + [←] 또는 [→] 키를 사용하여 한 프레임씩 트리밍하거나 [Shift] 키를 더해 50프레임(앞서 환경 설정에서 50프레임으로 설정했기 때문)씩 트리밍할 수 있습니다.

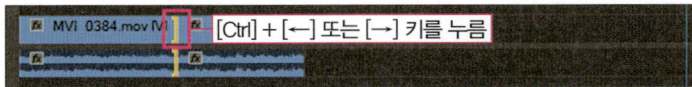

롤링 편집 도구를 이용한 편집

롤링 편집 또한 잔물결 편집과 마찬가지로 클립과 클립 사이에 커서를 갖다 놓고 편집을 하는 모드입니다. 롤링 편집 도구를 사용하기 위해서는 잔물결 편집 도구를 클릭하고 있으면 나타나는 도구에서 선택하면 됩니다.

이번에도 역시 인/아웃 편집이 된 2개의 클립을 사용합니다. 편집된 두 클립 사이에 커서를 갖다 놓으면 양방향 빨간색 화살표 모양의 커서로 바뀌게 됩니다. 이때 클릭 & 좌우로 드래그하면 드래그한 방향으로 트리밍됩니다. 참고로 롤링 편집 모드는 잔물결 편집과는 다르게 잘려진 길이만큼 뒤쪽 클립이 이동하여 공간을 메워줍니다. 즉 편집되는 두 클립의 전체 길이에는 영향을 주지 않는다는 것인데, 이것은 트리밍되는 한쪽 클립의 길이가 조절될 때 다른 클립의 길이에 의해 상쇄되기 때문입니다.

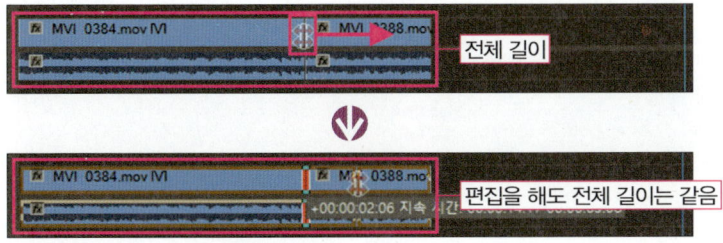

롤링 편집 모드에서도 넛지 편집이 가능합니다. 선택 도구에서와 마찬가지로 인/아웃 포인트 지점을 클

릭하면 노란색으로 표시되며, 이때 단축키 [Ctrl] + [←] 또는 [→] 키를 사용하여 한 프레임씩 트리밍하거나 [Shift] 키를 더해 50프레임(앞서 환경 설정에서 50프레임으로 설정했기 때문)씩 트리밍할 수 있습니다.

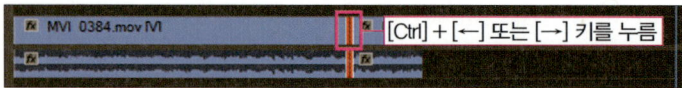

같은 도구 그룹에 있는 속도 조정 도구에 대해서는 클립의 속도를 조절하는 학습(248페이지)에서 자세히 살펴볼 것입니다.

밀어넣기 도구를 이용한 편집

이번에는 밀어넣기 도구와 밀기 도구에 대해 알아보도록 하겠습니다. 이 두 도구는 다른 곳에 위치한 도구이지만 앞서 살펴본 잔물결 편집 도구와 롤링 편집 도구와 유사한 개념으로 사용됩니다. 먼저 밀어넣기(Slip) 도구에 대해 알아보겠습니다. 밀어넣기 도구는 편집된 1개의 클립에서도 사용이 가능하며, 클립의 가운데 부분을 좌우로 드래그하여 장면을 바꿔줄 때 사용합니다. 학습을 위해 편집(트리밍)된 3개(1개도 가능)의 클립을 준비합니다.

이제 3개의 클립 중 가운데 클립의 중간 부분을 클릭 & 좌우로 드래그해봅니다. 그러면 클립의 길이는 유지한 상태에서 인/아웃 지점의 장면만 순환되면서 편집되는 것을 알 수 있습니다. 밀어넣기 도구 역시 프로그램 모니터에서 편집되는 장면을 확인할 수 있습니다.

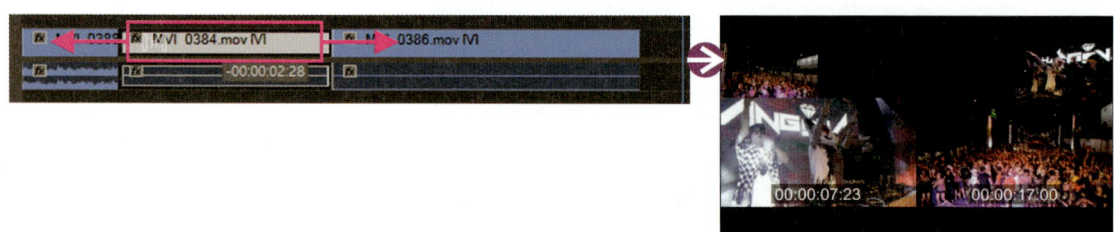

밀어넣기 도구는 편집이 된 클립이라면 아무 클립에서도 사용이 가능합니다. 확인하기 위해 세 번째 클립의 가운데 부분을 좌우로 드래그해보면 역시 클립의 길이에는 영향을 주지 않고, 앞/뒤 장면만 바뀌는 것을 알 수 있습니다.

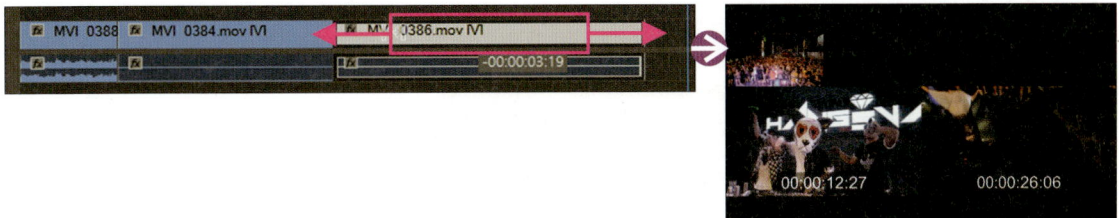

밀기 도구를 이용한 편집

밀기(Slide) 도구를 이용한 편집 또한 밀어넣기 도구 편집과 마찬가지로 클립의 가운데 부분을 좌우로 드래그하여 편집을 하는 모드입니다. 밀기 도구를 사용하기 위해서는 밀어넣기 도구를 클릭하고 있으면 나타나는 도구에서 선택하면 됩니다.

밀기 도구를 사용하기 위해 편집된 3개의 클립을 준비합니다. 이제 3개의 편집된 클립 중 가운데 클립의 중간 부분을 클릭 & 좌우로 드래그해봅니다. 그러면 클립을 좌우로 드래그할 때 이동되는 방향에 따라 왼쪽 혹은 오른쪽 클립의 인/아웃 포인트가 트리밍됩니다. 다시 말해 슬라이드되는 클립이 오른쪽으로 이동되면 좌측 클립의 아웃 포인트가 늘어나고, 우측 클립의 인 포인트는 트리밍된다는 것입니다.

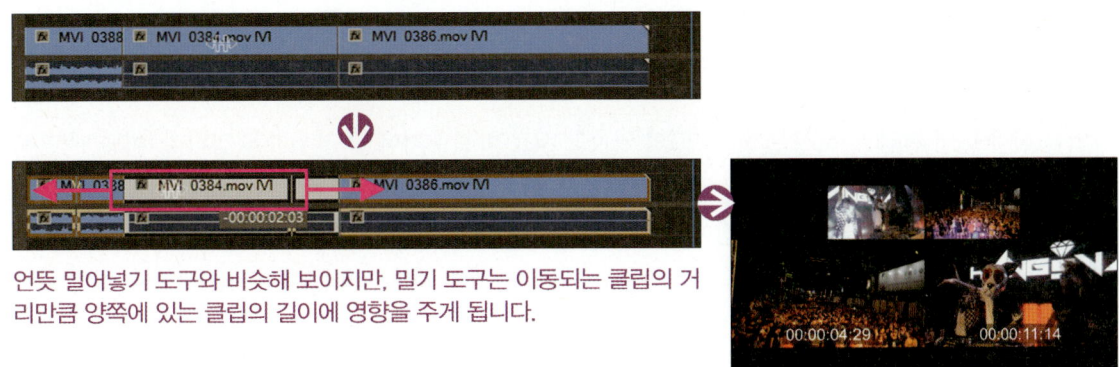

언뜻 밀어넣기 도구와 비슷해 보이지만, 밀기 도구는 이동되는 클립의 거리만큼 양쪽에 있는 클립의 길이에 영향을 주게 됩니다.

팁 & 노트 그림으로 이해하는 편집 모드

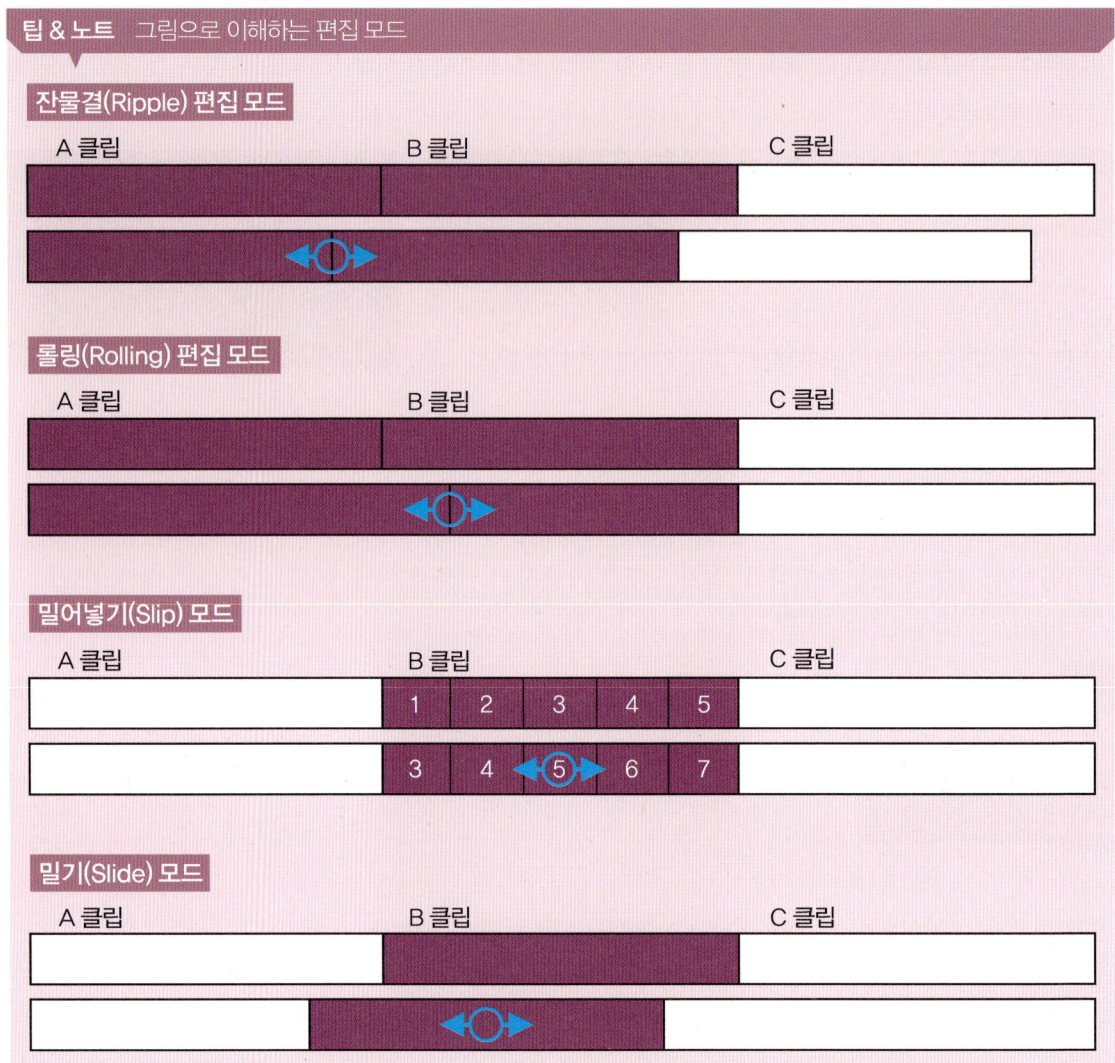

단축키를 이용한 클립 자리 바꾸기

작업을 하다 보면 편집 후 특정 클립(장면)의 위치를 서로 바꿔주어야 할 경우가 생깁니다. 이럴 땐 단축키 [Ctrl] 키를 누를 상태에서 위치를 바꾸고자 하는 클립을 드래그하여 해당 위치로 옮겨 놓으면 됩니다. 이때 이동(드래그)되는 클립의 시작점이 바뀌(밀려 나가)는 클립의 시작점에 정확하게 일치되어야 클립이 손상(트리밍)되지 않습니다. 그림처럼 4개의 클립을 타임라인에 적용한 후 [Ctrl] 키를 누른 상태로 세 번째 클립을 이동하여 두 번째 클립의 자리와 바꿔주게 되면 두 클립의 자리가 서로 바뀌게 됩니다.

이때 마지막 네 번째 클립 앞에는 세 번째 클립의 길이만큼 공간이 생기게 되는데, 빈 곳을 선택 및 삭제 (Delete)하여 메워주거나 네 번째 클립을 직접 드래그하여 메워주면 됩니다.

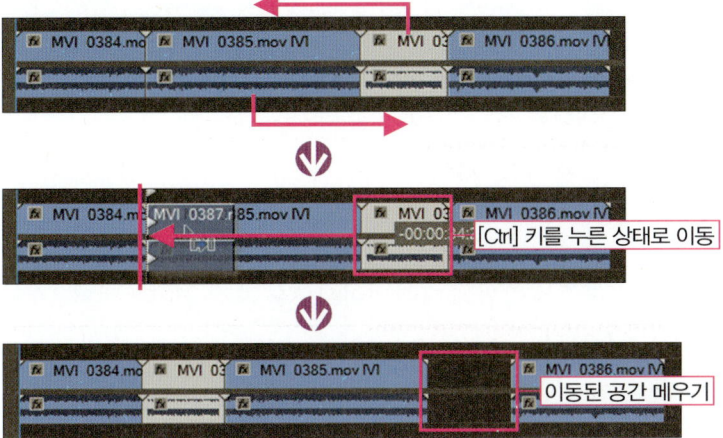

자르기 도구를 이용한 클립 자르기

자르기(Razor) 도구는 칼을 사용하여 클립을 잘라 두 개 또는 그 이상으로 분할할 때 사용되는데, 잘려진 클립은 개별로 사용하거나 불필요한 클립은 삭제할 수 있습니다. 자르기 도구는 메뉴에서도 사용할 수 있어 작업 상황에 맞게 활용하면 됩니다. 학습을 하기 위해 먼저 자르고자 하는 클립 2개를 그림처럼 VI과 V2 트랙에 적용하고, [자르기 도구]를 선택한 후 커서를 클립의 자르고자 하는 지점으로 이동합니다. 그다음 이동한 지점에서 클릭하면 클릭한 지점의 클립이 잘려집니다.

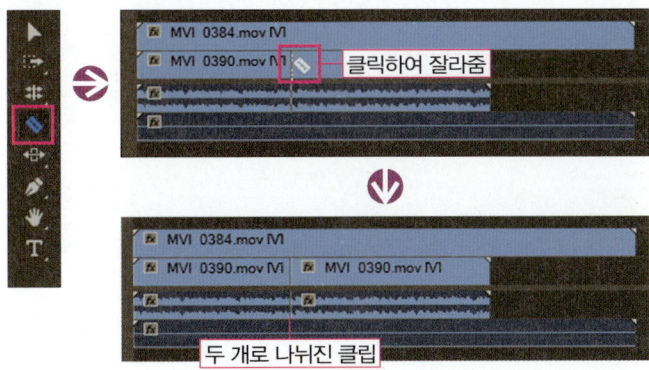

계속해서 이번에는 한 개의 클립이 아닌 타임라인에 사용되는 모든 클립을 잘라보겠습니다. 같은 방법으로 자르고자 하는 지점으로 커서를 이동합니다. 그다음 [Shift] 키를 누릅니다. 그러면 칼 모양의 커서가 양날로 바뀌게 됩니다. 이때 클릭하면 클릭한 지점, 즉 시간대의 모든 클립이 잘려집니다.

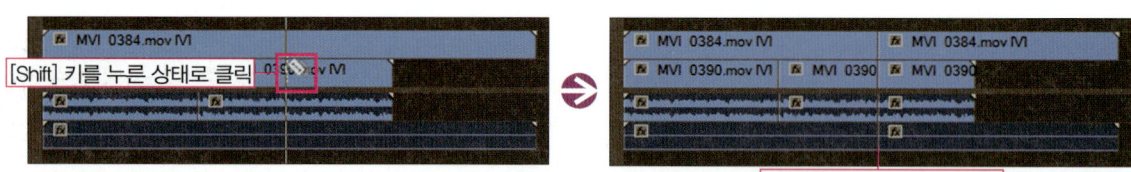

잘려진 클립은 개별로 사용하거나 불필요한 클립은 선택한 후 [Delete] 키를 사용하여 삭제하면 됩니다.

메뉴와 단축키를 이용한 클립 자르기

이번에는 메뉴와 단축키를 이용하여 클립을 잘라주는 방법에 대해 알아보도록 하겠습니다. 먼저 3개의 클립을 그림처럼 V1, V2, V3 트랙에 각각 적용합니다.

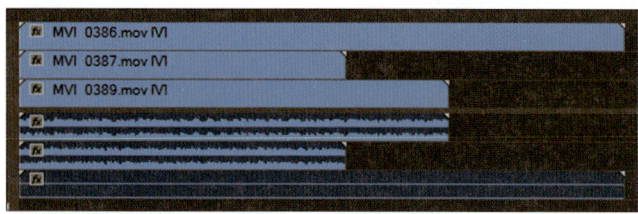

이제 적용된 클립을 잘라주기 위해 재생 헤드를 자르고자 하는 지점으로 이동합니다. 그다음 V2와 A2 트랙만 켜주고 나머지 트랙은 비활성화합니다. V2와 A2 트랙만 활성화해놓으면 활성화된 트랙의 클립만 잘려지게 됩니다.

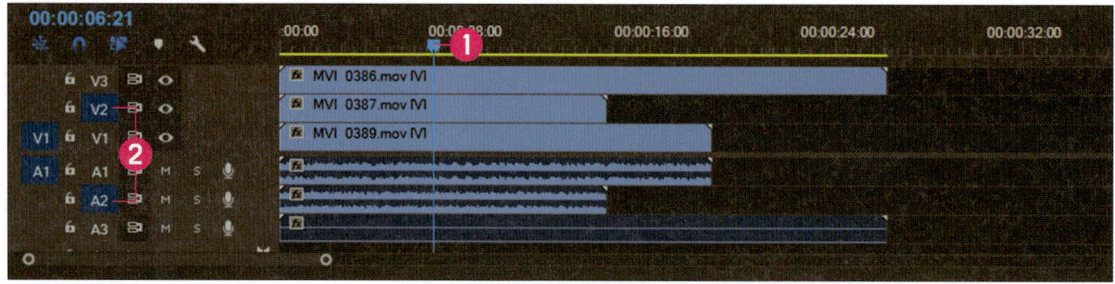

트랙 선택 후 [시퀀스] - [편집 추가(Add Edit)] 메뉴를 선택하거나 단축키 [Ctrl] + [K] 키를 누릅니다. 그러면 재생 헤드와 선택된 V2, A2 트랙의 클립만 잘려지는 것을 알 수 있습니다.

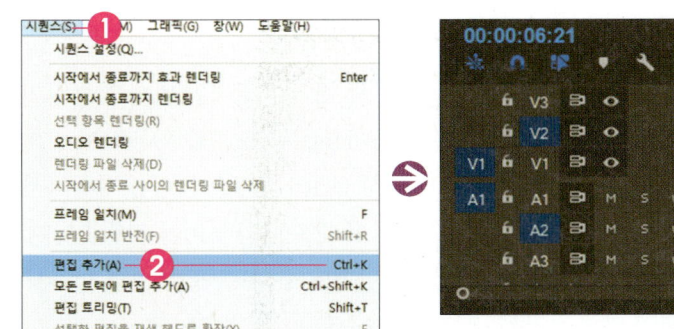 

계속해서 이번에는 선택된 트랙과 상관없이 재생 헤드가 있는 지점의 모든 클립들을 잘라주는 방법에 대해 알아보겠습니다. 먼저 재생 헤드를 자르고자 하는 지점으로 이동합니다.

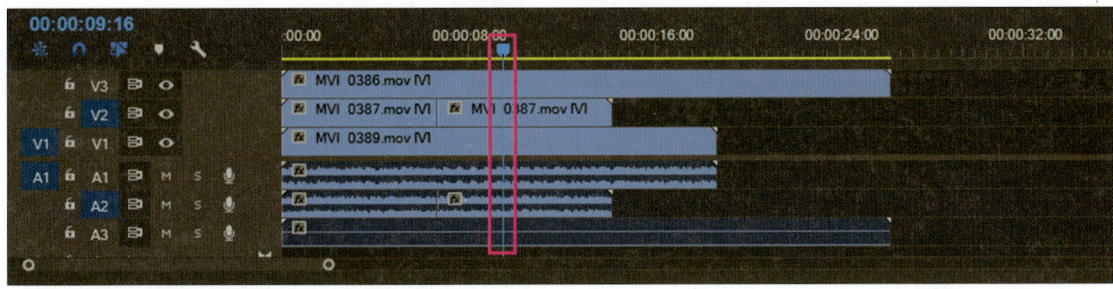

재생 헤드 이동 후 [시퀀스] – [모든 트랙에 편집 추가(Add Edit to All Tracks)] 메뉴를 선택하거나 단축키 [Ctrl] + [Shift] + [K] 키를 누릅니다. 그러면 재생 헤드가 위치한 지점의 모든 클립들이 잘려집니다. 이와 같은 방법으로 클립들을 잘라줄 수 있으며, 편집 추가 메뉴는 중요한 기능이기 때문에 단축키 [Ctrl] + [K]를 기억해두기 바랍니다.

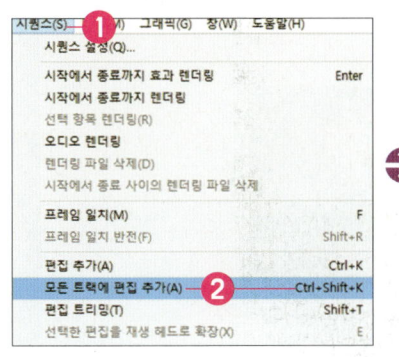 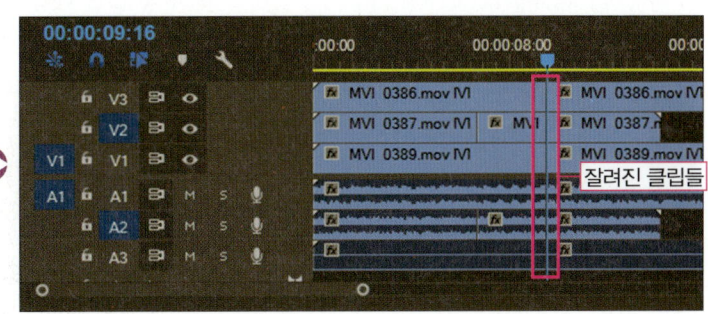

펜 도구를 이동한 클립 투명도 조절

펜(Pen) 도구는 포토샵의 펜 도구처럼 일반적으로 마스크나 도형을 만들 때 사용하지만 비디오 클립의 투명도나 오디오 클립의 볼륨 조절을 위해서도 사용됩니다. 이번 학습에서는 펜 도구를 이용하여 비디오 클립의 투명도를 조절하는 방법에 대해 알아보겠습니다. 학습을 위해 2개의 비디오 클립을 가져와서 (Ctrl + I) 그림처럼 위/아래 트랙에 적용한 후 투명도 조절을 하기 위해 위쪽 트랙의 높이를 키워줍니다. 그러면 불투명도 조절 선이 나타나는데, 일단 이 조절 선을 아래로 조금 내려봅니다. 조절 선을 아래로 내릴수록 해당 클립이 투명해져 아래쪽 클립이 서로 교차되어 나타나는 것을 알 수 있습니다.

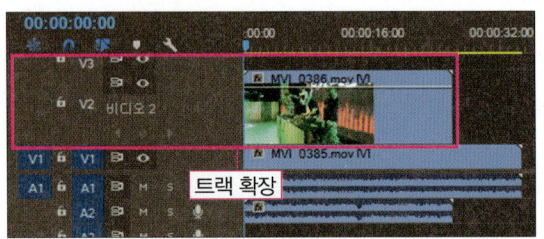
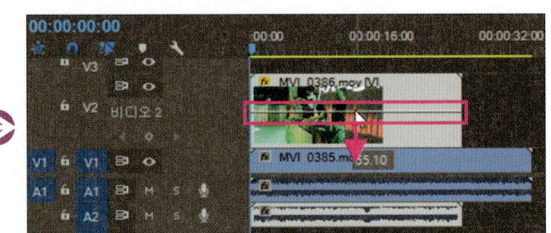

투명도를 조절하기 위해서는 트랙의 높이를 키워주어야 하며, 투명도 조절을 통해 아래쪽 클립이 교차되는 것 또한 일종의 합성이라고 할 수 있습니다.

▶ 지금처럼 단순한 투명도 조절은 [선택 도구]를 이용합니다.

위/아래 트랙의 클립이 서로 교차된 모습 ▶

이번에는 펜 도구를 사용하여 불투명도 조절 선에 조절 포인트를 생성해보도록 하겠습니다. [펜 도구]를 선택한 후 그림처럼 조절 선에 마우스 커서를 갖다 놓고 클릭합니다. 그러면 해당 지점에 조절 포인트가 생성됩니다.

페이드 인/아웃되는 장면 만들기

불투명도 조절 포인트를 이용하면 비디오 클립의 화면이 투명했다가 나타나고, 다시 투명하게 사라지는 페이드 인/아웃(Fade In/Out) 효과를 표현할 수 있습니다. 앞서 살펴본 방법으로 조절 선에 4개의 포인트를 추가합니다. 그다음 첫 번째 포인트와 마지막 포인트를 그림처럼 맨 아래로 내려주고, 가운데 있는 두 포인트는 맨 위쪽으로 올려줍니다. 여기에서 아래쪽 V1 트랙을 숨겨놓으면 해당 트랙의 클립이 보이지 않기 때문에 불투명도를 조절한 위쪽 트랙의 클립이 처음엔 투명(검정)했다가 서서히 나타나고 사라지는 페이드 인/아웃 장면이 만들어집니다.

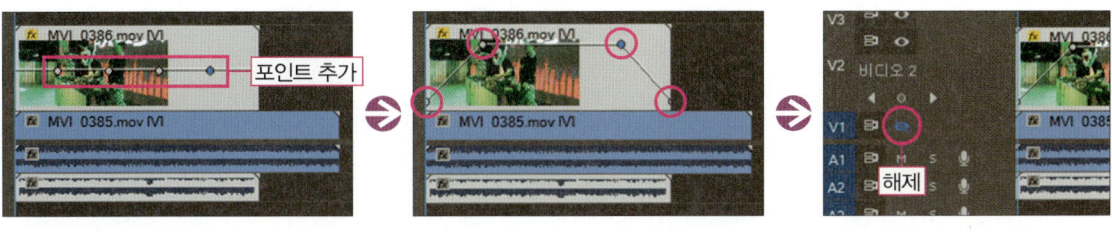

▶ 최종 결과물

조절 포인트 삭제하기 불필요한 포인트는 선택 후 [Delete] 키를 눌러 삭제할 수 있습니다. 펜 도구의 활용과 속도 조절에 대해서는 해당 학습(274페이지)에서 보다 자세히 살펴볼 것입니다.

팁 & 노트 모니터 해상도에 대하여

프로그램 및 소스 모니터는 해당 클립의 장면이 화면에 나타나기 때문에 작업자가 원하는 편집이 가능합니다. 하지만 때론 모니터 해상도가 너무 높아 재생 속도가 느려질 수 있기 때문에 작업 상황에 따라 모니터 해상도를 조절할 필요가 있습니다. 만약 재생 속도가 느려진다면 모니터의 [재생 해상도 선택]를 낮춰보기 바랍니다. [전체]가 가장 높은 해상도이며, 아래로 내려갈수록 해상도가 낮아집니다.

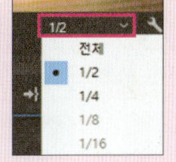

Lesson 08 정교한 편집에 사용되는 기능들

정교한 편집이란 장면을 프레임 단위로 편집하는 것을 의미합니다. 작업을 하다 보면 자칫 한 프레임 때문에 장면이 튀거나 공백이 생기는 경우가 생기는데, 예를 들어 장면과 장면, 즉 클립과 클립 사이에 불필요한 장면 한 프레임이 들어가 있거나 아무것도 없는 여백 한 프레임이 있을 경우를 말합니다. 작업 시 발견하지 못하고 무심코 지나칠 수 있는 이 한 프레임은 상상 그 이상의 안 좋은 결과를 초래할 수 있기 때문에 이러한 문제가 발생되지 않기 위해 프레임 단위의 편집이 필요합니다. 프리미어 프로에서는 정교한 편집을 위해 트림 패널과 마커 등과 같은 기능을 이용할 수 있습니다.

트림 패널을 이용한 세밀한 편집

트림(Trim) 편집은 프로그램 모니터를 트림 모드로 전환하여 모니터의 장면을 보면서 세부 편집을 하기 위한 편집 방법입니다. 이번에는 트림 패널을 활용하는 방법에 대해 알아보도록 하겠습니다. 트림 편집을 위한 모드로 전환하기 위해서는 잔물결 편집이나 롤링 편집 도구를 사용해야 합니다. 먼저 편집된 3개의 클립을 준비합니다.

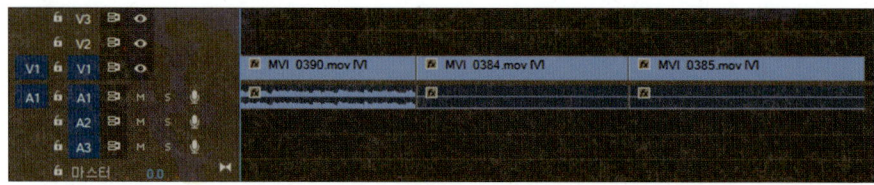

트림 패널 열어주기

트림 모니터(패널)는 프로그램 모니터에서 전환하여 사용되는데, 전환하기 위해서는 선택 도구와 잔물결 편집 도구를 사용해야 합니다. 트림 모니터는 편집 작업 시 즉각적으로 트림 모니터로 전환할 수 있기 때문에 매우 신속한 작업 전환이 이루어집니다. 먼저 [선택 도구]를 선택한 후 3개의 클립 중 첫 번째 클립의 아웃 포인트 지점을 [더블클릭]합니다. 그러면 아웃 포인트 지점에 빨간색 대괄호 표시가 나타나며, 프로그램 모니터는 트림 모니터로 즉시 전환됩니다.

 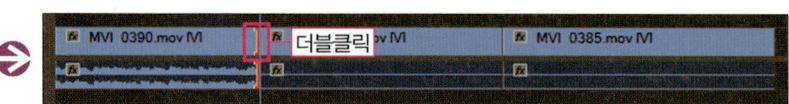

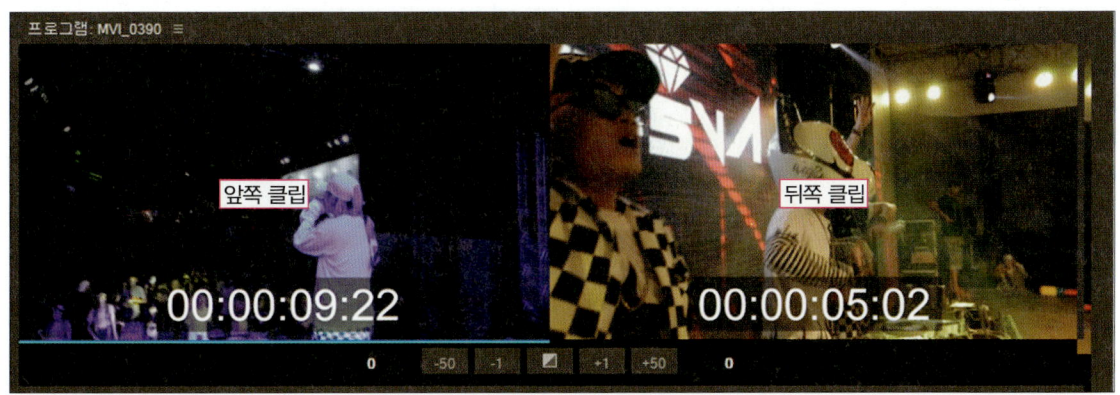

트림 모니터는 외간상 프로그램 모니터와 특별히 다른 것은 없지만 항상 두 개의 화면이 나타납니다. 두 개의 화면 중 좌측은 앞 장면(클립), 우측은 뒤 장면(클립)을 나타냅니다.

프레임 단위로 편집하기

트림 모니터로 전환되었다면 이제 모니터 하단에 있는 버튼 기능들을 이용하여 세부 편집을 해보겠습니다. 먼저 [-50] 버튼을 한 번 클릭해봅니다. 그러면 지정(선택)된 아웃 포인트가 왼쪽으로 50프레임만큼 트리밍되며, 트리밍된 길이만큼 공간이 생기는 것을 알 수 있습니다.

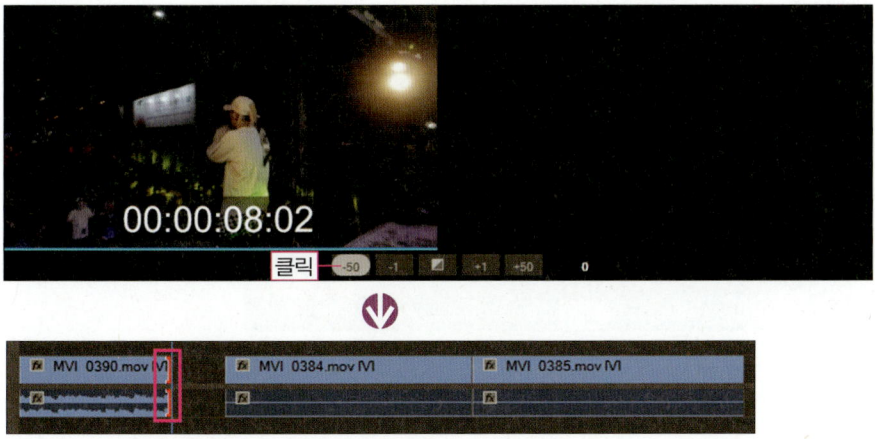

현재 -50과 +50으로 된 버튼은 앞선 학습에서 트림에 대한 환경 설정을 했기 때문입니다. 재설정하는 방법은 잠시 후에 살펴보겠습니다.

다시 원래 상태로 복귀하기 위해 [+50] 버튼을 누릅니다. 일반적으로 트림 편집은 정교한 편집을 위해 한 프레임 단위로 트리밍을 하기 때문에 이번에는 [-1] 버튼을 눌러봅니다. 그러면 1프레임이 트리밍됩니다. 하지만 클립을 보면 트리밍된 1프레임을 눈으로 확인하기는 쉽지 않습니다. 이러한 부분을 확인하기 위해서는 타임라인을 확대하는 수밖에는 없습니다.

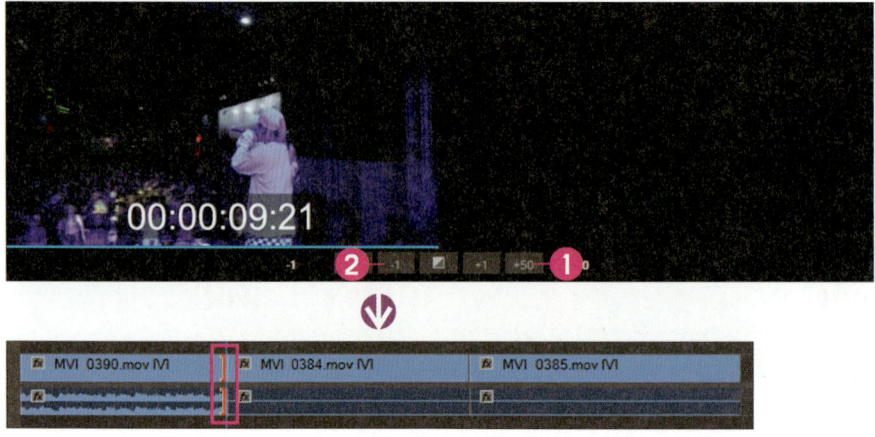

여기에서 중요한 것은 편집 도구를 사용하여 트림 편집을 할 때에는 트리밍된 길이만큼 공간이 생긴다는 것입니다. 한 프레임이라도 공간이 생기게 되면 생각보다 엄청난 문제가 생기기 때문에 이 부분에 항상 신경을 써야 할 것입니다.

이러한 문제가 생기지 않도록 하기 위해서는 편집 도구를 통한 트림 편집보다는 잔물결 편집 도구나 롤링 편집 도구를 사용한 트림 편집을 권장합니다. 이번에는 잔물결 편집 도구를 이용하여 트림 편집을 해보도록 하겠습니다. [-1] 버튼을 누르거나 [Ctrl] + [Z] 키를 눌러 앞서 트리밍된 지점을 다시 원래 상태로 복구합니다.

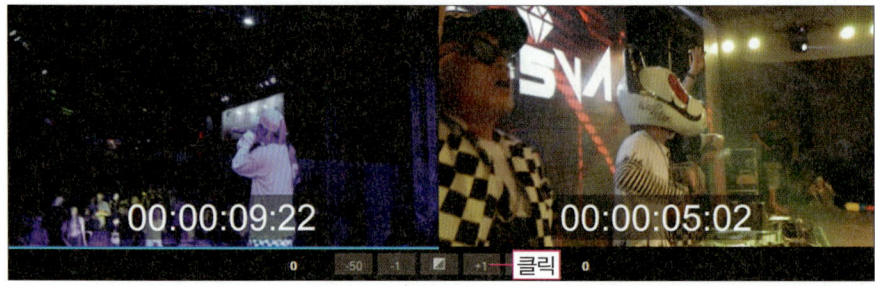

이제 [잔물결 편집 도구]를 선택한 후 편집될 지점을 [더블클릭]합니다. 그러면 그림처럼 노란색 대괄호 표시가 나타나며, 트림 모니터로 전환됩니다.

 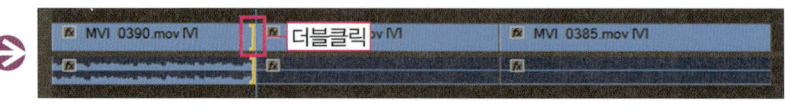

트림 모니터에서 [-50] 버튼을 눌러봅니다. 그러면 선택된 지점이 왼쪽으로 50프레임만큼 트리밍되며,

트리밍된 후의 모습을 보면 앞서 살펴본 편집 도구를 사용했을 때와는 다르게 트리밍된 길이만큼 뒤쪽 클립들이 이동하여 공간을 메워주는 것을 알 수 있습니다. 이것은 잔물결 편집 도구의 특성이 반영되었기 때문입니다.

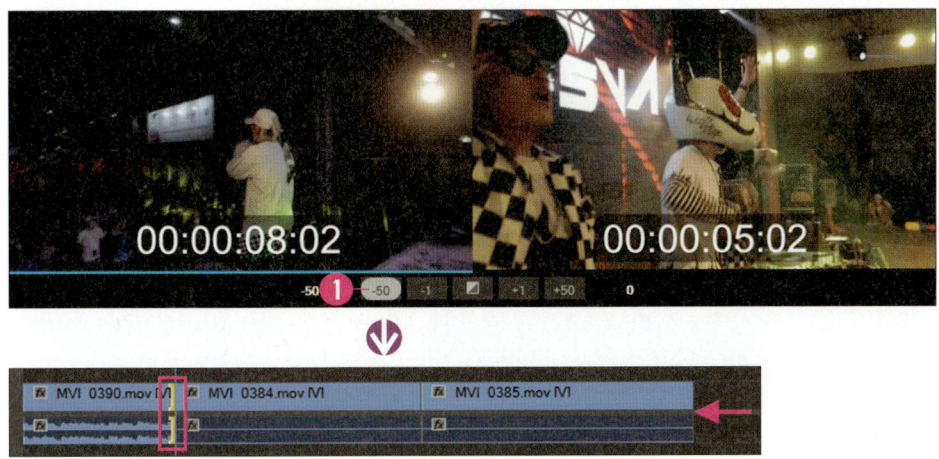

마찬가지로 롤링 편집 도구를 사용하여 트림 편집을 할 수도 있습니다. 사용 방법은 방금 살펴본 것과 동일합니다.

트림 해제하기 트림 모니터의 해제는 클립의 가운데 부분이나 타임라인의 빈 트랙을 클릭하면 됩니다.

복수 트림 오프셋 재설정하기

현재 -50, +50으로 설정된 복수 트림 오프셋의 값을 재설정하기 위해 [편집] - [환경 설정] - [트림] 메뉴를 선택합니다. 그리고 [복수 트림 오프셋(Large Trim Offset)]에서 수치를 5로 수정합니다. 그러면 방금 수정된 5프레임 단위로 복수 트림 오프셋 값이 재설정됩니다.

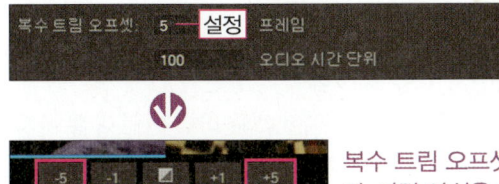

복수 트림 오프셋 값은 여러분이 즐겨 사용하는 단위로 지정해놓는 것이 좋습니다. 다만 아쉬운 것은 복수 트림 기능이 하나밖에 없다는 것입니다.

기본 장면전환 효과 적용하기

트림 모니터를 사용할 경우의 장점은 정교한 편집 작업 이외에 클립과 클립 사이에 장면전환 효과를 적용할 수 있다는 것입니다. 물론 여기에서 적용되는 효과는 기본 장면전환 효과인 교차 디졸브입니다. 살펴보기 위해 트림 모니터 하단의 버튼 중에서 가운데 있는 [선택 영역에 기본 전환 적용] 버튼을 눌러봅니다. 그러면 현재 선택된 지점의 두 클립 사이에 기본 비디오 전환 효과인 교차 디졸브가 적용됩니다.

이처럼 트림 편집은 정교한 작업뿐만 아니라 장면전환 효과를 손쉽게 적용할 수 있다는 것을 알 수 있습니다. 기본 장면전환 효과를 다른 효과로 바꿔주는 방법은 해당 학습(199페이지)에서 살펴볼 것입니다.

마커를 이용한 정확한 편집

마커(Marker)는 클립이나 시간자의 특정 지점을 표시하기 위해 사용되는 기능으로써 표시된 지점은 클립과 클립의 위치를 맞춰주거나 영상과 오디오의 싱크를 맞춰주는 등의 작업 그리고 작업 지시 상황을 메모할 때에도 사용되며, 타임라인의 편집 점을 지정하기 위한 마크 인/아웃 영역을 만들 때에도 사용됩니다.

마크 인/아웃 사용하기

마크 인/아웃(Mark In/Out)은 타임라인의 시간자에 편집될 구간을 표시하여 지정된 구간에 포함된 클립을 제거하거나 추출하기 위해 사용됩니다. 또한 마크 인/아웃은 오디오가 포함된 비디오 클립을 사용할 때 비디오와 오디오 부분을 개별로 지정할 수도 있습니다. 마크 인/아웃 구간을 지정하기 위해 그림처럼 3개의 클립을 각각 V1, 2, 3 트랙에 갖다 놓습니다.

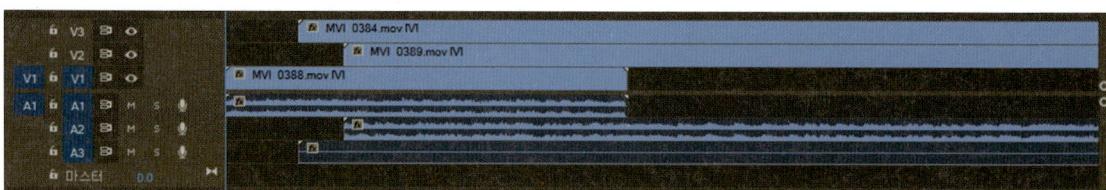

그다음 재생 헤드를 마크 인으로 지정될 지점으로 이동한 후 [마커] - [시작 표시] 메뉴를 선택하거나 단축키 [I] 키를 누릅니다. 그러면 재생 헤드가 위치한 지점에 마크 인 표시가 적용됩니다.

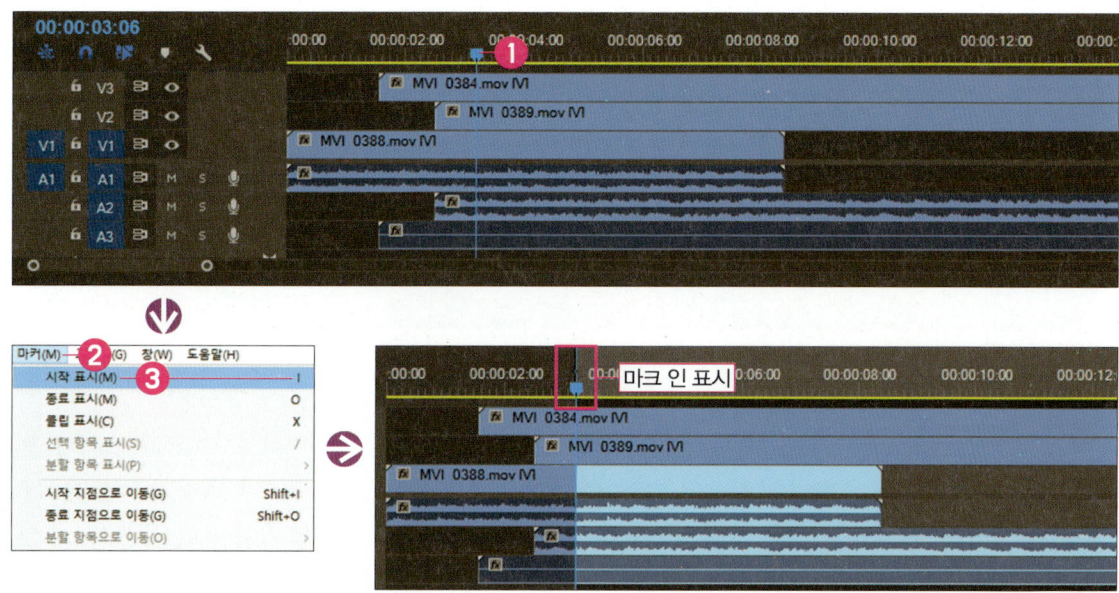

계속해서 마크 아웃 지점을 만들기 위해 마크 아웃으로 지정할 위치로 재생 헤드를 이동한 후 [마커] - [종료 표시] 메뉴를 선택하거나 단축키 [O]를 누릅니다. 그러면 재생 헤드가 위치한 지점에 마크 아웃 표시가 적용됩니다.

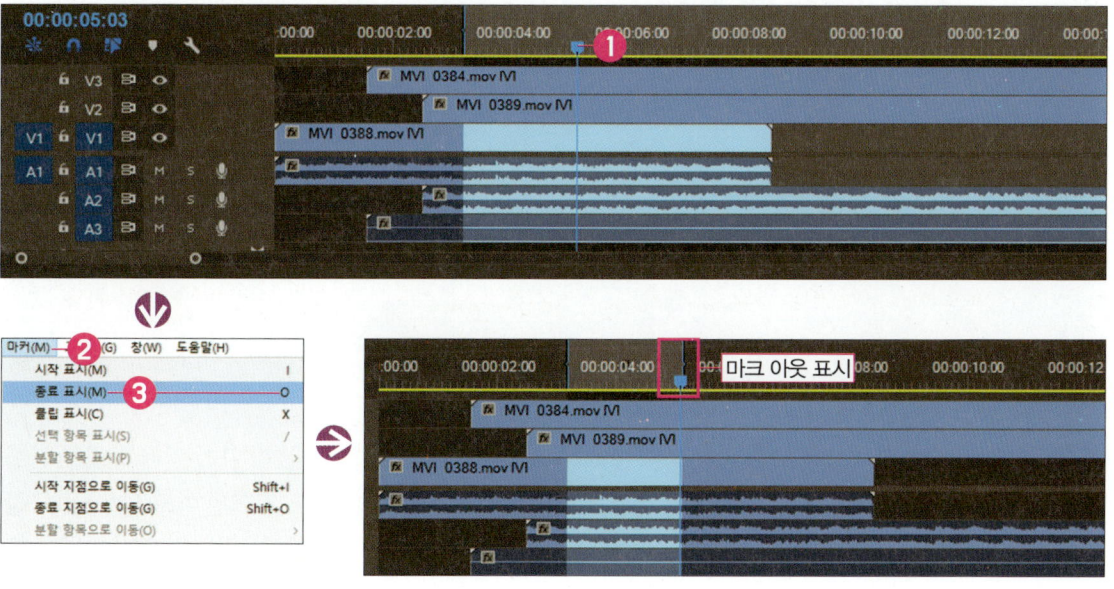

이제 마크 인/아웃으로 지정된 구간에 포함된 클립을 제거하거나 추출할 수 있게 되었습니다. 먼저 [Delete] 키를 눌러봅니다. 그러면 마크 인/아웃 구간에 포함된 클립 중 V1과 A1, 2, 3 트랙의 클립만 삭제된 것을 알 수 있는데, 이것은 현재 V1과 A1, 2, 3 트랙이 선택되어있기 때문입니다.

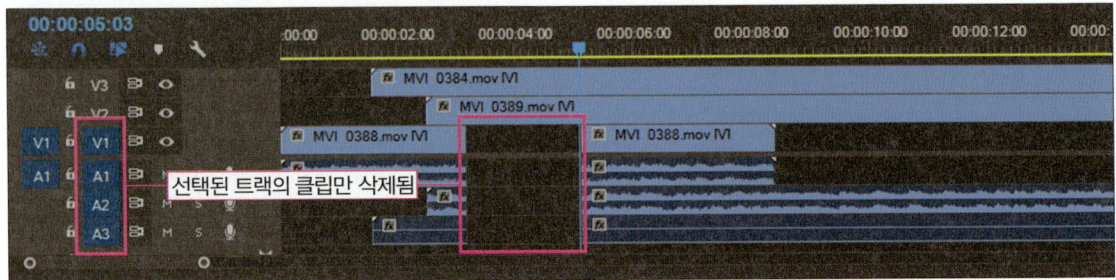

[Delete] 키를 눌러 삭제하면 삭제된 클립의 길이만큼 공간이 남아있게 됩니다.

이번에는 프로그램 모니터의 제거 버튼을 이용하여 마크 인/아웃 구간을 삭제해보도록 하겠습니다. 먼저 [Ctrl] + [Z] 키를 눌러 편집 전 상태로 복귀한 후 앞서 선택되지 않았던 V2, 3 트랙까지 선택합니다. 그다음 프로그램 모니터의 [제거] 버튼의 단축키인 [;] 키를 누릅니다. 그러면 방금 선택된 V2와 V3 트랙에 있는 클립까지 모두 삭제되는 것을 알 수 있습니다. 이 방법은 앞서 살펴본 [Delete] 키를 눌렀을 때와 마찬가지로 마크 인/아웃 구간의 클립들이 제거되고 난 공간이 그대로 남아있게 됩니다.

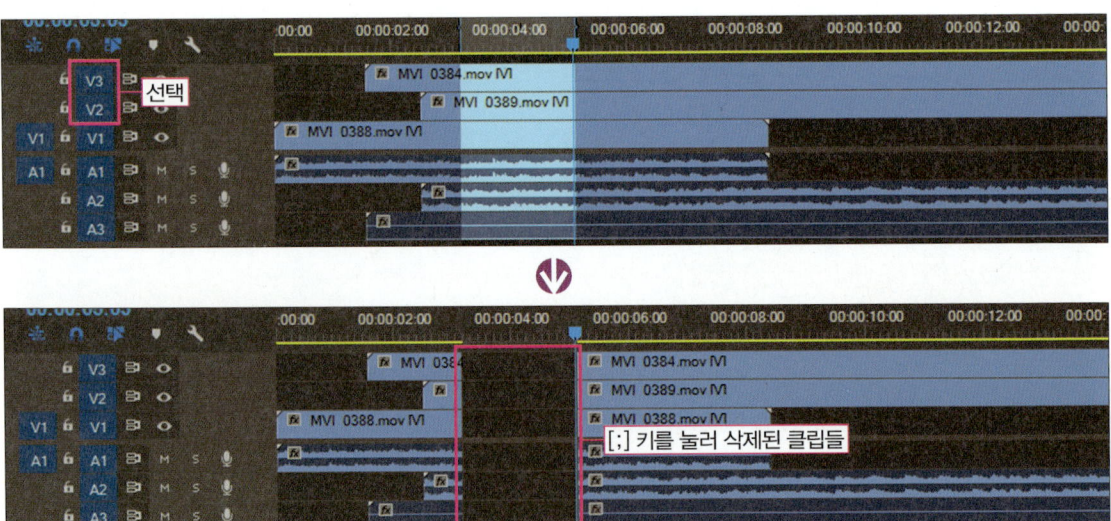

계속해서 프로그램 모니터의 추출 버튼을 사용하기 위해 [Ctrl] + [Z] 키를 눌러 다시 원래 상태로 복귀한 후 프로그램 모니터의 [추출] 버튼을 클릭하거나 단축키 ['] 키를 누릅니다. 그러면 마크 인/아웃 구간의 클립들이 모두 삭제되며, 삭제된 공간은 뒤쪽 클립들이 이동하여 메워줍니다. 이처럼 마크 인/아웃을 설정하여 타임라인의 클립들을 제거 및 추출할 수 있습니다.

팁 & 노트   마크 인/아웃 구간 제거하기

지정된 마크 인/아웃 구간을 없애주기 위해서는 제거한 영역, 즉 타임라인이 활성화된 상태에서 [마커] 메뉴의 [시작/종료 지우기]나 [시작 및 종료 지우기] 메뉴를 사용하면 됩니다.

시작 지우기(L)	Ctrl+Shift+I
종료 지우기(L)	Ctrl+Shift+O
시작 및 종료 지우기(N)	Ctrl+Shift+X

소스 모니터를 이용한 분할 항목 표시 만들기

비디오와 오디오 부분이 하나로 된 클립을 사용할 경우에는 비디오와 오디오에 대한 마크 인/아웃 지점을 개별로 지정할 수 있습니다. 이와 같은 작업을 하기 위해 클립을 소스 모니터로 갖다 놓은 후 재생 헤드를 마크 인이 될 지점으로 이동합니다. 그다음 [마커] - [분할 항목 표시] 메뉴의 [비디오 시작] 메뉴를 선택합니다. 그러면 재생 헤드가 위치한 지점의 비디오 부분에만 마크 인이 표시됩니다.

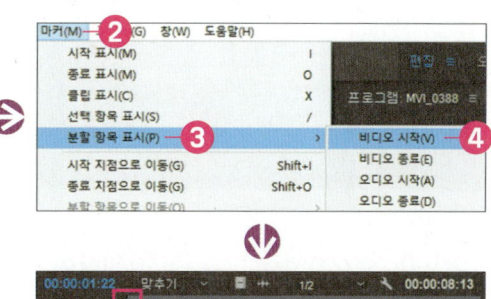

시작/종료 지점으로 이동 및 분할 항목으로 이동 메뉴를 통해 마크 인/아웃 구간으로 재생 헤드를 정확하게 이동할 수 있습니다.

마크 아웃 지점을 만들기 위해서는 원하는 지점으로 재생 헤드를 이동한 후 역시 같은 메뉴인 [마커] – [분할 항목 표시] 메뉴의 [비디오 종료]를 선택하면 됩니다.

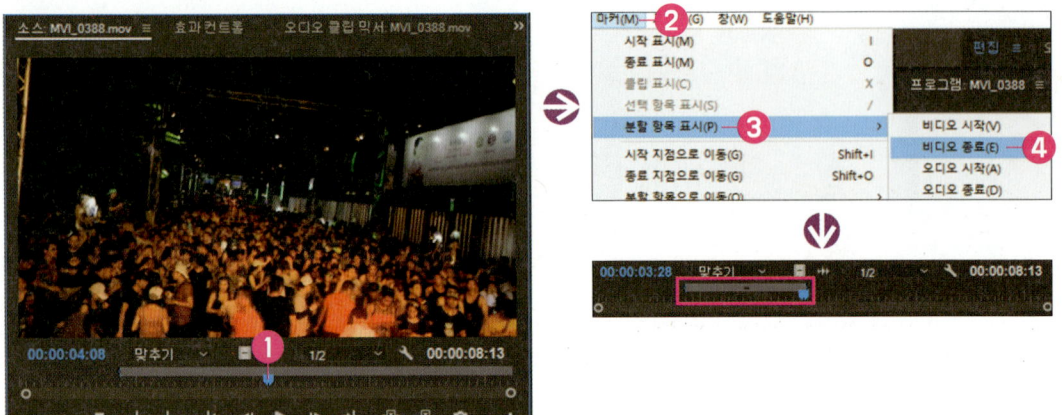

계속해서 이번엔 오디오 부분에 대한 마크 인/아웃 구간을 만들기 위해 마크 인이 될 지점으로 재생 헤드를 이동합니다. 그다음 [마커] – [분할 항목 표시] – [오디오 시작] 메뉴를 선택합니다. 그러면 오디오 부분에 대한 마크 인이 지정됩니다.

같은 방법으로 [오디오 종료] 메뉴를 선택하여 오디오 부분의 마크 아웃 지점을 만들어줍니다. 이처럼 비디오와 오디오가 하나로 된 클립은 서로 다른 마크 인/아웃 구간을 지정할 수 있습니다.

이제 소스 모니터에서 마크 인/아웃으로 설정된 클립을 타임라인에 적용합니다. 그러면 그림처럼 비디오와 오디오가 서로 다른 상태(길이)로 적용되는 것을 알 수 있습니다. 이처럼 비디오와 오디오를 개별로 분할 편집하는 것을 [L컷] 및 [J컷]이라고 합니다.

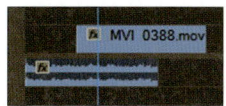

분할 항목 표시를 사용하는 이유는 비디오와 오디오에서 최종적으로 사용될 구간만을 사용하기 위해서이며, 서로 다른 구간을 사용하는 비디오와 오디오의 동기화 작업을 위해서는 두 클립을 연결 해제하여 분리한 후 맞춰주어야 합니다. 연결 해제는 해당 클립 위에서 [오른쪽 마우스 버튼] – [연결 해제] 메뉴를 사용하면 됩니다.

팁 & 노트 클립 표시와 선택 항목 표시에 대하여

마크 인/아웃 구간을 지정하기 위한 작업에서 선택된 클립의 길이에 대한 마크 인/아웃 구간을 지정하거나 타임라인에서 사용되는 모든 클립에 대한 마크 인/아웃 구간을 지정할 수 있습니다. [마커] 메뉴의 [클립 표시]는 모든 클립에 대한 마크 인/아웃 구간, [선택 항목 표시]는 선택한 클립에 대한 마크 인/아웃 구간을 지정해줍니다.

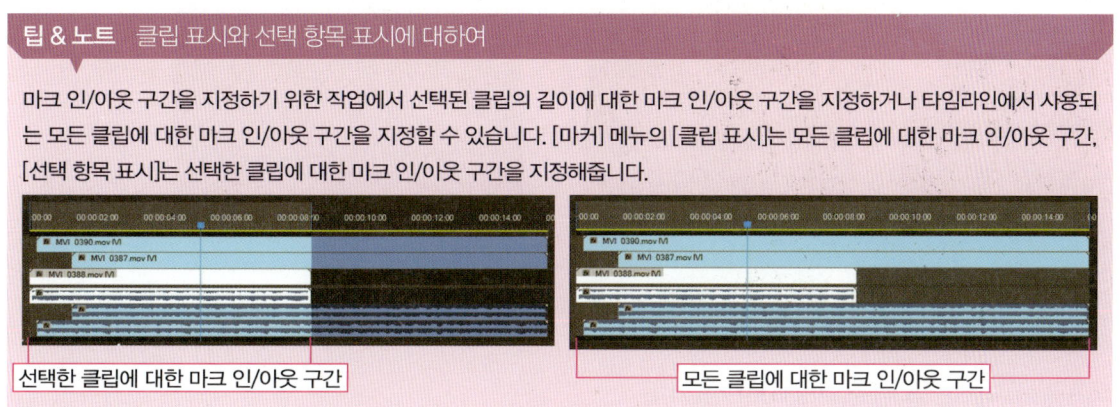

선택한 클립에 대한 마크 인/아웃 구간 / 모든 클립에 대한 마크 인/아웃 구간

4점 편집하기

일반적으로 소스 모니터에 적용된 클립의 시작과 끝점을 편집한 후 타임라인에 있는 클립의 시작 또는 끝점(재생 헤드포함)에 적용하는 것을 3점 편집이라고 하는데, 이것은 편집 점이 3개이기 때문에 붙여진 명칭입니다. 그에 반하여 4점 편집은 적용될 클립의 시작과 끝점 그리고 적용되는 지점의 시작과 끝점(마크 인/아웃)이 일치되도록 하는 것을 말합니다. 이번에는 4점 편집에 대해 알아보도록 하겠습니다. 4점 편집을 하기 위해 그림처럼 타임라인에 클립을 하나 적용한 후 [I]과 [O] 키를 사용하여 마크 인/아웃 구간을 만들어놓습니다.

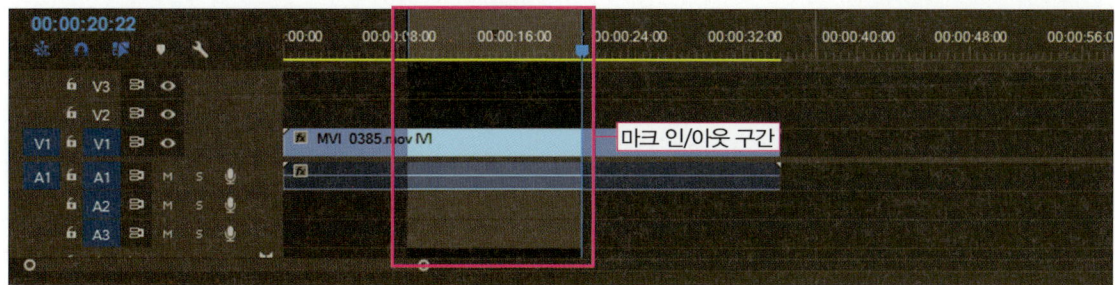

마크 인/아웃 구간

이번에는 소스 모니터로 클립을 하나 갖다 놓은 후 그림처럼 마크 인/아웃 구간을 만들어줍니다. 이때 하단에 있는 [시작 표시]와 [종료 표시] 버튼을 사용해도 되지만 앞서 사용한 단축키 [I]와 [O] 키를 사용하는 것이 더 효율적입니다. 그다음 방금 지정한 마크 인/아웃 구간을 타임라인에 지정된 마크 인/아웃 구간에 적용하기 위해 [삽입] 버튼을 누릅니다. 그러면 클립 맞추기 창이 열리는데, 여기에서 일단 [클립 속도 변경(채우기)] 옵션을 체크한 후 [확인]을 합니다.

시작/종료 표시 버튼 보다는 단축키 [I]와 [O] 키를 사용

그러면 적용되는 클립의 길이와는 상관없이 적용될 구간에 맞게 속도가 조절되어 적용됩니다. 예를 들어 적용되는 클립의 길이가 적용될 구간의 길이보다 짧거나 길다면 속도를 느리게 하거나 빠르게 하여 적용된다는 것입니다. 적용 후 확인(재생)을 해보면 적용된 클립의 속도가 느려진 것을 알 수 있을 것입니다.

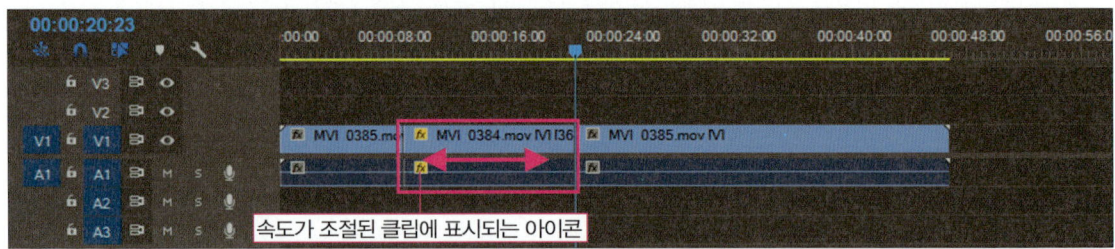

속도가 조절된 클립에 표시되는 아이콘

이번에는 다른 방식으로 적용해보기 위해 [Ctrl] + [Z] 키를 눌러 실행 취소를 한 후 다시 소스 모니터의 [삽입] 버튼을 누릅니다. 그러면 역시 클립 맞추기 창이 열리는데, 여기에서 [소스 종료 지점 무시]를 체크한 후 적용합니다. 그러면 적용되는 클립의 마크 아웃 지점을 무시한 상태로 적용될 구간에 맞게 적용됩니다. 예를 들어 적용되는 클립이 적용될 구간보다 길이가 짧거나 길다면 적용되는 클립의 끝점이 조절되어 맞춰진다는 것입니다.

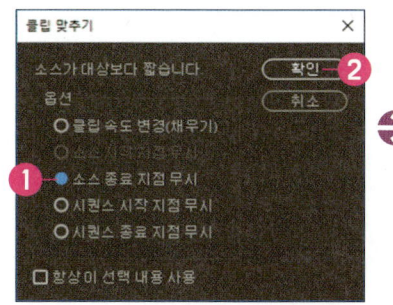 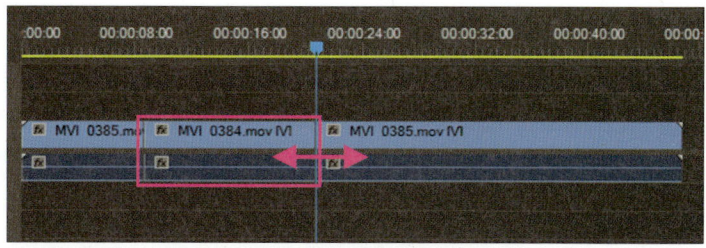

그밖에 시퀀스 시작/종료 지점 무시를 사용하면 적용되는 클립의 길이는 그대로 보존한 상태로 타임라인에 지정된 마크 인/아웃 구간의 시작 또는 끝점을 무시하고 적용됩니다. 이처럼 4점 편집은 4개의 편집 점을 이용합니다.

시퀀스 마커 만들기

마커는 시간자에 만들어지는 시퀀스 마커와 클립에 만들어지는 클립 마커가 있습니다. 이 두 마커는 전체 작업 시간과 각 클립에 대한 특정 지점을 표시하여 정확한 편집을 위해 사용됩니다. 먼저 시퀀스 마커를 만들어보겠습니다. 그림처럼 타임라인에 몇 개의 클립을 적용한 후 재생 헤드를 시퀀스 마커가 적용될 위치로 이동합니다.

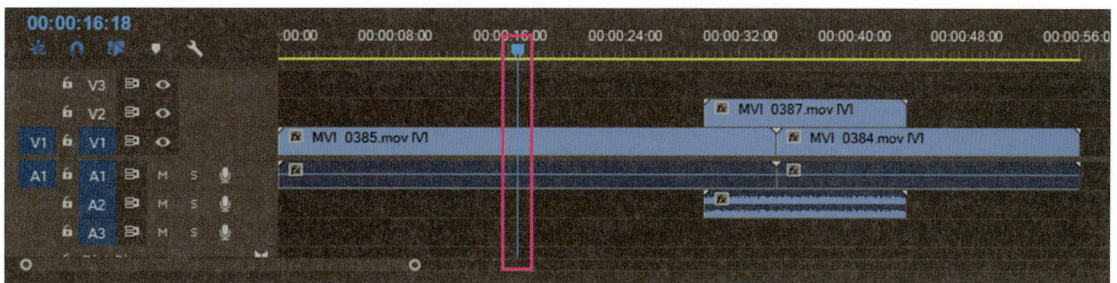

이제 시퀀스 마커를 적용하기 위해 [마커] – [마커 추가] 메뉴 또는 단축키 [M] 키를 누르거나 타임라인의 좌측 상단 도구 중 네 번째에 있는 [마커 추가] 아이콘(버튼)을 누릅니다. 이때 타임라인에는 아무 클립도 선택되지 않아야 합니다. 그러면 재생 헤드가 위치한 지점에 시퀀스 마커가 적용됩니다.

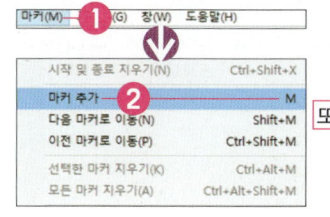 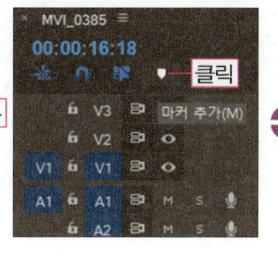 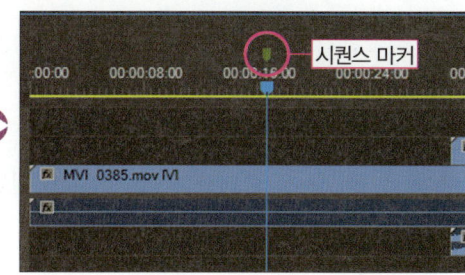

마커가 적용된 후 우측에 있는 V2 트랙의 클립을 좌측으로 이동해봅니다. 그러면 방금 만들어진 마커 지점으로 이동되는 클립의 시작(또는 끝점)점이 정확하게 맞춰지는 것을 알 수 있습니다. 이처럼 시퀀스 마커는 작업 전체 시간에 대한 작업 지점 표시로써 사용됩니다.

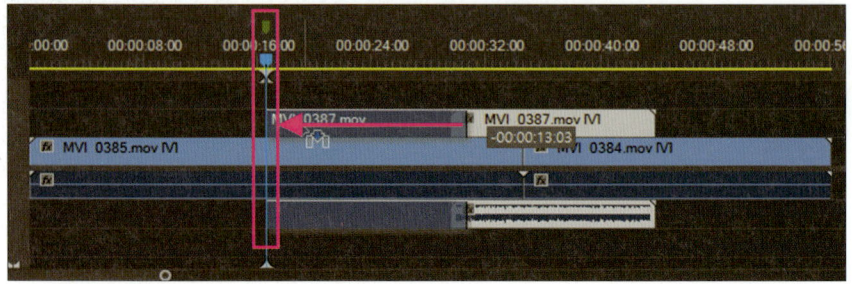

클립의 시작/끝점이 마커에 정확하게 맞춰지는 것은 스냅이 켜져 있기 때문입니다.

> **팁 & 노트** 마커로 이동하기와 삭제하기
>
> 마커로 이동한다는 것은 마커 자체를 이동한다는 것이 아닌 재생 헤드가 특정 마커로 이동한다는 것입니다. 이것은 특정 마커를 삭제하기 위함이므로 재생 헤드를 정확하게 삭제하고자 하는 마커로 이동해야 합니다. 재생 헤드가 특정 마커에 정확하게 이동되었다면 [마커] 메뉴의 [선택한 마커 지우기] 메뉴를 통해 삭제할 수 있습니다. 이처럼 마커로 이동하거나 삭제하기 위해서는 그림과 같은 메뉴들을 사용합니다.
>
> | | |
> |---|---|
> | 다음 마커로 이동(N) | Shift+M |
> | 이전 마커로 이동(P) | Ctrl+Shift+M |
> | 선택한 마커 지우기(K) | Ctrl+Alt+M |
> | 모든 마커 지우기(A) | Ctrl+Alt+Shift+M |

클립 마커 만들기

클립 마커는 클립 자체에 사용하는 마커입니다. 시퀀스 마커와는 다르게 클립의 특정 장면이나 사운드에 적용하여 다른 클립의 시작/끝점을 맞춰주거나 비디오와 오디오의 동기화 작업을 할 때 사용합니다. 클립 마커를 만들기 위해 먼저 마커가 적용될 클립을 선택한 후 마커가 적용될 지점으로 재생 헤드를 갖다 놓습니다. 그다음 앞서 시퀀스 마커를 만들 때처럼 메뉴를 사용하거나 단축키 [M] 또는 타임라인에 있는 아이콘 버튼을 사용하면 됩니다.

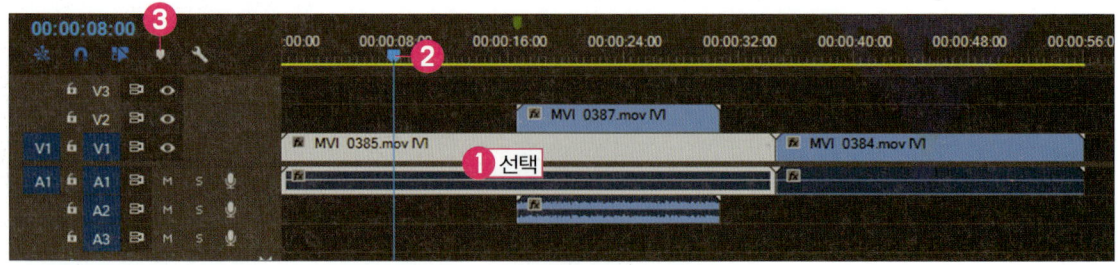

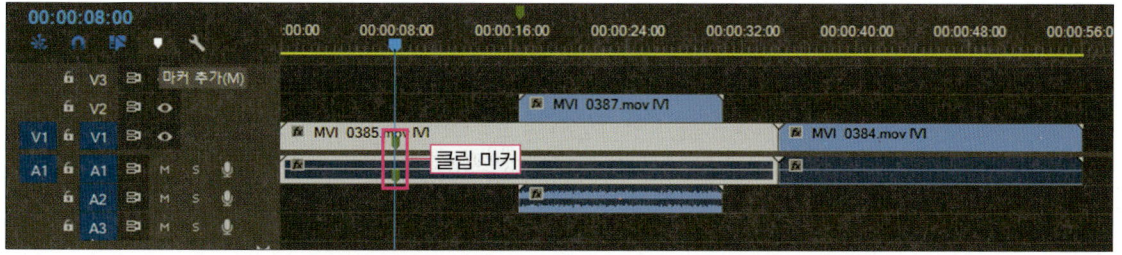

클립 마커가 적용되면 다른 클립을 이동하여 클립 마커가 있는 곳으로 이동해봅니다. 그러면 클립 마커에 정확하게 맞춰지는 것을 알 수 있습니다.

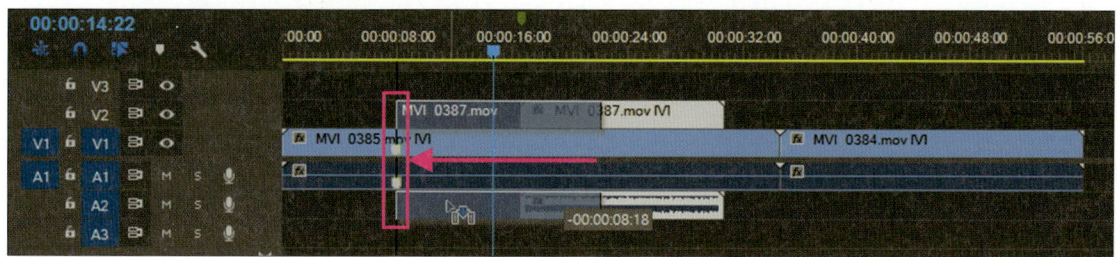

마커 삭제하기

불필요한 마커를 삭제하기 위한 방법은 시퀀스 마커와 클립 마커가 서로 다릅니다. 시퀀스 마커의 삭제는 타임라인이 활성화된 상태에서 [마커] - [선택한 마커 지우기]나 [모든 마커 지우기] 메뉴를 사용하면 되지만, 클립 마커는 메뉴가 아닌 소스 모니터가 활성화되어야 가능합니다. 앞서 적용한 클립 마커를 삭제하기 위해 해당 클립을 [더블클릭]하여 소스 모니터를 열어줍니다.

소스 모니터가 열리면 삭제하고자하는 마커를 클릭(선택)한 후 [마커] - [선택한 마커 지우기] 메뉴를 선택합니다. 그러면 선택한 마커가 삭제됩니다.

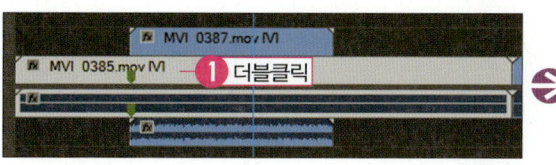

더블클릭 시 비디오나 오디오 어느 부분을 더블클릭해도 상관없습니다.

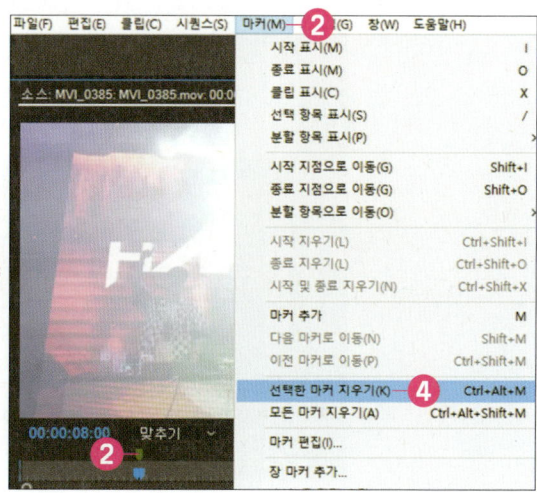

삭제된 후의 모습을 보면 소스 모니터와 클립에 있던 모두 마커가 제거된 것을 알 수 있습니다.

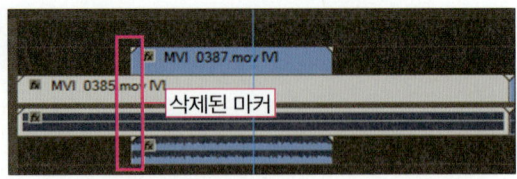

> **팁 & 노트** 마커 이동하기
>
> 마커를 다른 위치로 이동하기 위해서는 이동하고자 하는 마커를 원하는 곳으로 직접 드래그하면 됩니다. 하지만 시퀀스 마커와 클립 마커는 서로 다른 작업 공간에서 이루어집니다. 시퀀스 마커는 타임라인에서 직접 이동할 수 있지만, 클립 마커는 마커를 삭제했을 때처럼 해당 클립을 [더블클릭]하여 소스 모니터를 열어준 후 그곳에서 마커를 이동해야 합니다.

마커 편집하기

마커를 편집한다는 것을 마커의 이름과 색상을 수정하거나 마커에 대한 설명(주석)을 달아주거나 그밖에 장(Snene) 마커, 웹 링크, 플래시 큐 포인트로 사용하기 위한 작업을 말합니다. 마커 편집은 시퀀스 마커와 클립 마커가 동일하지만 클립 마커는 소스 모니터에서만 편집이 가능합니다. 여기에서는 시퀀스 마커를 통해 마커 편집을 해보도록 하겠습니다. 시퀀스 마커를 [더블클릭]하여 마커 편집기를 열어줍니다. 마커 편집기가 열리면 일단 마커의 이름과 주석(설명)을 입력하고, 마커 색상을 변경(필자는 빨간색으로 했음)합니다. 그리고 마커 방식은 설명 마커로 사용합니다. 적용 후 마우스 커서를 시퀀스 마커로 가져가면 방금 설정한 마커의 이름과 주석이 나타납니다.

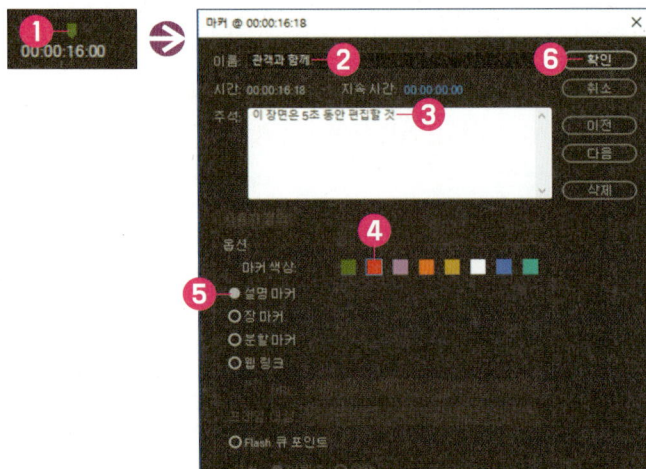
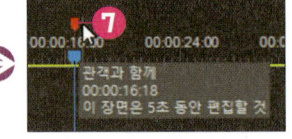

마커 편집기에서는 일반적으로 마커의 이름과 주석을 달아주는 작업을 하지만 때에 따라서는 DVD로 제작(레코딩)되었을 때 장면을 찾아주는 장(Scene) 마커와 비디오 클립을 재생할 때 특정 장면(시간)에서 웹사이트가 연결되도록 해주는 웹 링크, 플래시 스크립트를 입력할 수 있는 플래시 큐 포인트로 사용합니다.

> **팁 & 노트** 웹 링크의 활용
>
> 웹 링크는 비디오 클립을 재생할 때 특정 장면(시간)에서 웹사이트가 연결되도록 해주는 기능입니다. 웹 링크 옵션을 체크하면 아래쪽 URL과 프레임 대상이 활성화되는데, URL에는 연결될 웹사이트 주소를 입력하고, 프레임 대상에는 비디오가 재생될 프레임 (홈페이지 제작 시 정해놓은 프레임 이름) 이름을 입력하면 됩니다.
>
>

잔물결 시퀀스 마커 활용하기

잔물결 시퀀스 마커는 클립을 삭제하거나 마크 인/아웃 구간을 삭제했을 때의 길이만큼 시퀀스 마커의 위치도 이동되거나 그대로 머물도록 할 때 사용되는 메뉴입니다. 현재는 [마커] - [잔물결 시퀀스 마커 (Ripple Sequence Maker)] 메뉴가 활성화된 상태입니다. 이 상태에서 클립을 삭제(Shift 키를 누른 상태로 삭제)해보면 삭제된 클립의 길이만큼 시퀀스 마커도 이동되는 것을 알 수 있습니다.

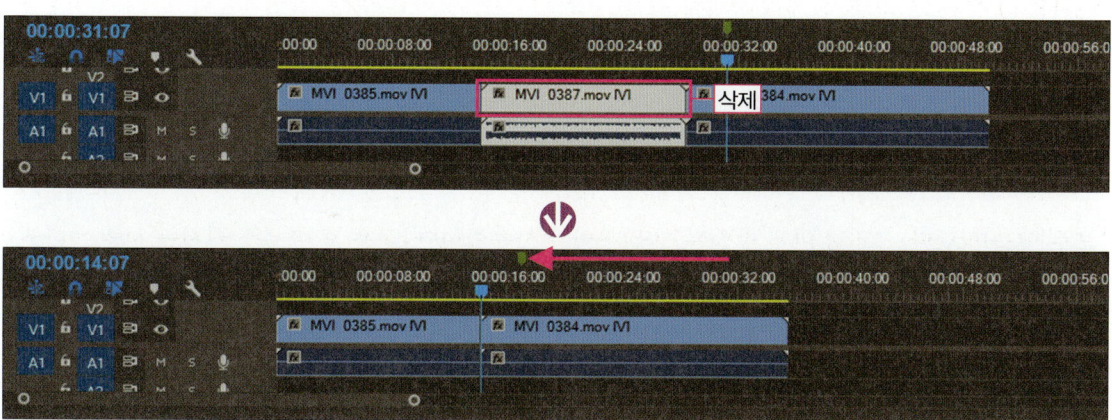

반대로 잔물결 시퀀스 마커를 해제한 후 클립을 삭제하게 되면 시퀀스 마커는 원래 위치에 그대로 머물러있게 됩니다.

Lesson 09 비디오 효과와 장면전환 효과

이펙트(효과)는 평범한 장면에 물결치는 파형을 만들거나 장면 전체 또는 특정 부분에 모자이크를 처리하고, 흐리게 만들고, 색상을 바꾸고, 컬러를 흑백으로 만들고, 모양을 변형하는 등의 다양한 표현을 할 때 사용됩니다. 프리미어 프로에서는 다양한 비디오 효과 및 장면과 장면이 바뀔 때 사용되는 다양한 비디오 전환 효과를 제공합니다.

비디오 효과 사용하기

프리미어 프로의 비디오 효과는 서드파티 플러그인 없이도 실용적으로 사용할 수 있는 다양한 종류의 효과들을 제공하며, 사용하기 위해서는 효과 패널을 열어주어야 합니다. 이번 학습에서는 비디오 효과를 적용하는 다양한 방법과 주요 효과에 대해서 살펴보도록 하겠습니다.

비디오 효과 적용하기 - 기본적인 방법

비디오 효과를 적용하는 첫 번째 방법은 적용할 효과를 드래그하여 적용될 클립 위로 갖다 놓는 것이며, 두 번째 방법은 적용될 클립을 선택한 후 적용할 효과를 더블클릭하는 것입니다.

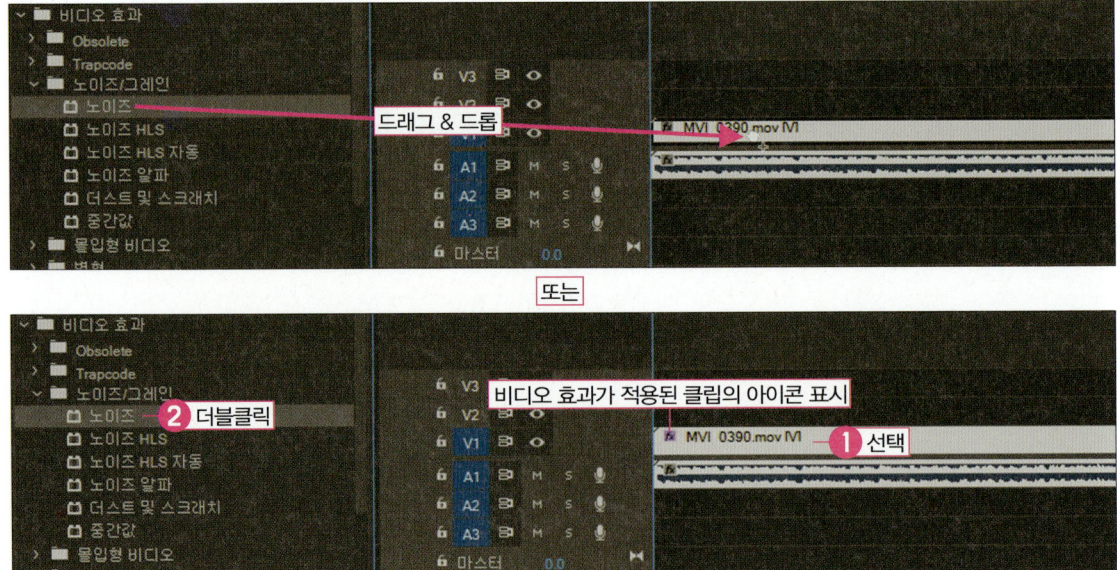

비디오 효과는 하나의 클립에 여러 가지의 효과를 적용할 수 있어 중첩된 결과를 얻을 수 있습니다.

또한 여러 개의 클립에 특정 효과를 적용하고자 한다면 적용하고자 하는 클립을 모두 선택한 후 효과를 드래그하여 적용하거나 더블클릭하여 적용할 수 있습니다.

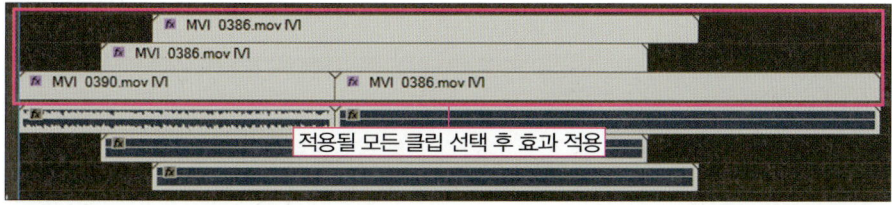

비디오 효과 적용하기 – 마스터 클립에 적용하기

세 번째 방법은 마스터 클립, 즉 편집되지 않은 원본 클립에 직접 효과를 적용하는 것으로 이 방법을 이용하면 효과가 적용된 클립을 타임라인에서 반복 사용했을 경우에도 항상 같은 효과가 보존되기 때문에 별도의 효과를 적용하지 않아도 됩니다. 마스터 클립을 만들기 위해 프로젝트에 있는 클립을 드래그하여 소스 모니터에 갖다 놓습니다.

그다음 효과 패널에서 적용하고자 하는 비디오 효과를 방금 소스 모니터에 적용된 마스터 클립에 갖다 적용합니다. 그러면 이제 해당 클립을 타임라인에 적용한 후 여러 개로 복사 또는 분할하여 사용할 때에도 방금 적용한 효과가 그대로 사용됩니다.

 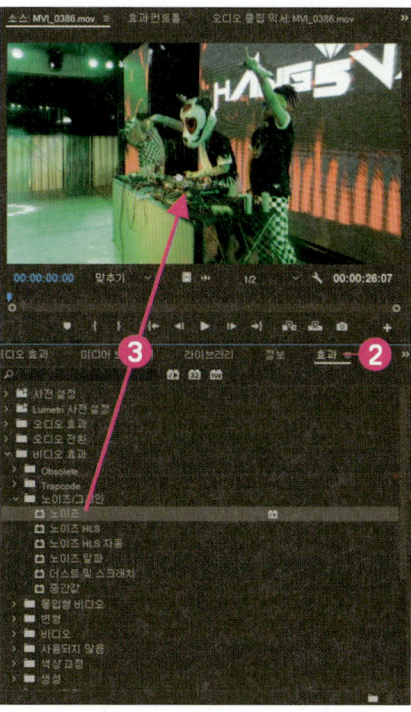

비디오 효과 적용하기 - 조정 레이어에 적용하기

효과를 적용하는 네 번째 방법은 조정 레이어에 직접 효과를 적용하여 하위 트랙의 클립에 영향을 주는 것입니다. 학습을 위해 몇 개의 클립을 가져와 그림처럼 V1, 2, 3 트랙에 배치합니다.

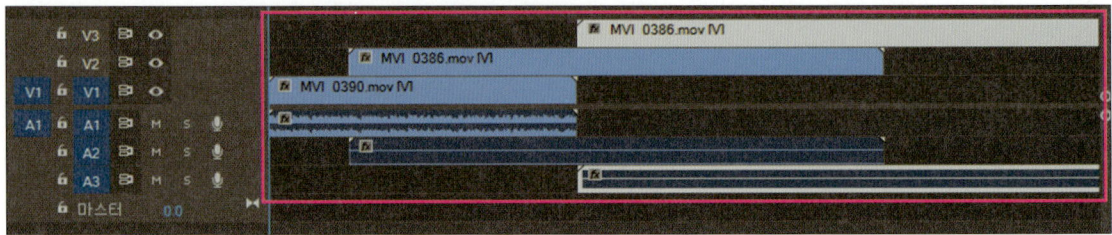

그다음 프로젝트 패널 우측 하단에 있는 [새 항목]에서 [조정 레이어(Adjustment Layer)]를 선택합니다. 조정 레이어 창이 열리면 규격을 현재 시퀀스와 동일한 규격으로 설정한 후 적용합니다.

 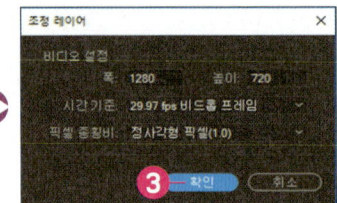

조정 레이어의 규격은 기본적으로 현재 사용되는 시퀀스에 맞추어져 있습니다.

이제 방금 만든 조정 레이어를 타임라인 맨 위쪽 트랙(V4) 트랙에 갖다 놓습니다. 현재는 V4 트랙이 없지만 위쪽 빈 곳으로 갖다 놓으면 자동으로 V4 트랙이 생성됩니다. 그다음 조정 레이어의 끝점(아웃 포인트)을 우측으로 드래그하여 원하는 길이만큼 늘려줍니다.

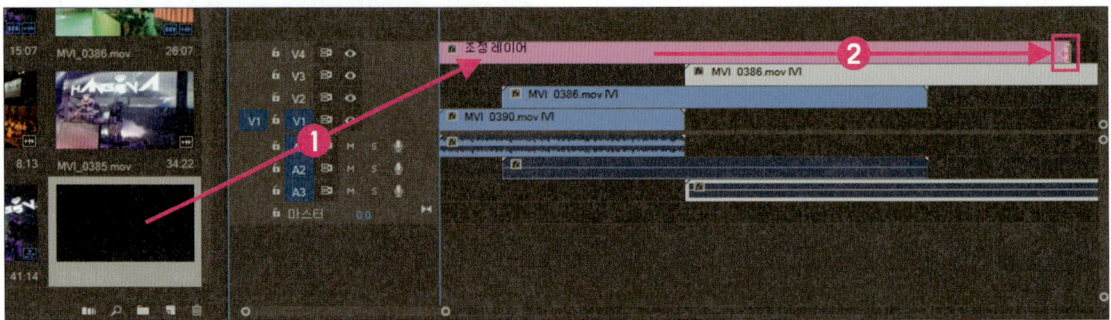

그다음 효과 패널로 이동한 후 원하는 효과를 조정 레이어에 적용합니다. 필자는 흑백 효과를 적용했습

니다. 적용 후의 모습을 보면 조정 레이어(길이만큼) 하위에 있는 클립들이 모두 흑백 영상으로 바뀐 것을 알 수 있습니다. 이처럼 조정 레이어를 사용하면 조정 레이어에 적용된 효과의 결과를 하위 트랙에 있는 클립들에게도 그대로 상속됩니다.

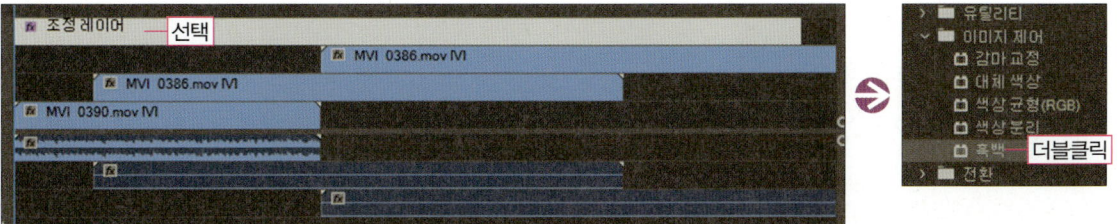

프리뷰 ▶

조정 레이어의 원리는 쉽게 말해 색상이 있는 셀로판지를 통해 보는 사물과 같습니다. 그러므로 조정 레이어에 적용된 효과를 통해 조정 레이어에 변화가 생긴 것이고, 변화가 생긴 조정 레이어 하위 트랙의 클립들이 모두 조정 레이어에 적용된 효과에 영향을 받는 것입니다.

비디오 효과 설정하기

이번에는 적용된 효과를 설정해보도록 하겠습니다. 물론 모든 효과에 대한 설정이 같은 것은 아니지만 설정 방법은 비슷하기 때문에 여기에서 살펴보지 않는 효과에 대해서는 여러분이 직접 적용 후 설정해 보기 바랍니다. 먼저 [학습자료] - [Video] 폴더에서 [Tulip]을 가져와 타임라인에 적용한 후 효과 패널에서 [모자이크] 효과를 적용합니다.

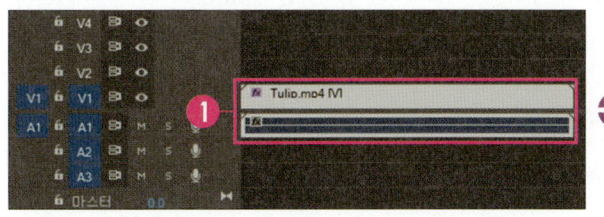 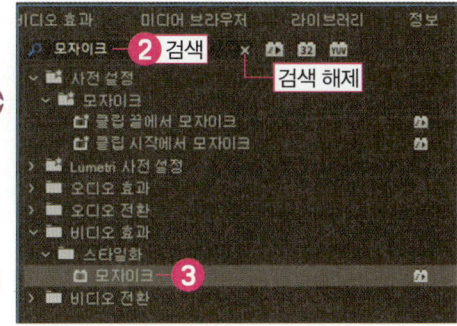

효과를 찾기 위해 효과 패널의 검색기(저장소 필터링)에서 직접 적용하고자 하는 효과의 이름을 입력하여 쉽게 찾을 수 있습니다.

비디오 효과와 장면전환 효과 **167**

이제 효과 컨트롤 패널에서 방금 적용한 모자이크 효과를 열고 설정 옵션(가로/세로 블록) 값을 조절합니다. 값은 직접 수치를 입력하거나 슬라이더를 좌우로 조절할 수도 있습니다. 설정 후의 모습을 보면 튤립의 모습에 모자이크(픽셀)가 처리된 것을 알 수 있습니다.

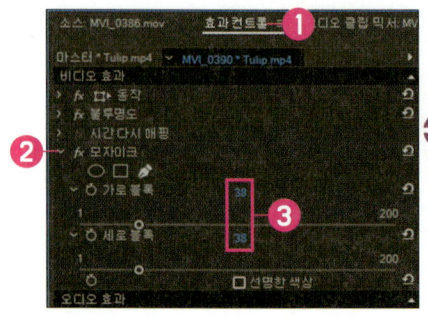

수치 값으로 설정할 때 마우스 커서를 위에 갖다 놓고 클릭 & 좌우로 드래그하여 조절할 수도 있으며, 조절 할 때 [Shift] 키를 누르면 수치 값이 빠르게 반응합니다.

계속해서 [선명한 색상] 옵션을 체크해봅니다. 그러면 장면의 색상이 더욱 선명해진 것을 알 수 있습니다. 이처럼 효과 컨트롤의 옵션을 설정해보면 변화되는 모습을 확인할 수 있기 때문에 어떤 역할을 하는 기능인지 알 수 있습니다. 이와 같은 방법을 통해 나머지 효과에 대해서도 살펴보기 바랍니다.

마스크 효과 사용하기

프리미어 프로의 모든 효과에는 마스크 효과가 제공됩니다. 마스크는 장면의 특정 영역에만 효과를 표현할 때 사용되는 기능으로 원과 사각형의 기본 마스크와 펜 도구(자유로운 그리기 베지어)를 사용하여 원하는 모양의 마스크를 만들어줄 수 있습니다. 이번 학습에서는 간단하게 사용할 수 있는 원형 마스크 효과에 대해서만 살펴볼 것이며, 펜 도구 마스크에 대해서는 해당 학습(274페이지)에서 자세히 살펴볼 것입니다. 일단 마스크를 생성하기 위해 모자이크 효과 바로 아래쪽에 있는 [타원 마스크 만들기]를 클릭(선택)합니다. 그러면 클립(장면) 가운데에 원형 마스크가 적용됩니다. 적용된 결과를 보면 마스크가 적용된 영역만 모자이크가 처리되고 나머지 영역은 원본의 모습이 그대로 나타나는 것을 알 수 있습니다.

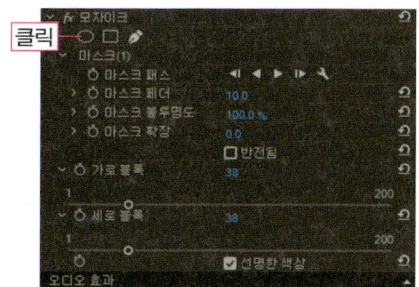 

마스크 효과는 여러 개를 생성한 후 원하는 위치로 이동하여 사용할 수도 있습니다.

마스크 효과 설정하기(포인트 추가/삭제, 크기, 위치, 회전, 범위)

마스크 효과의 경계를 부드럽게 해주기 위해서는 마스크 페더 값을 증가하면 되며, 마스크가 적용된 영역의 투명도는 마스크 불투명도 값을 조절하면 됩니다. 또한 마스크 확장 값을 조절하여 마스크 영역을 확장/축소할 수도 있습니다. 이와 같은 작업은 프로그램 모니터에서도 가능합니다. 일단 프로그램 모니터에서 4개의 포인트를 클릭 & 드래그하여 원의 크기를 그림처럼 튤립 한 송이에 맞게 조절합니다.

마스크의 경계를 부드럽게 해주기 위해 마스크 페더를 사용할 수 있는데, 이것 역시 프로그램 모니터에서 가능합니다. 방금 적용된 원형 마스크를 보면 그림처럼 밖으로 뻗어 나온 2개의 점이 있습니다. 가장 바깥쪽에 있는 포인트(원)를 클릭 & 드래그해보면 바깥쪽으로 갈수록 마스크 경계가 부드러워지는 것을 알 수 있습니다. 그리고 2개의 포인트 중 안쪽에 있는 마름모 모양의 포인트를 이동해보면 마스크 영역이 확장/축소되는 것을 알 수 있습니다.

마스크 포인트 추가하기 마스크 모양의 변형은 마스크 패스(선) 위로 마우스 커서를 갖다 놓으면 생기는 펜 모양의 도구일 때 클릭하여 마스크 포인트를 만든 후 포인트를 원하는 모양이 되도록 위치를 이동하는 것입니다. 이때 포인트 양쪽으로 베지어 핸들(컨트롤 핸들)을 이동해보면 마스크 포인트 주변의 모양이 세부적으로 다듬어집니다.

마스크 포인트 양쪽에 뻗어 나온 베지어 핸들은 컨트롤 핸들 또는 탄젠트 등으로도 부르지만 본 도서에서는 [핸들]이라는 용어로 통일하겠습니다.

마스크 위치 및 회전하기 마스크 패스(모양)의 이동은 마스크 안쪽 영역에 마우스 커서를 갖다 놓으면 생기는 손바닥 모양일 때 가능합니다. 이때 클릭 & 드래그하여 원하는 위치로 이동할 수 있으며, 마스크의 회전은 마스크 패스 경계에서 바깥쪽으로 마우스 커서를 갖다 놓으면 생기는 양방향 곡선 화살표일 때 클릭 & 드래그하여 회전할 수 있습니다.

마스크 포인트 삭제하기 불필요한 마스크 포인트는 삭제할 수 있습니다. 삭제하고자 하는 포인트 위로 마우스 커서를 갖다 놓은 후 [Ctrl] 키를 누르면 펜 도구에 마이너스(-) 모양이 나타날 때 해당 포인트를 클릭하면 됩니다.

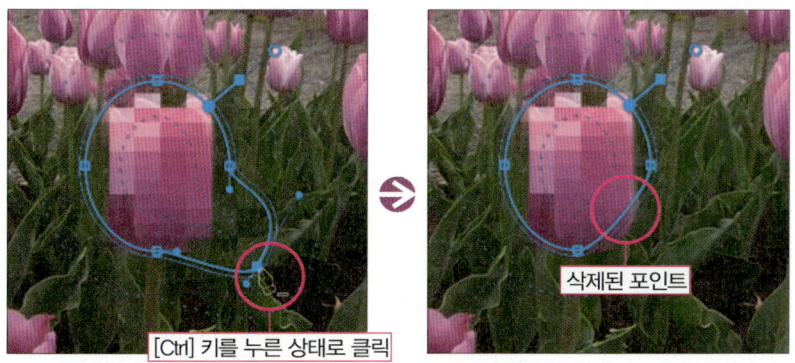

직선/곡선으로 마스크 전환하기 마스크는 직선과 곡선 형태로 사용됩니다. 현재는 원형 마스크를 사용했기 때문에 부드러운 곡선 형태로 되어있지만, 만약 곡선을 직선으로 전환하고자 한다면 직선으로 전환할 포인트 위에 마우스 커서를 갖다 놓은 후 [Alt] 키를 누르면 뾰족한 모양의 선으로 나타나는데, 이때 클릭하면 곡선이 직선으로 전환됩니다. 반대로 직선을 곡선으로 전환할 때에도 같은 방법으로 전환할 수 있습니다.

마스크 영역 반전시키기 마스크 영역을 반전시키기 위해서는 효과 컨트롤의 마스크에서 [반전됨] 옵션을 체크하면 됩니다. 그러면 마스크 안쪽 영역은 원래 장면의 모습이 나타나고, 바깥쪽 영역은 적용된 효과(모자이크)의 모습이 나타납니다.

마스크 영역으로 추적하기(모션 트래킹)

일반적으로 마스크를 사용하는 목적이 마스크가 적용된 영역만 효과를 표현하기 위해서입니다. 만약 효과, 즉 마스크가 적용된 장면이 비디오 클립이고, 움직임에 변화가 있는 장면이라면 적용된 마스크도 그 움직임에 따라 같이 움직여주어야 합니다. 이와 같은 작업은 키프레임으로 처리할 수 있겠지만 프로미어 프로에서는 모션 트래킹(추적하기)이라는 기능을 사용하여 간편하게 움직이는 물체를 추적할 수 있습니다. 학습을 위해 그림처럼 가운데 있는 튤립 모양에 맞게 마스크 모양을 만들어줍니다. 똑같은 모양이 아니어도 상관없으므로 앞서 살펴본 마스크 포인트 추가, 이동 등의 방법을 활용하여 모양을 만들어주면 됩니다.

추적(트래킹)하기 전에 먼저 추적 방법에 대해 알아보기 위해 [추적 방법] 버튼을 클릭합니다. 그러면 추적 방법에 대한 세 가지 메뉴가 나타나는데, 위치는 위치에 대한 추적만 하며, 위치 및 회전은 위치와 회전에 대한 추적을 하며, 위치, 비율 및 회전은 모든 변화에 맞게 추적을 합니다. 일반적으로 모든 변화에 맞게 추적을 하는 세 번째 메뉴를 사용합니다.

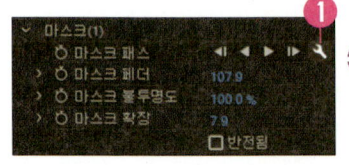 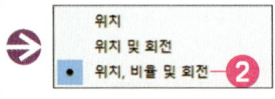

회전은 추적(트래킹)하는 물체가 회전할 때 회전하는 각도에 맞게 추적한다는 것이고, 비율은 물체의 크기가 변할 때 역시 크기에 대한 추적을 한다는 것입니다. 이것은 즉 마스크도 같이 회전하며, 크기가 변한다는 것을 의미합니다.

이제 마스크 영역이 움직이는 튤립의 움직임에 맞게 추적(트래킹)하기 위해 시간(재생 헤드)을 시작 프레임으로 이동한 후 [선택한 마스크 앞으로 추적] 버튼을 클릭합니다. 그러면 추적이 진행되며, 진행률을 확인할 수 있습니다.

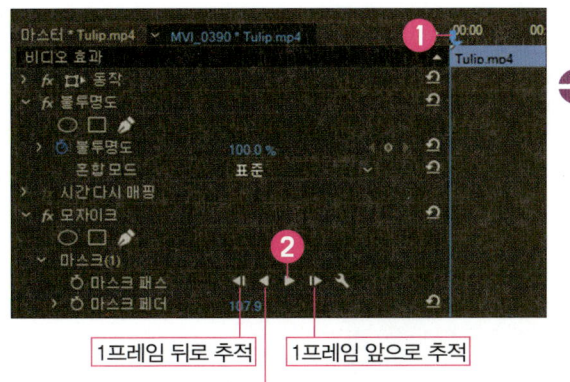 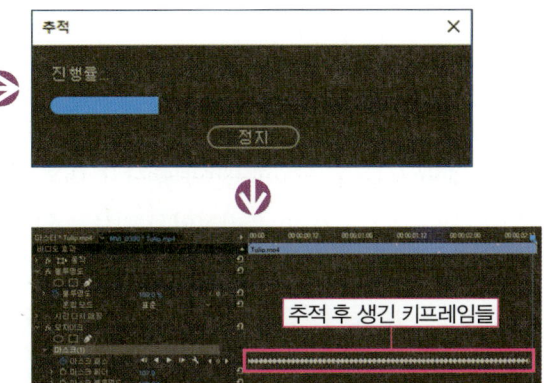

1프레임 뒤로 추적 / 1프레임 앞으로 추적 / 반대 방향으로 추적

추적 후 생긴 키프레임들

추적이 잘못되었다면 잘못된 장면, 즉 프레임으로 이동한 후 수정을 할 수 있으며, 때에 따라 반대 방향으로 추적할 수도 있습니다.

추적 후 마스크 패스에는 키프레임이 생성된 것을 알 수 있는데, 이것으로 보아 추적 기능은 키프레임 작업을 자동으로 해준다는 것을 알 수 있습니다.

프리뷰

이처럼 프리미어 프로의 마스크 추적 기능은 움직이는 물체를 추적하기 위해 최적화되었기 때문에 일일이 키프레임을 통해 작업을 해야 하는 번거로움을 말끔히 해결해줍니다.

팁 & 노트 새로 설정된 효과 사전 설정(프리셋)에 등록하기

특정 효과를 적용한 후 원하는 상태로 설정했을 때 설정된 효과의 수정된 수치 값을 지속적으로 사용하고자 한다면 사전 설정 저장을 사용하여 등록해놓을 수 있습니다. 해당 효과에서 [오른쪽 마우스 버튼] – [사전 설정 저장] 메뉴를 누른 후 적당한 이름과 유형 선택 및 설명을 입력한 후 적용하면 효과 패널의 사전 설정(Preset) 폴더에 등록되어 지속적으로 사용할 수 있습니다.

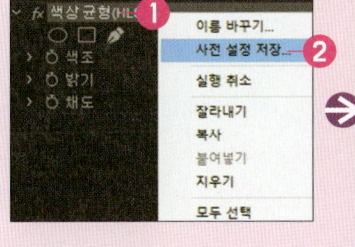 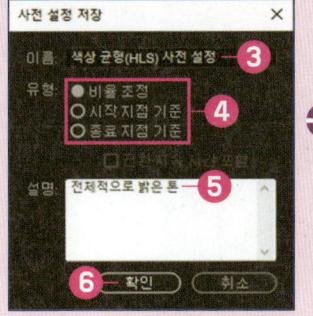 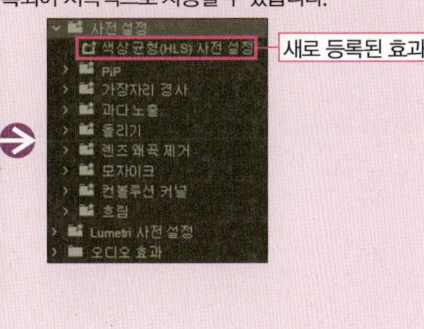

새로 등록된 효과

주요 비디오 효과 살펴보기

프리미어 프로에서 제공되는 비디오 효과는 매우 다양하며, 대부분 실용적으로 사용되는 것들입니다. 이번 학습에서는 그룹별 주요 비디오 효과에 대해 살펴볼 것입니다. 여기에서 살펴보지 않은 나머지 효과들에 대해서는 여러분이 직접 클립에 적용하거나 어도비 웹사이트를 통해 살펴보기 바라며, 본 도서에서의 비디오 효과는 한글 버전이기 때문에 영문 버전의 이름과 위치가 다를 수 있다는 것을 참고하기 바랍니다.

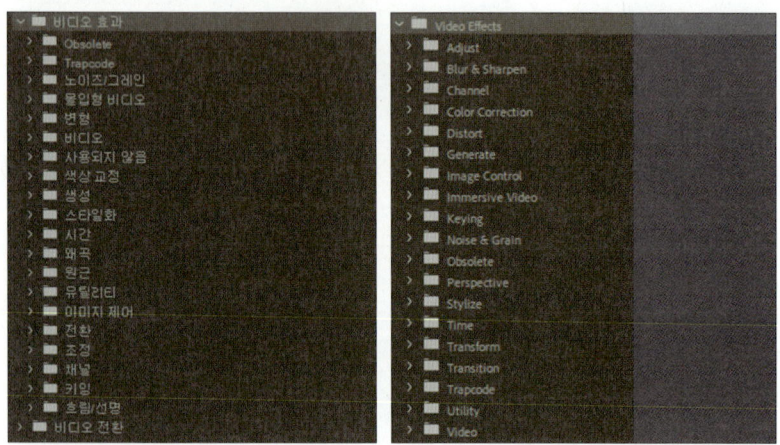

▲ 가나다순으로 되어있는 한글 버전의 효과   ▲ ABC순으로 되어있는 영문 버전의 효과

Lumetri 사전 설정(Lumetri Presets)

루메트리 사전 설정은 미리 설정된 색상 효과를 통해 간편하게 색 보정 작업을 할 수 있게 해주는 색상 효과로써 일반적인 색상 효과와 제품별 카메라 장치에 따른 색상 효과로 구성되어있습니다. 이 색상 효과를 사용하면 영상의 색온도, 톤, 필름룩 등의 색상 효과 등을 쉽게 표현할 수 있습니다.

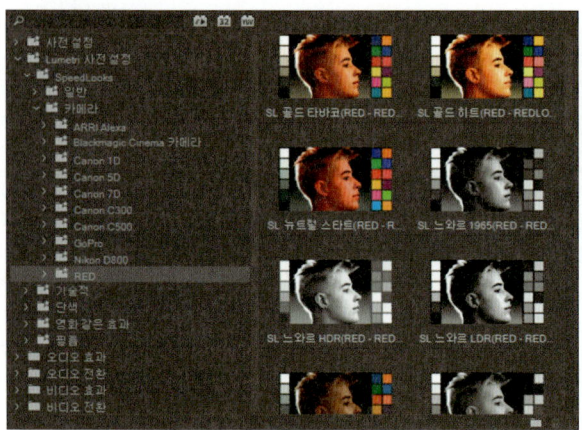

◀ 영문 버전에서의 효과

노이즈/그레인(Noise & Grain)

이미지에 잡티와 스크래치 등을 표현할 때 사용하는 노이즈와 그레인 효과들을 제공합니다.

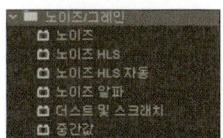

원본 이미지 ▶

노이즈(Noise) 이미지 전체에서 픽셀 값을 임의로 변경하여 잡티를 만들어줍니다.

더스트 및 스크래치(Dust & Scratches) 이미지의 픽셀과 픽셀 사이를 유사하게 변경함으로써 노이즈 및 결함을 줄여줍니다.

몰입형 비디오(Immersive Video)

모노 또는 입체 이미지를 실제 360 VR 카메라로 촬영한 영상처럼 표현할 수 있는 VR 광선, 구, 투영 등의 효과들을 제공합니다.

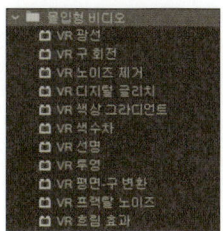

원본 이미지 ▶

VR 구 회전(VR Rotate Sphere) 기울기와 각 축에 대한 회전 값을 설정하여 실제 360 VR 카메라를 통해 촬영된 영상을 만들어줄 수 있습니다.

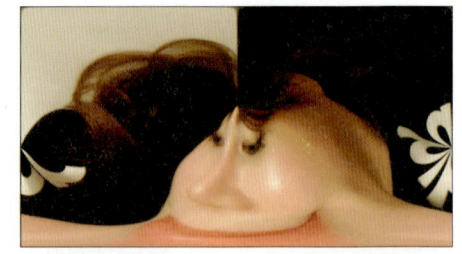

VR 색수차(Chromatic Aberrations) 모노 또는 입체 이미지의 색상 채널의 위치를 조절하여 옵셋 효과를 표현할 수 있습니다.

VR 평면─구 변환(VR Plane to Sphere) 모노 또는 입체 이미지에 텍스트, 로고, 그래픽 및 기타 2D 요소를 추가할 수 있습니다.

VR 프랙탈 노이즈(VR Fractal Noise) 360 VR 영상 느낌의 프랙탈 노이즈를 만들어줍니다.

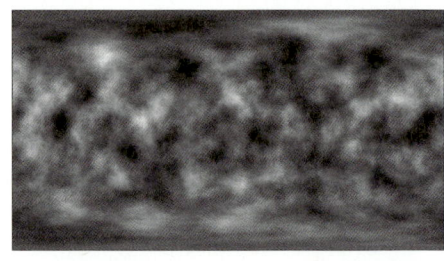

VR 흐림(VR Blur) 360 VR 영상 느낌의 흐림(블러) 효과를 만들어줍니다.

변형(Transform)

이미지를 좌우, 상하로 뒤집어주거나 가장자리를 부드럽게 해주는 페더, 상하좌우를 잘라주는 자르기 효과들을 제공합니다.

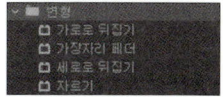

원본 이미지 ▶

가로로 뒤집기(Horizontal Flip) 이미지를 가로 방향으로 뒤집어줍니다.

가장자리 페더(Edge Feather) 이미지의 가장자리를 부드럽게 처리합니다.

세로로 뒤집기(Vertical Flip) 이미지를 세로 방향으로 뒤집어 줍니다.

자르기(Crop) 이미지를 상하좌우로 잘라줍니다.

비디오(Video)

이미지를 고선명의 HDR로 설정하고, 이미지 위에 글자 및 타임코드, 클립의 이름을 나타나게 해주는 효과들을 제공합니다.

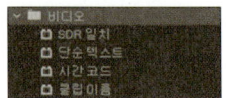

원본 이미지 ▶

SDR 일치(SDR Conform) 이미지를 보다 사실적으로 표현하기 위한 HDR(하이 다이내믹 레인지)를 설정할 수 있습니다.

단순 텍스트(Simple Text) 이미지 위에 글자를 입력하여 나타나게 해줍니다. 텍스트 편집을 통해 글자를 입력할 수 있습니다.

시간 코드(Timecode) 이미지 위에 타임코드를 표시합니다. 주로 비디오 클립을 사용할 때 재생 시간을 표현하기 위해 사용됩니다.

사용되지 않음(Obsolete)

새로운 버전의 Lumetri 색상 도구에 밀려 사라진 효과 중에 아직 쓸만한 효과들을 모아놓은 이펙트 폴더입니다. 색 보정, 흐림(블러), 밝기 등에 대한 설정을 할 수 있는 효과들을 제공합니다.

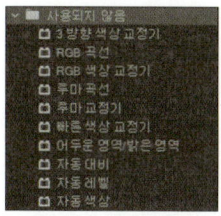

원본 이미지 ▶

RGB 곡선(RGB Curves) 이미지의 색상을 R(빨강), G(초록), B(파랑) 세 가지 색상 설정 곡선을 통해 설정합니다.

어두운 영역/밝은 영역(Shadow/Highlight) 이미지의 밝은 영역과 어두운 영역의 대비 효과를 표현할 수 있습니다.

자동 색상(Auto Color) 이미지의 색상을 자연스런(정상적인) 색상으로 자동 보정합니다. 컬러 밸런스를 자동으로 맞춰줄 때 유용합니다.

색상 교정(Color Correction)

이미지의 색상을 교정, 즉 색 보정 작업을 할 수 있는 ASC CDL, Lumitri 색상, 명도 및 대비, 색상 균형, 색조, 채널 혼합 등의 효과들을 제공합니다.

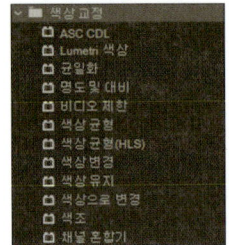
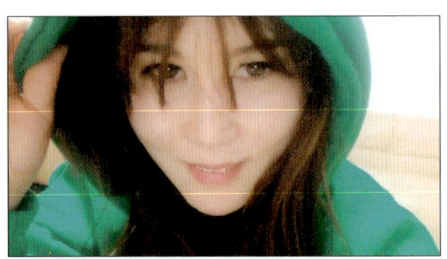

원본 이미지 ▶

ASC CDL 이미지의 색상을 ASC(미국 촬영 감독 협회)에서 규정하는 빨강, 초록, 파랑의 색 채널을 총 9개 단위로 나뉘어 색상을 설정할 수 있습니다.

균일화(Equalize) 이미지의 픽셀 값을 변경하여 보다 일관성 있는 명도와 색상으로 균일화합니다.

명도 및 대비(Brightness & Contrast) 이미지에 명도 및 대비를 조정합니다. 이미지의 밝고 어두운 영역에 대한 대비 효과를 표현할 때 유용합니다.

비디오 제한(Video Limiter) 이미지의 광도 및 색상을 최대한 보존 및 제한하여 방송용 신호에 적합하도록 해줍니다.

색상 균형(Color Balance) 이미지의 어두운 영역, 중간 영역 및 밝은 영역에 있는 빨강, 녹색, 파랑의 색 채널 양을 조정합니다.

색상 균형(HLS) 이미지의 색상(색조), 밝기, 채도 값을 조정합니다.

색상 변경(Change Color) 이미지의 특정 색상을 스포이트로 지정하여 지정된 색상을 다른 색상으로 바꿔줍니다.

색상 유지(Leave Color) 이미지의 특정 색상을 스포이트로 지정하여 지정된 색상은 보존하고 나머지 색상은 흑백으로 만들어줍니다.

색조(Tint) 이미지의 색상을 듀오톤으로 조정합니다. 흰색과 검정색을 사용할 때 검정색을 변경하여 세피아톤 효과를 표현할 수 있습니다.

생성(Generate)

이미지에 있는 내용과는 상관없이 클립 전체를 그라디언트, 격자(그리드), 렌즈 플레어, 셀, 원 등의 모양으로 만들어주는 효과들을 제공합니다. 그러므로 여기에서 제공되는 효과를 적용하기 위해 사용되는 클립은 비디오나 이미지 클립보다는 아무것도 없는 색상 매트를 사용하기도 합니다.

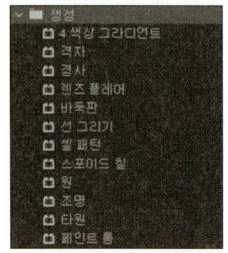

▶ 원본 이미지

4 색상 그라디언트(4-Color Gradient) 4개의 색상 포인트를 사용하여 색상을 설정하며, 원본과 혼합된 결과물을 만들어줄 수도 있습니다.

격자(Grid) 이미지에 격자 무늬를 만들어줍니다. 혼합 모드를 설정하여 원본과 격자 무늬를 모두 표현할 수도 있습니다.

경사(Ramp) 이미지에 두 가지 색상의 그라디언트를 만들어줍니다. 그라디언트는 선형과 방사형을 사용할 수 있으며, 원본과 혼합할 수도 있습니다.

렌즈 플레어(Lens Flare) 촬영 시 렌즈에 들어오는 빛 효과를 표현할 수 있습니다.

선 그리기(Write-on) 이미지 위에 선을 그려줍니다. 그림이나 사인이 그려지는 애니메이션을 만들 수 있습니다. 애니메이션은 브러쉬 위치에 키프레임 만들어 표현합니다.

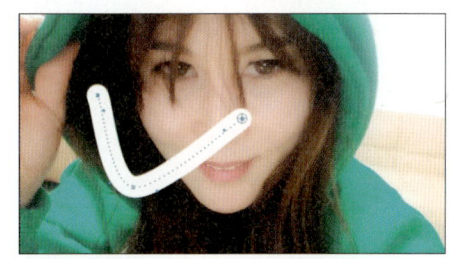

조명(Lightning) 번개 치는 효과를 표현할 수 있으며, 번개의 색상, 속도, 줄기, 두께 등을 조절할 수 있습니다.

페인트 통(Paint Bucket) 이미지의 특정 색상을 스포이트로 지정하여 지정된 색상 영역에 단일 색상을 적용합니다.

스타일화(Stylize)

이미지에 모자이크를 처리하거나 빛, 노출, 엠보, 판화 등으로 스타일을 바꿔줄 때 사용되는 효과들을 제공합니다.

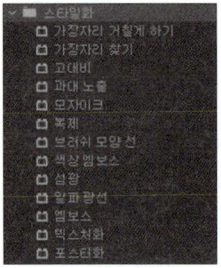

원본 이미지 ▶

가장자리 거칠게 하기(Roughen Edges) 이미지 가장자리를 그런지 스타일로 거칠게 처리합니다. 처리된 여백은 투명하여 하위 클립의 모습이 나타납니다.

가장자리 찾기(Find Edges) 이미지의 가장자리를 강조합니다. 가장자리는 흰 배경 위의 어두운 선이나 검은 배경 위의 색상이 적용된 선으로 나타나기 때문에 입체적인 스케치 효과를 표현 수 있으며, 반전시키면 네거티브 필름처럼 표현할 수도 있습니다.

고대비(Threshold) 이미지를 판화로 찍어낸 듯한 느낌으로 만들어줍니다.

복제(Replicate) 하나의 이미지를 여러 개의 멀티 스크린으로 만들어줍니다.

브러쉬 모양 선(Brush Strokes) 이미지를 거친 점묘화 느낌의 그림으로 만들어줍니다.

색상 엠보스(Color Emboss) 이미지의 가장자리를 선명하게 하고 강조하여 부조 느낌이 들도록 해줍니다. 엠보스 효과와 비슷하지만 색상 엠보스 효과는 색상을 그대로 표현(보존)할 수 있습니다.

텍스처화(Texturize) 하위 클립(이미지)을 해당 효과가 적용된 상위 이미지 클립의 텍스처로 사용합니다. 텍스처로 사용될 레이어는 항상 하위 트랙에 존재해야 합니다.

포스터화(Posterize) 이미지의 각 색상 채널에 대해 색조 레벨 (명도 값) 수를 설정하여 단조로운 이미지로 만들어줍니다.

시간(Time)

시간 효과는 비디오 클립에만 사용할 수 있으며, 주로 빠르게 움직이는 영상의 연속되는 잔상이나 픽셀 왜곡, 시간 왜곡(타임워프)과 같은 VFX(Visual Effect : 시각적 특수 영상)를 표현하기 위해 사용됩니다.

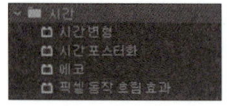

▶ 원본 이미지(비디오)

시간 변형(Timewarp) 움직이는 물체에 대한 속도 및 흐름 그리고 장면을 자르는 등의 효과를 표현할 수 있습니다. 물체를 갑작스럽게 빠르게 움직이고자 할 때 효과적이며, 때론 초고속 카메라를 통해 촬영된 슬로우 모션을 표현할 때에도 사용할 수 있습니다.

시간 포스터화(Posterize Time) 동영상의 중간의 프레임(장면)들을 탈락시켜 툭툭 끊기는 스트로브 효과를 표현할 수 있습니다.

에코(Echo) 움직이는 물체에 잔상을 만들어줍니다. 빠르게 움직이는 물체에 더욱 효과적입니다.

왜곡(Distort)

이미지를 거울에 반사되게 하거나 모서리를 이용하여 변형을 주고, 둥근 형태, 확대, 물결치는 장면 등을 표현할 수 있는 효과들을 제공합니다.

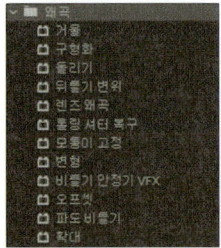

원본 이미지 ▶

거울(Mirror) 이미지가 거울에 반사되어 비춰지도록 해줍니다. 반사되는 각도를 다양하게 조절할 수 있습니다.

돌리기(Twirl) 이미지의 가운데 부분을 기준으로 소용돌이치듯 회전시킵니다.

렌즈 왜곡(Lens Distortion) 이미지를 옛날 둥근 모양의 모니터(TV 브라운관)처럼 볼록하게 만들어줍니다. 곡률을 줄여 이미지에 테두리를 표현할 때에도 사용됩니다.

롤링 셔터 복구(Rolling Shutter Repair) 롤링 셔터는 스마트폰이나 DSLR과 같은 카메라로 비디오 촬영 시 카메라를 빠르게 움직일 때 물결이 치듯 출렁이는 왜곡 현상으로써 이러한 문제의 장면을 안정화해줍니다.

▲ 효과 전

효과 후 ▶

모퉁이 고정(Corner Pin) 4개의 포인트를 이용하여 이미지를 왜곡시킵니다. TV 속에 들어간 화면이나 엔딩 크레딧 배경을 만들 수 있습니다.

비틀기 안정기 VFX(Warp Stabilizer VFX) 흔들리는 화면을 안정화시켜 줄 수 있습니다.

위쪽 롤링 셔터 복구(Rolling Shutter Repair) 효과와 비틀기 안정기 VFX 효과에 대해서는 비디오 클립 안정화 작업에 대한 학습(345페이지)에서 보다 자세히 살펴볼 것입니다.

오프셋(Offset) 이미지를 특정 방향으로 패닝합니다. 패닝된 이미지 영역은 반대쪽에 표시됩니다.

파도 비틀기(Wave Warp) 이미지를 물결이 이는 장면으로 만들어줍니다.

원근(Perspective)

이미지에 입체적인 느낌이 드는 버튼, 그림자, 두께 등을 만들어주는 효과들을 제공합니다.

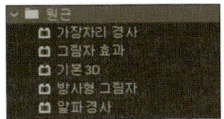

▶ 원본 이미지

가장자리 경사(Basic 3D) 이미지의 테두리를 돌출형 입체 버튼 느낌으로 만들어줍니다.

그림자 효과(Drop Shadow) 이미지에 그림자를 만들어줍니다. 그림자가 나타나게 하기 위해서는 이미지(클립)의 크기가 시퀀스보다 작아야 하며, 그림자의 거리를 조정할 수 있어 공간감을 느끼게 해줍니다. 글자(자막)에 사용하면 입체적인 느낌의 2D 글자를 표현할 수 있습니다.

기본 3D(Basic 3D) 이미지를 입체 공간에 있는 느낌으로 만들어줍니다. 이미지의 가로 및 세로 축을 중심으로 회전하고, 당기거나 밀 수 있으며, 반사면을 만들어 회전된 표면을 반사하는 조명 모양을 적용할 수도 있습니다.

알파 경사(Bevel Alpha) 이미지의 테두리를 돌출형 부드러운 입체 버튼 느낌으로 만들어줍니다.

유틸리티(Utility)

시네온(Cineon) 비디오 클립의 색상 변환을 보다 자세하게 설정할 수 있습니다. 이 효과를 사용하기 위해서는 시네온 파일을 가져온 후에 클립을 시퀀스에 추가해야 합니다.

이미지 제어(Image Control)

이미지의 감마, 색상 대체, 색상 균형, 분리, 컬러를 흑백으로 바꿔주는 효과들을 제공합니다.

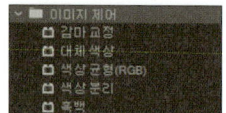

▶ 원본 이미지

감마 교정(Gamma Correction) 이미지의 어두운 영역과 밝은 영역을 크게 변경하지 않고 클립을 밝게 또는 어둡게 합니다.

대체 색상(Color Replace) 이미지에서 선택한 색상을 다른 색상으로 대체하고 회색 레벨은 유지합니다.

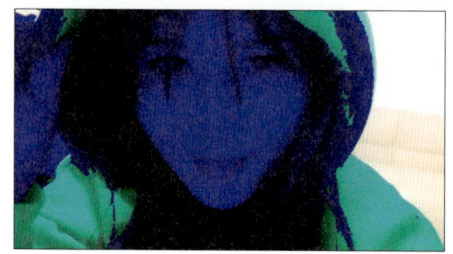

색상 분리(Color Pass) 이미지에서 지정된 단일 색상을 제외하고, 나머지 영역을 회색으로 변환합니다. 이 효과를 통해 이미지의 특정 영역의 색상을 강조할 수 있습니다.

전환(Transition)

전환은 장면전환 효과처럼 장면과 장면이 바뀔 때 사용되는 효과들을 제공합니다. 하지만 여기에서 제공되는 효과는 장면과 장면, 즉 클립과 클립 사이에 적용하는 것이 아니라 앞쪽(왼쪽) 클립에 적용한 후 적용된 효과의 옵션 값에 키프레임을 생성하여 다음 장면이 보이도록 애니메이션화해야 하며, 하위 트랙에는 다음 장면으로 사용될 클립이 있어야 합니다.

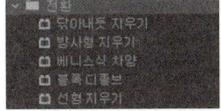

▲ 효과가 적용되는 상위 클립

▲ 다음 장면으로 사용될 하위 클립

닦아내듯 지우기(Gradient Wipe) 이미지의 어두운 영역을 시작으로 밝은 영역을 닦아내듯 지워줍니다. 지워지는 영역에는 하위 클립의 모습이 나타납니다.

방사형 지우기(Radial Wipe) 시계 바늘이 회전되듯 이미지가 지워집니다. 시간의 흐름을 암시할 때 주로 사용됩니다.

베니스식 차양(Venetian Blinds) 지정된 방향 및 폭을 설정하여 이미지를 여러 개로 잘라줍니다.

  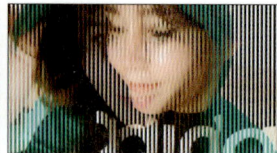 

블록 디졸브(Block Dissolve) 임의 블록에서 클립이 사라지도록 합니다. 블록의 폭 및 높이(픽셀 단위)는 개별적으로 설정할 수 있습니다

선형 지우기(Linear Wipe) 이미지를 설정한 방향으로 단순하게 지워줍니다.

조정(Adjust)

이미지의 색상, 밝기, 채도에 대한 보정 작업을 할 수 있는 효과들과 실내 조명 효과를 제공합니다. 여기에서 제공되는 효과 중 대부분은 색상 교정 폴더에서 제공되는 효과들을 사용하기 때문에 사용 빈도가 낮습니다.

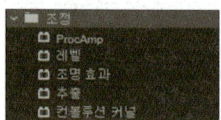

원본 이미지 ▶

조명 효과(Lighting Effects) 이미지에 실내 조명을 켜놓은 효과를 표현할 수 있습니다. 사용할 수 있는 조명은 주변광을 포함하여 최대 6개입니다.

채널(Channel)

이미지의 색상, 밝기, 채도에 대한 채널 정보를 계산하여 색 보정 작업 및 혼합 작업을 할 수 있는 효과들을 제공합니다.

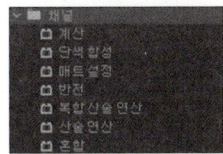

▲ 원본 이미지

단색 합성(Solid Composite) 이미지를 단색 솔리드 매트와 합성을 해줍니다. 하위 트랙에 별도의 색상 매트를 사용하지 않아도 됩니다.

매트 설정(Set Matte) 매트 레이어로 설정된 클립의 알파 채널 또는 밝기, 색상 채널을 이용하여 합성을 해줍니다.

▲ 매트 클립　　　　　▲ 원본 이미지　　　　　▲ 합성 결과

반전(Invert) 이미지의 전체 색상이나 개별 색상 채널을 이용하여 반전된 효과를 얻을 수 있습니다.

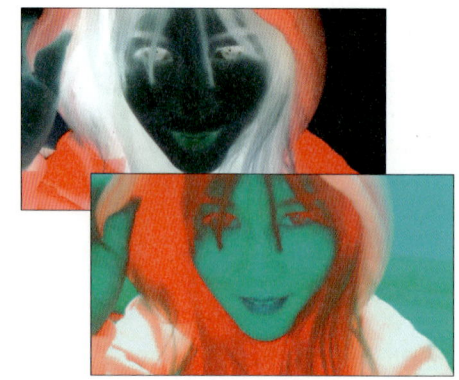

복합 산술 연산(Compound Arithmetic) 이미지를 보조 소스 클립과 함께 색상, 밝기, 채도 등의 채널을 수학적 연산으로 합성합니다. 이것은 일반적으로 사용되는 혼합 모드보다 복잡한 연산 결과물을 만들어줍니다.

혼합(Blend) 이미지와 지정된 레이어의 색상, 밝기, 채도 값을 이용하여 합성을 해줍니다. 이것은 일반적으로 사용되는 혼합 모드와는 다르게 원하는 합성 클립(트랙)을 선택할 수 있습니다.

혼합 모드는 효과 컨트롤 패널의 불투명도에서 사용되는 합성 모드로써 일반적으로 상하 트랙의 클립을 이용하여 합성을 하게 됩니다. 혼합 모드에 대해서는 [합성]에 대한 학습(298페이지)을 참고하기 바랍니다.

키잉(Keying)

이미지의 색상, 밝기, 채도, 알파 채널 등을 이용하여 합성을 할 때 사용되는 효과들을 제공합니다. 일반적으로 크로마키 합성 작업 시 가장 많이 사용됩니다.

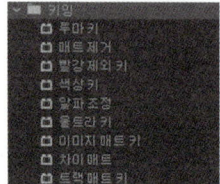

루마 키(Luma Key) 이미지의 광도 또는 명도 값을 빼줍니다. 주로 밝고 어둠이 뚜렷한 클립을 사용합니다.

▲ 원본 클립　　　　　　　　　▲ 하위 이미지 클립　　　　　　　　　▲ 합성 결과

매트 제거(Remove Matte) 알파 채널 이미지의 색상이 미리 곱해진 클립에서 색상 언저리를 제거합니다. 이 효과는 알파 채널을 개별 파일의 텍스처와 결합하는 데 유용합니다.

색상 키(Color Key) 이미지의 특정 색상(파랑/초록/빨강)을 빼줍니다.

▲ 원본 클립　　　　　　　　　▲ 하위 이미지 클립　　　　　　　　　▲ 합성 결과

알파 조정(Alpha Adjust) 이미지의 알파 채널 영역을 빼줍니다.

▲ 원본 클립(알파 채널 포함)　　　▲ 하위 이미지 클립　　　　　　　　　▲ 합성 결과

울트라 키(Ultra Key) 이미지의 특정 색상(파랑/초록/빨강)을 빼줍니다. 세부 설정이 가능하여 블루/그린 스크린 등의 크로마키 작업 시 가장 많이 사용되는 효과입니다.

▲ 원본 클립　　　　　　　　　▲ 하위 이미지 클립　　　　　　　　　▲ 합성 결과

이미지 매트 키(Image Matte Key) 효과 컨트롤에서 외부의 이미지를 가져와 알파 채널 또는 루마(음영) 매트 영역을 빼줍니다.

차이 매트(Difference Matte) 비디오 클립에서 움직이는 특정 물체만 사용하기 위한 키 효과로써 오른쪽 그림에서 움직이는 백조만 다른 배경과 합성하고 싶다면, 백조가 없는 연못을 별도로 같은 앵글로 촬영한 후 두 클립의 색상, 밝기, 채도 차이를 빼서 백조만 나타나도록 할 수 있습니다.

트랙 매트 키(Track Matte Key) 매트로 사용되는 클립(비디오/이미지)의 알파 채널 또는 루마(명암) 영역을 빼서 효과가 적용된 이미지와 합성을 해줍니다. 매트 클립이 동영상일 경우에는 그림처럼 잉크가 번지는 장면을 원본 이미지와 합성할 수 있습니다.

▲ 매트 클립   ▲ 원본 이미지   ▲ 합성 결과

흐림/선명(Blur & Sharpen)

이미지를 흐리게 하거나 선명하게 해주는 다양한 효과들을 제공합니다. 일반적으로 가우시안 흐림 효과를 통해 이미지 전체를 흐리게 해주거나 특정 방향으로 흐리게 해주는 방향 흐림 효과, 이미지를 선명하게 해주는 선명 효과, 색상 채널별로 흐리게 해주는 채널 흐림 효과, 이미지 가장자리의 색상 대비를 높여주는 언샵 마스크 효과 등을 사용할 수 있습니다.

  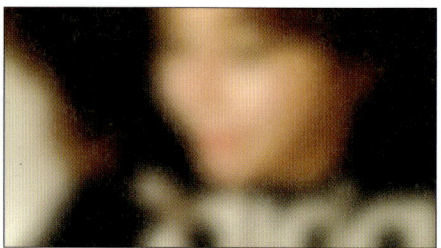

▲ 원본 이미지   ▲ 흐림 효과(가우시안)가 적용된 모습

장면전환 효과 사용하기

비디오 전환은 클립과 클립, 즉 장면과 장면이 바뀔 때 사용되는 장면전환(Transition) 효과입니다. 프리미어 프로의 비디오 전환 효과를 사용하기 위해서는 효과 패널을 열어주어야 합니다. 이번 학습에서는 비디오 전환 효과를 적용하는 다양한 방법과 주요 효과에 대해서 살펴보도록 하겠습니다.

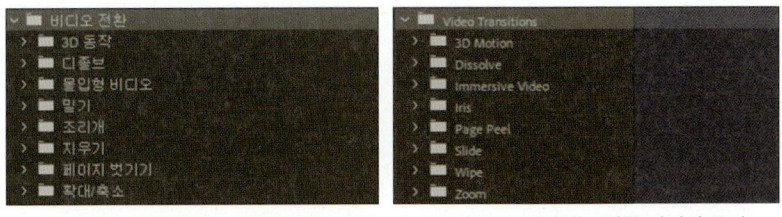

▲ 가나다순으로 되어있는 한글 버전의 효과   ▲ ABC순으로 되어있는 영문 버전의 효과

장면전환의 구조(원리)

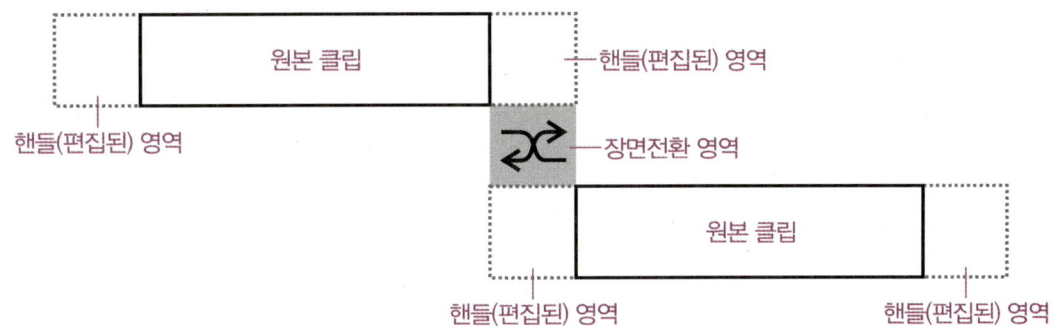

장면전환 효과 적용하기 – 기본적인 방법

장면전환 효과를 적용하는 방법은 앞선 학습에서 살펴본 적이 있듯이 장면과 장면, 즉 클립과 클립 사이에 갖다 놓는 것입니다. 이 방법이 가장 기본적인 방법이며, 위의 그림처럼 효과를 적용하기 전에는 적용될 두 클립의 아웃/인 포인트 지점에 핸들(Handles) 영역이 있어야 한다는 것입니다. 물론 핸들 영역이 없어도 적용은 되지만 장면전환이 지속되는 구간의 장면이 정지 상태로 처리되기 때문에 가급적 클립을 어느 정도 편집(트리밍)해놓는 것이 좋습니다. 예를 들어 1초의 장면전환을 사용되기 위해서는 클립에 1초 이상의 핸들이 필요한데, 이것은 실제 트랜지션으로 사용되는 장면(시간)이 바로 이 핸들 영역을 끄집어내어 사용하기 때문입니다.

장면전환 효과를 적용하는 방법 또한 몇 가지가 있습니다. 그중 첫 번째는 앞선 학습에서 사용했던 직접 끌어다(클릭 & 드래그) 적용하는 방법입니다.

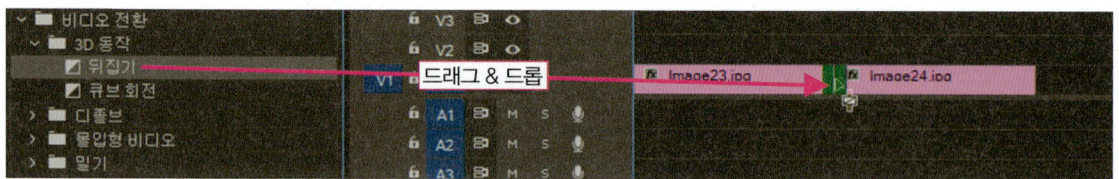

장면전환 효과 적용하기 – 선택된 지점에 적용하기

장면전환 효과를 적용하는 두 번째 방법은 클립의 인 또는 아웃 포인트를 클릭(선택)한 후 [시퀀스] –[선택 영역에 기본 전환 적용] 메뉴를 선택하거나 단축키 [Shift] + [D] 키를 누르는 것입니다. 그러면 선택된 지점에 기본 비디오 전환 효과인 교차 디졸브 효과가 적용됩니다.

교차 디졸브는 기본(Default) 장면전환 효과이며, 다른 효과를 기본 효과로 바꿔줄 수도 있습니다.

장면전환 효과 적용하기 – 재생 헤드가 위치한 지점에 적용하기

장면전환 효과를 적용하는 세 번째 방법은 클립과 클립 사이에 재생 헤드를 갖다 놓은 후 [시퀀스] –[비디오 전환 적용] 메뉴를 선택하거나 단축키 [Ctrl] + [D] 키를 누르는 것입니다. 그러면 재생 헤드가 위치한 지점에 교차 디졸브 효과가 적용됩니다.

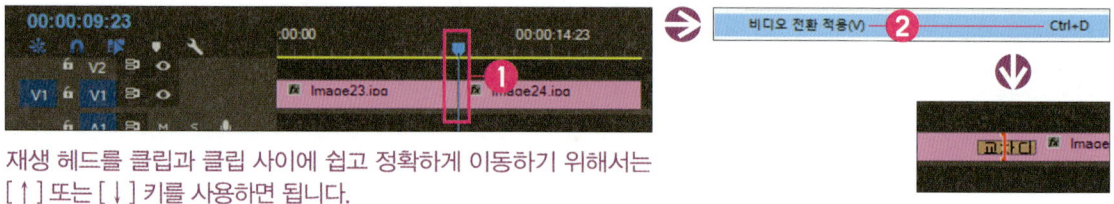

재생 헤드를 클립과 클립 사이에 쉽고 정확하게 이동하기 위해서는 [↑] 또는 [↓] 키를 사용하면 됩니다.

장면전환 효과 적용하기 – 모든 클립 사이에 적용하기

장면전환 효과를 적용하는 네 번째 방법은 모든 클립 사이에 한꺼번에 적용하는 것입니다. 적용하고자 하는 모든 클립을 선택한 후 [시퀀스] – [비디오 전환 적용] 메뉴를 선택하거나 단축키 [Ctrl] + [D] 키를 누르면 선택된 모든 클립 사이에 교차 디졸브 효과가 적용됩니다.

모든 클립 선택

기본 장면전환 효과 바꿔주기

메뉴나 단축키를 사용하여 적용될 때의 장면전환 효과는 기본적으로 교차 디졸브 효과를 사용합니다. 이 효과가 가장 자연스러운 장면이기 때문입니다. 하지만 때에 따라 다른 효과를 사용해야 한다면 기본 장면전환 효과를 원하는 효과로 바꿔주어야 합니다. 기본 장면전환 효과를 바꿔주기 위해서는 바꿔주고자 하는 효과에서 [오른쪽 마우스 버튼]을 클릭하면 나타나는 메뉴에서 [선택한 항목을 기본 전환으로 설정] 메뉴를 선택하는 것입니다. 그러면 해당 효과의 이름 앞에 아이콘 테두리가 파란색으로 바뀌게 되는데, 이 표시로 현재 효과가 기본 효과라는 것을 알 수 있게 해줍니다.

기본 장면전환 효과는 하나밖에 사용할 수 없습니다.

장면전환 효과 설정하기

이번에는 적용된 효과를 설정해보도록 하겠습니다. 장면전환 효과의 설정은 대부분 효과가 지속되는 길이, 즉 시간일 것입니다. 효과의 지속 시간은 클립과 클립 사이에 적용된 효과의 인/아웃 포인트를 클릭 & 드래그하여 조절할 수 있으며 또한 적용된 효과를 더블클릭하여 직접 지속 시간을 입력할 수도 있습니다. 그리고 효과 컨트롤 패널에서 장면전환 효과가 지속되는 시간을 조절할 수도 있습니다.

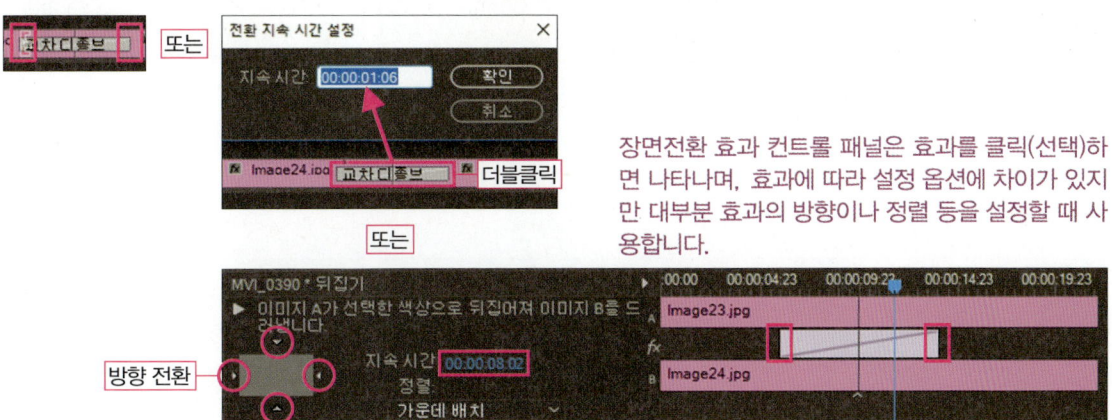

장면전환 효과 컨트롤 패널은 효과를 클릭(선택)하면 나타나며, 효과에 따라 설정 옵션에 차이가 있지만 대부분 효과의 방향이나 정렬 등을 설정할 때 사용합니다.

장면전환 효과 대체 및 삭제하기

불필요한 장면전환 효과를 삭제하는 방법은 앞선 학습에서 살펴보았듯이 해당 효과를 선택한 후 [Delete] 키를 누르거나 해당 효과 위에서 [오른쪽 마우스 버튼] – [지우기] 메뉴를 선택하면 됩니다. 그리고 적용된 효과를 다른 효과와 대체하기 위해서는 교체하고자 하는 효과를 끌어다 이전에 적용된 효과 위에 갖다 놓기 하면 됩니다.

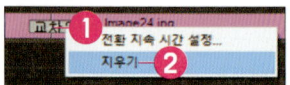

주요 장면전환 효과 살펴보기

프리미어 프로에서 제공되는 비디오 장면 효과는 실무에서 사용되는 대부분의 효과들을 제공합니다. 이번 학습에서는 그룹별 주요 비디오 효과에 대해 살펴볼 것입니다. 여기에서 살펴보지 않은 나머지 효과들에 대해서는 여러분이 직접 적용하거나 어도비 웹사이트를 통해 살펴보기 바라며, 본 도서에서의 비디오 효과는 한글 버전이기 때문에 영문 버전의 이름과 위치가 다를 수 있다는 것을 참고하기 바랍니다.

3D 동작(3D Motion)

앞 장면이 회전되거나 뒤집어지면서 뒤 장면으로 바뀌는 장면전환 효과들을 제공합니다.

▲ 앞 장면

▲ 뒤 장면

뒤집기(Flip Over) 앞쪽 장면이 뒤집어지면서 뒤쪽 장면이 나타납니다. 뒤집어지는 방향과 화면 분할, 배경 색상 등을 설정할 수 있습니다.

큐브 회전(Cube Spin) 입체 큐브 모양의 앞쪽 장면이 회전되면서 뒤쪽 장면이 나타납니다. 회전되는 방향은 상하좌우로 설정할 수 있습니다.

디졸브(Dissolve)

장면전환 효과 중 가장 많이 사용되는 효과로써 대부분의 장면에서 가장 자연스럽게 사용될 수 있는 효과입니다.

▲ 앞 장면　　　　　　　　　　▲ 뒤 장면

검정으로 물들이기(Dip to Black) 앞 장면이 서서히 어두워졌다 밝아지면서 다음 장면이 나타납니다. 페이드 인/아웃과 같은 느낌을 표현합니다.

교차 디졸브(Cross Dissolve) 앞/뒤 장면이 자연스럽게 바뀌는 가장 기본적인 장면전환 효과입니다.

추가 디졸브(Additive Dissolve) 앞 장면의 밝기가 밝아지면서 뒤 장면으로 바뀝니다.

몰입형 비디오(Immersive Video)

비디오 효과에서 살펴본 것처럼 모노 또는 입체 이미지를 실제 360 VR 카메라로 촬영된 영상처럼 장면 전환되는 효과들로 구성되어있습니다.

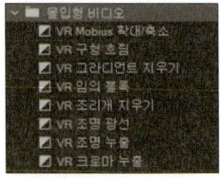  

▲ 앞 장면   ▲ 뒤 장면

VR Mobius 확대/축소(VR Mobius Zoom) 앞 장면이 작은 구형에서 점점 커지면서 뒤 장면으로 바뀝니다.

VR 구형 흐림(VR Spherical Blur) 앞 장면이 흐린 원형의 모습으로 바뀌면서 뒤 장면이 나타납니다.

VR 임의 블록(VR Random Blocks) 앞 장면이 사각형 블록 모양으로 형성되면서 뒤 장면으로 바뀝니다.

VR 조명 광선(VR Light Rays) 앞 장면에 빛이 뻗어 나오면서 뒤 장면으로 바뀝니다.

 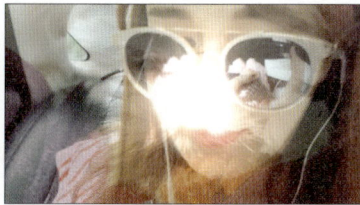 

VR 조명 누출(VR Light Leaks) 조명 색상에 노출된 장면 효과로 장면전환됩니다.

밀기(Slide)

장면을 분할하거나 특정 방향으로 밀면서 장면전환되는 효과들을 제공합니다.

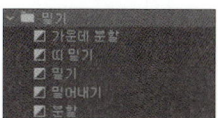

▲ 앞 장면 　　　　　　　　　　▲ 뒤 장면

가운데 분할(Center Split) 앞 장면의 가운데 부분이 4개로 분할되면서 뒤 장면이 나타납니다. 가장자리의 색상과 두께를 설정할 수 있습니다.

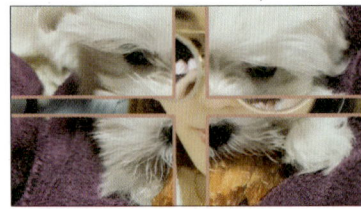  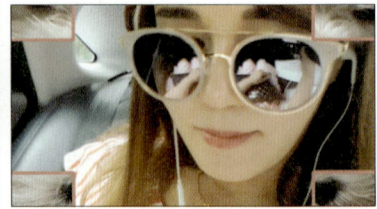

띠 밀기(Band Slide) 앞 장면이 여러 개로 분할된 조각들이 흩어졌다 뒤 장면으로 다시 합쳐집니다.

밀어내기(Bush) 뒤 장면이 특정 방향으로 이동하면서 앞 장면을 밀어냅니다. 두 장면 사이의 두께와 색상을 설정할 수 있으며, 밀어내는 방향을 설정할 수 있습니다.

조리개(Iris)

카메라의 조리개가 열리듯 여러 가지 모양으로 펼쳐지는 장면전환 효과들을 제공합니다.

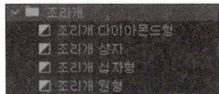  

▲ 앞 장면 　　　　　　　　▲ 뒤 장면

조리개 다이아몬드형(Iris Diamond) 앞 장면의 가운데로 다이아몬드 모양의 구멍이 열리면서 뒤 장면이 나타납니다.

조리개 원형(Iris Round) 앞 장면의 가운데로 원형의 구멍이 열리면서 뒤 장면이 나타납니다.

지우기(Wipe)

여러 가지 모양들이 형성되면서 다음 장면으로 바뀌는 효과들을 제공합니다.

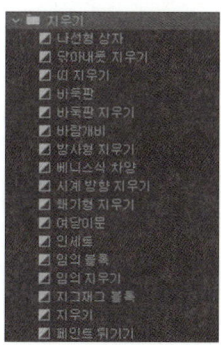  

▲ 앞 장면　　　　　　　　　▲ 뒤 장면

나선형 상자(Spiral Boxes) 앞 장면이 소용돌이 치는 모양의 띠가 형성되면서 뒤 장면이 나타납니다.

닦아내듯 지우기(Gradient Wipe) 외부에서 가져온 회색 이미지의 모습으로 장면전환됩니다. 장면전환 방향은 어두운 영역부터 시작되며, 이미지 경계를 부드럽게 하여 자연스럽게 전환되도록 할 수 있습니다. 먹물 번지는 효과를 위해 사용하면 매우 유용합니다.

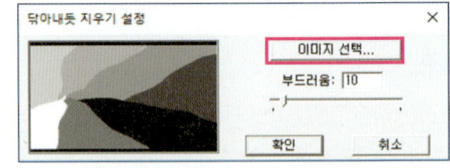

  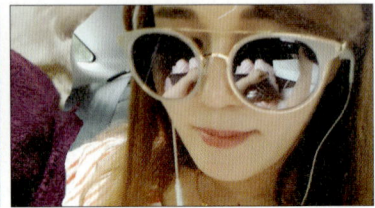

바둑판(Checker Board) 앞 장면이 바둑판 모양의 체크 무늬가 뒤 장면의 모습으로 나타나면서 장면전환됩니다.

바람개비(Spiral Boxes) 앞 장면이 여러 개의 바람개비 모양으로 분할되면서 뒤 장면의 모습으로 바뀝니다.

방사형 지우기(Radial Wipe) 앞 장면이 방사형 모양으로 회전하면서 뒤 장면의 모습으로 장면전환됩니다.

임의 지우기(Random Wipe) 앞 장면에 작은 블록들이 렌덤하게 생성되면서 뒤 장면의 모습으로 장면전환 됩니다.

페인트 튀기기(Paint Splatter) 앞 장면에 잉크 방울이 떨어지면서 뒤 장면의 모습이 나타납니다.

페이지 벗기기(Page Peel)

책장이 넘어가면서 장면전환이 되는 효과들을 제공합니다.

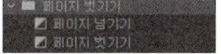

▲ 앞 장면　　　　　　　　▲ 뒤 장면

페이지 넘기기(Page Turn) 앞 장면이 책장이 넘어가듯 장면전환이 됩니다. 이 효과는 평면적으로 넘어가는 효과입니다.

페이지 벗기기(Page Peel) 앞 장면이 책장이 넘어가듯 장면전환이 됩니다. 이 효과는 입체적으로 책장이 넘어갑니다.

 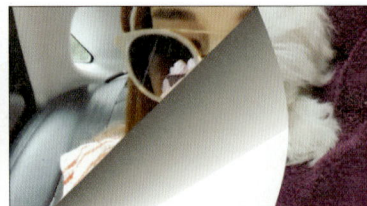 

확대/축소(Zoom)

교차 확대/축소 효과 하나만 제공되며, 이 효과는 앞 장면이 확대되면서 뒤 장면으로 바뀌는 장면전환 효과입니다. 이미지의 확대되는 지점을 설정할 수 있습니다.

  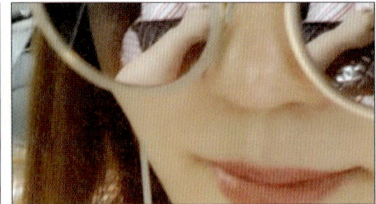

> **팁 & 노트** 서드파티 플러그인에 대하여
>
> 플러그인(Plug In)은 프리미어 프로에서 표현할 수 없거나 부족한 기능을 대신하기 위해 사용되는 보조 프로그램입니다. 주로 효과나 장면전환, 타이틀과 같은 장면을 표현하기 위해 사용되며, 플러그인을 설치하게 되면 그 종류에 따라 비디오/오디오 효과 및 장면전환 목록에 새롭게 추가됩니다. 대표적으로 www.redgiant.com, borisfx.com 등이 있습니다.

예제로 익히기 | 디졸브 효과를 이용한 점프 컷(Jump Cut) 만들기

01 A 공간에서 B 공간으로 순간적으로 이동하는 점프 컷을 표현해보기 위해 [**학습자료**] – [**Video**] 폴더에 있는 [**Salad days02**] 파일을 가져와 타임라인에 적용한 후 시작점과 끝점을 배우가 화면 안으로 들어오기 시작하는 프레임 인(Frame In)과 완전히 나간 프레임 아웃(Frame Out) 장면까지 트리밍합니다.

02 단축키 [Ctrl] + [K] 키를 이용하여 그림처럼 배우가 화면에 어느 정도 들어온 상태의 지점과 밖으로 나가기 시작하는 지점을 잘라줍니다.

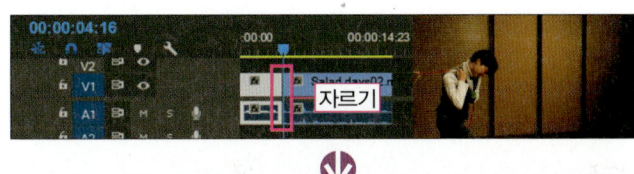

점프 컷의 장면은 기본적으로 픽스(고정) 촬영된 장면이어야 합니다.

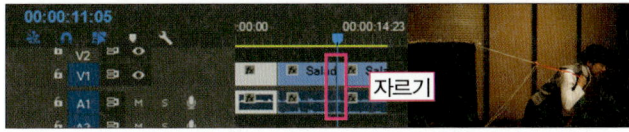

03 잘려진 장면(클립) 중 가운데 클립을 삭제합니다. 그다음 삭제된 공간을 뒤쪽 클립을 이동하여 메워주고, 남겨진 두 클립과 클립 사이에 [교차 디졸브] 효과를 적용합니다. 그러면 두 장면이 자연스럽게 오버랩되는 점프 컷이 완성됩니다.

최종 결과물 ▶

Lesson 10 오디오 편집

오디오 편집의 기본은 불필요한 부분을 트리밍하거나 볼륨 조절, 페이드 인/아웃, 채널 설정, 잡음(노이즈) 제거 등과 같은 작업들입니다. 오디오 편집 방법은 앞서 학습한 비디오 편집보다 단순하기 때문에 별다른 어려움 없이 익힐 수 있을 것입니다.

오디오 최적화하기

오디오 편집에 앞서 비디오에 포함된 오디오나 개별 오디오 클립에서 문제가 있는 부분은 먼저 수정을 한 후 편집을 하는 게 좋습니다. 편집 후 수정을 하게 되면 편집된 모든 클립들을 일일이 수정을 해주어야 하기 때문입니다. 일반적으로 오디오에 대한 문제는 촬영 시 생긴 노이즈(잡음), 레코딩 시 유입되는 험(Hum) 노이즈, 오디오 좌우 채널에 관한 문제, 소리가 지나치게 높거나 낮음 등이 있습니다. 만약 이러한 문제들이 있다면 확인 후 먼저 수정을 한 후 작업에 사용해야 합니다.

오디오 볼륨 균형 맞추기 – 노멀라이즈

작업에 사용하기 위해 가져온 비디오 클립 또는 오디오 클립들은 서로 다른 환경에서 제작되었기 때문에 모두 똑같은 볼륨을 갖고 있지 않을 가능성이 큽니다. 그러므로 모든 오디오는 편집 작업에 앞서 균형을 맞춰주어야 합니다. 학습을 위해 [학습자료] – [Multi-Cam] 폴더에 있는 두 [Multi-Cam01, 02] 클립을 가져와 타임라인에 나란히 적용해봅니다. 그러면 그림처럼 Multi-Cam01 클립의 오디오 파형(웨이브 폼)이 더 작다는 것을 알 수 있습니다.

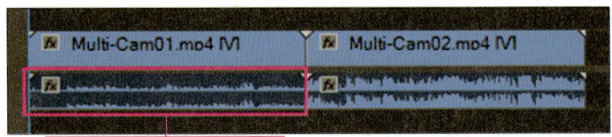

오디오 파형이 더 작은 상태

이제 표준 오디오 볼륨을 설정하기 위해 앞쪽 [Multi-Cam01] 클립 위에서 [오른쪽 마우스 버튼] – [오디오 게인] 메뉴를 선택합니다. 오디오 게인 설정 창이 열리면 기본적으로 [게인 조정] 옵션이 체크된 상태이며, 값은 0dB로 설정되어있습니다. 일단 여기에서는 그냥 기본 값으로 적용해봅니다. 그러면 해당 클립의 오디오 볼륨에 변화가 생기지 않았다는 것을 알 수 있습니다. 그 이유는 현재 오디오 클립에 대한 볼륨을 표준 상태로 인식하고 있기 때문입니다.

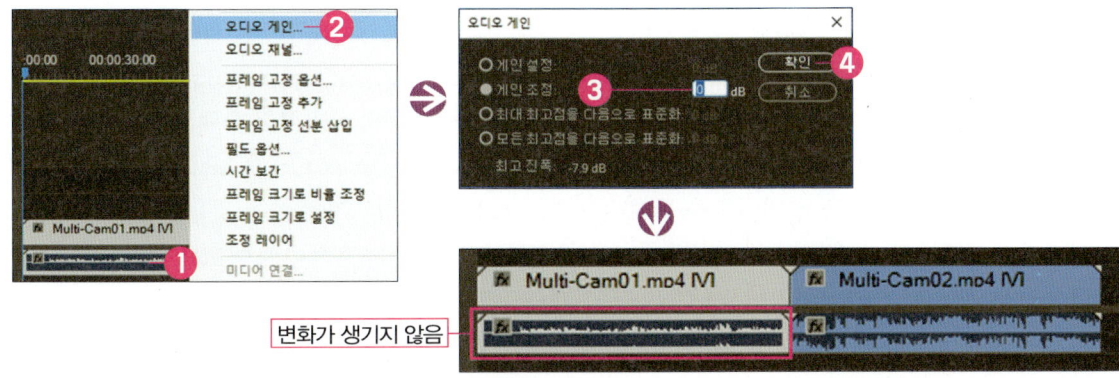

같은 방법으로 다시 한번 오디오 게인 설정 창을 열어준 후 이번에는 [최대 최고점을 다음으로 표준화] 옵션을 체크한 후 기본 값 그대로 적용해봅니다. 그러면 이제 해당 클립의 볼륨이 높아진 것을 알 수 있습니다.

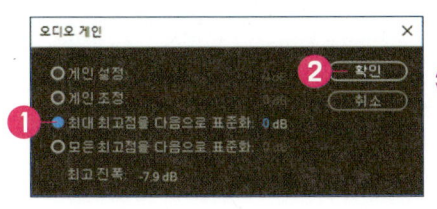
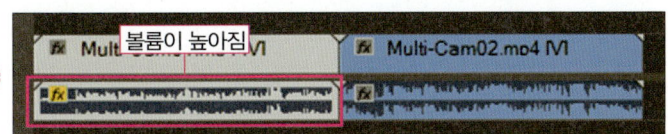

이와 같은 방법으로 표준 볼륨의 균형을 맞춰줄 수 있습니다. 하지만 프리미어 프로가 다른 편집 프로그램인 파이널 컷이나 베가스처럼 표준 볼륨을 찾지 못하는 것은 아쉬운 부분입니다.

게인 설정 게인 값을 원하는 값으로 설정할 수 있습니다. 이 옵션은 개별 값으로 조정되기 때문에 아래쪽 게인 조정에는 영향을 주지 않습니다.

게인 조정 게인 값을 원하는 값으로 설정할 수 있습니다. 이 옵션 값을 설정할 때 위쪽 게인 설정 값에도 영향을 줍니다.

최대 최고점을 다음으로 표준화 0.0dB 미만의 임의 값으로 설정할 수 있으며, 선택한 오디오 클립의 최대 진폭은 설정된 값으로 조정합니다. 예를 들어 최고 진폭이 −6dB인 하나의 오디오 클립의 최대 최고점을 다음으로 표준화 값이 0.0dB로 설정되어있을 경우 게인이 +6dB만큼 조정됩니다.

모든 최고점을 다음으로 표준화 0.0dB 미만의 임의 값으로 설정할 수 있으며, 선택한 오디오 클립의 최고 진폭은 설정된 값으로 조정합니다. 예를 들어 최고 진폭이 −6dB인 하나의 오디오 클립의 모든 최고점을 다음으로 표준화 값이 0.0dB로 설정되어있을 경우 게인이 +6dB만큼 조정됩니다.

오디오 볼륨 균형 맞추기 – 노이즈 제거

노이즈는 일반적으로 촬영 시 현장에서 생긴 것과 레코딩 시 유입된 전기 신호인 험(Hum) 노이즈 등이 있습니다. 촬영 현장에서 생긴 노이즈는 사람의 목소리나 악기 등과 유사한 주파수 대역을 가지고 있기 때문에 실제 사용되는 소리와 같은 시점에 유입됐을 경우에는 제거하기 어렵습니다. 예를 들어 인터뷰 도중 주위에 물건이 떨어지거나 다른 사람의 소리가 들렸을 경우에는 제거할 수 없다는 것입니다. 하지만 험 노이즈는 목소리나 악기와는 다른 주파수 대역을 가지고 있으며, 지속적인 형태로 유입되기 때문에 비교적 간단하게 제거할 수 있습니다. 학습을 위해 [학습자료] - [Video] - [Children] 클립을 가져와 타임라인에 적용한 후 들어(이어폰을 통해)보면 쉬~ 하는 험 노이즈가 들이는 것을 알 수 있습니다. 프리미어 프로에서는 오디오 효과의 [적응 노이즈 감소]라는 효과를 이용하여 노이즈를 제거할 수 있습니다. 오디오 효과의 [적응 노이즈 감소] 효과를 Children 클립에 적용합니다. 그리고 다시 들어보면 노이즈가 거의 들리지 않을 정도로 줄어든 것을 알 수 있습니다.

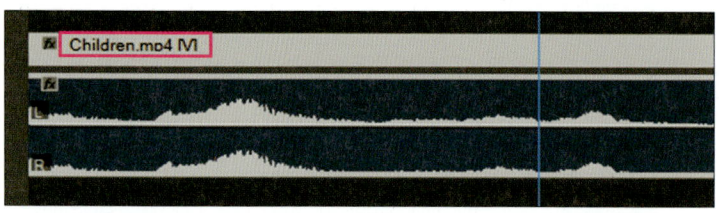 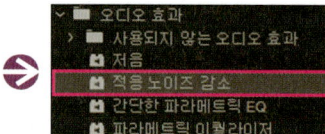

오디오 효과 또한 비디오 효과와 같은 방법으로 효과를 적용합니다.

만약 효과를 적용했는데도 노이즈 소리가 들린다면 효과 패널의 오디오 효과에서 방금 적용된 [적응 노이즈 감소] 효과의 [편집] 버튼을 클릭하여 노이즈에 대한 세부 설정을 할 수 있습니다. 이 부분은 여러분들이 직접 각 옵션들을 조절해가면서 가장 깨끗한 소리가 들릴 때까지 설정해보기 바랍니다.

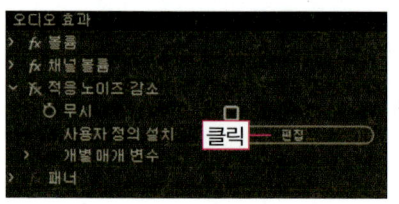 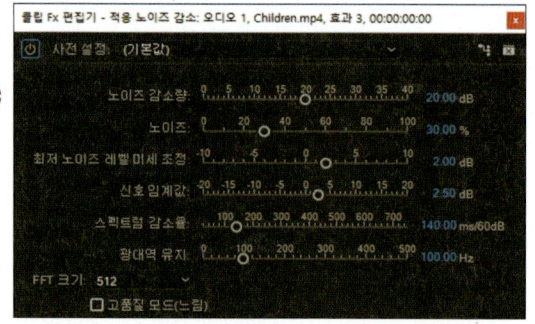

> **팁 & 노트** 전문 오디오 편집 프로그램인 오디션에 대하여
>
> 오디션(Audition)은 전문적인 오디오 편집을 위한 프로그램입니다. 만약 이 프로그램이 설치되어있다면 프리미어 프로를 사용하면서 오디오 부분에 대한 세부 편집을 하기 위해 사용할 수 있는데, 오디오 클립 위에서 [오른쪽 마우스 버튼]을 누르면 나타나는 메뉴에서 [Adobe Audition에서 클립 편집] 메뉴를 선택하면 새로운 오디오 클립이 생성되고, 오디션 프로그램이 실행됩니다. 이후 실행된 오디션에서 원하는 작업을 하면 되는데, 특히 오디션의 이펙트 프리셋을 사용하면 프리미어 프로의 노이즈 제거 효과보다 훨씬 정교한 노이즈 제거를 할 수 있습니다.

트리밍 편집과 볼륨 조절하기

오디오 클립의 트리밍은 기본적으로 비디오 클립의 트리밍과 동일하지만 볼륨 조절은 오디오 클립에서만 할 수 있는 작업으로써 오디오 클립 전체 또는 구간별로 설정할 수 있습니다.

오디오 클립 편집하기

기본적으로 오디오 클립 또한 비디오 클립처럼 소스 모니터와 타임라인에 갖다 놓고 편집을 하기 때문에 이 부분에 대해서는 생략하겠습니다. 학습을 위해 비디오에 오디오가 포함된 클립(Salad days01.mp4)을 하나 가져와 타임라인에 적용합니다. 오디오 편집도 마찬가지로 해당 클립의 인/아웃 포인트를 클릭 & 드래그하여 원하는 지점으로 트리밍하면 됩니다. 하지만 오디오는 소리를 들어야 정확하게 편집 점을 판단할 수 있기 때문에 일단 재생(스페이스바나 엔터 키)을 하여 들어보아야 합니다. 재생 후 편집 점이 결정됐다면 곧바로 편집을 하거나 마커를 적용해두었다가 나중에 편집할 수도 있습니다.

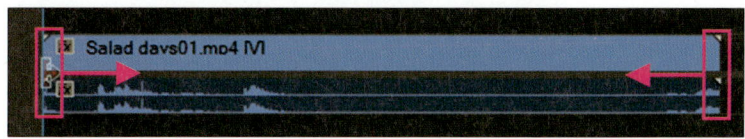

오디오 파형을 참고하면서 편집을 하고자 한다면 파형을 좀더 크게 보이도록 한 후 작업을 하는 것이 좋습니다. 해당 트랙 리스트 부분을 [더블클릭]하거나 트랙과 트랙 사이에 마우스 커서를 갖다 놓고 위/아래로 드래그하여 원하는 크기만큼 조절하면 됩니다.

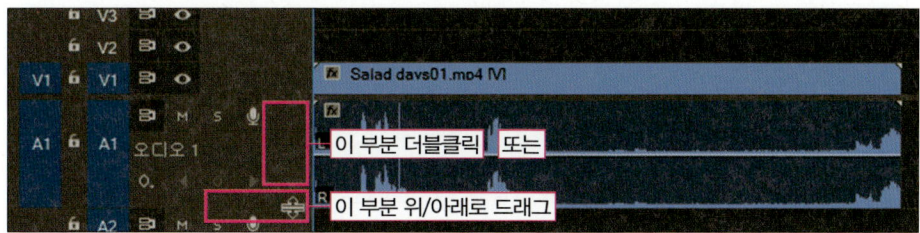

편집에 익숙해지면 오디오 파형의 모양을 보고서도 편집 점을 찾아줄 수 있습니다.

타임라인의 오디오 트랙을 크게 했는데도 오디오 클립의 파형 크기가 마음에 들지 않는다면 소스 모니터의 [설정] 버튼 메뉴에 있는 [오디오 파형] 메뉴를 선택하여 소스 모니터를 비디오가 아닌 오디오 파형으로 전환하여 편집할 수도 있습니다.

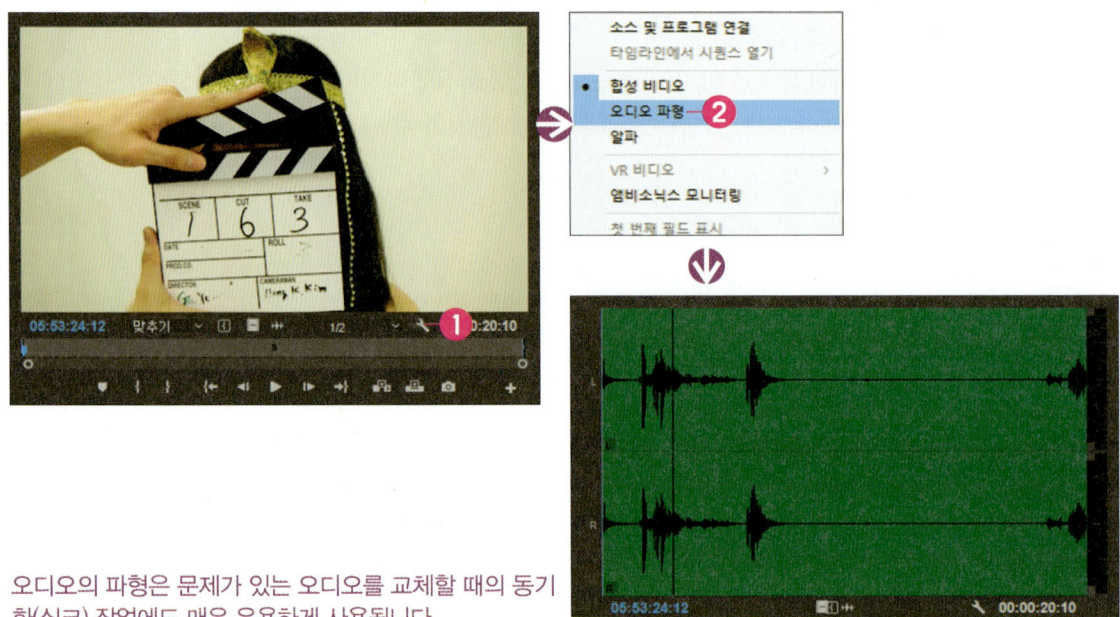

오디오의 파형은 문제가 있는 오디오를 교체할 때의 동기화(싱크) 작업에도 매우 유용하게 사용됩니다.

잘못된 오디오 교체하기

개별로 사용되는 오디오 클립 중 잘못된 클립은 그냥 삭제한 후 문제가 없는 것으로 바꿔주면 되겠지만 비디오에 포함된 오디오가 잘못되었을 경우에는 먼저 비디오와 오디오를 서로 분리해야 합니다. 학습을 위해 [학습자료] - [Video] - [Children] 파일을 가져와 타임라인에 적용한 후 클립 위에서 [오른쪽 마우스 버튼] - [연결 해제] 메뉴를 선택합니다.

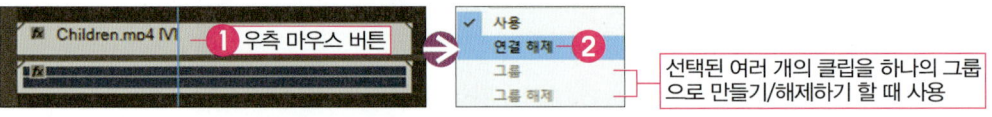

이제 분리된 클립 중 오디오 부분을 선택한 후 [Delete] 키를 눌러 삭제합니다.

계속해서 방금 삭제한 오디오와 대체할 오디오를 가져오기 위해 [학습자료] - [Audio] 폴더에 미리 준비된 [Children] 오디오 클립을 가져온 후 삭제된 오디오 트랙에 갖다 놓습니다.

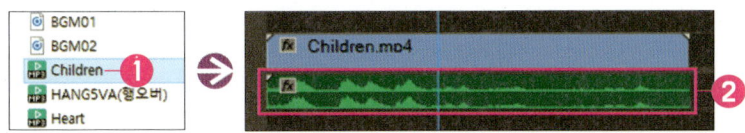

분리된 비디오와 오디오 합쳐주기

앞서 타임라인에 적용된 오디오 클립은 비디오 클립과 다른 것이기 때문에 독립적인 성향을 가지고 있습니다. 그러므로 완전히 하나의 클립으로 합쳐주어야 합니다. 이제 비디오와 오디오 클립을 모두 선택한 후 [오른쪽 마우스 버튼] - [연결] 메뉴를 선택하여 선택된 비디오와 오디오를 하나로 합쳐줍니다. 이로써 두 클립은 원래 하나였던 것처럼 합쳐졌습니다.

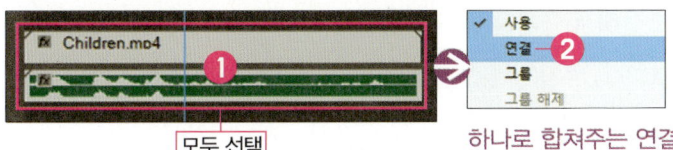

하나로 합쳐주는 연결과 그룹은 엄연히 다릅니다. 연결은 비디오와 오디오의 동기화 작업까지 할 수 있는 완전한 하나의 상태이지만 그룹은 단순히 하나로 합쳐 이동 및 삭제 등과 같은 작업을 위해 묶어 놓는 것이기 때문입니다.

오디오 채널 설정하기

오디오 채널을 설정하는 이유는 문제가 있는 채널을 제거하거나 채널(스테레오 채널인 경우)을 서로 교환할 때입니다. 만약 작업 중인 오디오 클립의 특정 채널에 문제가 있다면 해당 오디오 클립에서 [오른쪽 마우스 버튼] - [오디오 채널] 메뉴를 선택합니다. 클립 수정 설정 창이 열리면 오디오 채널 항목의 클립 1에서 L(왼쪽)과 R(오른쪽)을 체크하거나 해제하면 됩니다. 예를 들어 현재 사용되는 오디오의 L 채널에 문제가 있다면 L의 L을 해제하면 됩니다. 그러면 해당 채널에 대한 소리는 들리지 않게 됩니다. 이처럼 오디오 채널에 문제가 있다면 이와 같은 방법으로 설정을 할 수 있습니다.

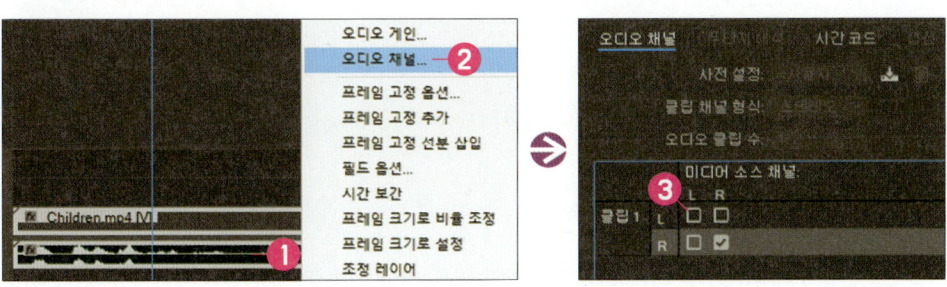

오디오 볼륨 조절하기 – 클립에서 직접 조절하기

오디오의 볼륨 조절은 오디오 클립에서 직접 조절하는 방법과 효과 컨트롤에 있는 오디오 효과의 볼륨에서 조절하는 방법 그리고 오디오 클립 믹서 패널에서 조절하는 세 가지 방법을 사용합니다. 학습을 위해 오디오 클립이나 오디오가 포함된 비디오 클립을 하나 가져와 타임라인에 적용합니다. 적용된 클립의 오디오 부분을 보면 파형만 보일 뿐 볼륨을 조절할 수 있는 상태는 아닙니다.

트랙, 즉 클립에서 직접 볼륨을 조절하기 위해서는 먼저 해당 트랙을 확대해야 합니다. 해당 트랙 리스트를 [더블클릭]하거나 직접 트랙의 크기를 조절해서 확대를 하면 그림처럼 오디오 클립 가운데에 수평으로 선이 하나 나타납니다. 이 선이 바로 볼륨 조절 선입니다. 이 선을 선택한 후 위/아래로 이동하면 볼륨이 조절되는데, 선이 위로 갈수록 볼륨이 높아집니다.

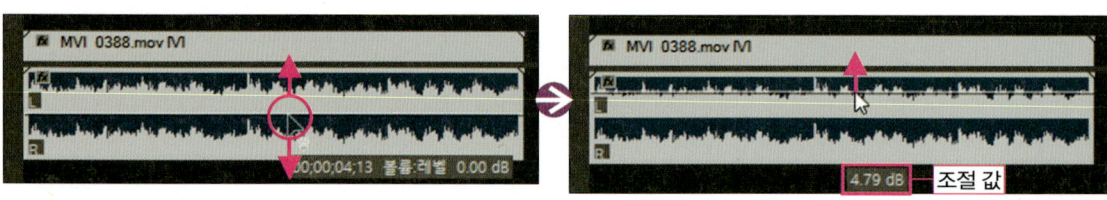

> **팁 & 노트** 클리핑(Clipping)과 오디오 미터에 대하여
>
> 지나치게 높은 볼륨은 클리핑 노이즈(Clipping Noise)가 발생됩니다. 클리핑은 볼륨, 즉 음량이 0dB을 넘어간다는 것을 의미하며, 클리핑 노이즈는 이렇게 0dB이 넘어버린 음량이 출력되면서 0dB 이하로 잘려나가서 생기는 일종의 변형된 음을 말합니다. 오른쪽 그림의 오디오 미터 상단을 보면 0데시벨이 넘은 부분이 빨간 피크로 나타난 것을 볼 수 있는데, 이것이 바로 클리핑되었다는 것을 의미합니다. 만약 이와 같은 현상이 발생되어 듣는데 문제가 생긴다면 볼륨을 낮춰 문제를 해결해야 합니다. 이렇듯 작업 전체의 오디오 볼륨을 확인하기 위해서는 오디오 미터를 열어놓고 작업을 하는 것이 좋습니다.
>
>

오디오 볼륨 조절하기 – 효과 컨트롤에서 조절하기

이번에는 효과 컨트롤 패널의 오디오 효과를 이용하여 볼륨을 조절해보도록 하겠습니다. 그러기 위해서는 오디오 클립을 선택(클릭)해야 합니다. 효과 컨트롤 패널이 나타나면 오디오 효과 항목의 레벨에서 볼륨을 조절할 수 있습니다. 레벨 값을 직접 입력하여 조절하거나 레벨 값 위에 마우스 커서를 갖다 놓고 클릭 & 좌우로 드래그하여 볼륨을 조절할 수도 있으며, 레벨 아래쪽의 슬라이더를 좌우로 이동하여 조절이 가능합니다.

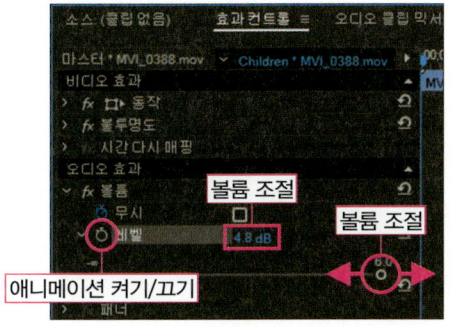

효과 컨트롤에서 볼륨을 조절할 때 주의할 점음 레벨 좌측에 있는 애니메이션 켜기/끄기가 켜져있는지 혹은 꺼져있는지 확인하는 것입니다. 이 기능은 기본적으로 켜져있는데, 켜진 상태에서 볼륨을 조절할 때 재생 헤드가 시작 프레임(0프레임)에 있지 않고 다른 시간대에 있게 되면 해당 지점에 키프레임이 생성되어 오디오 클립 전체에 대한 볼륨이 아닌 특정 시간대에 볼륨이 조절됩니다.

오디오 볼륨 조절하기 – 오디오 클립 믹서에서 볼륨 조절하기

마지막으로 오디오 클립 믹서를 이용하여 조절할 수도 있습니다. 오디오 클립 믹서를 보면 현재 사용되고 있는 오디오 트랙의 개수만큼 나타나는 것을 알 수 있습니다. 여기에서 해당 오디오 트랙의 볼륨을 조절하면 됩니다. 또한 오디오 클립 믹서에서는 볼륨뿐만 아니라 오디오 채널의 균형(Balance)를 설정할 수도 있습니다. 오디오 믹서 상단을 보면 파란색으로 L과 R이 있는데, L을 클릭하면 왼쪽 채널의 소리만 들리고, R을 클릭하면 오른쪽 채널의 소리만 들리게 됩니다.

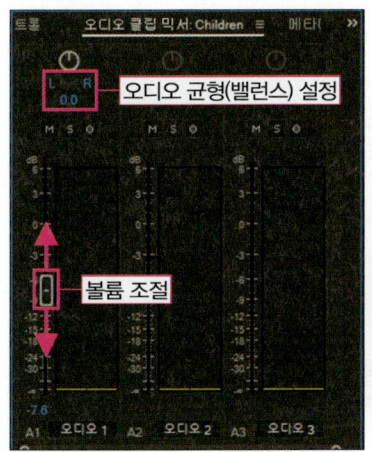
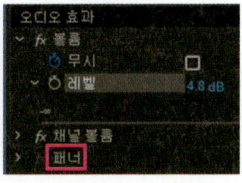

오디오 균형은 효과 컨트롤의 볼륨에 있는 [패너] 옵션과 같은 역할을 합니다.

시간에 따라 달라지는 볼륨 애니메이션 만들기 – 페이드 인/아웃 효과

볼륨에 키프레임을 사용하면 시간에 따라 볼륨이 달라지는 애니메이션을 만들어줄 수 있습니다. 이것은 시간에 따라 볼륨을 조절해야 하는 내레이션이 들어가는 작업에서 효율적으로 사용됩니다. 학습을 위해 앞서 가져온 클립을 그대로 사용해보겠습니다. 효과 컨트롤에서 재생 헤드를 시작 프레임으로 이동한 후 레벨 값을 가장 낮은 값으로 설정하여 소리가 들리지 않게 해줍니다. 그다음 [애니메이션 켜기/끄기]를 켜줍니다. 그러면 해당 시간에 키프레임이 생성됩니다.

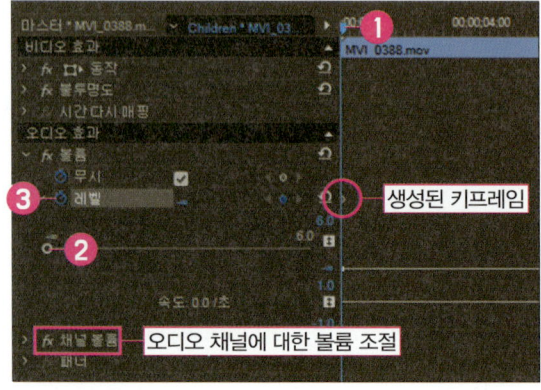

채널 볼륨을 사용하면 오디오의 각 채널(왼쪽/오른쪽)에 대해서도 개별적으로 볼륨을 조절할 수 있습니다.

계속해서 시간을 1초 뒤로 이동한 후 레벨 값을 기본 값인 0으로 설정합니다. 그러면 1초 지점에 키프레임이 추가됩니다. 이것으로 시작 프레임부터 1초까지 소리가 들리지 않았다가 서서히 커져 원래 상태로 들리게 됩니다. 이것을 페이드 인(Fade In)이라고 합니다.

이번에는 일정한 시간 동안 머물러있는 볼륨을 만들어주기 위해 시간을 7(끝나기 1초 전)초에 갖다 놓고, [키프레임 추가/제거]를 클릭합니다. 그러면 해당 시간대에 키프레임이 추가되는데, 추가된 키프레임은 이전 키프레임의 볼륨 값과 같기 때문에 볼륨에 대한 변화가 생기지 않습니다.

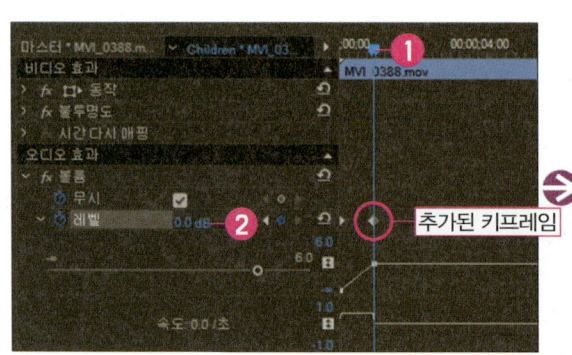 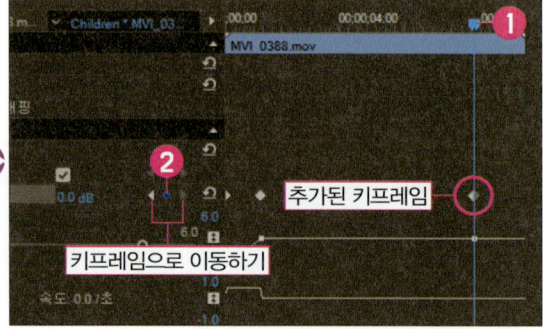

마지막으로 페이드 아웃(Fade Out)을 만들어주기 위해 시간을 마지막 프레임으로 이동한 후 레벨값을 가장 낮은 값으로 설정합니다. 그러면 역시 해당 시간대에 키프레임이 추가됩니다. 이와 같은 방법으로 오디오의 볼륨을 시간의 변화에 맞게 조절할 수 있습니다.

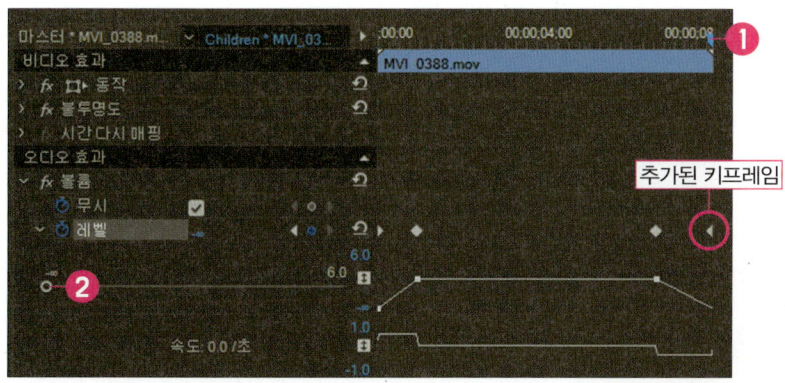

추가된 키프레임

> **팁 & 노트**   마스터 볼륨에 대하여
>
> 마스터 트랙은 시퀀스, 즉 타임라인에서 사용되는 모든 오디오 트랙에 대한 볼륨을 조절할 수 있습니다. 마스터 트랙을 사용하기 위해서는 채널 표시 아이콘를 더블클릭하여 트랙을 열어주어야 가능하며, 키프레임을 생성 및 추가하여 시간에 따라 볼륨 조절이 되는 애니메이션을 만들어줄 수도 있습니다.

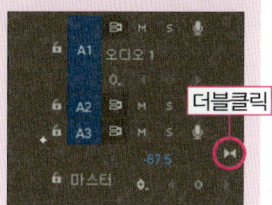

더블클릭

볼륨 패너 사용하기 – 스테레오 패너 사용하기

볼륨 패너(Panner)는 오디오의 채널(스테레오일 경우 좌우 채널)을 조절하기 위한 기능입니다. 이 팬을 이용하면 스피커를 통해 들리는 소리를 좌우로 설정할 수 있으며, 키프레임을 사용하여 시간에 따라 바뀌는 팬을 만들어줄 수도 있습니다. 팬을 사용하기 위해서는 해당 오디오 트랙의 [키프레임 표시] 버튼을 클릭하여 열리는 메뉴에서 [트랙 패너] – [균형]을 선택하면 됩니다. 균형을 선택하면 오디오 트랙의 가운데 수평선이 볼륨이 아닌 좌우 균형(패너) 설정을 위한 조절 선이 나타납니다. 이제 이 조절 선을 위/아래로 이동하여 좌우 채널의 비율을 설정할 수 있으며, 키프레임을 생성하여 시간에 따라 변하는 패너를 설정할 수도 있습니다.

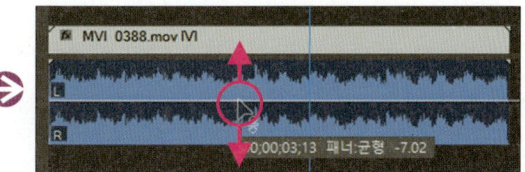

키프레임 표시에서는 클립 또는 트랙 키프레임에 대한 애니메이션 작업을 하기 위한 상태를 선택하여 열어줄 수 있습니다.

볼륨 패너 사용하기 – 5.1 서라운드 패너 사용하기

서라운드 패너(Surround Panner)는 앞서 살펴본 스테레오의 패너와는 다르데 기본적으로 5.1 채널을 갖게 되며, 초기 상태는 전방 좌우, 중앙, 후방 좌우, 우퍼(저음 : LFE) 채널의 위치가 모두 앞쪽 중앙으로 배치됩니다. 서라운드 채널은 일반적으로 전방위에서 입체적인 소리가 들리도록 하기 위해 사용됩니다. 5.1 서라운드 채널을 사용하기 위해서는 새로운 시퀀스를 만들 때 트랙 탭에서 오디오 항목의 마스터를 5.1로 설정해야 합니다.

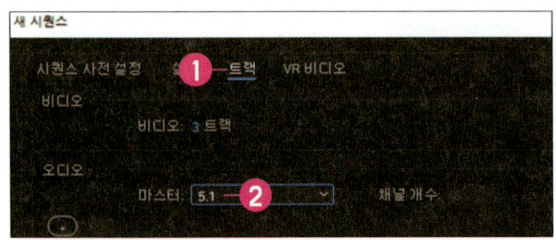

학습을 위해 [학습자료] – [Audio] 폴더에서 [헬리콥터, 헬리콥터-5.1] 파일을 가져옵니다. 그다음 먼저 [헬리콥터-5.1] 클립을 오디오 트랙에 적용합니다. 그러면 자동으로 5.1 채널 트랙에 적용되는데, 세부 설정을 위해 5.1 채널 표시 아이콘을 더블클릭하면 그림처럼 5.1 채널이 나타나는 것을 알 수 있습니다. 이렇듯 5.1 채널의 오디오 클립은 5.1개의 오디오 채널을 가지고 있다는 것을 알 수 있습니다. 재생하여 확인을 해보면 헬리콥터(소리)가 회전되면서 들리는 것을 알 수 있습니다.

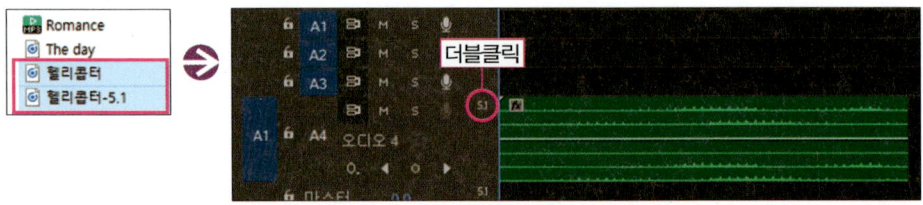

완전한 입체감을 느끼기 위해서는 5.1 서라운드 시스템(스피커)이 설치되어야 합니다.

이번에는 5.1 채널에 대한 설정을 하기 위해 앞서 적용했던 [헬리콥터-5.1] 클립은 삭제합니다. 그다음 [헬리콥터] 클립을 원하는 트랙에 적용합니다. 그러면 종전과는 다르게 단일 채널(모노)의 오디오라는 것을 알 수 있습니다. 이제 5.1 채널 설정을 하기 위해 해당 트랙 리스트를 [더블클릭]합니다.

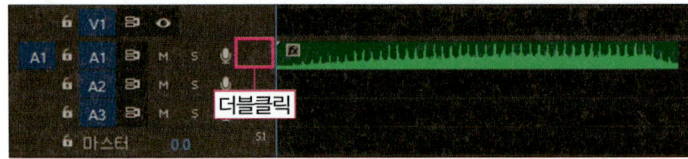

그다음 [키프레임 표시] 버튼을 클릭한 후 [트랙 패너] 메뉴를 보면 5.1 채널에 대한 각 채널(방향)을 선택할 수 있는 채널 메뉴가 있는 것을 알 수 있습니다. 여기에서 원하는 채널을 선택하여 설정을 할 수 있습니다. 여기에서는 [전방-후방]에 대한 채널을 설정해보기 위해 선택합니다.

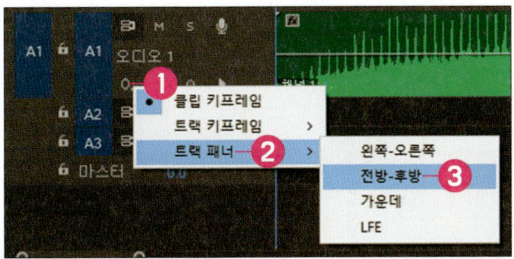

5.1 서라운드 채널 구조

5.1 채널 패너로 전환되면 재생 헤드를 시작 프레임으로 이동한 후 [키프레임 추가/제거] 아이콘을 클릭하여 키프레임을 생성합니다. 그다음 그림처럼 시간을 이동하여 전방-후방에 대한 소리 설정을 합니다.

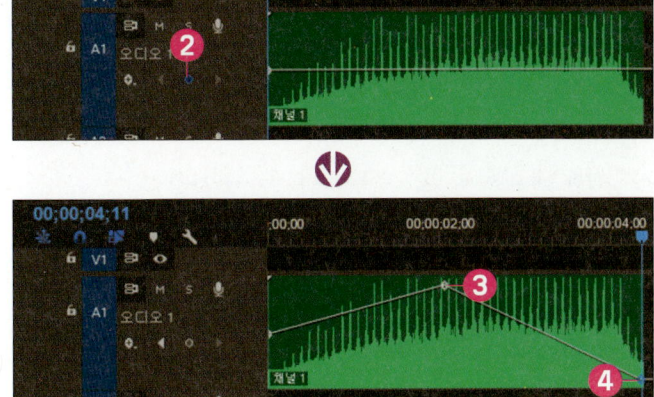

이와 같은 방법으로 5.1 채널에 대한 방향 설정을 할 수 있으며, 같은 방법으로 나머지 채널에 대해서도 설정을 해보기 바랍니다. 5.1 채널 오디오 파일을 만들기 위해서는 출력 시 오디오 채널을 5.1 채널로 설정하면 되는데, 이 부분은 최종 출력에 대한 학습을 참고하기 바랍니다.

마이크를 이용한 내레이션 녹음하기

오디오 작업에서 빼놓을 수 없는 것은 바로 마이크를 이용하여 목소리 녹음을 하는 내레이션 작업입니다. 내레이션 작업은 기본적으로 방음 장치가 잘 되어있는 전문 스튜디오에서 진행되지만 개인적으로도 이와 같은 조건이 충족된다면 방이나 사무실 같은 곳에서도 레코딩 작업이 가능합니다. 프리미어 프로에서의 레코딩 작업은 매우 간단합니다. 녹음을 하기 위해 해당 트랙의 [음성 더빙 기록] 버튼만 누르면 되기 때문입니다.

레코딩이 시작되면 마이크를 통해 녹음을 하면 되며, 녹음이 끝나면 다시 [음성 더빙 기록] 버튼을 누릅니다. 그러면 녹음이 끝나게 되며, 녹음이 끝난 후에는 해당 트랙에 오디오 클립이 만들어집니다.

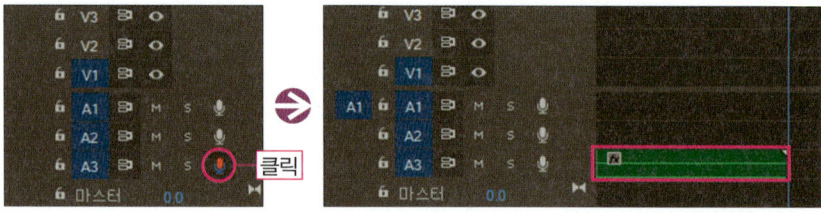

녹음된 파일은 프로젝트 패널에 등록되며, 원본 파일은 현재 프로젝트 파일이 있는 폴더에 저장됩니다.

팁 & 노트 레코딩 작업 시 소리가 들어오지 않는다면

마이크를 이용한 레코딩 작업 시 문제가 발생된다면 대부분 오디오 장치에 대한 설정에 문제가 있기 때문입니다. 만약 레코딩에 문제가 된다면 [편집] – [환경 설정] – [오디오 하드웨어] 메뉴를 선택한 후 기본 입력 장치에 대한 설정을 현재 사용되는 장치(사운드 카드)로 설정을 합니다. 그러면 사운드 카드에 대한 문제가 없는 한 레코딩 작업에 문제가 생기지는 않을 것입니다.

오디션을 이용한 노이즈 제거에 대하여

오디션은 전문 오디오 편집 프로그램으로써 프리미어 프로와 함께 사용하면 매우 유용합니다. 여기에서는 오디션을 이용하여 노이즈를 제거하는 방법에 대해 간단하게 살펴보도록 하겠습니다. 먼저 [학습자료] – [Audio] 폴더에서 [Noise] 파일을 가져와 타임라인에 적용합니다. 그다음 클립 위에서 [오른쪽 마우스 버튼] – [Adobe Audition] 메뉴를 선택합니다. 그러면 오디션 프로그램이 실행됩니다.

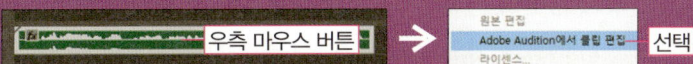

오디션에 적용된 오디오 클립 중 노이즈가 있는 구간을 드래그하여 선택한 후 [효과] – [노이즈 감소/복원] – [노이즈 프린트 캡처] 메뉴를 선택하여 선택된 영역에 대한 노이즈 분석을 합니다.

그다음 앞서 선택된 노이즈 구간을 해제합니다. 그리고 다시 [효과] – [노이즈 감소/복원] 메뉴에서 [노이즈 감소(프로세스)] 메뉴를 선택하여 설정 창을 열어줍니다. 여기에서는 앞서 노이즈 프린트 캡처 메뉴를 통해 분석을 했기 때문에 별도의 설정 없이 확인만 하고 [적용] 버튼을 누르고 나오기만 하면 됩니다. 최종 결과를 보면 설정된 주파수 대에 노이즈가 완전히 제거된 것을 알 수 있을 것입니다. 살펴본 것처럼 오디션은 노이즈 제거뿐만 아니라 전문 오디오 편집에 유용하게 사용됩니다.

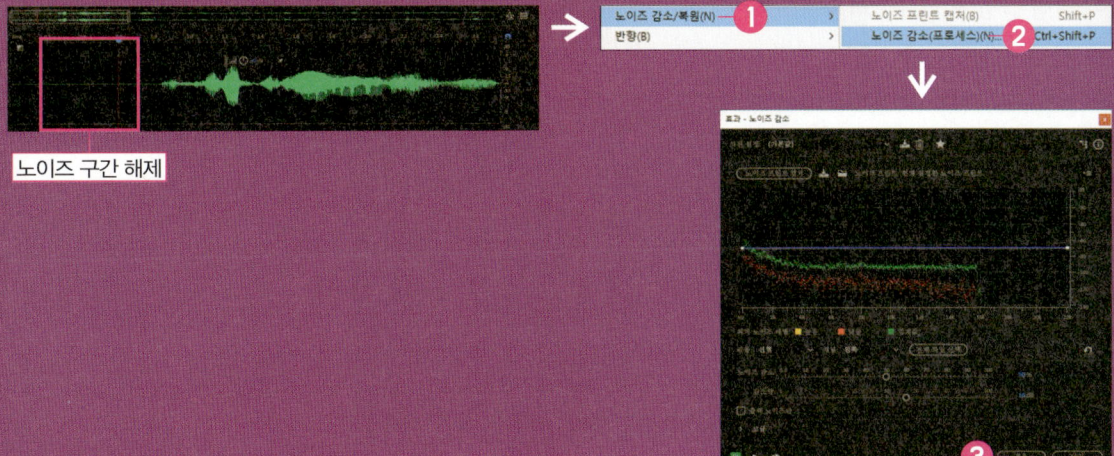

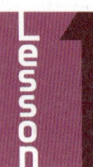

오디오 효과와 오디오 전환 효과

오디오 효과는 평범한 소리에 메아리처럼 울림을 주거나 목소리 변조, 주파수 대역을 조정한 음색 조정, 노이즈 제거 등의 다양한 소리로 표현할 수 있게 해줍니다. 프리미어 프로에서는 다양한 오디오 효과와 오디오 전환 효과를 제공합니다. 영상 편집에 있어 오디오 효과는 비디오 효과보다 비중은 높지 않지만 그래도 간과해서는 안될 중요한 부분입니다. 특정 장면에 적재적소로 사용되는 오디오 효과는 프로젝트의 완성도를 높일 뿐만 아니라 지루함을 없애주기 때문에 장면에 재미와 활기를 주어 더욱 몰입할 수 있도록 해줍니다.

오디오 효과 사용하기

프리미어 프로의 오디오 효과는 실용적으로 사용할 수 있는 중요한 효과들을 제공하며, 사용하기 위해서는 효과 패널을 열어주어야 합니다. 오디오 효과의 적용은 앞서 살펴본 비디오 효과에서처럼 효과를 직접 드래그하여 오디오 클립에 갖다 놓거나 적용될 클립을 선택한 후 적용할 효과를 더블클릭하는 것입니다. 또한 오디오 효과는 비디오 효과와는 다르게 재생 중에도 효과 설정이 가능하기 때문에 달라진 소리를 실시간으로 들어면서 작업을 할 수 있습니다.

주요 오디오 효과 살펴보기

프리미어 프로에서 제공되는 오디오 효과는 대부분 실용적으로 사용되는 것들입니다. 이번 학습에서는 주요 오디오 효과에 대해 살펴볼 것입니다. 여기에서 살펴보지 않은 나머지 효과들에 대해서는 여러분이 직접 클립에 적용하거나 어도비 웹사이트를 통해 살펴보기 바라며, 본 도서에서의 오디오 효과는 한글 버전이기 때문에 영문 버전의 이름과 위치가 다를 수 있다는 것을 참고하기 바랍니다.

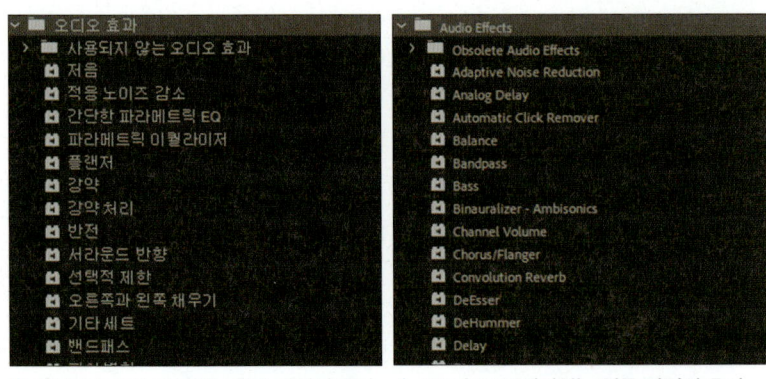

▲ 가나다순으로 되어있는 한글 버전의 효과   ▲ ABC순으로 되어있는 영문 버전의 효과

저음(Bass) 오디오를 저음으로 만들어줍니다. 증폭 값을 높이면 더욱 저음으로 바뀝니다.

적응 노이즈 감소(Adaptive Noise Reduction) 노이즈 주파수 대역을 분석하여 노이즈를 감소합니다. 편집을 통해 세부 설정을 할 수 있습니다.

파라메트릭 이퀄라이저(Parametric Equalizer) 이퀄라이저는 오디오 효과 중 가장 중요한 요소로써 주로 EQ라는 약자로 사용하며, 오디오의 주파수 대역을 설정하여 음색의 균형을 잡거나 음색 변조를 위해 사용됩니다. EQ의 사용 방법은 보정하고자 하는 주파수를 선택한 후 설정하면 되는데, 편집기를 열어놓은 후 보정하고자 하는 주파수를 상하로 이동하여 원하는 음색을 찾으면 됩니다. 가장 손쉬운 설정 방법은 음색 조정 시 해당 주파수를 선택한 후 최대로 끌어 올린 다음 서서히 내리면서 자신이 원하는 음색이 나올 때까지 낮춰주는 형태로 설정하는 것입니다.

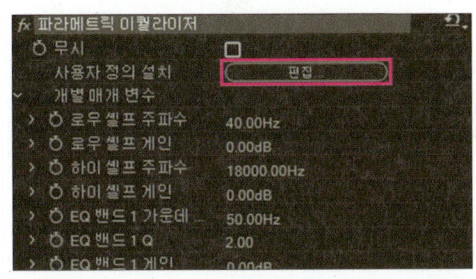 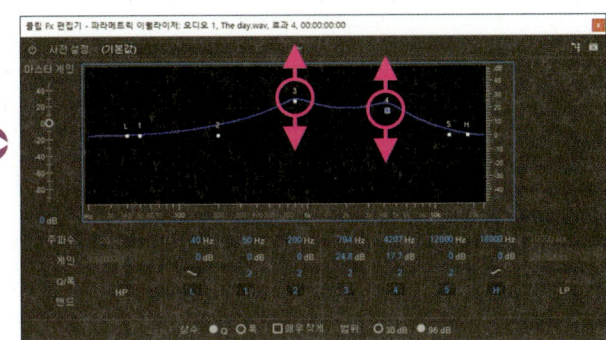

Eq는 주파수 청음 훈련이 되어있는 전문 엔지니어일 경우에는 곧바로 조정이 가능하지만 훈련이 되어있지 않은 작업자라면 아래 표의 수치를 통해 조정하기 바랍니다.

악기	주파수(Hz)	dB 증감	목적
목소리	150	+2~3	꽉 찬 느낌을 줍니다.
	200~250	-2~3	먹먹한 느낌을 줍니다.
	3K	+2~4	깨끗한 느낌을 더합니다.
	5K	+1~2	존재감을 더합니다.
	7.5~10K	-2~3	치찰음을 줄여줍니다.
	10K	+2~3	호흡감과 밝은 느낌을 더합니다.

플랜저(Flanger) 원음과 쇼트 딜레이시킨 음을 혼합하여 딜레이 타임을 주기적으로 변화시켜 음이 회전하는 듯한 효과를 냅니다. 플랜저는 풍부한 사운드를 가진 기타, 피아노, 심벌 등에 주로 사용되며, 때론 소음에 가까운 악기의 소리를 변화시킬때에도 사용됩니다.

강약(Dynamics) 작은 소리 영역이 증폭되어 오디오 볼륨의 편차를 보정할 수 있습니다.

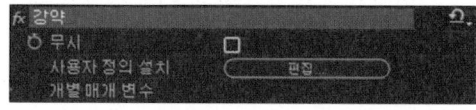

반전(Invert) 오디오 채널의 위상을 반전합니다. 이 효과는 5.1, 스테레오 또는 모노 클립에 대해 사용할 수 있습니다.

서라운드 반향(Surround Reverb) 5.1 서라운드 채널의 오디오에 대한 잔향(울림)을 만들어줍니다.

피치 변환(Pitch Shifter) 음의 높/낮이(키)를 조정할 수 있습니다. 때론 피치를 놓친 음을 원음과 혼합해서 코러스 효과를 얻는 데에도 사용됩니다.

멀티밴드 압축기(Multiband Compressor) 소리를 보다 균일하고 선명하게 만들어줍니다.

멀티탭 지연(Multitap Delay) 에코(반사음) 효과를 최대 4개까지 사용할 수 있습니다.

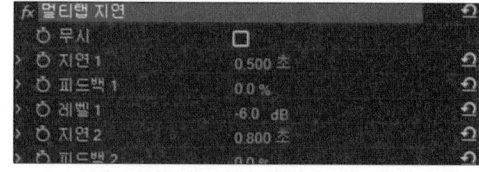

왜곡(Distortion) 오디오 신호을 극단적으로 증폭시킴으로 소리가 찌그러지는 효과를 얻을 수 있습니다. 예로는 메가폰, 락(Rock), 전화기, 텔레비전, 워키토키, 기타(Guitar) 톤 등이 있습니다.

디에서(DeEsser) 녹음할 때 생기는 [스스] 또는 [쉬~] 하는 소리를 제거합니다.

코러스/플랜저(Chorus/Flanger) 원음에 딜레이로 소리를 만든 후 음정에 미세한 차이를 만들어 합창 효과를 만드는 코러스와 플랜저 효과를 동시에 사용할 수 있습니다.

균형(Balance) 오디오의 왼쪽 또는 오른쪽 채널의 상대 볼륨을 제어할 수 있습니다.

보컬 향상(Vocal Enhancer) 음성 삽입 녹음의 품질을 향상시킵니다. 여성 및 남성 모드를 설정하면 치찰음과 파열음이 자동으로 감소되고 낮은 럼블과 같은 마이크 사용으로 인한 소음도 줄어듭니다.

자동 클릭 제거(Automatic Click Remover) 녹음 시 생기는 클릭(틱~) 노이즈를 제거합니다.

지연(Delay) 메아리처럼 원음 뒤로 원음과 같은 음이 반복되는 효과를 만들어줍니다.

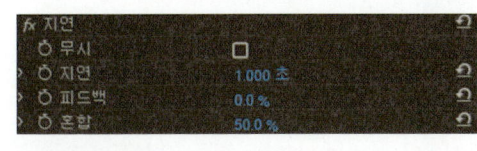

페이저(Phaser) 원음을 딜레이로 소리를 만든 후 소리의 위상 위치를 규칙적으로 조절함으로써 소리의 변화를 줍니다.

오디오 전환 효과 살펴보기

오디오 전환 효과는 오디오와 오디오가 바뀔 때 두 오디오 클립 사이에 적용하는 효과로써 비디오의 장면전환 효과와 유사합니다. 프리미어 프로에서는 세 가지의 오디오 전환 효과를 제공하는데, 세 가지 모두 오디오가 자연스럽게 전환되는 크로스 페이드 방식입니다. 여러분이 직접 적용하여 비교를 해보기 바랍니다.

Lesson 12 자막(타이틀) 제작

타이틀(자막)은 장면에 부가적인 설명과 뉴스를 전달하기 위해 사용하며, 최근엔 영상의 심미적인 요소를 위해서도 사용됩니다. 예를 들어 출연자의 얼굴이 빨개지는 장면이나 두꺼운 입술, 쫑긋한 귀 그밖에 코믹적이거나 감정을 전달하는 등의 극적인 장면을 연출하기 위해 사용됩니다. 프리미어 프로에서는 기본 정지 자막과 모션 그래픽 템플릿 등의 자막을 제공합니다.

정지 자막 만들기

정지 자막은 애니메이션되지 않는, 즉 움직이지 않는 자막으로써 주로 처음 시작할 때 사용되는 타이틀이나 특정 장면(사람, 동물, 제품 등)에 대한 소개를 하기 위한 목적으로 사용됩니다. 프리미어 프로에서는 작업 도구 바의 문자 도구를 이용하여 간편하게 정지 자막을 만들 수 있습니다. 학습을 위해 [학습자료] - [Project] - [행오버] 프로젝트를 실행합니다. 이 프로젝트는 여러 개의 클립들을 편집해놓은 상태이며, 앞쪽에 컬러 바와 카운팅 리더 클립이 적용된 상태입니다. 이제 정지 자막을 만들어주기 위해 도구 바에서 가로로 글자를 입력하기 위해 [문자 도구]를 선택합니다. 그다음 자막이 적용될 지점에 재생 헤드를 갖다 놓습니다.

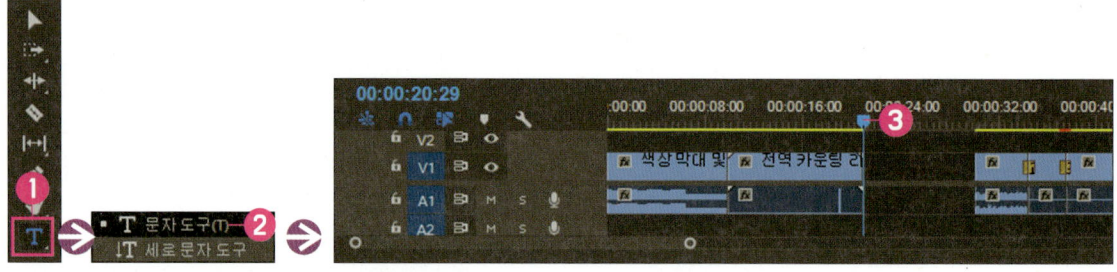

그다음 마우스 커서를 프로그램 모니터에 갖다 놓고 클릭하면 자막(글자)이 입력될 수 있는 상태로 전환됩니다. 이 상태에서 원하는 글자를 입력합니다.

자막을 입력하면 편집된 비디오 클립 트랙 위쪽의 재생 헤드가 위치한 지점에 자막 클립이 생성됩니다. 자막 클립의 길이는 기본적으로 5초(필자를 10초로 설정했기 때문에 10초)로 사용됩니다.

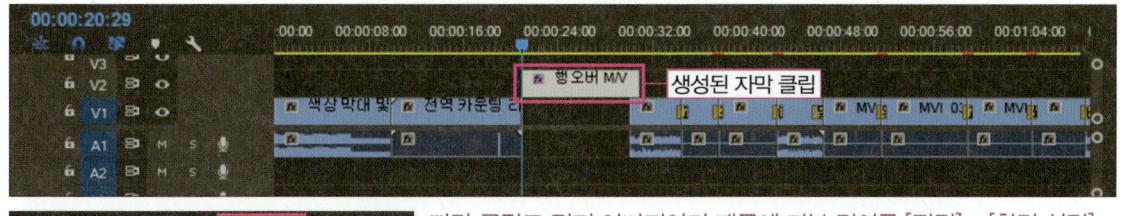

자막 클립도 정지 이미지이기 때문에 기본 길이를 [편집] – [환경 설정] – [타임라인]의 [스틸 이미지 기본 지속 시간]에서 설정할 수 있습니다.

이제 적용된 자막의 길이를 아래쪽 빈 트랙의 길이만큼 조절해주고, 자막의 글꼴과 색상 등을 바꿔주기 위해 [선택 도구]를 선택합니다. 그러면 기본적으로 자막이 선택됩니다. 그다음 효과 컨트롤 패널의 텍스트 항목에서 글꼴과 색상, 크기, 위치 등을 설정합니다.

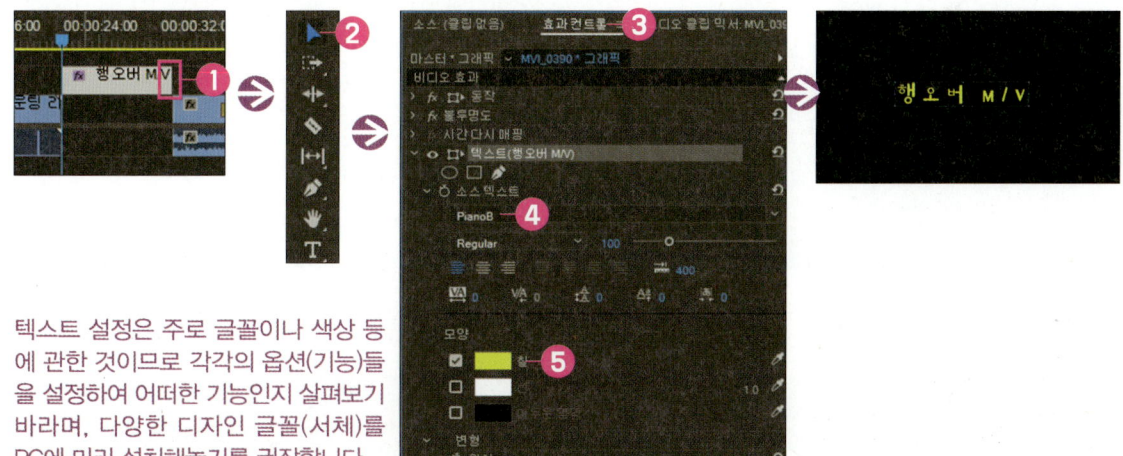

텍스트 설정은 주로 글꼴이나 색상 등에 관한 것이므로 각각의 옵션(기능)들을 설정하여 어떠한 기능인지 살펴보기 바라며, 다양한 디자인 글꼴(서체)를 PC에 미리 설치해놓기를 권장합니다.

페이드 인/아웃되는 자막 만들기

정지 자막은 움직이지 않는 자막이지만 자막이 처음 나타날 때와 끝날 때는 특별한 상황을 제외하고는 갑자기 나타나는 것보다는 서서히 나타났다 사라지는 것이 좋습니다. 이제 페이드 인/아웃되는 자막을 만들기 위해 효과 컨트롤의 재생 헤드를 시작 프레임으로 이동한 후 불투명도 값을 0으로 설정하여 자막을 투명하게 해줍니다. 그다음 시간을 1초 정도 뒤로 갖다 놓고, 불투명도를 100으로 설정하여 자막이 다시 나타나도록 해줍니다. 그러면 1초 동안 자막이 서서히 나타나게 됩니다.

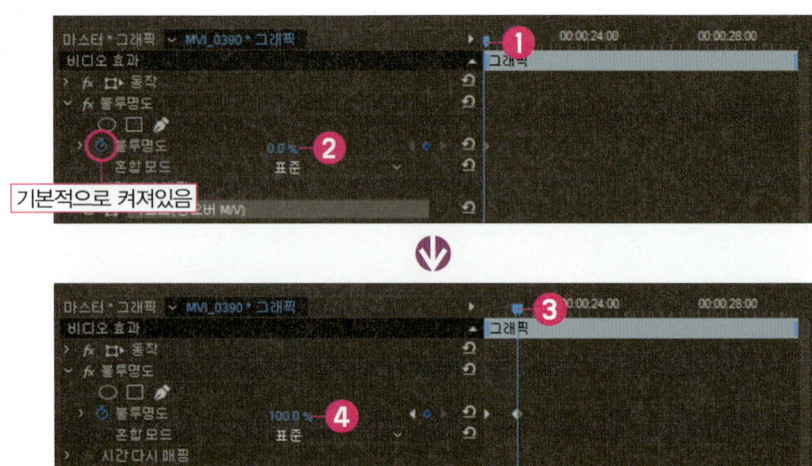

같은 방법으로 자막이 끝나는 모습을 페이드 아웃으로 만들어줍니다. 여기에서는 페이드 아웃되기 직전의 키프레임이 두 번째 키프레임과 같은 값의 불투명도를 유지해야 합니다.

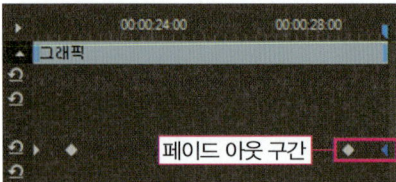 

동일한 속성 값(불투명도)의 키프레임을 만들어주기 위해서는 키프레임 추가/제거 버튼을 이용거나 해당 키프레임을 복사/붙여넣기 하면 됩니다.

프리뷰 ▶

팁 & 노트 교차 디졸브를 이용한 페이드 인/아웃 효과 만들기

보통 자막의 시작과 끝나는 장면을 불투명도 값을 설정하여 페이드 인/아웃으로 만들어주지만, 비디오 전환 효과의 교차 디졸브를 자막 클립의 시작과 끝 지점에 적용하여 같은 장면(페이드 인/아웃)을 얻을 수도 있습니다.

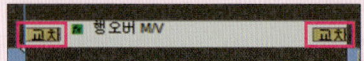

움직이는 모션(크레딧 롤, 크롤) 자막 만들기

앞서 학습한 정지 자막 또한 키프레임을 사용하여 움직이는 모션 자막으로 만들어줄 수도 있지만 기본적으로 모션 자막은 아래에서 위로 움직이거나 좌우 수평으로 흐르는 자막을 사용하기 때문에 이번 학습에서 살펴볼 크레딧 롤과 크롤 자막을 활용하여 보다 간편하게 모션 자막을 만들어주는 것이 좋습니다. 살펴보기 위해 [파일] - [새로 만들기] - [레거시 제목] 메뉴를 선택합니다. 그다음 새 제목 설정 창에서 적당한 이름을 입력합니다.

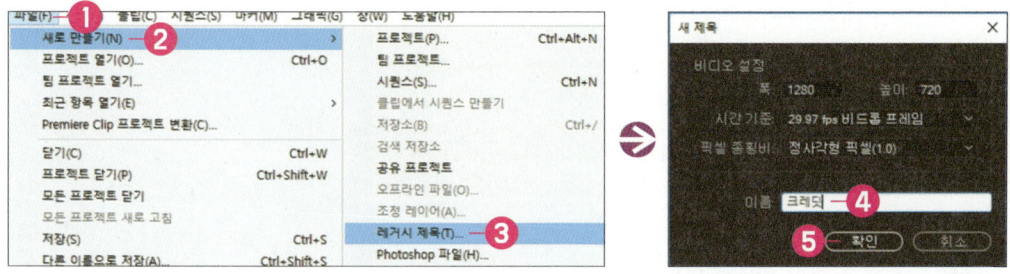

레거시 제목은 예전부터 사용하던 레거시 제목 디자이너(타이틀 디자이너)를 사용하여 자막을 만들 수 있게 해줍니다. 이때 사용하는 규격은 일반적으로 현재 시퀀스 규격과 같습니다.

위로 올라가는 크레딧 롤 자막 만들기

레거시 제목 디자이너 창이 열리면 일단 문자 도구를 사용하여 그림처럼 크레딧 롤 자막을 만들기 위한 글자를 입력해줍니다.

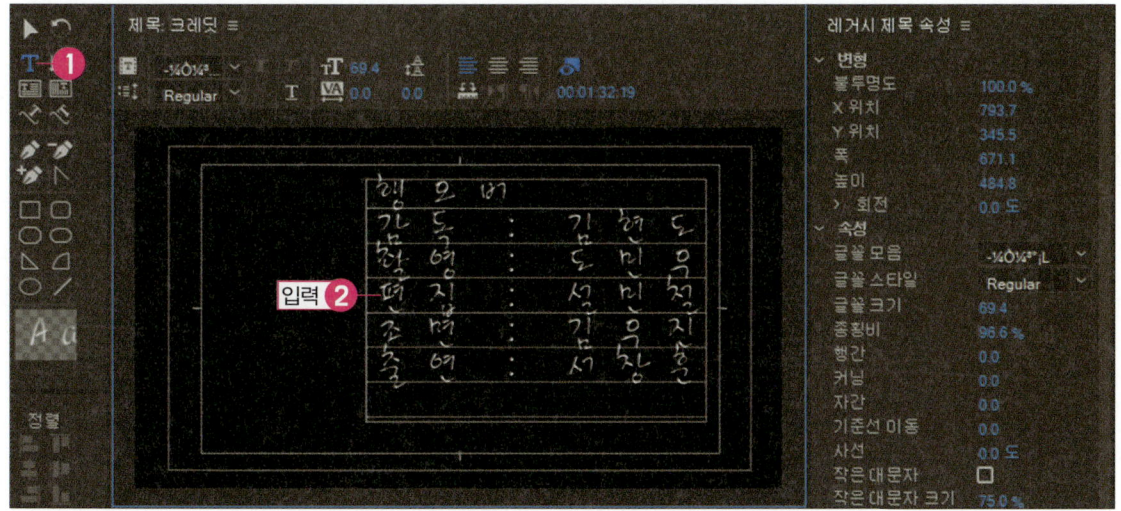

레거시 제목 디자이너에서 제작된 자막은 기본적으로 프로젝트 패널의 자막 클립 소소로 등록되며, 사용하기 위해서는 원하는 비디오 트랙에 갖다 놓으면 됩니다.

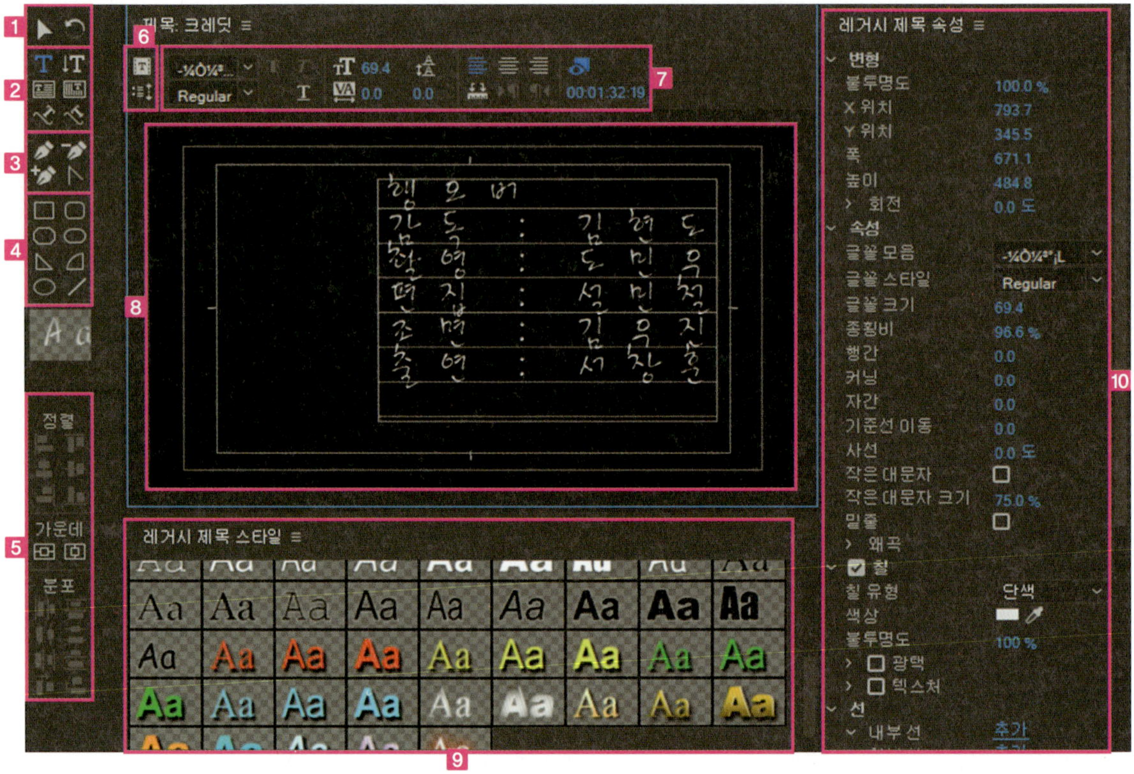

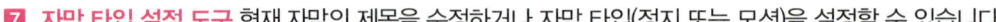

1. **선택 및 회전 도구** 글자 및 도형을 선택하고 회전할 수 있습니다.

2. **글자 입력 도구** 다양한 방법으로 글자를 입력할 수 있는 도구와 자막 선택 및 이동, 회전하는 도구를 제공합니다.

3. **펜 도구** 원하는 모양의 도형(그림)을 만들 수 있습니다. 펜 도구 중 맨 아래쪽의 패스 문자 도구는 패스를 만든 후 글자를 입력하면 패스 모양에 글자가 입력됩니다. 펜 도구 활용법은 해당 학습(274페이지)을 참고 하십시오.

▲ 패스에 입력된 글자

4. **기본 도형 도구** 사각형, 원, 삼각형, 선 등의 기본 도형을 만들 수 있습니다.

5. **객체 정렬 도구** 선택된 자막 및 도형들을 특정 위치로 정렬시켜줍니다.

6. **작업 공간** 자막을 입력하고 도형을 만들 수 있는 작업 공간입니다.

7. **자막 타입 설정 도구** 현재 자막의 제목을 수정하거나 자막 타입(정지 또는 모션)을 설정할 수 있습니다.

8. **글자 속성 설정 도구** 자막에 사용되는 글자의 글꼴, 크기, 자간, 정렬 방식 등을 설정할 수 있습니다.

9. **레거시 제목 속성** 자막(글자)의 세부 속성을 설정합니다. 입력(선택)된 글자의 불투명도, 위치, 크기, 회전 등을 설정하며, 자간 및 행간, 글자 색상, 테두리, 그림자, 배경 등과 같은 다양한 설정을 할 수 있습니다.

10. **레거시 제목 스타일** 기본적으로 제공되는 글자 스타일을 사용할 수 있습니다. 글자 입력 후 여기에서 제공되는 스타일을 클릭(선택)하면 선택된 글자의 스타일이 바뀌게 됩니다. 또한 새로 설정한 스타일을 등록하여 사용할 수도 있습니다. 새로운 스타일 등록은 플라이아웃 메뉴에서 [새 스타일] 메뉴를 이용하면 됩니다.

선택 도구를 이용하여 앞서 입력된 글자를 선택합니다. 그다음 적당한 글꼴, 크기, 행 간격을 설정한 후 위치를 그림처럼 오른쪽으로 이동합니다.

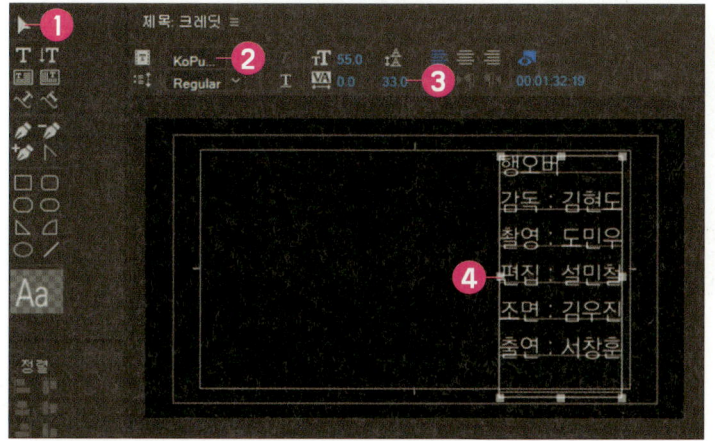

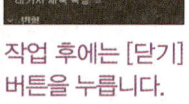

작업 후에는 [닫기] 버튼을 누릅니다.

이제 방금 만든 자막(크레딧)을 프로젝트 패널에서 드래그하여 그림처럼 작업에 사용된 마지막 클립(트랙) 위쪽 트랙에 적용합니다. 그러면 해당 트랙의 장면 위로 자막이 나타납니다. 하지만 지금의 자막은 움직임이 없는 정지 자막이라는 것을 알 수 있습니다. 이제 위로 이동되는 크레딧 롤 자막으로 전환하기 위해 자막 클립을 [더블클릭]합니다.

자막의 수정은 해당 자막 클립을 더블클릭하는 것입니다.

그러면 다시 레거시 제목 디자이너 창이 열립니다. 열린 제목 디자이너 창의 배경을 보면 현재 위치한 자막 클립 아래쪽 트랙의 영상이 나타나는 것을 알 수 있습니다. 이제 위로 올라가는 크레딧 롤 자막으로 전환하기 위해 [롤/크롤 옵션 도구(버튼)]를 클릭합니다. 롤/크롤 옵션 창이 열리면 제목 유형을 스틸에서 [롤]로 선택(체크)합니다. 그다음 타이밍(프레임)을 [화면 밖에서 시작]과 [화면 밖에서 종료]를 모두 체크합니다. 그러면 자막이 화면 아래쪽 화면 밖에서 시작해서 위쪽 화면 밖으로 나가는 롤 자막이 만들어집니다.

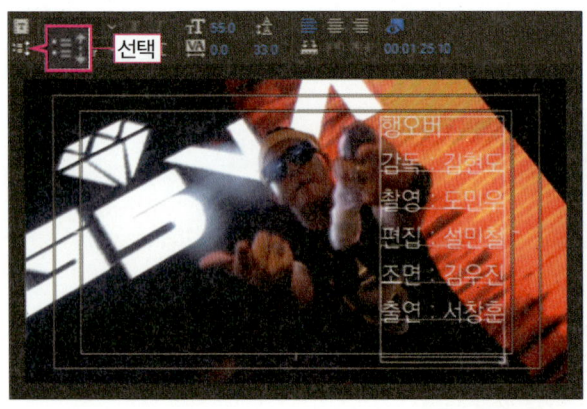 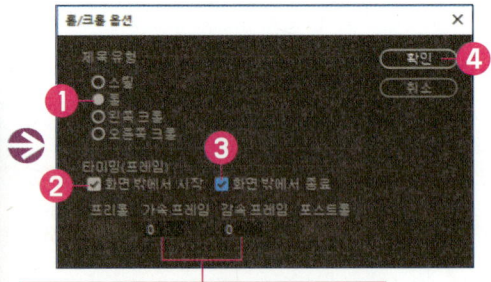

설정이 끝나면 레거시 제목 디자이너 창을 닫고 확인을 해보면 자막이 아래에서 시작하여 위쪽 화면 밖으로 사라지는 크레딧 롤 자막이 만들어진 것을 알 수 있습니다. 이렇듯 레거시 제목 디자이너를 이용하면 움직이는 롤 형태의 자막을 쉽게 만들어줄 수 있습니다.

프리뷰

수평으로 흐르는 크롤 자막 만들기

레거시 제목 디자이너를 이용하면 수평으로 흐르는 크롤 자막도 쉽게 만들어줄 수 있습니다. 크롤 자막도 크레딧 롤 자막과 마찬가지로 [파일] – [새로 만들기] – [레거시 제목] 메뉴를 이용하여 새 제목(크롤)을 만든 후 그림처럼 작업 영역 아래쪽에 글자를 길게 입력합니다.

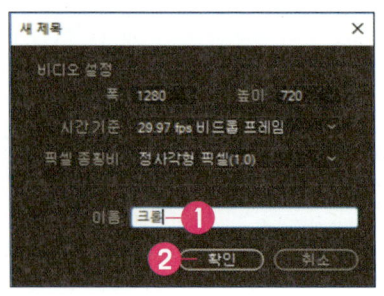 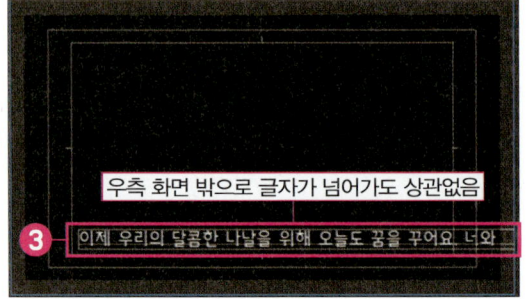

지금은 아직 정지 자막 상태입니다. 그러므로 [롤/크롤 옵션] 도구를 클릭하여 설정 창을 열어준 후 왼쪽으로 흐르는 자막을 위해 [왼쪽 크롤]을 체크합니다. 그다음 타이밍을 [화면 밖에서 시작/종료]를 모두 체크하고 적용합니다.

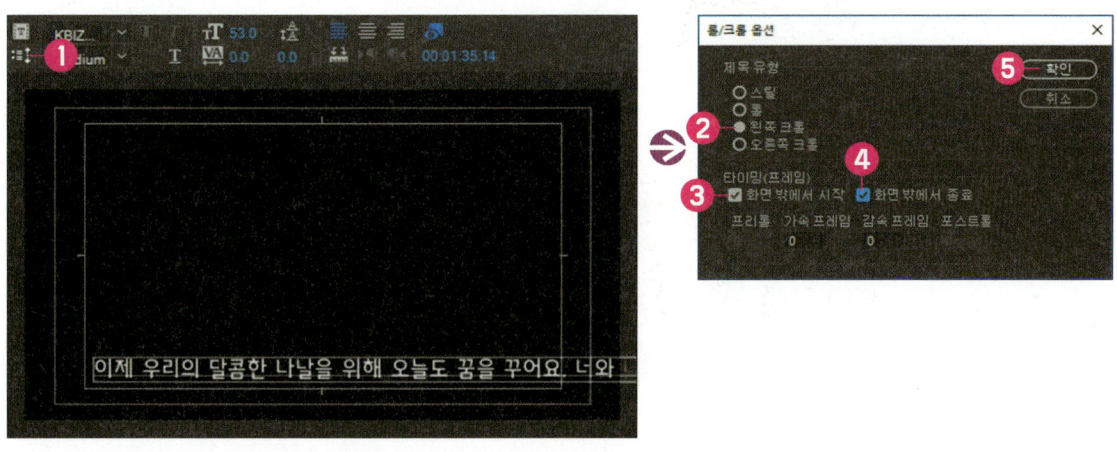

팁 & 노트 보호 여백(타이틀/액션 세이프 존)에 대하여

자막 작업을 위한 작업 영역 가장자리를 보면 2개의 사각형 박스가 나타나는데, 바깥쪽은 화면 안전 영역(Action Safe Zone)으로 화면, 즉 장면을 보호하기 위한 영역이며, 안쪽은 타이틀 안전 영역(Title Safe Zone)으로 자막을 보호하기 위한 영역입니다. 그러므로 중요한 장면이나 자막이 플레이어(TV 화면) 화면에서 잘려나가지 않도록 타이틀/액션 세이프 존에서 중요한 장면과 자막이 벗어나지 않도록 해주어야 합니다.

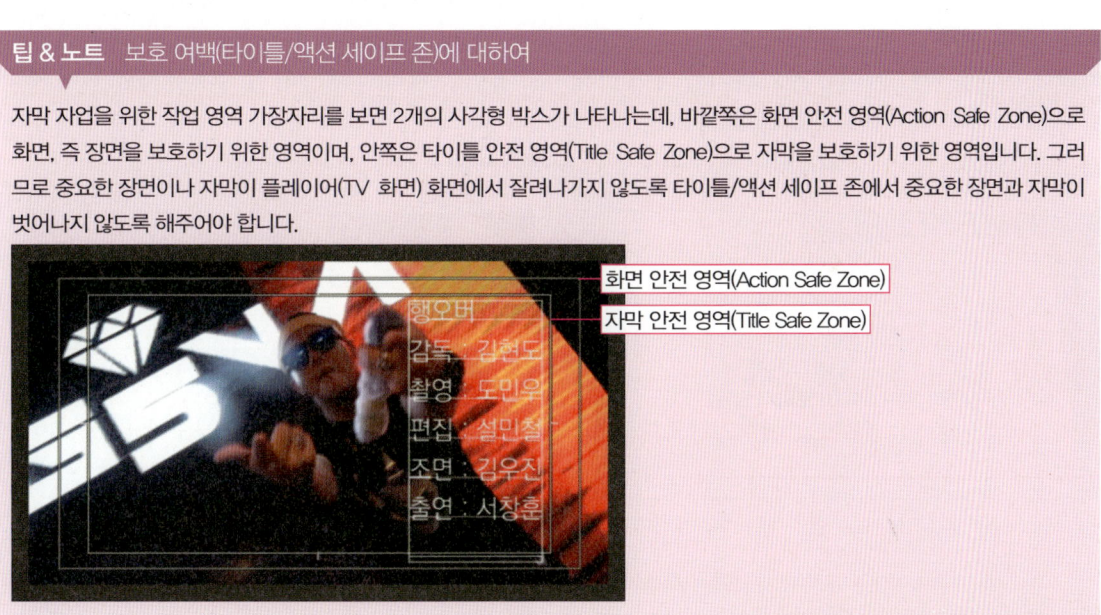

크롤 자막이 완성되면 레가시 제목 디자이너 창을 닫고 프로젝트 패널에 등록된 크롤 자막을 다음의 그림처럼 타임라인에 적용합니다. 그리고 확인을 해보면 우측 화면 밖에서 시작해서 좌측 화면 밖으로 나가는 크롤 자막이 만들어진 것을 확인할 수 있습니다.

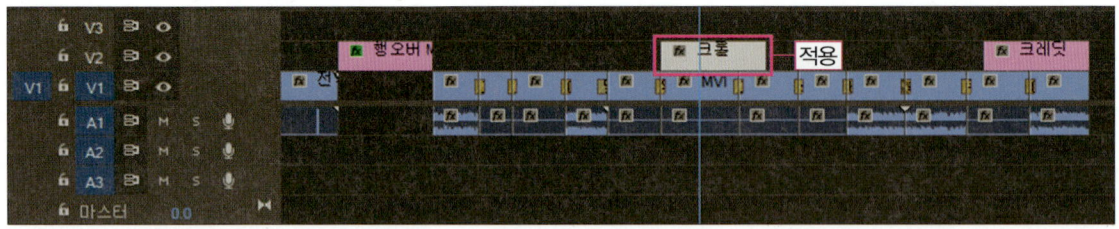

프리뷰 ▶

자막 배경 만들기

자막에 배경을 만드는 이유는 그림처럼 자막 아래쪽의 장면과 자막의 색상이 같거나 유사했을 때 자막을 읽을 수 없게 되는 경우입니다. 자막 배경을 만드는 방법은 편집 도구 바에서 사각형 도구를 사용하면 됩니다. [사각형 도구]를 선택한 후 자막이 흐르는 영역보다 약간 큰 사각형을 만들어줍니다.

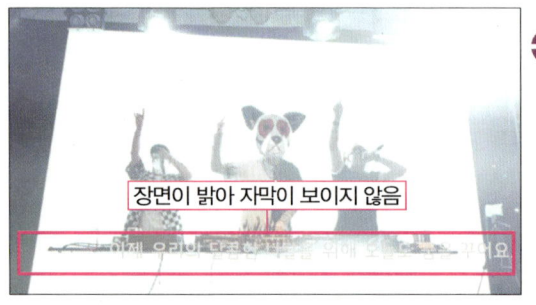

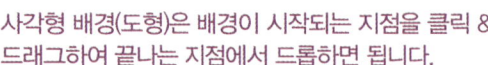

사각형 배경(도형)은 배경이 시작되는 지점을 클릭 & 드래그하여 끝나는 지점에서 드롭하면 됩니다.

현재는 자막 배경으로 사용될 배경이 자막보다 위쪽에 있기 때문에 자막이 보이지 않습니다. 그러므로 크롤 자막 클립이 위쪽, 배경(그래픽) 클립이 아래쪽이 되도록 위치를 바꿔주어야 합니다. 그러면 이제 자막 아래쪽에 배경이 나타나게 됩니다. 그런데 자막과 배경의 위치가 서로 맞지 않습니다. 이제 이 부분을 수정해보도록 하겠습니다. 배경(그래픽) 레이어를 선택하여 효과 컨트롤 패널을 열어줍니다.

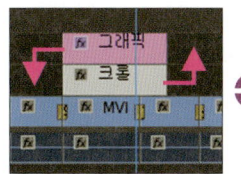 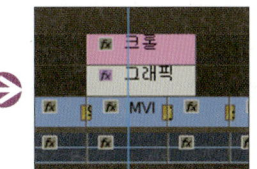 

효과 컨트롤 패널에서 [모양 항목]의 위치를 설정하여 배경을 글자 가운데에 맞춰주고, 색상을 검정색으로 바꿔줍니다. 그리고 아래쪽 장면이 조금 비치도록 불투명도를 95 정도로 설정합니다. 이와 같은 방법으로 쉽게 자막과 배경을 만들어줄 수 있습니다.

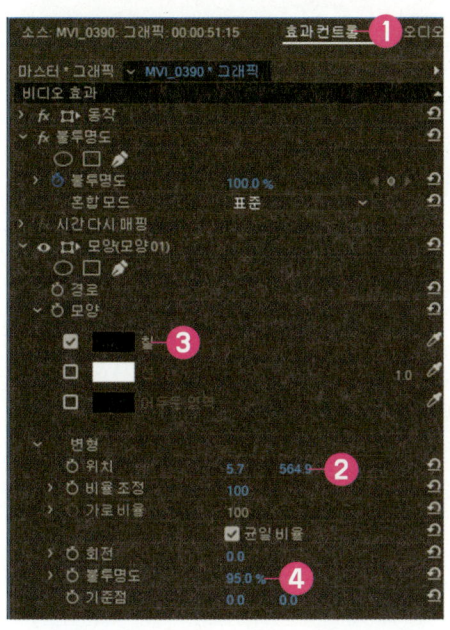 

프리뷰

 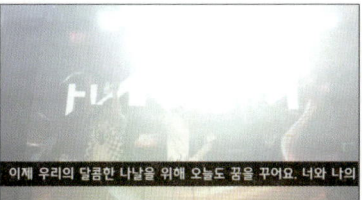 

팁 & 노트 크레딧 롤과 크롤 자막의 속도 조절과 복사에 대하여

모션 자막인 롤 자막과 크롤 자막이 움직이는 속도는 별도의 도구를 사용하지 않고, 해당 자막 클립의 시작/끝점을 드래그하여 길이를 조절하는 것만으로도 속도를 조절할 수 있습니다. 예를 들어 자막이 움직이는 속도가 너무 빠르다면 자막의 시작 또는 끝점을 이동하여 원하는 속도만큼 늘려주면 됩니다.

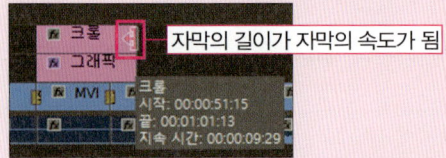

프리미어 프로에서는 하나의 자막을 만들어놓고 지속적으로 사용할 수 있습니다. 예를 들어 한 프로젝트에서 크롤 자막을 여러 번 사용해야 한다면 복사할 자막 클립을 [Alt] 키를 누른 상태로 다른 곳으로 이동하면 해당 자막 클립이 복사됩니다. 복사된 자막 클립은 프로젝트 패널에 등록되며, 복사된 자막 클립을 더블클릭하여 자막의 내용(글자)만 수정해서 사용하면 됩니다.

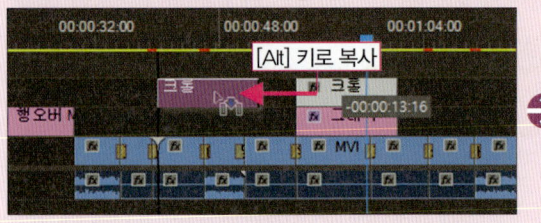 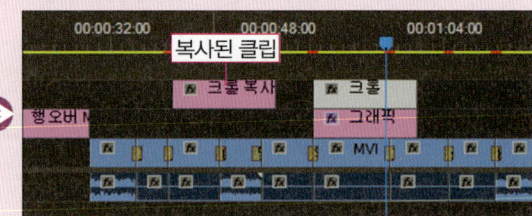

모션 그래픽 템플릿 활용하기

모션 그래픽 템플릿은 프리미어 프로 또는 애프터 이펙트에서 사용할 수 있는 [.mogrt] 형식의 파일입니다. 모션 그래픽 템플릿을 사용하면 전문적인 모션 그래픽 타이틀 제작이 가능하며, 그래픽 패널에서 사용할 수 있습니다. 또한 애프터 이펙트에서 만든 템플릿은 프리미어 프로로 가져와 사용할 수도 있습니다. 여기에서는 프리미어 프로에 있는 그래픽 패널을 통해 템플릿을 만드는 간단한 방법과 애프터 이펙트에서 제작된 템플릿을 가져오는 방법에 대해서 알아보도록 하겠습니다.

기본 그래픽 이용하기

기본 그래픽을 만들기 위해 [창] - [작업 영역] - [그래픽] 메뉴를 선택하거나 레이아웃 프리셋에서 [그래픽]을 선택합니다. 그러면 화면 오른쪽에 기본 그래픽 패널이 나타납니다. 이제 이 기본 그래픽 패널에서 모션 그래픽 템플릿을 하나 추가해보도록 하겠습니다. 사용하고자 하는 장르(형식) 폴더를 [더블클릭]하여 들어가봅니다. 필자는 맨 아래쪽에 있는 [Titles] 폴더로 들어갔습니다. 폴더로 들어가보면 다양한 템플릿 목록이 있습니다. 여기에서 원하는 템플릿을 클릭 & 드래그하여 사용하고자 하는 타임라인 트랙에 갖다 놓으면 해당 템플릿을 사용할 수 있습니다.

그래픽 템플릿을 타임라인에 적용하면 다음의 그림처럼 글꼴 확인 창이 나타납니다. 이것은 적용되는 템플릿에 사용된 글꼴이 작업자의 PC에 설치되지 않아 동기화할 수 없기 때문에 타이프킷(Typekit)에서 동기화하라는 설정 창입니다. 만약 Typekit에서 동기화 목록에 글꼴이 나타난다면 체크한 후 [글꼴 동기화] 버튼을 눌러 해당 글꼴을 찾아 사용할 수 있도록 해줍니다.

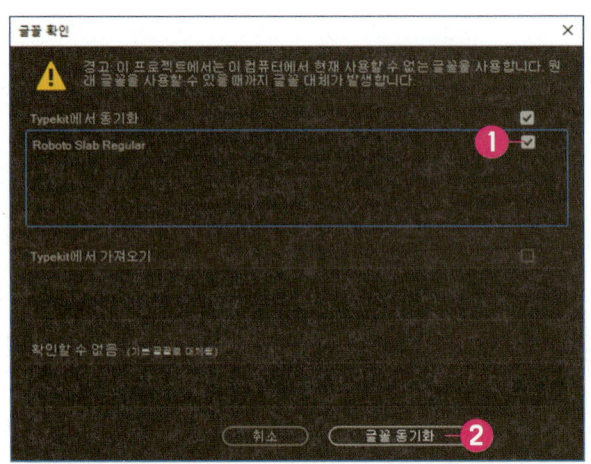 

프리뷰

 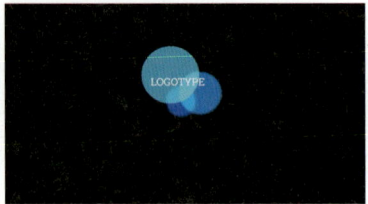 

팁 & 노트 타이프킷을 이용하여 글꼴 다운로드 받기

타이프킷(Typekit)을 활용하면 어도비 웹사이트에서 다운로드 받아 프리미어 프로(모든 프로그램)에서 사용할 수 있습니다. 타이프킷을 사용하기 위해서는 [그래픽] – [Typekit] 메뉴를 선택하여 해당 웹사이트를 열어주어야 합니다. 어도비 타이프킷 웹사이트가 열리면 여기에서 사용하고자 하는 글꼴을 선택하여 다운로드 받을 수 있습니다. 이때 정상적으로 사용하기 위해서는 어도비 계정(아이디, 패스워드)으로 로그인이 되어있어야 합니다.

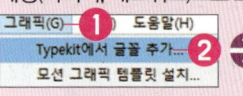 

 참고로 영문(외국어) 사이트를 한글 사이트로 바꿔주기 위해서는 크롬 브라우저를 사용하는 것이 좋은데, 크롬 브라우저는 윈도우 익스플로러와는 다르게 사이트 언어를 쉽게 번역할 수 있기 때문입니다. 크롬 브라우저는 인터넷 검색을 통해 찾아 쉽게 설치하여 사용할 수 있습니다.

그래픽 템플릿 수정하기

적용된 그래픽 템플릿은 글꼴, 색상, 크기, 애니메이션 등을 원하는 상태로 수정할 수 있습니다. 수정하기 위해서는 해당 템플릿 클립을 선택해야 하는데, 선택하면 좌측의 효과 컨트롤 패널과 우측의 기본 그래픽은 편집 항목으로 전환됩니다. 효과 컨트롤에서는 해당 템플릿에서 사용된 모든 효과에 대한 설정 및 위치, 크기, 회전, 불투명도 등의 작업을 할 수 있으며, 편집 항목에서는 애니메이션을 컨트롤할 수 있는 다양한 옵션들을 사용할 수 있습니다.

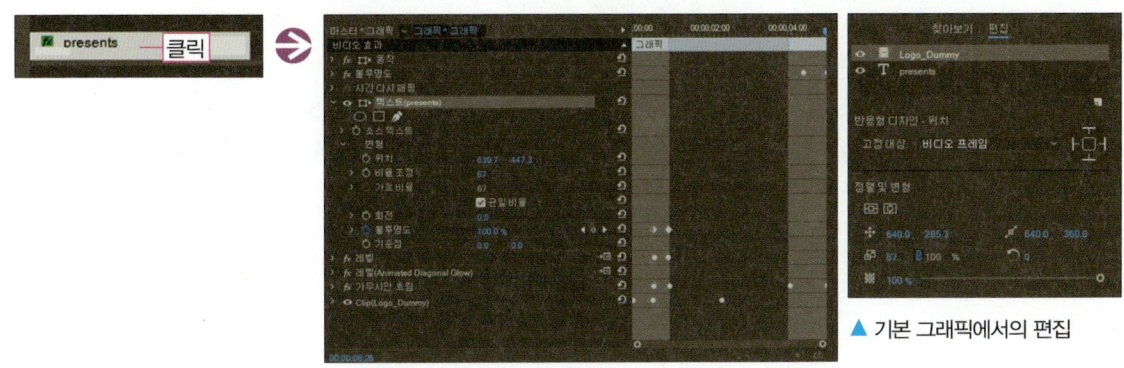

▲ 효과 컨트롤 패널에서의 설정   ▲ 기본 그래픽에서의 편집

먼저 글자를 수정해보도록 하겠습니다. 도구 바의 [문자 도구]를 선택한 후 수정하고자 하는 글자를 클릭합니다. 그러면 글자 입력 모드로 전환되는데, 이때 원하는 글자를 입력하면 됩니다.

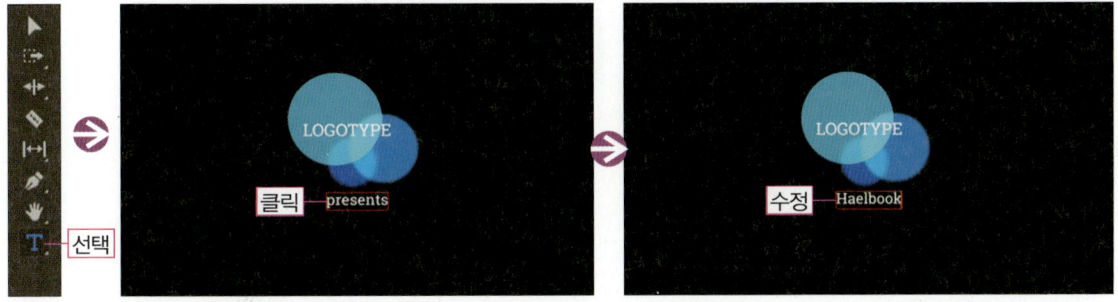

문자 도구는 앞서 정지 자막을 만들 때 사용한 도구로써 지금 학습하고 있는 모션 그래픽 템플릿을 위한 도구라는 것을 알 수 있습니다.

이번에는 기본 그래픽의 편집에 대해 알아보겠습니다. 편집 항목의 [Logo_Dummy]를 선택해보면 몇 개의 설정 옵션이 있습니다. 일단 맨 아래쪽에 있는 불투명도 값을 낮춰봅니다. 그러면 로고가 투명해지는 것을 알 수 있으며, 그밖에 로고의 위치 및 크기 등을 설정할 수 있습니다. 이렇듯 Logo_Dummy에서는 로고 더미에 대한 설정을 할 수 있다는 것을 알 수 있습니다. 확인이 끝나면 다시 원래 상태로 불투명하게 해줍니다.

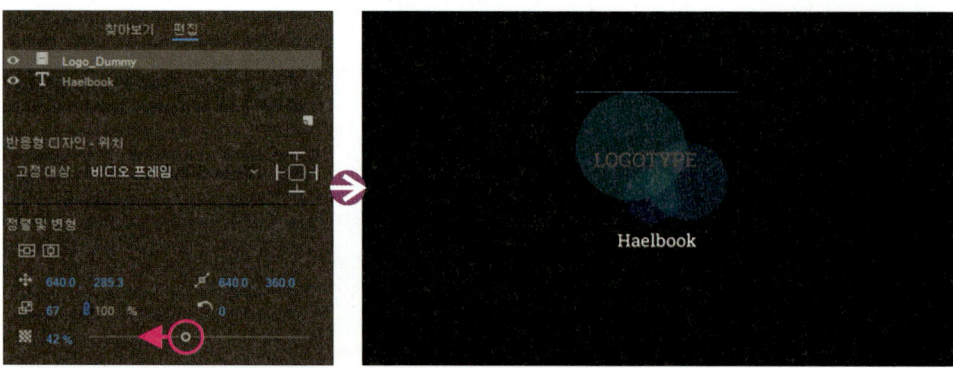

로고 더미 편집은 애프터 이펙트에서 미리 제작해 놓은 것입니다. 애프터 이펙트에서는 프리미어 프로에서 사용할 수 있는 모션 그래픽 템플릿 파일을 만들 수 있으며, 각 설정 옵션을 프리미어 프로에서도 가능하도록 미리 등록해놓을 수 있습니다. 자세한 사용법은 어도비 웹사이트를 참고하기 바랍니다.

계속해서 아래쪽 Haelbook(앞서 수정한 글자) 글자를 선택하면 그래픽 템플릿에 사용된 글자에 대한 색상, 글꼴, 크기, 위치, 회전, 그림자, 테두리 등에 대한 세부 설정을 할 수 있습니다. 이처럼 모션 그래픽 템플릿은 보다 다양하고 세련된 타이틀 애니메이션 제작에 유용합니다. 보다 심도있게 다루기 위해서는 애프터 이펙트(본 도서의 저자 : 애펙, 너는 어떻게 사용하는 거니?)에 대한 학습이 필요합니다.

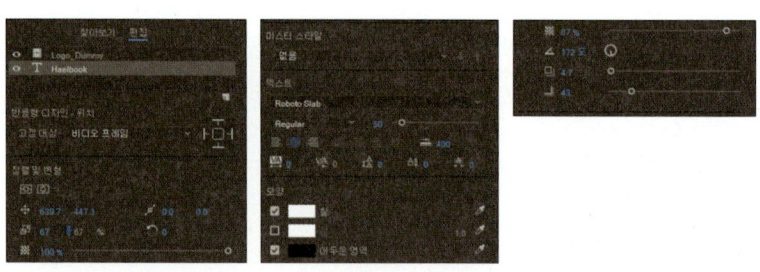

팁 & 노트 모션 그래픽 템플릿 내보내기

프리미어 프로에서 작업한 모션 그래픽은 템플릿으로 등록하여 지속적으로 사용할 수 있는데, 등록하기 위해서는 [그래픽] – [모션 그래픽 템플릿으로 내보내기] 메뉴를 선택하면 됩니다. 모션 그래픽 템플릿으로 내보내기 창이 열리면 적당한 이름과 대상(저장될 위치) 등을 설정한 후 적용하면 됩니다.

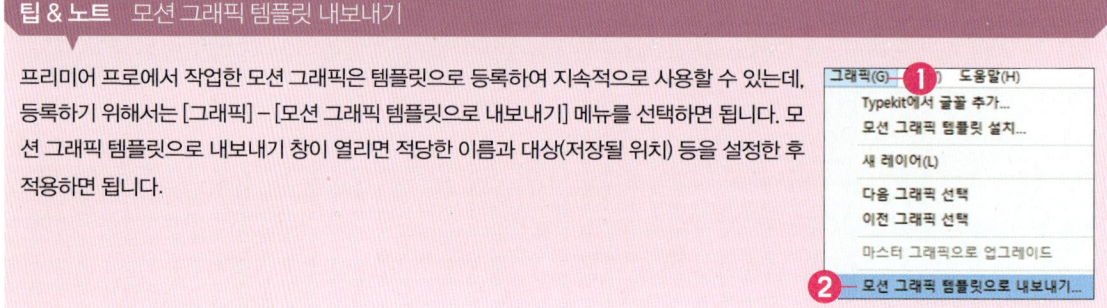

애프터 이펙트에서 만든 모션 그래픽 템플릿 가져오기

애프터 이펙트에서 제작된 모션 그래픽 템플릿은 프리미어 프로에서도 사용이 가능합니다. 애프터 이펙트에서 작업된 애니메이션을 모션 그래픽 템플릿으로 보내기(파일 만들기)하여 [.mogrt] 형식의 파일로 만들어주면 되는데, 여기에서는 미리 만들어놓은 템플릿을 가져오도록 하겠습니다. [그래픽] – [모션 그래픽 템플릿 설치] 메뉴를 선택합니다. [학습자료] – [그래픽 템플릿] 폴더로 들어가 보면 [아이 러브 유]란 이름의 MOGRT 파일이 있습니다. 이 파일을 선택한 후 가져옵니다. 그러면 기본 그래픽의 찾아보기 항목에 등록됩니다. 등록된 템플릿은 다른 템플릿처럼 타임라인에 적용하여 사용할 수 있습니다.

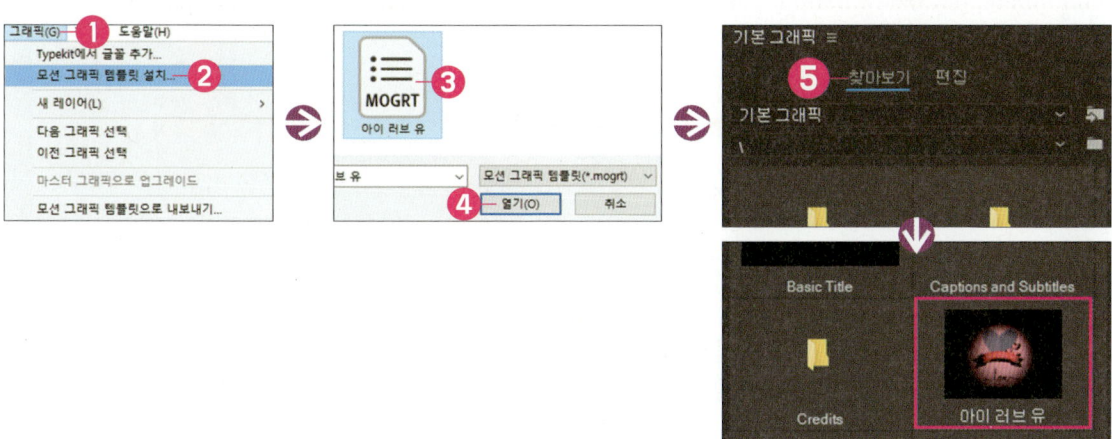

프리뷰

타임라인에 적용된 템플릿을 보면 하트 모양이 펼쳐지는 애니메이션 템플릿이라는 것을 알 수 있는데, 해당 클립을 선택한 후 편집 항목을 보면 애프터 이펙트에서 등록한 리본에 대한 불투명도를 조절할 수 있는 옵션이 있다는 것을 알 수 있습니다.

 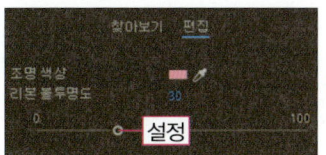  

예제로 익히기   타이핑 치듯 나타나는 글자 만들기

01 학습을 위해 [학습자료] – [Project] – [타이핑 치듯 나타나는 글자] 프로젝트 파일을 실행합니다. 현재는 말풍선과 스마트폰 그리고 배경이 있는 두 클립이 적용된 상태입니다. 이제 말풍선 안에 타이핑 치듯 나타나는 글자 애니메이션을 만들어보겠습니다. [문자 도구]를 선택한 후 위쪽 말풍선에 그림처럼 [ㅎ]를 입력합니다. 참고로 최종 글자는 [하이]이며, 글꼴과 글자 색상 등은 여러분이 원하는 것으로 설정하면 됩니다. 그다음 시간을 시작 프레임으로 이동한 후 [소스 텍스트]의 [애니메이션 켜기/끄기]를 클릭하여 키프레임을 생성합니다.

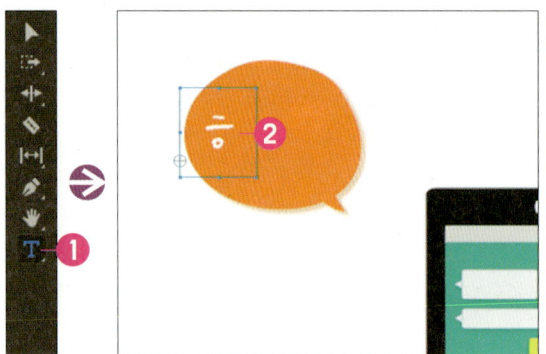
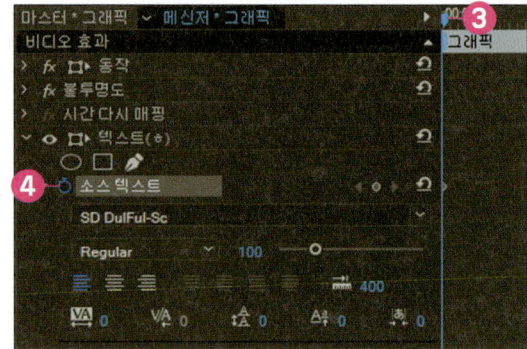

02 계속해서 시간을 3프레임 뒤로 이동한 후 앞서 입력한 [ㅎ]를 지우고 완전한 [하]를 입력합니다. 그러면 현재 시간에 자동으로 키프레임이 추가됩니다. 추가된 키프레임은 [하]에 대한 속성을 가지고 있습니다.

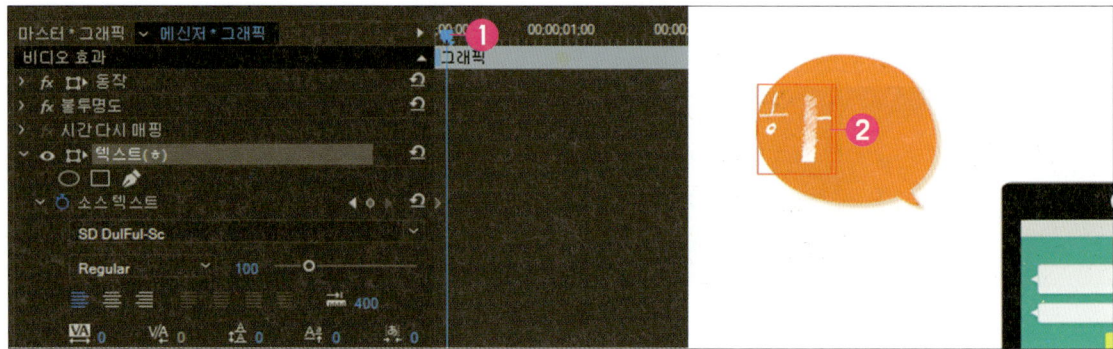

03 이번에는 다음 글자인 [이]를 입력하기 위해 먼저 시간을 3프레임 뒤로 이동한 후 [ㅇ]을 입력합니다. 그다음 다시 3프레임 뒤로 이동한 후 완전한 [이]를 입력합니다. 이와 같은 방법으로 글자의 자음과 모음(또는 받침)을 시간을 이동해가면서 바꿔주게 되면 키프레임에 의해 글자가 타이핑되는 애니메이션이 만들어집니다.

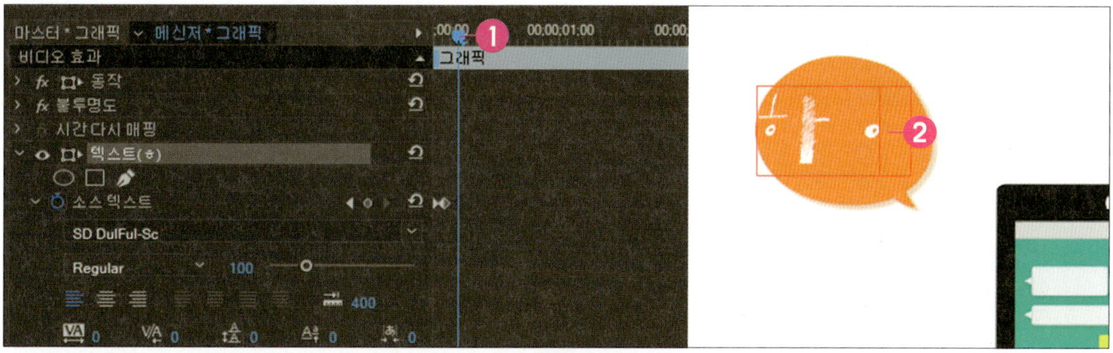

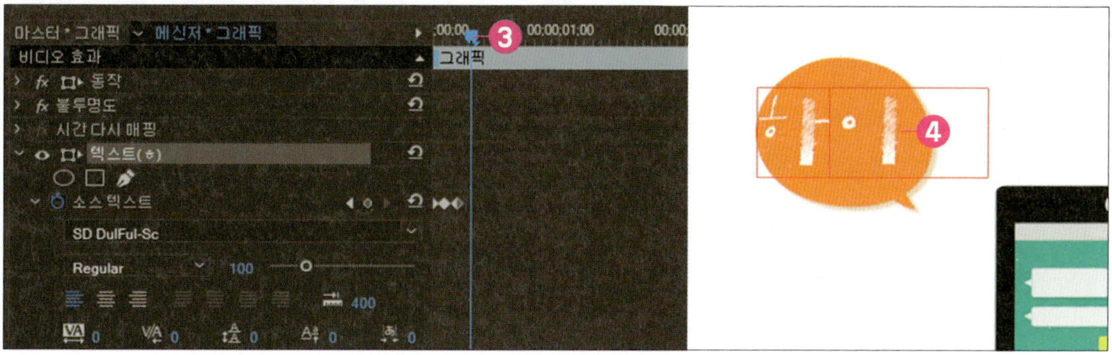

04 같은 방법으로 아래쪽 말풍선에도 타이핑 치듯 나타나는 글자 애니메이션을 만들어줍니다. 이 부분은 여러분이 직접 해보기 바랍니다. 필자는 [반가워]이란 글자를 만들어보았습니다.

▶ 최종 결과물 ▶

이번 작업에서 주의할 점은 새로운 글자를 생성할 때 효과 컨트롤에서도 새로운 [텍스트]가 생성되기 때문에 새로 생성된 텍스트의 키프레임을 이용하여 글자 애니메이션을 만들어야 하며, 만약 한글의 받침을 입력하거나 여러 개의 글자를 입력할 때 자칫 뒤쪽 글자가 앞쪽으로 오는 문제가 발생된다면 아예 처음부터 글자 순서를 다르게 입력하는 것도 하나의 해결 방법입니다. 예를 들어 [반가워]를 [반워가]로 입력하는 것입니다. 또한 메모장 같은 곳에서 미리 입력한 후 복사해서 사용하는 것도 좋은 방법이 될 것입니다.

Lesson 13 시간에 관한 작업들

편집 작업에서 시간적 개념은 재생되는 시간을 조절하여 화면을 느리게 하거나 반대로 빠르게 하는 것을 말하며, 시간이 완전히 정지된 것 또한 시간적 범주에 포함됩니다. 프리미어 프로에서는 클립의 길이를 조절하여 속도를 조절하거나 효과를 통해 장면의 움직임에 대한 잔상, 픽셀 이동, 시간 왜곡 등과 같은 효과를 설정할 수 있습니다.

정지 장면 만들기

정지 장면은 중요한 장면을 집중적으로 보기 위해 사용하며, 크레딧 롤 자막의 배경이나 사진 앨범, 포토샵 등과 같은 프로그램에서 사용하기 위한 목적 등 다양한 용도를 위해 사용됩니다. 프리미어 프로에서의 정지 장면은 관련 메뉴를 통해 다양한 방법으로 설정할 수 있습니다

특정 장면(프레임)을 정지 장면으로 만들기

학습을 위해 [학습자료] – [Video] – [Carousel] 파일을 가져와 타임라인에 적용합니다. 방금 가져온 클립은 시계 반대 방향으로 회전되는 그네입니다. 이 클립에서 정지 장면으로 사용할 지점으로 재생 헤드를 이동합니다. 그다음 클립 위에서 [오른쪽 마우스 버튼] – [프레임 고정 옵션] 메뉴를 선택합니다.

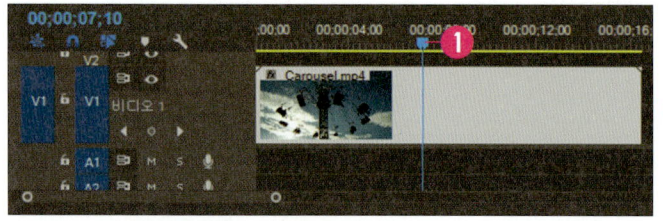 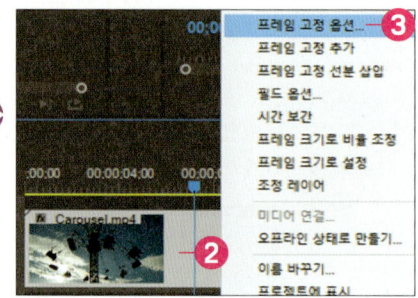

현재는 비디오 트랙을 높게 조절한 상태이며, 트랙의 높이 조절은 해당 트랙 리스트를 [더블클릭]하거나 트랙 사이에 마우스 커서를 갖다 놓고 위/아래로 조절하는 것입니다.

프레임 고정 옵션 창이 열리면 기본적으로 [소스 시간 코드]로 설정되어있는 것을 알 수 있습니다. 이 옵션은 아래쪽의 프레임에 대한 시간 값을 설정하여 설정된 프레임의 장면을 정지 장면으로 만들 때 사용합니다. 하지만 여기에서는 재생 헤드가 위치한 지점을 정지 장면으로 만들어줄 것이기 때문에 [재생 헤드]로 설정한 후 [확인]합니다. 그러면 재생 헤드가 위치한 지점이 해당 클립의 전체 장면으로 사용됩니다. 일종의 정지 이미지와 같은 클립 형태로 바뀌게 된 것입니다.

프레임 고정 옵션에서 방식을 시작 또는 종료 지점으로 설정하면 해당 비디오 클립의 시작 또는 끝 프레임의 장면이 정지 장면으로 사용됩니다.

특정 장면 이후부터 정지 장면으로 만들기

이번에는 재생 헤드가 위치한 지점을 기준으로 이전 장면은 정상적인 비디오, 이후부터는 정지 장면이 되도록 해보겠습니다. 앞서 사용한 [Carousel] 클립을 원래 비디오 클립 상태로 복귀(Ctrl + Z)시켜준 후 정지 장면으로 바뀌는 지점으로 사용될 시간으로 재생 헤드를 이동합니다. 그다음 클립 위에서 [오른쪽 마우스 버튼] - [프레임 고정 추가] 메뉴를 선택합니다. 그러면 재생 헤드가 위치한 지점을 기준으로 클립이 2개로 잘라지며, 잘려진 앞쪽 클립은 비디오, 뒤쪽 클립은 정지 장면으로 사용됩니다.

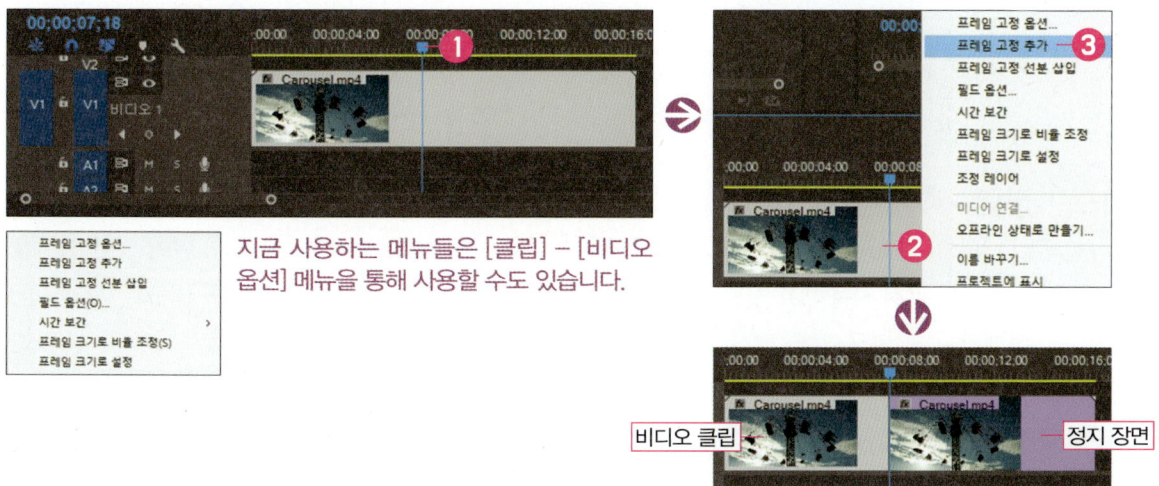

지금 사용하는 메뉴들은 [클립] - [비디오 옵션] 메뉴을 통해 사용할 수도 있습니다.

계속해서 이번에는 재생 헤드가 위치한 지점을 기준으로 이후 장면이 정지 장면 그리고 다음 장면은 다시 비디오 클립으로 만들어보기 위해 [Carousel] 클립을 원래 상태로 복귀한 후 같은 방법으로 재생 헤드를 원하는 지점으로 이동한 후 클립 위에서 [오른쪽 마우스 버튼] - [프레임 고정 선분 삽입] 메뉴를 선택합니다. 그러면 그림처럼 3개로 잘라지는데, 맨 앞쪽은 비디오 클립, 두 번째는 정지 장면, 세 번째는 다시 비디오 클립으로 사용됩니다. 이와 같이 다양한 방법을 통해 정지 장면을 표현할 수 있습니다.

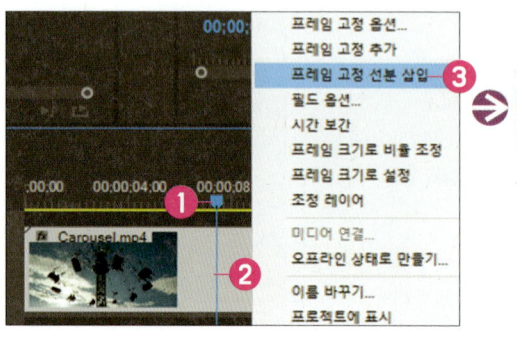

정지 장면의 길이는 해당 클립의 인/아웃 포인트를 드래그하여 조절할 수 있습니다.

> **팁 & 노트** 시간 보간법에 대하여
>
> 시간 보간(Time Interpolation)이라는 것은 비디오 클립에서 각 프레임과 프레임을 어떻게 보여줄 것인가, 즉 어떻게 연결할 것인가에 대한 방법을 의미합니다. 앞서 사용하고 있는 Carousel 비디오 클립에서 [오른쪽 마우스 버튼] - [시간 보간] 메뉴를 보면 3개의 시간 보간 방식이 있습니다. 기본적으로 선택되어있는 [프레임 샘플링]은 각 프레임을 있는 그대로 연결하는 방식이며, [프레임 혼합(Frame Blend]은 프레임과 프레임 사이에 가상(두 프레임의 장면을 혼합) 프레임을 만들어 장면이 자연스럽게 보여지도록 해주는 방식, [광학 흐름(Optical Flow)]은 광학 기법을 활용하여 마치 초고속 카메라를 통해 촬영된 장면을 표현해주는 방식입니다. 이것은 빠르게 움직이는 장면에서 보다 효과적으로 활용할 수 있습니다.
>
>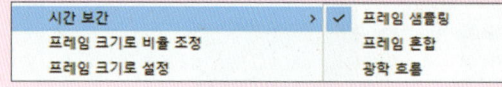

느린 장면, 빠른 장면, 역 재생되는 장면 만들기

이번에는 느리거나 빠른 장면 그리고 역 재생되는 장면을 만들어보도록 하겠습니다. 먼저 느린 장면을 표현해보기 위해 앞서 사용하고 있는 [Carousel] 클립 위에서 [오른쪽 마우스 버튼] - [속도/지속 시간] 메뉴를 선택합니다. 속도/지속 시간 설정 창이 열리면 맨 위쪽의 [속도] 값을 백분율로 조절할 수 있는데, 예를 들어 속도 값을 50%로 줄이면 원래 속도의 절반으로 속도가 줄어듭니다.

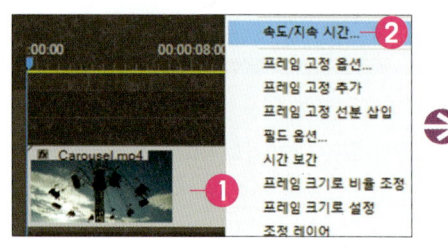
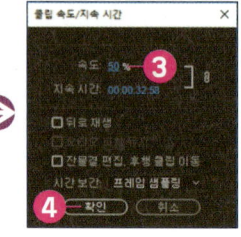

속도가 줄어든 만큼 클립의 길이는 상대적으로 길어지며, 클립 좌측 상단에는 조절된 % 값이 나타납니다.

이번에는 잔물결 편집 도구에 있는 속도 조정 도구를 이용하여 속도를 조절해보도록 하겠습니다. [속도 조정 도구]를 선택한 후 클립의 아웃 포인트 지점을 클릭 & 좌측으로 드래그하여 원하는 길이만큼 조절합니다. 그러면 클립, 즉 장면이 트리밍되는 것이 아니라 조절된 길이만큼 속도가 빨라집니다. 이처럼 속도 조정 도구를 이용하여 간편하게 클립의 속도를 조절할 수 있습니다.

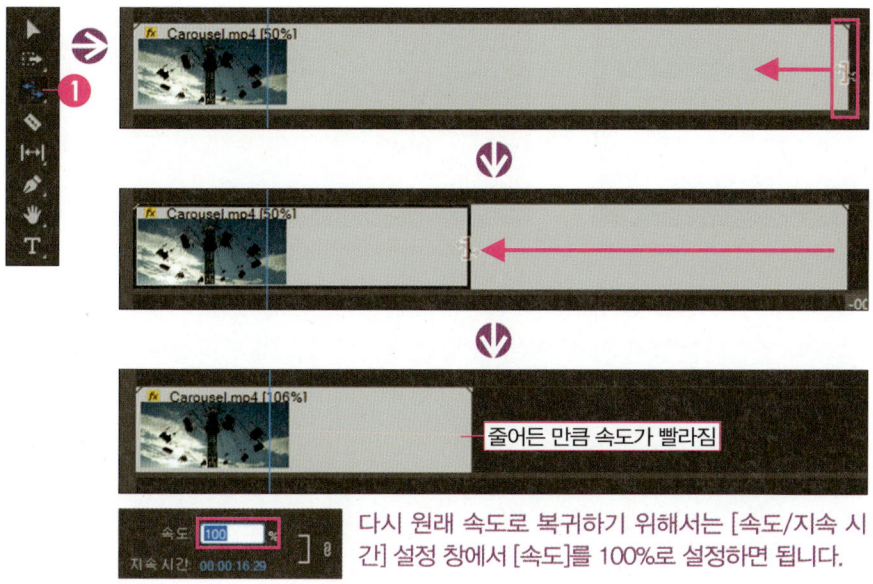

구간별 속도 조절하기

특정 구간에 따라 속도가 조절되도록 하기 위해서는 시간 다시 매핑(Time Remapping)이라는 기능을 사용해야 합니다. 타임 리매핑을 사용하기 위해서는 효과 컨트롤의 [시간 다시 매핑] 또는 해당 클립(트랙)에서 [시간 다시 매핑]을 사용할 수 있습니다. 사용 방법은 거의 같기 때문에 여기에서는 클립에서 직접 사용해보도록 하겠습니다.

◀ 효과 컨트롤 패널의 시간 다시 매핑(타임 리매핑)

타임 리매핑을 사용하기 위해 해당 클립에서 [오른쪽 마우스 버튼] – [클립 키프레임 표시] – [시간 다시 매핑] – [속도] 메뉴를 선택합니다.

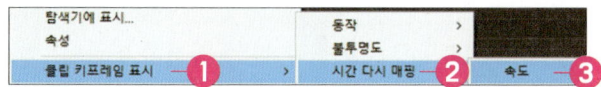

그러면 기본적인 투명도 조절 모드에서 타임 리매핑 모드로 전환됩니다. 이제 작업하기 좋게 트랙을 크게 조절한 후 속도를 조절하고자 하는 지점으로 재생 헤드를 이동합니다. 그다음 [키프레임 추가/제거] 버튼을 클릭하여 키프레임을 생성합니다. 계속해서 다음 속도 조절 점으로 이동한 후 역시 키프레임을 추가합니다.

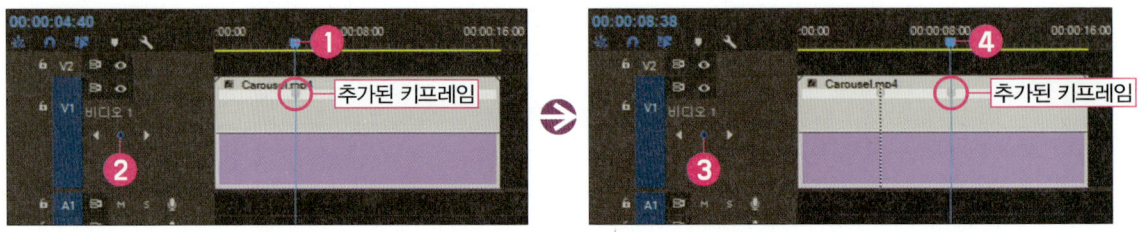

이제 방금 만든 두 키프레임 사이의 수평 조절 선에 마우스 커서를 갖다 놓은 후 위/아래로 이동해봅니다. 그러면 해당 구간의 속도가 조절되는 것을 알 수 있는데, 위로 갈수록 속도가 빨라집니다. 여기에서는 속도를 느리게 해주기 위해 그림처럼 아래로 내려줍니다. 이때 속도가 느려지면 느려진 만큼 클립의 길이도 늘어난다는 것을 알 수 있습니다.

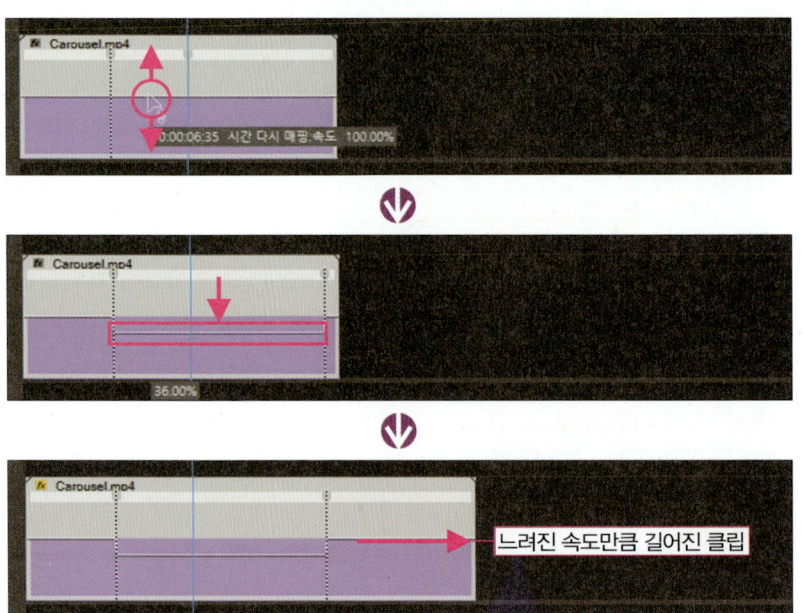

빨라지는 구간을 표현하고자 한다면 같은 방법으로 원하는 곳에 구간(키프레임)을 만든 후 속도를 조절하면 됩니다.

구간별 속도를 조절할 때 속도의 변화가 생기는 구간에 대한 속도를 자연스럽게, 즉 천천히 조절되도록 해주고자 한다면 해당 키프레임을 선택한 후 키프레임의 왼쪽 혹은 오른쪽 부분을 클릭 & 드래그하여 키프레임을 둘로 나눠주면 됩니다. 이렇게 나눠진 구간은 자연스럽게 가속이 붙거나 느려지게 됩니다. 현재는 나눠진 구간이 위에서 아래로 내려갔기 때문에 서서히 느려지는 속도로 사용됩니다.

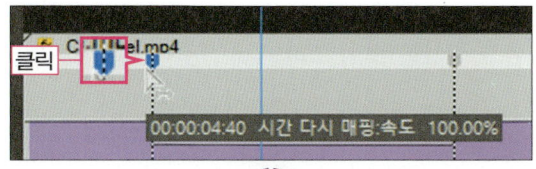

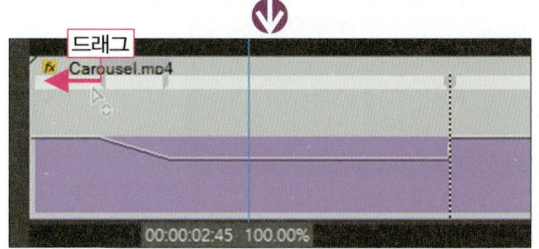

만약 타임 리매핑에 사용된 키프레임을 모두 삭제하고자 한다면 효과 컨트롤 패널에서 시간 다시 매핑의 [속도] 옆에 있는 애니메이션 켜기/끄기를 꺼주면 됩니다.

역 재생되는 장면 만들기

이번에는 역 재생되는 장면을 만들어보겠습니다. 역 재생되는 장면을 위해 사용되는 클립에서 [오른쪽 마우스 버튼] - [속도/지속 시간] 메뉴를 선택한 후 열린 설정 창에서 [뒤로 재생] 옵션을 체크합니다. 그러면 간단하게 해당 클립 전체가 역 재생되는 장면이 만들어집니다.

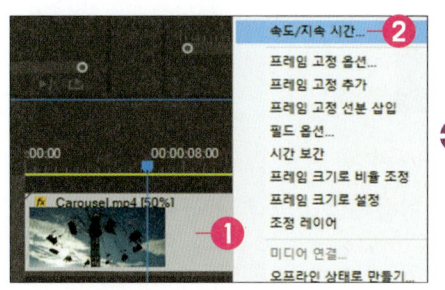
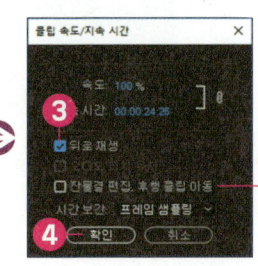

속도를 조절할 때 조절된 길이만큼 뒤쪽 클립이 이동됨

> **팁 & 노트** 필드 옵션에 대하여
>
> 필드 옵션은 비디오의 필드(주사선) 방식을 설정하는데, 여기에서는 주로 필드 방식 때문에 발생되는 플리커(Flicker : 깜빡거리는 현상)를 제거하기 위해 사용됩니다.
>
>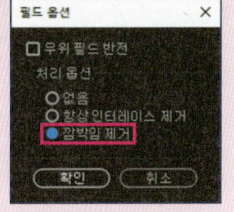

예제로 익히기 — 구간별 역 재생하기

01 학습을 위해 [학습자료] - [Project] - [구간별 역 재생하기] 프로젝트 파일을 실행합니다. 실행된 프로젝트는 [Escalator] 클립 3개가 3개의 비디오 트랙에 적용된 상태입니다. 이제 이 세 클립을 이용하여 특정 구간에서 역 재생되는 장면을 만들어주기 위해 해당 지점으로 재생 헤드를 이동합니다. 그다음 아무 클립이나 하나 선택한 후 단축키 [M] 키를 눌러 클립 마커를 생성합니다. 그러면 세 클립에 모두 마커가 생성됩니다. 그 이유는 세 클립이 모두 같은 클립이기 때문입니다. 계속해서 다음 지점으로 재생 헤드를 이동한 후 [M] 키를 눌러 마커를 추가합니다.

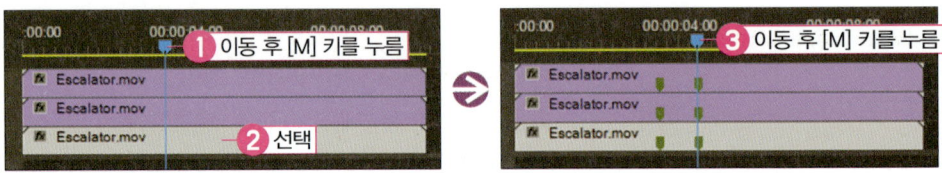

02 먼저 하나의 클립을 역 재생되도록 해줍니다. 여기에서는 맨 위쪽 클립을 이용해보겠습니다. 맨 위쪽 클립에서 [오른쪽 마우스 버튼] - [속도/지속 시간] 메뉴를 선택합니다. 설정 창이 열리면 [뒤로 재생] 옵션을 체크한 후 [확인]합니다.

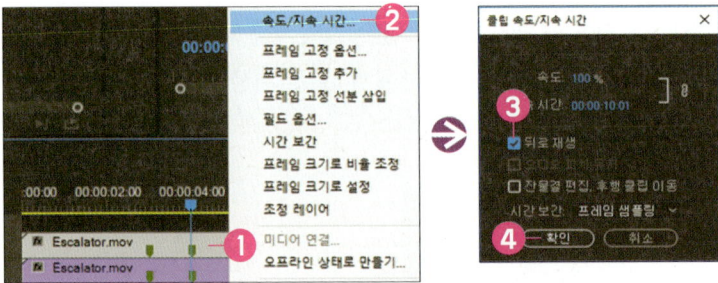

03 그러면 맨 위쪽 클립의 마커가 아래쪽 클립들의 반대쪽으로 바뀌었습니다. 이것은 방금 맨 위쪽 클립을 역 재생하기 위해 시작과 끝점을 서로 바꿔놓았기 때문입니다.

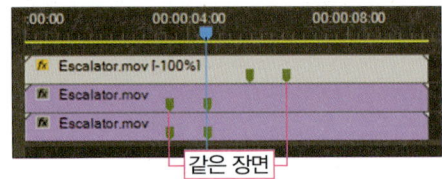

마커의 위치를 통해 사용되는 세 비디오 클립의 같은 장면을 찾을 수 있습니다.

04 이제 맨 위쪽 클립의 시작점을 조금만 트리밍한 후 두 번째 그림처럼 해당 클립의 두 번째 마커를 아래쪽 클립의 첫 번째 마커에 맞춰줍니다. 그다음 시작점을 아래쪽 클립의 첫 번째 마커에 맞게 트리밍해줍니다.

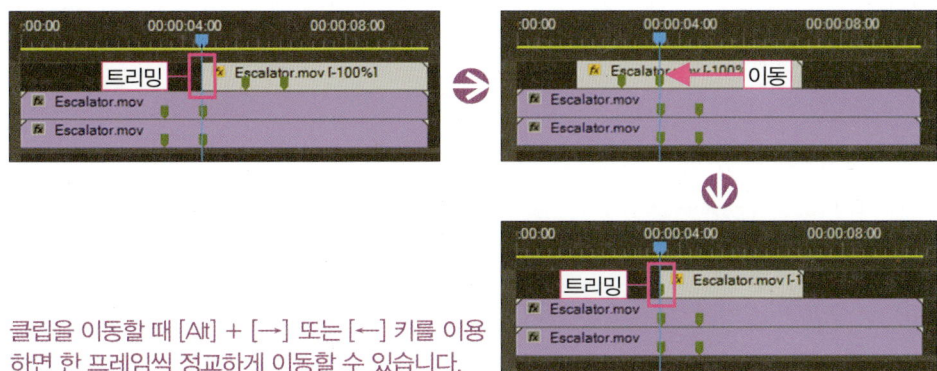

클립을 이동할 때 [Alt] + [→] 또는 [←] 키를 이용하면 한 프레임씩 정교하게 이동할 수 있습니다.

05 계속해서 맨 위쪽 클립의 끝점을 아래쪽 클립의 두 번째 마커에 맞게 트리밍하고, 맨 아래쪽 클립의 시작/끝점을 위쪽 클립의 두 마커에 맞게 트리밍합니다. 그다음 오른쪽으로 이동하여 시작점을 두 번째 마커에 맞춰준 후 시작점을 좌측으로 드래그하여 첫 번째 마커에 맞게 늘려줍니다. 마지막으로 끝점을 드래그하여 두 번째 마커에 맞게 트리밍한 후 맨 위쪽 클립 뒤로 이동합니다. 다소 복잡하지만 이와 같은 방법으로 특정 구간에서만 역 재생되었다가 다시 정방향으로 재생되는 장면을 표현할 수 있습니다.

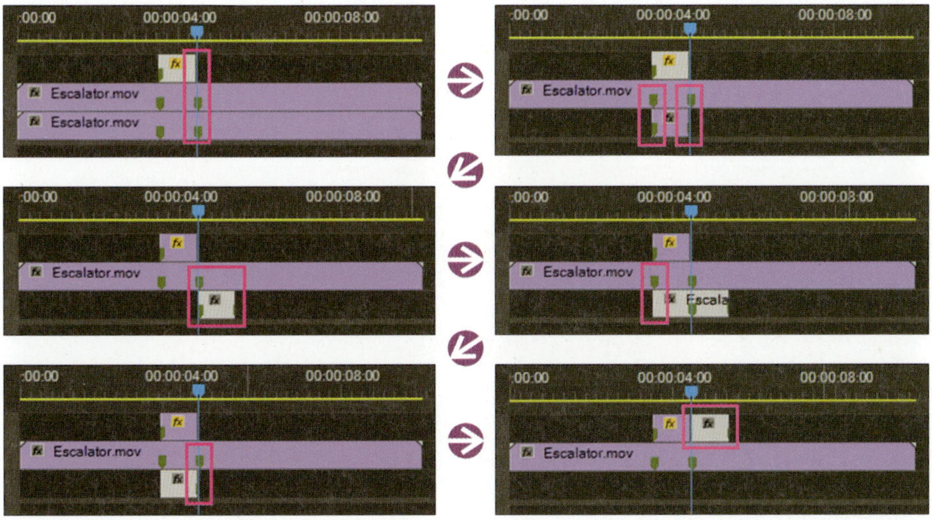

▶ 최종 결과물 ▶

Premiere ProCC 2018 Guide for Beginner

Pr
프리미어프로
CC 2018

PART 03

고급편집
High-end editing

Lesson 14 모션 그래픽(애니메이션) 제작
Lesson 15 합성 작업의 모든 것
Lesson 16 색 보정(컬러 커렉션)
Lesson 17 최종 출력(파일 만들기)
Lesson 18 알아두면 유용한 기능들

Lesson 14 모션 그래픽(애니메이션) 제작

모션 그래픽(Motion Graphics)은 움직이는 그래픽, 즉 포괄적으로 동영상과 같은 의미입니다. 하지만 최근에는 단순히 촬영에 의한 영상물 보다는 정적인 대상(이미지)에 움직임을 부여하고, 점, 선, 면 그리고 색을 이용한 디자인적 요소를 가미한 영상물을 모션 그래픽이라고 정의합니다. 프리미어 프로에서의 모션 그래픽은 키프레임에 의해 이루어지기 때문에 완성도 높은 작업을 하기 위해서는 키프레임에 대해 반드시 이해를 해야 합니다.

동작(Motion)을 이용한 애니메이션

프리미어 프로에서는 기본적으로 효과 컨트롤 패널의 동작을 이용하여 모션 그래픽을 표현합니다. 또한 모션 그래픽을 표현하기 위해서는 하나하나의 움직임을 애니메이션(Animation)화해야 하는데, 이 과정에서는 키프레임(Keyframe)의 역할이 매우 중요합니다. 이번 학습에서는 애니메이션을 위한 키프레임에 대해서 확실하게 이해하는 시간이 될 것입니다.

위치, 크기, 회전, 투명도에 대한 애니메이션

애니메이션의 기본은 위치, 크기, 회전의 변화를 주는 것이고, 때론 투명도 변화를 주어 공간감을 느끼게 해줄 수 있습니다. 학습을 위해 [학습자료] - [Project] - [동작을 이용한 애니메이션] 프로젝트 파일을 실행합니다. 이 프로젝트는 유령, 나무, 나무숲, 배경까지 총 4개의 트랙으로 구성되어있습니다. 이제 맨 위쪽에 있는 유령 클립에 애니에이션 작업을 해보겠습니다. [유령] 클립을 선택한 후 효과 컨트롤 패널의 동작에서 위치 값을 설정하여 그림처럼 유령을 좌측 상단으로 이동합니다. 그다음 재생 헤드를 시작 프레임으로 이동한 후 위치에 대한 키프레임을 생성합니다.

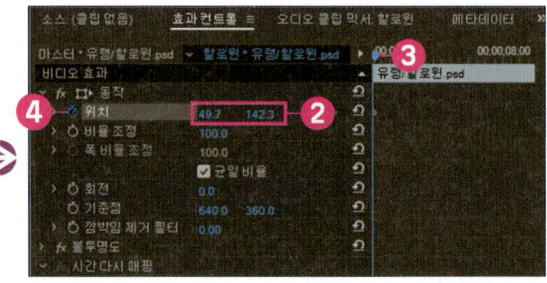

만약 사용되는 유령 클립 및 나머지 3개의 클립에 길이가 10초가 아니라면 10초로 늘려줍니다.

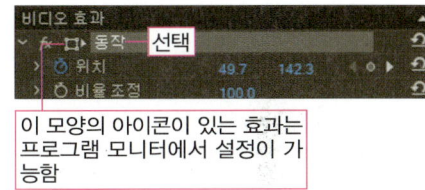
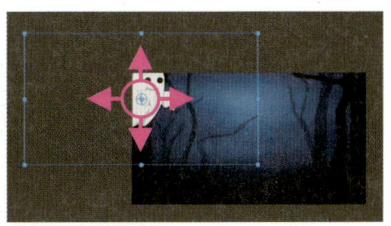

이 모양의 아이콘이 있는 효과는 프로그램 모니터에서 설정이 가능함

동작을 선택하면 프로그램 모니터에서 클립(가운데 포인트)을 직접 이동할 수도 있습니다. 또한 모서리 포인트를 이용하여 크기 조절, 모서리 밖에서는 회전이 가능합니다.

계속해서 시간을 5초 정도 뒤로 이동한 후 유령의 위치를 우측으로 이동합니다. 그러면 현재 시간에 키 프레임이 추가됩니다. 그다음 시간을 마지막 프레임으로 이동한 후 유령의 위치를 가운데 아래쪽으로 이동합니다. 이와 같은 방법으로 위치에 대한 애니메이션을 만들 수 있습니다.

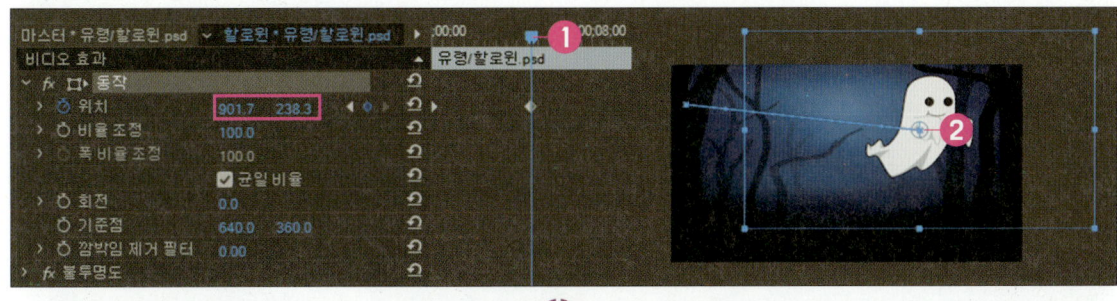

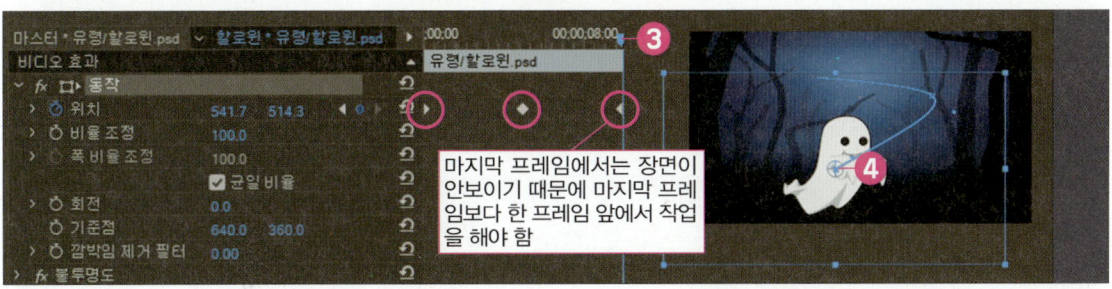

마지막 프레임에서는 장면이 안보이기 때문에 마지막 프레임보다 한 프레임 앞에서 작업을 해야 함

프리뷰

이번에는 크기에 대한 애니메이션을 만들어주기 위해 시간을 다시 시작 프레임으로 이동한 후 [비율 조정] 값을 설정하거나 프로그램 모니터에서 직접 클립의 모서리를 이동하여 유령의 크기를 그림처럼 작

모션 그래픽(애니메이션) 제작 **257**

게 해줍니다. 그다음 회전에 키프레임을 생성합니다. 계속해서 시간을 마지막 프레임으로 이동한 후 크기를 크게 해줍니다. 그러면 처음엔 작았다가(멀리 있는 것 같은 느낌) 서서히 커지는(앞으로 날아오는 것 같은 느낌) 애니메이션이 만들어집니다.

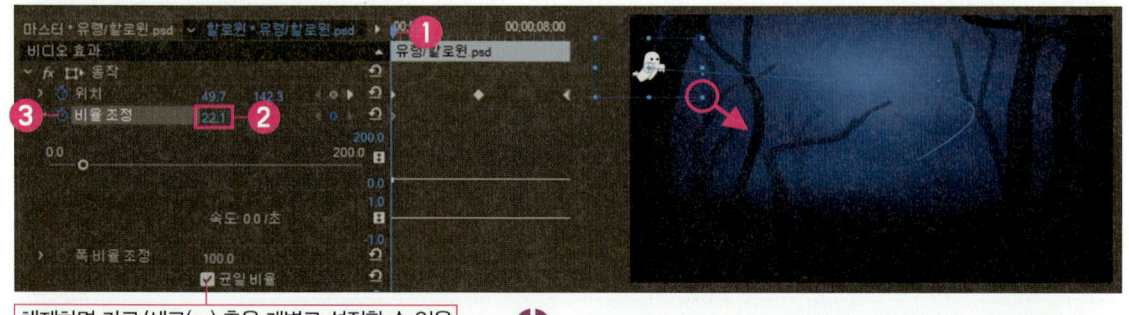

해제하면 가로/세로(xy) 축을 개별로 설정할 수 있음

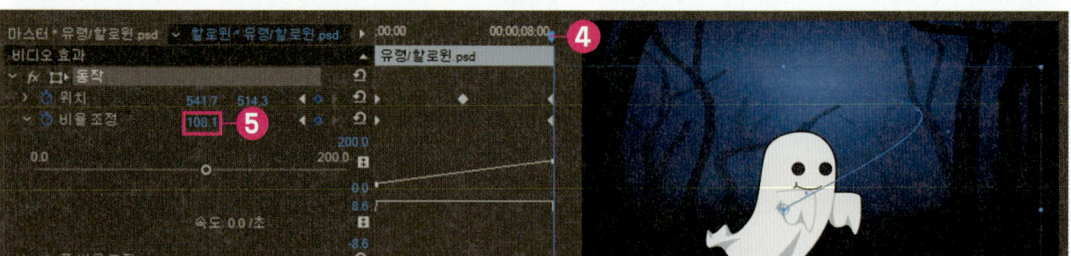

애니메이션의 시작은 항상 시작 프레임에서가 아닌 원하는 시간대에서 시작할 수도 있습니다.

프리뷰 ▶

이번에는 회전에 대한 애니메이션 작업을 해보겠습니다. 유령이 오른쪽으로 갔다가 다시 왼쪽으로 방향을 바꾸는 시점(약 5초)으로 시간(재생 헤드)을 이동한 후 회전에 키프레임을 생성합니다. 그다음 시간을 5프레임 정도 뒤로 이동한 후 회전을 해줍니다. 회전 역시 프로그램 모니터에서 가능한데, 클립의 모서리에서 약간 벗어난 지점으로 마우스 커서(↻)를 갖다 놓았을 때 가능합니다. 살펴본 것처럼 위치, 크기, 회전은 애니메이션의 기본이며, 다루기도 그리 어렵지 않기 때문에 몇 번의 반복 작업을 통해 쉽게 이해할 수 있을 것입니다.

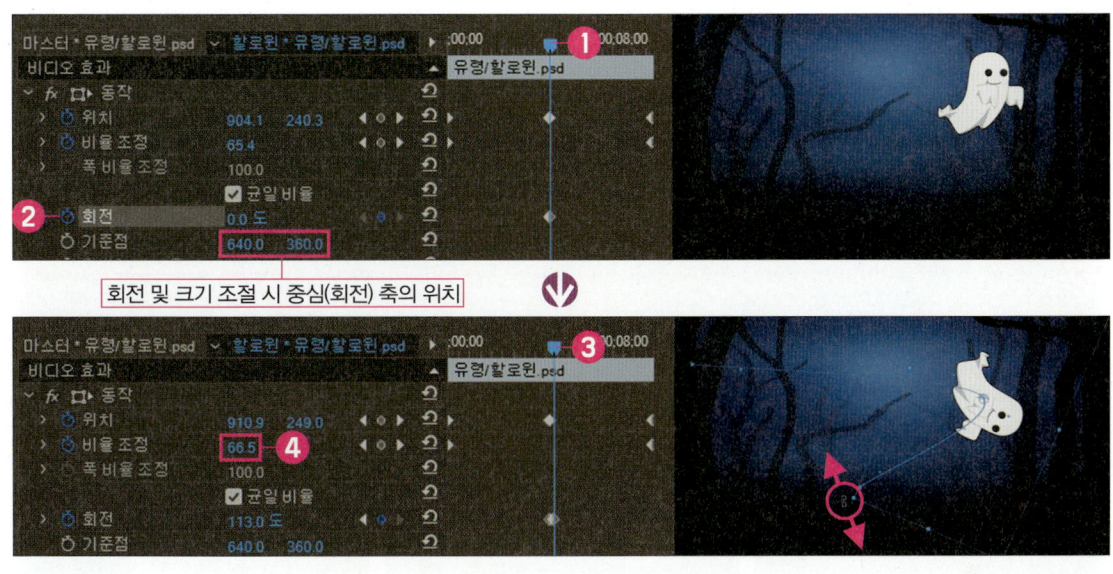

마지막으로 불투명도에 대한 애니메이션을 만들어보겠습니다. 시간을 시작 프레임으로 이동한 후 불투명도를 0으로 설정합니다. 불투명도는 기본적으로 키프레임이 켜져있기 때문에 별도로 켜주지 않아도 됩니다.

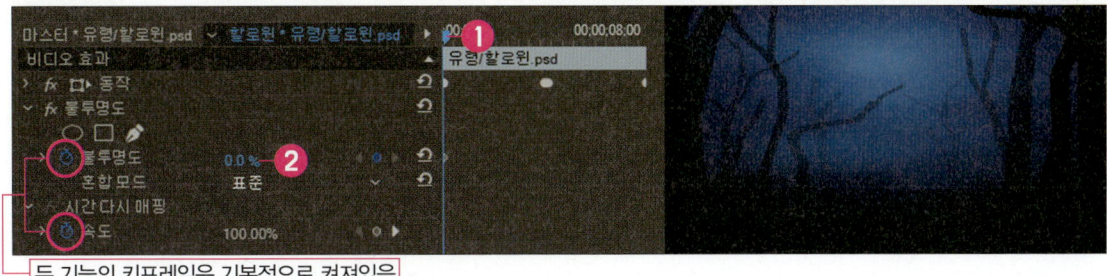

시간을 1초 정도 뒤로 이동한 후 불투명도 값을 60 정도로 설정합니다. 유령이기 때문에 약간 반투명하게 보이도록 하기 위한 것입니다. 이것으로 애니메이션에 대한 기본 사용법에 대해 알아보았습니다. 지금까지 살펴본 학습을 통해 더욱 다양하고 복잡한 애니메이션을 만들어보기 바랍니다.

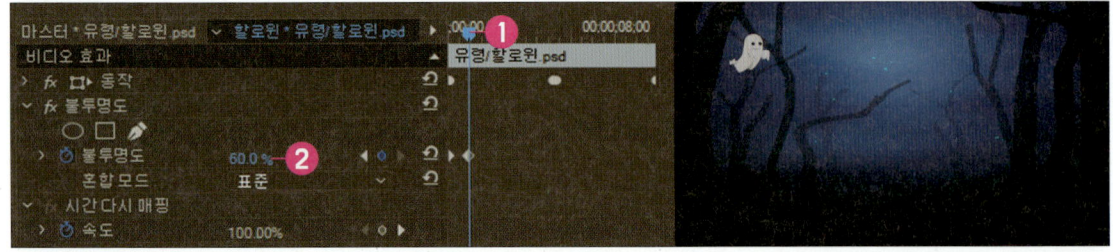

프리뷰 ▶

애니메이션 경로(패스) 설정하기

앞서 만든 키프레임 애니메이션 경로를 보면 경로가 바뀌는 지점이 곡선으로 된 것을 알 수 있습니다. 프리미어 프로는 기본적으로 애니메이션 경로를 부드럽게 움직이도록 곡선으로 표현하지만 각 키프레임 양쪽으로 뻗어 나온 핸들(Handle)을 조정하여 경로의 변화를 줄 수 있습니다. 학습을 위해 두 번째 키프레임으로 이동합니다.

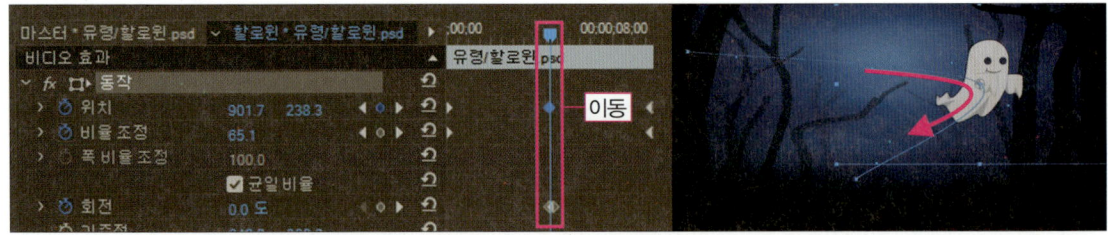

> **팁 & 노트**   재생 헤드를 키프레임으로 이동 및 삭제하기
>
> 불필요한 키프레임을 삭제하기 위해서는 해당 키프레임을 선택해야 하며, 특정 키프레임의 수치 값을 변경(수정)하기 위해서는 해당 키프레임에 재생 헤드를 정확하게 위치시켜야 합니다. 그것은 재생 헤드가 키프레임에 정확하게 위치하지 않은 상태에서 옵션 값을 설정하게 되면 재생 헤드가 있는 지점에 새로운 키프레임이 추가되기 때문입니다.
>
>

1. **이전 키프레임으로 이동** 앞쪽, 즉 왼쪽 키프레임으로 이동합니다.
2. **다음 키프레임으로 이동** 뒤쪽, 즉 오른쪽 키프레임으로 이동합니다.
3. **키프레임 추가/삭제** 새로운 키프레임을 추가 및 삭제합니다. 재생 헤드가 위치한 지점에 키프레임이 없다면 새로운 키프레임이 생성되고, 재생 헤드가 키프레임 위에 있다면 해당 키프레임은 삭제됩니다.
4. **매개 변수 재설정** 선택된 키프레임에 대한 속성 값을 리셋시켜 초기 값으로 되돌려줍니다.

두 번째 키프레임이 선택된 상태에서 프로그램 모니터의 포인트(키프레임)를 보면 양쪽으로 핸들이 나타난 것을 알 수 있습니다. 이 핸들을 상하좌우로 조정하여 애니메이션 경로를 설정할 수 있습니다.

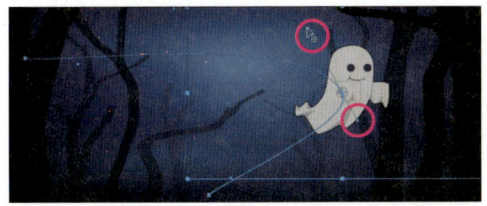

이번에는 애니메이션 경로를 직선으로 바꿔주기 위해 두 번째 키프레임을 선택한 상태에서 [오른쪽 마우스 버튼] - [공간 보간] - [선형]을 선택합니다. 그러면 곡선 경로가 직선으로 바뀌게 됩니다.

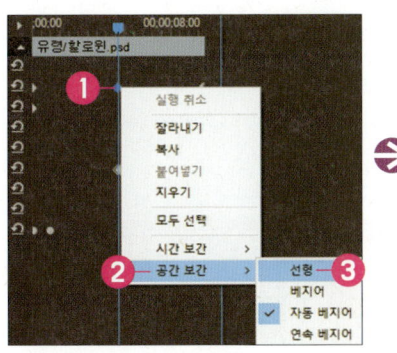 

다시 곡선으로 바꿔주기 위해서는 베지어 또는 자동/연속 베지어로 바꿔주면 됩니다.

애니메이션 속도 조절하기

기본적으로 애니메이션의 속도는 키프레임 간격을 조정하는 것이지만 프리미어 프로에서는 베지어 핸들을 이용하여 키프레임과 키프레임 사이의 속도(시작할 때와 끝날 때)를 자연스럽게 조정할 수 있습니다. 앞서 살펴본 동작(Motion)의 각 옵션(위치, 비율, 회전)에서도 가능하지만 대부분 제어하기 편한 클립에서 하게 됩니다. 해당 클립에서 [오른쪽 마우스 버튼] - [클립 키프레임 표시] - [동작] 메뉴를 보면 다양한 설정 메뉴(옵션)가 있는데, 여기에서 원하는 메뉴를 선택하면 됩니다. 일단 위치 설정을 위해 [위치]를 선택해봅니다.

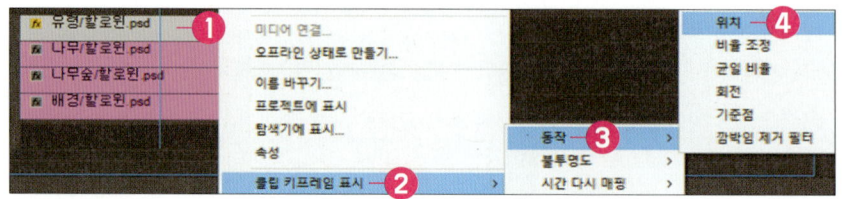

해당 클립의 위치에 대한 키프레임 정보가 나타나면 키프레임 양쪽에 뻗어 나온 컨트롤 핸들을 조정하여 키프레임에 대한 속도를 제어를 할 수 있습니다. 이것은 키프레임에서 [오른쪽 마우스 버튼]을 클릭했을 때 나타나는 시간 보간(Keyframe Interpolation)에 대한 메뉴와 유사합니다.

 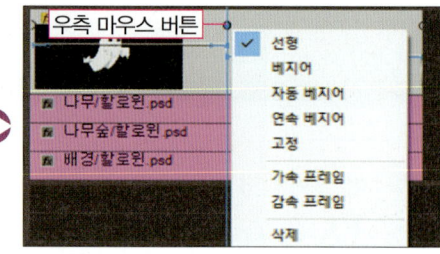

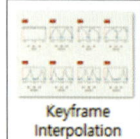

키프레임 시간 보간법에 대한 자세한 내용은 [학습자료] 폴더에 있는 [Keyframe Interpolation] 파일을 실행하여 확인해보기 바랍니다.

> **팁 & 노트** 트위닝과 인터폴레이션에 대하여
>
> 과거 셀 애니메이션(Cell animation)에서는 캐릭터, 즉 사물의 움직임을 키프레임이 아닌 모든 프레임에서 일일이 변화를 주어야만 움직이는 애니메이션이 가능했었습니다. 하지만 컴퓨터 그래픽을 이용한 애니메이션 시대에서는 움직임의 변화를 주는 지점에서만 변화를 주면 나머지 구간은 자동으로 변화가 생기게 됩니다. 이것을 키프레임 애니메이션이라고 합니다. 또한 키프레임과 키프레임의 변수(서로 다른 값)는 두 키프레임 사이에서의 변화를 자동으로 표현해 주는데, 이러한 과정을 인터폴레이션(Interpolation) 또는 트위닝(Tweening)이라고 합니다. 물론 이 두 말은 같은 뜻이지만 디지털 영역에서는 일반적으로 인터폴레이션이라고 부릅니다. 아래의 그래프를 보면 보다 쉽게 이해할 수 있을 것입니다.
>
>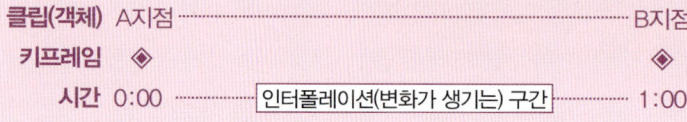

예제로 익히기 | 동작을 이용한 PIP(화면 안에 화면) 멀티 화면 만들기

01 학습을 위해 [학습자료] - [Project] - [PIP 멀티 화면 만들기] 프로젝트 파일을 실행합니다. 실행된 파일을 보면 5개의 클립이 각각의 트랙에 적용된 상태이며, 클립의 길이가 가지각색으로 된 상태입니다. 먼저 모든 클립의 길이를 동일(가장 짧은 클립 기준)하게 편집해놓습니다.

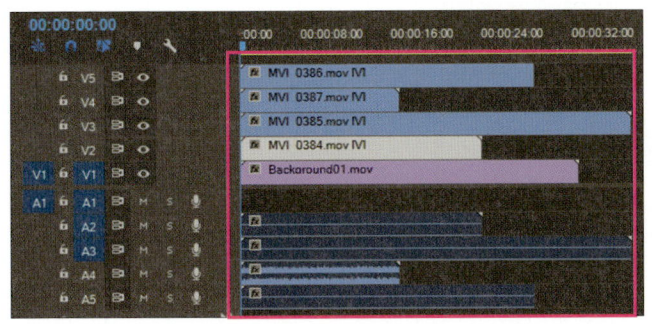 

02 먼저 맨 위쪽 클립을 선택한 후 효과 컨트롤 패널의 동작에서 위치와 비율 조정 값을 설정하여 그림처럼 장면을 좌측 상단에 작게 나타나도록 해줍니다. 지금의 작업은 프로그램 모니터에서 직접 조정해도 됩니다.

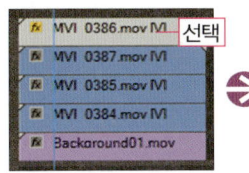 

03 방금 간단하게 화면 안에 작은 화면을 만들어보았습니다. 여기에서 만약 작은 화면에 테두리를 만들어 주고자 한다면 렌즈 왜곡(Lens Distortion) 효과를 적용한 후 곡률 값을 4 정도로 설정하여 테두리를 표현할 수 있습니다.

04 이제부터 나머지 3개의 클립에 대해서도 화면을 작게 하고 각각의 위치에 배치해야 합니다. 이와같은 작업은 앞서 작업한 것처럼 해주면 되는데, 이번에는 좀더 편리한 방법을 사용해보도록 하겠습니다. 먼저

설정이 끝난 맨 위쪽 클립을 선택한 후 [Ctrl] + [C] 키를 눌러 복사합니다. 그다음 아래쪽 클립을 선택한 후 [편집] - [특성 붙여넣기(Paste Attributes)] 메뉴를 선택하여 복사된 클립의 속성(위치, 크기, 효과 등)을 방금 선택한 클립에 상속시켜줍니다.

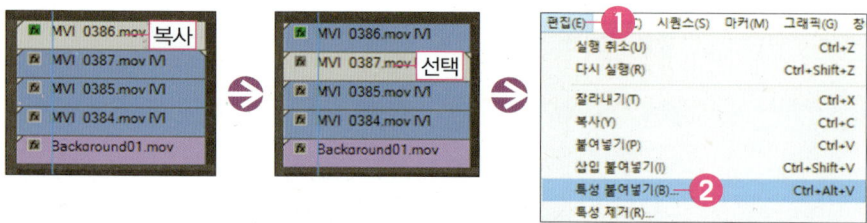

특성 붙여넣기는 복사된 클립이 속성을 다른 클립에 그대로 상속하여 같은 결과물을 얻을 수 있도록 해줍니다. 클립에 대한 유사한 작업을 반복할 때 작업 시간을 단축할 수 있어 매우 유용합니다.

05 그러면 특성 붙여넣기 창이 열리는데, 상속하고자 하는 옵션(속성)을 선택하면 됩니다. 여기에서는 동작과 효과의 렌즈 왜곡에 대해서만 상속할 것이기 때문에 이 옵션들만 선택하고 나머지는 해제하고 적용합니다.

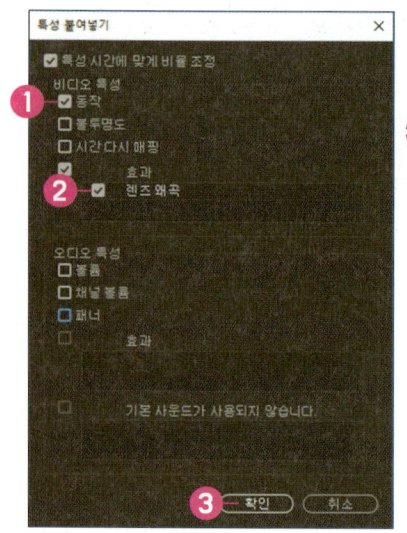

특성 상속된 클립은 현재 맨 위쪽 클립과 같은 크기와 위치에 있기 때문에 위쪽 클립에 가려져 보이지 않습니다.

06 이제 특성 상속된 클립의 위치만 그림처럼 오른쪽으로 배치하여 화면이 나타나도록 해줍니다. 계속해서 같은 방법으로 배경으로 사용되는 맨 아래쪽 클립을 제외한 나머지 클립들도 앞서 복사된 클립의 특성을 상속받은 후 위치 값만 설정하여 세 번째 그림과 같이 배치합니다.

최종 결과 ▶

07 계속해서 이번에는 화면이 커졌다 다시 작아지는 애니메이션을 만들기 위해 먼저 맨 위쪽 클립을 선택한 후 시간을 1초로 갖다 놓고, 위치와 비율 조정에 키프레임을 생깁니다. 그다음 시간을 2초로 이동한 후 그림처럼 맨 위쪽 클립의 장면만 보이도록 키워줍니다. 이것으로 시작부터 1초동안 작은 화면, 1초부터 2초까지 큰 화면으로 바뀌는 애니메이션이 만들어집니다.

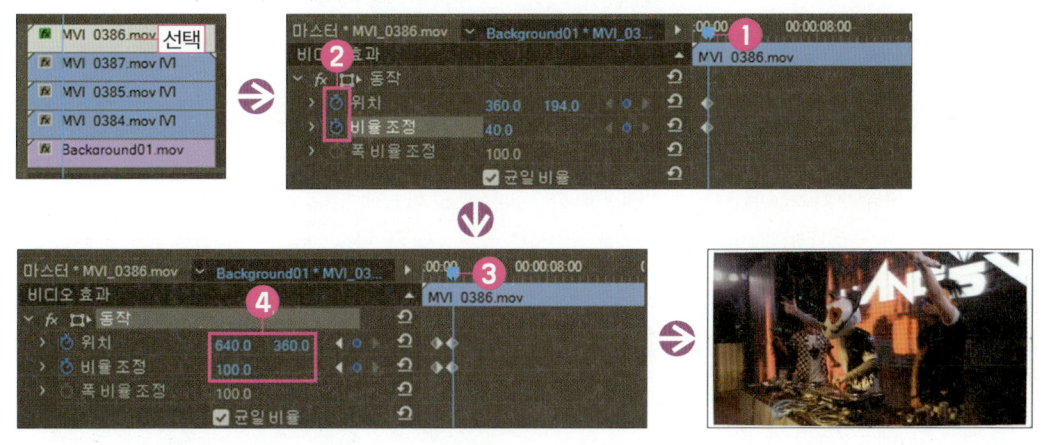

08 이번에는 큰 화면으로 5초 정도 머물다가 다시 작아지도록 해보겠습니다. 시간을 5초 뒤인 7초로 이동한 후 키프레임을 추가합니다. 그러면 이전 키프레임의 속성과 같은 키프레임이 추가되기 때문에 이 둘의 키프레임 구간에서는 아무런 변화가 생기지 않습니다. 그다음 시간을 1초 뒤로 이동한 후 다시 작게 줄이고 원래 위치로 이동합니다. 이때 첫 번째 키프레임을 복사(Ctrl + C)한 후 현재 시간에서 붙여넣기

(Ctrl + V)하는 방법을 사용하면 보다 쉽게 같은 수치 값의 키프레임을 추가할 수 있습니다.

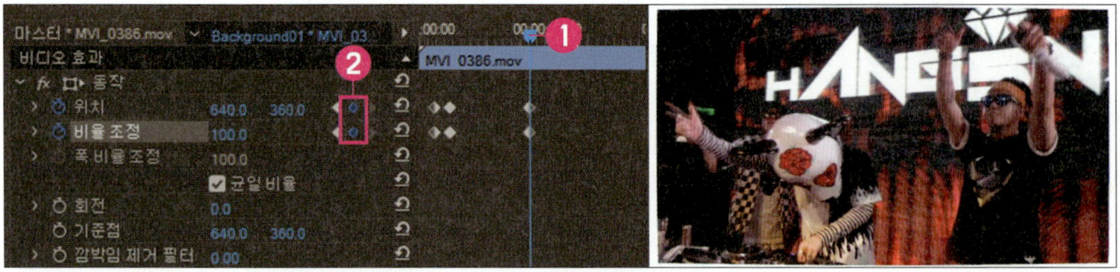

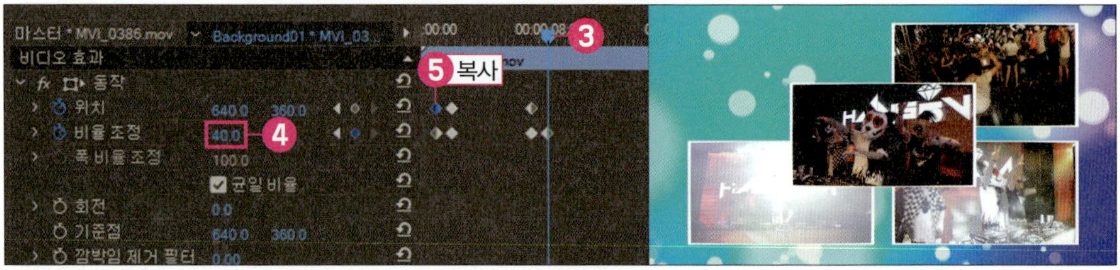

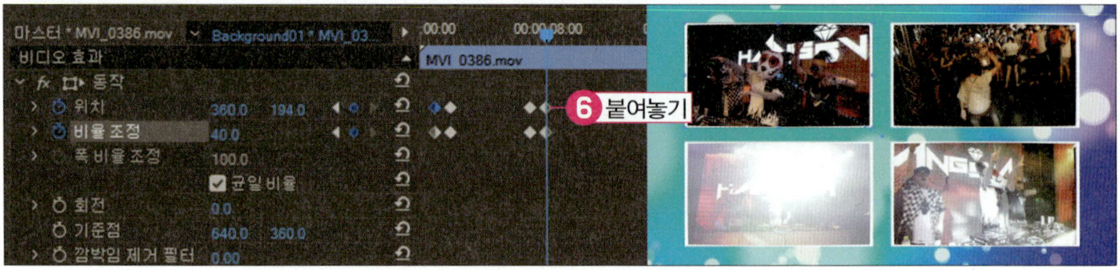

이와 같은 방법으로 나머지 장면에 대해서도 화면이 커졌다 작아지는 애니메이션을 표현해보기 바랍니다. 이 때 주의할 점은 아래쪽 클립이 커졌을 때 위쪽 클립에 가려지는 문제를 잘 해결해야 할 것입니다.

▶ 프리뷰

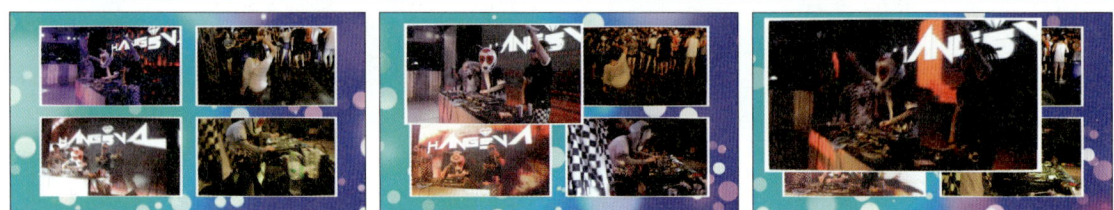

예제로 익히기 | 크레딧 롤 자막이 흐를 때 배경 영상 축소하기

01 학습을 위해 [학습자료] – [Project] – [크레딧 롤 자막과 배경 영상 축소] 프로젝트 파일을 실행합니다. 실행된 파일의 마지막 장면(클립)을 보면 크레딧 롤이 진행되는 것을 알 수 있습니다. 이제 롤 자막이 진행될 때 아래쪽 화면이 작아지도록 해보겠습니다. 그러기 위해 자막 아래쪽 클립을 선택합니다.

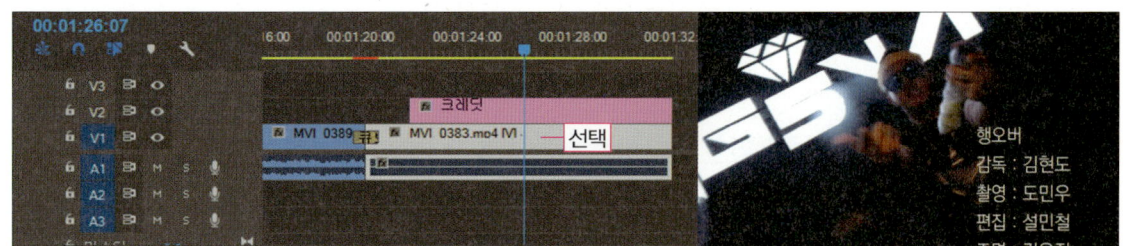

02 롤 자막이 화면에 나타나고, 약간 진행된 지점으로 시간을 이동한 후 위치와 비율 조정에 키프레임을 생성합니다. 그다음 시간을 2초 정도 뒤로 이동한 후 비율 조정 값을 50으로 설정하여 크기를 줄여주고, 위치의 x축 값을 설정하여 화면을 왼쪽으로 이동합니다.

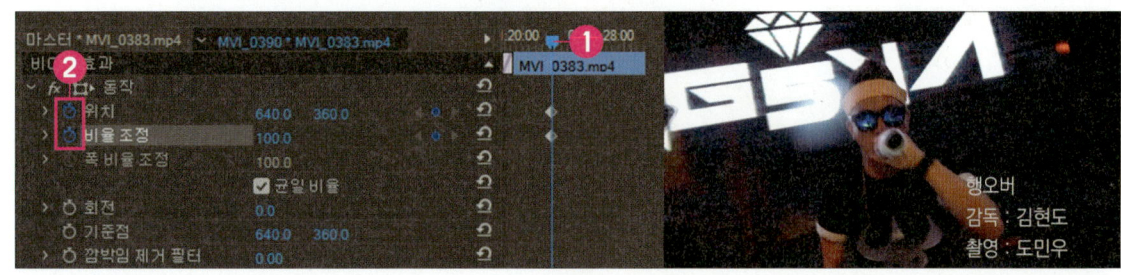

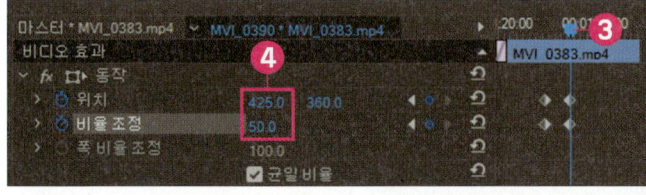
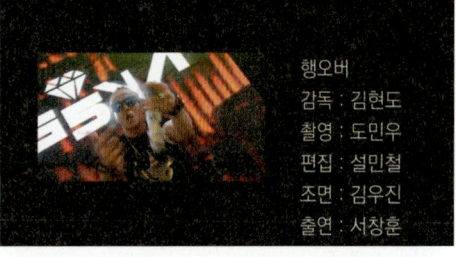

이처럼 동작(Motion)을 사용하면 다양한 애니메이션을 표현할 수 있습니다. 보다 다양한 예제로 응용해보기 바랍니다.

프리뷰

효과(Effect)을 이용한 애니메이션

애니메이션은 비단 동작(Motion)뿐만 아니라 효과(이펙트)의 설정 옵션 값에 키프레임을 생성하여 효과의 변화가 생기는 애니메이션을 표현할 수도 있습니다. 이번 학습에서는 효과에 대한 애니메이션에 대한 이해를 할 수 있도록 몇 개의 예제를 통해 학습을 해보겠습니다.

자르기 효과를 이용한 사방으로 잘려 사라지는 장면 만들기

학습을 위해 [학습자료] - [Project] - [사방으로 잘려지는 장면] 프로젝트를 실행합니다. 현재 프로젝트에는 하나의 클립이 적용된 상태입니다. 이제 이 클립을 사용하여 사방으로 잘려사라지는 장면을 만들어보겠습니다. 해당 클립에 [자르기(Crop)] 효과를 적용한 후 효과 컨트롤 패널에서 애니메이션을 10초부터 시작하기 위해 시간을 10초로 이동합니다. 그다음 [왼쪽]에 키프레임을 생성합니다.

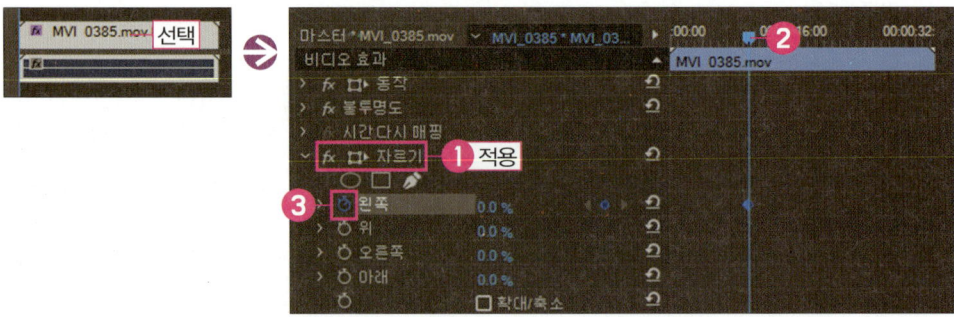

시간을 1초 정도 뒤로 이동한 후 [왼쪽] 값을 설정하여 그림처럼 왼쪽 부분의 화면을 잘라줍니다. 그다음 [위]에 키프레임을 생성합니다. 그러면 이제 위쪽으로 잘려지는 애니메이션은 이 시간부터 시작됩니다.

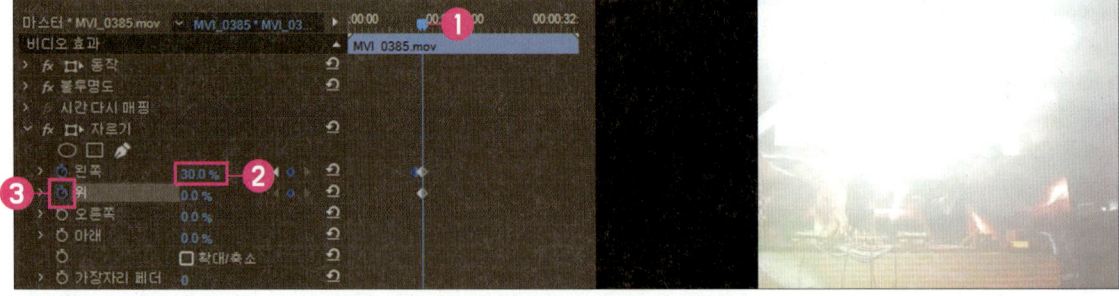

시간을 1초 뒤로 이동한 후 [위] 값을 설정하여 그림처럼 위쪽 부분을 잘라줍니다. 그다음 이번에는 오른쪽을 잘라주기 위해 [오른쪽]에 키프레임을 생성합니다.

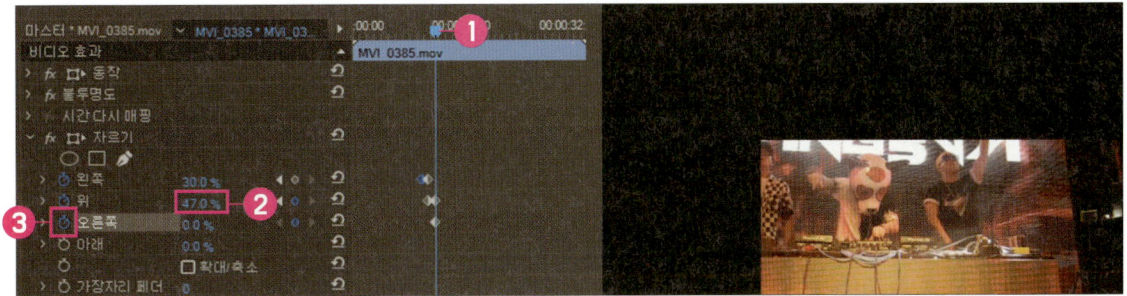

계속해서 시간을 1초 정도 뒤로 이동한 후 [오른쪽] 값을 설정하여 그림처럼 오른쪽 화면을 잘라줍니다. 그다음 [아래]에 키프레임을 생성합니다.

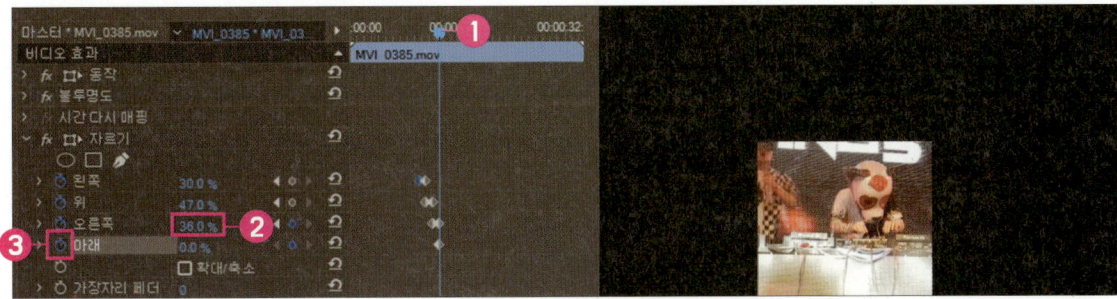

마지막으로 시간을 1초 정도 뒤로 이동한 후 [아래] 값을 설정하여 아래쪽 화면이 완전히 사라지도록 해줍니다.

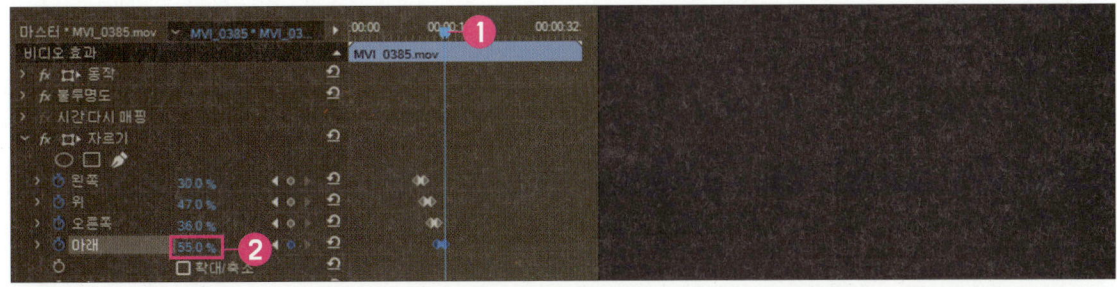

최종 결과물 ▶

멀티 화면에서 하나의 화면으로 바뀌는 장면 만들기

학습을 위해 [학습자료] - [Project] - [멀티 화면에서 하나의 화면 만들기] 프로젝트를 실행합니다. 현재 프로젝트에는 하나의 클립이 적용된 상태입니다. 이제 이 클립을 사용하여 멀티 화면을 만들어보겠습니다. 해당 클립에 [복제(Replicate)] 효과를 적용합니다. 복제 효과의 최소 값은 2이며, 그림처럼 4개의 멀티 화면이 표현됩니다.

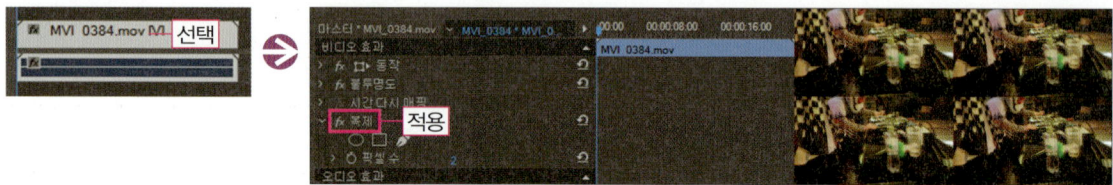

시작 프레임에서 애니메이션을 시작하기 위해 시간을 0프레임으로 이동한 후 [픽셀 수]를 [10]으로 설정합니다. 그다음 키프레임을 생성합니다.

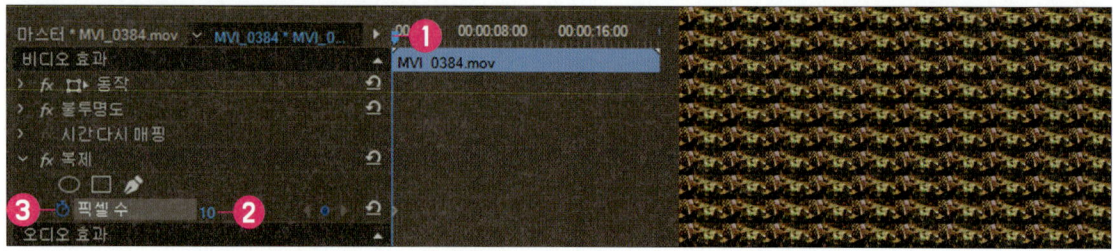

시간을 1초 정도 뒤로 이동한 후 [픽셀 수]를 최소 값인 [2]로 설정합니다. 그러면 수많았던 화면들이 4개로 줄어줍니다. 그러나 우리가 원하는 최종 화면의 개수는 1개이기 때문에 별도의 작업이 필요합니다.

타임라인에서 클립을 선택한 후 애니메이션이 끝난 현재 1초 시간에서 [M] 키를 눌러 마커를 추가합니다. 그다음 프로젝트 패널에서 현재 사용하고 있는 클립을 하나 더 위쪽 트랙에 적용합니다.

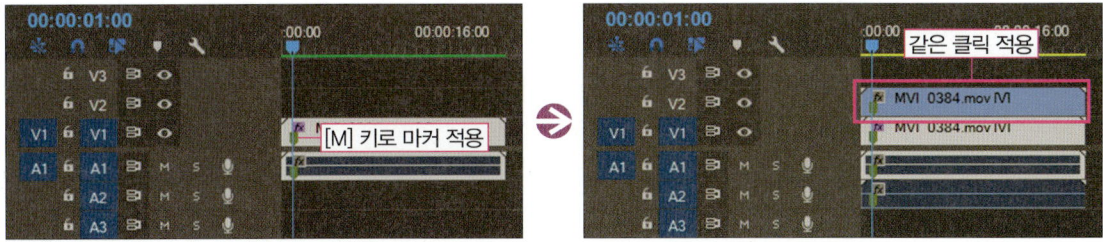

방금 갖다 놓은 위쪽 클립의 시작점을 트리밍하여 마커가 있는 지점에 맞춰줍니다. 그다음 편집 도구 바에서 [연결된 선택] 도구를 해제한 후 불필요한 맨 아래쪽 오디오 클립(위쪽 비디오 클립에 포함된)을 [Delete] 키를 눌러 삭제합니다. 이제 확인(재생)을 해보면 수없이 많던 화면이 점점 줄어들면서 최종적으로 하나의 화면으로 바뀌는 장면이 완성됐습니다.

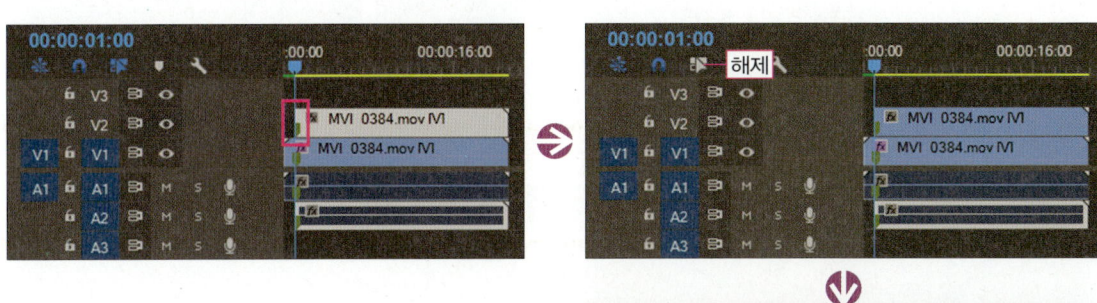

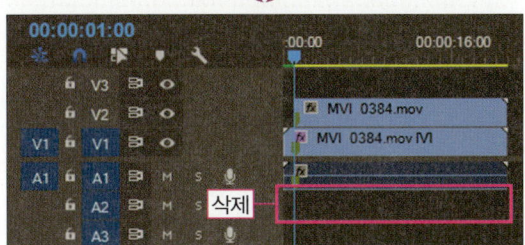

위쪽에 갖다 놓은 클립은 4개의 화면밖에 설정할 수 없는 복제 효과를 보안하여 최종적으로 1개의 화면으로 나타나도록 하기 위해 사용한 것입니다.

최종 결과물 ▶

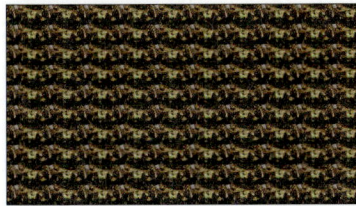  

출렁이면서 나타나는 유령 만들기

학습을 위해 [학습자료] - [Project] - [할로윈] 프로젝트를 실행합니다. 할로윈 프로젝트는 앞서 기본 애니메이션 학습에서 사용했던 것입니다. 이번 학습에서는 유령이 처음 나타날 때의 모습을 출렁(흐느적)이면서 나타나도록 해보겠습니다.

프리뷰

맨 위쪽 유령 클립에 [파도 비틀기(Wave Warp)] 효과를 적용해봅니다. 그러면 유령의 모습이 물결처럼 출렁이면서 나타나게 됩니다.

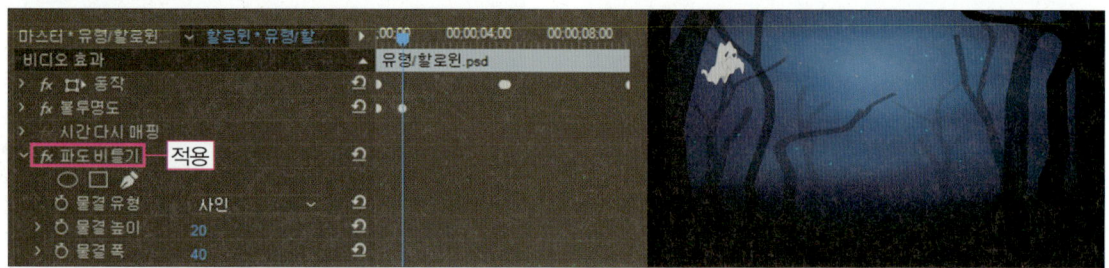

여기에서 유령의 모습이 더욱 강렬하게 나타나도록 하기 위해 [물결 높이]를 40 정도로 증가합니다. 그 다음 애니메이션을 시작하기 위한 시간을 유령이 투명했다가 완전히 불투명해지는 1초로 이동한 후 키 프레임을 생성합니다.

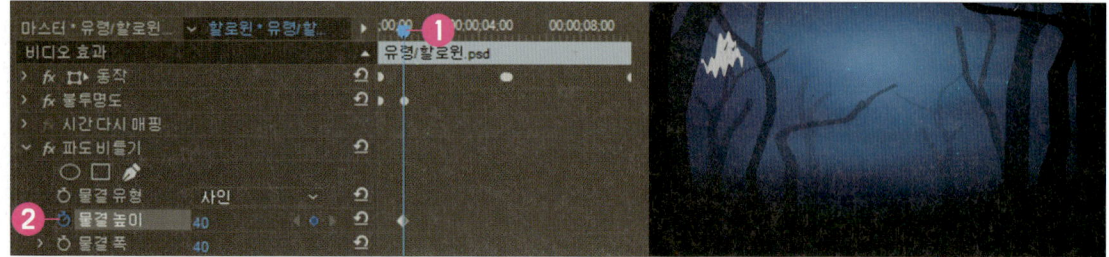

유령이기 때문에 물결처럼 흔들리는 모습을 계속 유지해도 되겠지만 여기에서는 이후부터 서서히 원래의 모습으로 되돌아오는 장면을 표현할 것입니다.

시간을 4초 정도로 이동한 [물결 높이] 값을 [0]으로 설정하여 다시 원래의 평범?한 유령의 모습이 나타나도록 해줍니다. 이것으로 유령이 나타나는 모습을 독특하게 표현해보았습니다.

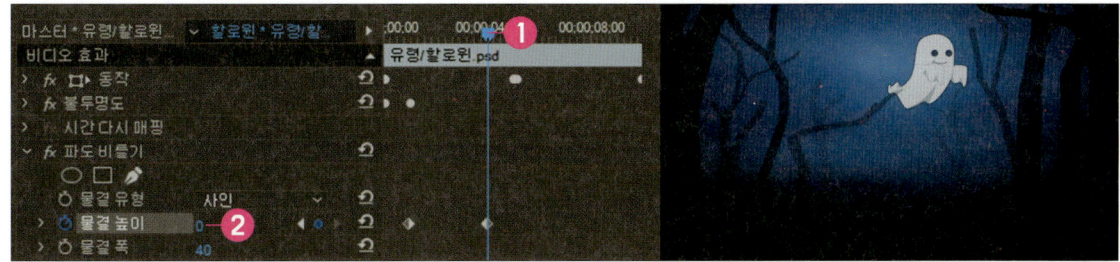

▶ 최종 결과물

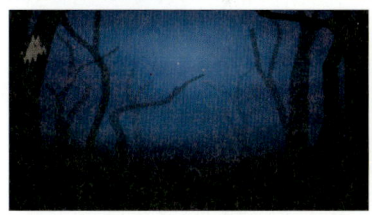  

지금까지 살펴본 것처럼 효과도 키프레임을 이용하면 다양한 모습으로 변하는 애니메이션을 만들 수 있다는 것을 알 수 있었습니다. 그밖에 효과를 활용하여 여러분만의 독특하고 멋진 효과 애니메이션을 표현해보기 바랍니다.

팁 & 노트   어도비 브릿지에 대하여

어도비 브릿지(Bridge)는 어도비 제품(포토샵, 일러스트레이터, 애프터 이펙트 등)의 프로젝트 파일 및 효과를 미리볼 수 있기 때문에 작업한 클립을 불러오기 전에 확인할 수 있는 유일한 프로그램입니다. 어도비 브릿지를 사용하기 위해서는 어도비 웹사이트에서 다운로드 받아 설치해야 합니다.

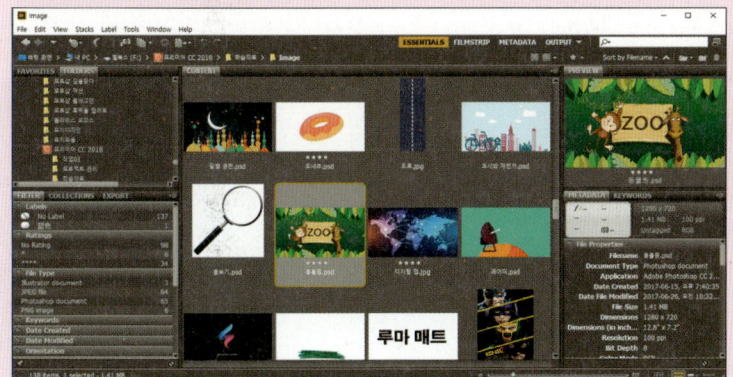

◀ 어도비 브릿지 인터페이스

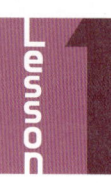

합성 작업의 모든 것

합성(Composite)은 2개 이상의 장면을 마치 하나의 장면, 즉 한 공간에서 촬영된 것처럼 표현하는 기법을 말합니다. 프리미어 프로에서는 마스크, 크로마키(키잉) 효과, 혼합 모드를 이용하여 다양하고 세밀한 합성 작업을 할 수 있습니다. 이번 레슨에서는 다양한 합성 작업에 대해 알아보도록 하겠습니다.

마스크(Mask)를 이용한 합성

마스크는 앞서 학습한 비디오 효과에서 살펴본 적이 있듯이 장면의 특정 영역만을 표현하고 나머지 영역은 투명하게 처리하여 다른 장면(하위 클립)과 합성하기 위해서 사용합니다. 마스크는 합성 기법 중 가장 난이도가 높고, 다루기 어렵지만 다양하고 섬세한 부분까지 표현할 수 있기 때문에 가장 많이 사용됩니다.

펜(Pen) 도구 사용법 익히기

마스크는 각 비디오 효과에서 옵션으로도 사용할 수 있지만 가장 대표적으로는 편집 도구의 펜 도구와 효과 컨트롤 패널의 불투명도에서 사용되는 펜 도구를 이용한 마스크이며, 그밖에 자막을 만들기 위한 레거시 제목 디자이너의 펜 도구가 있습니다. 펜 도구를 이용한 마스크은 원하는 모양의 마스크를 만들 수 있기 때문에 가장 다양하게 활용할 수 있습니다. 이번 학습에서는 펜 도구 사용법에 대해 알아보겠습니다. 학습을 위해 [학습자료] - [Project] - [펜 도구 익히기] 프로젝트를 실행합니다. 해당 프로젝트는 아이스크림 모양의 이미지 클립이 타임라인에 적용된 상태입니다. 만약 이 아이스크림에서 가운데, 또는 위쪽의 아이스크림 부분만 색상을 바꿔주어야 한다면 어떻게 해야 할까요? 정답은 마스크입니다. 프리미어 프로에서 사용되는 펜 도구는 모두 똑같기 때문에 여기에서는 불투명도의 펜 도구를 사용해보겠습니다. 아이스크림 클립을 선택한 후 효과 컨트롤 패널의 불투명도를 보면 원형, 사각형, 펜 도구(자유로운 그리기 베지어)가 있습니다. 펜 마스크를 만들기 위해 [펜 도구]를 선택합니다.

직선 마스크 만들기 프로그램 모니터에서 그림처럼 아이스크림의 빨간색 상단의 아래쪽 부분을 클릭하여 마스크 포인트를 생성합니다. 그다음 분홍색 오른쪽 모서리 부분을 클릭하여 포인트를 추가하고, 위쪽 곡선이 시작되기 직전 부분을 클릭하여 포인트를 추가합니다. 지금 만든 것이 바로 직선 마스크입니다. 직선 마스크는 단순히 [클릭] - [클릭] - [클릭]만으로 만들어줍니다.

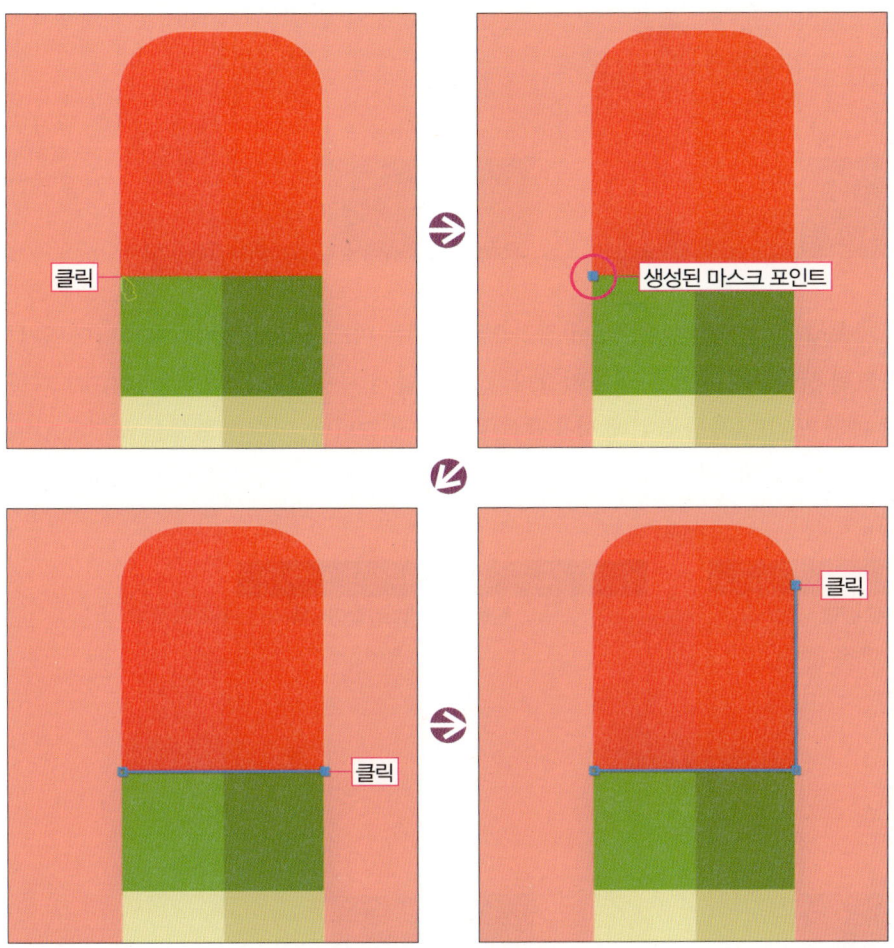

곡선 마스크 만들기 이번에는 곡선 마스크를 만들어보겠습니다. 앞선 작업을 이어서 아이스크림 상단은 둥근 형태의 모서리로 되었습니다. 이렇듯 둥근 모양의 마스크를 만들기 위해서는 [클릭]을 한 후 마우스 버튼에 손가락을 떼지 않는 상태에서 [드래그]를 하는 것입니다. 그러면 직선에서 곡선으로 바뀌게 됩니다. 이때 드래그하는 핸들의 거리나 위치에 따라 곡선의 모양이 결정됩니다. 아이스크림의 곡선과 똑같은 마스크가 되었다면 이제 마우스 버튼에 손가락을 뗍니다. 그러면 곡선 마스크가 만들어집니다.

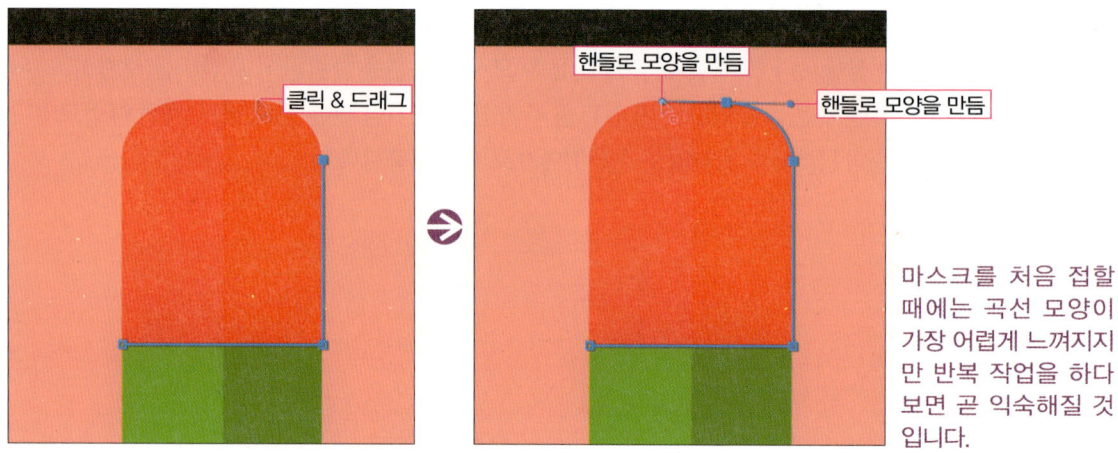

곡선에서 직선 만들기 계속해서 이번에는 곡선에서 직선으로 바뀌는 마스크를 만들어보겠습니다. 앞선 작업을 이어서 아이스크림 상단은 수평으로 되어있습니다. 이제 앞서 사용했던 왼쪽 핸들을 [Alt] 키를 누른 상태로 선택한 후 해당 포인트(곡선을 위해 사용했던)로 갖다 놓습니다. 이렇게 핸들을 포인트 안에 갖다 놓으면 다음 마스크 작업을 할 때에는 곡선이 아닌 직선 마스크가 만들어집니다. 이처럼 핸들의 역할은 매우 중요합니다.

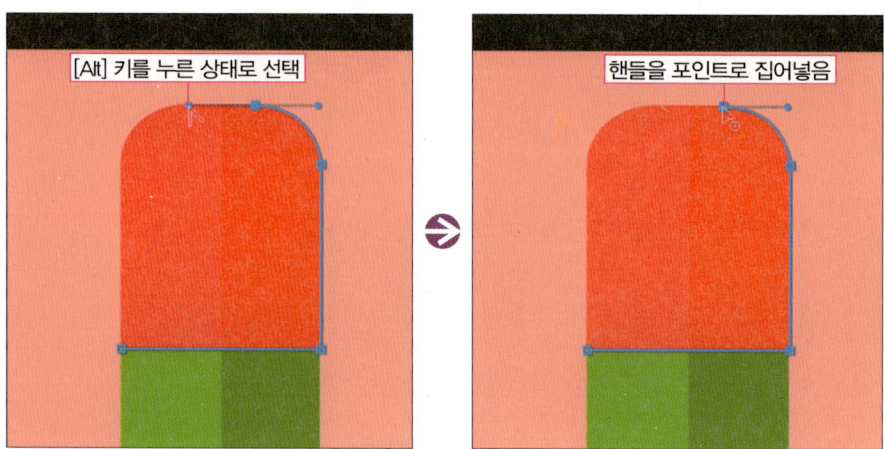

이제 직선을 만들기 위해 왼쪽 수평이 끝나고 곡선으로 바뀌기 전 지점을 클릭하여 직선을 만들어줍니다. 이후 다시 곡선을 만들어주어야 하는데, 앞서 학습한 것처럼 곡선이 끝나는 지점을 클릭 & 드래그하여 원하는 곡선 모양으로 만들어주면 됩니다. 곡선을 만든 후에는 다시 직선(수직)을 만들어야 하기 때문에 [Alt] 키를 이용하여 핸들을 포인트에 집어넣습니다. 이때 마우스 버튼에 손가락이 떨어져 다시 한번 클릭하게 되면 원치 않는 지점에 포인트가 생성될 수 있으므로 주의하기 바랍니다.

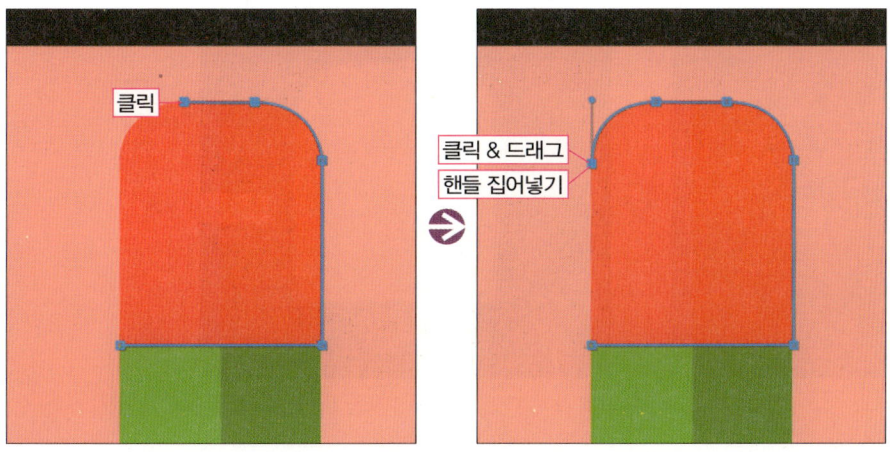

닫힌 마스크 만들기 지금까지는 열린 마스크입니다. 열린 마스크는 그냥 선 일뿐입니다. 그러므로 마스크를 완성하기 위해서는 닫힌 마스크가 되어야 합니다. 이제 마지막으로 처음 만들었던 포인트에 마우스 커서를 갖다 놓습니다. 그러면 커서 옆에 동그라미가 나타나는데, 이때 클릭하면 닫힌 마스크가 완성됩니다. 완성된 마크스를 보면 마스크 영역만 나타나고 나머지는 검정색(투명)으로 처리됩니다. 또한 마스크 가장자리는 기본적으로 페더가 적용되어 부드럽습니다.

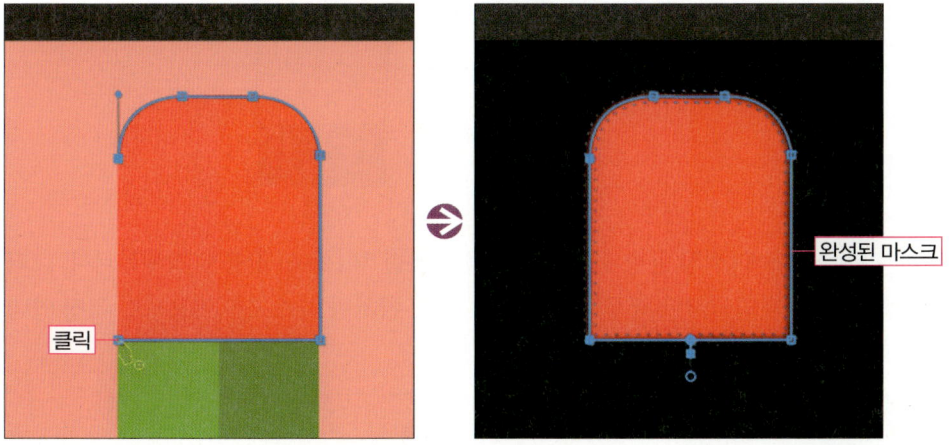

마스크 설정하기 마스크 가장자리를 부드럽게 하거나 뚜렷하게 해주기 위해서는 마스크의 [마스크 페더] 값을 설정하면 됩니다. 여기에서는 [0]으로 설정하여 경계를 뚜렷하게 해줍니다. 그밖에 마스크 패스를 이용하여 마스크의 모양 변화에 대한 애니메이션과 모션 트래킹(앞서 학습했던 추적 기능), 마스크 영역 불투명도, 마스크 영역 확장/축소, 마스크 영역 반전에 대한 설정을 할 수 있습니다.

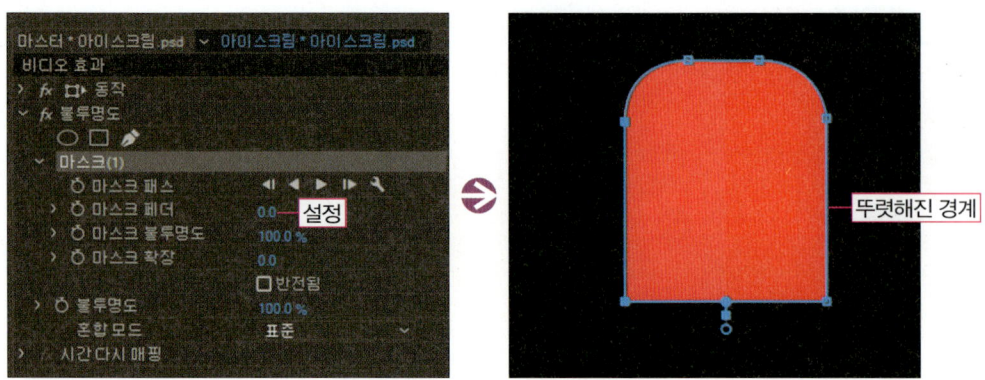

마스크 영역에 효과 적용하기 – 색상 바꾸기

이번에는 앞서 만든 마스크 영역을 다른 색상으로 바꿔보도록 하겠습니다. 그러기 위해 마스크가 적용된 클립을 위쪽 트랙으로 이동한 후 아래쪽 트랙에는 원본 아이스크림 클립을 갖다 놓습니다. 그러면 마스크 영역 밖의 투명한 영역에 방금 적용한 아이스크림의 모습이 나타나게 됩니다.

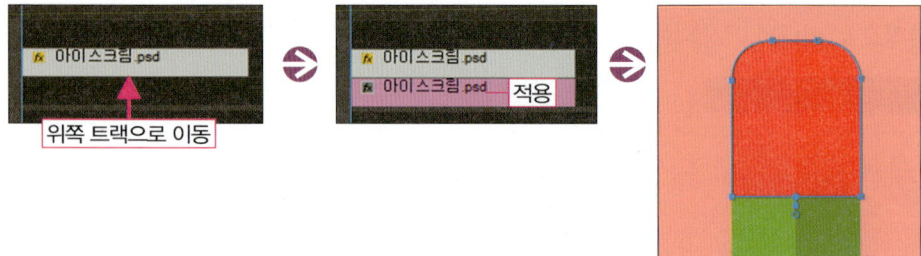

이제 마스크가 적용된 위쪽 클립에 [색상 균형(HLS)] 효과를 적용한 후 [색조] 값을 조정해봅니다. 그러면 마스크가 적용된 위쪽 클립의 영역에만 색상 변화가 생깁니다. 이처럼 마스크를 이용하면 특정 영역에 대해서만 효과를 표현을 해줄 수 있습니다.

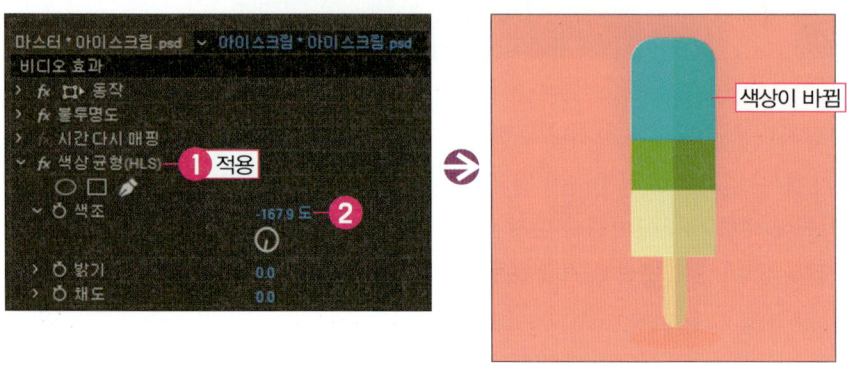

예제로 익히기 마스크와 추적기을 이용한 특정 영역 흑백으로 표현하기

01 학습을 위해 [학습자료] - [Project] - [마스크와 추적기을 이용한 특정 영역 흑백으로 표현하기] 프로젝트 파일을 실행합니다. 현재는 [Tulip] 클립이 트랙에 적용된 상태입니다.

02 장면을 흑백으로 만들어주기 위해 흑백(Black & White) 효과를 튤립 클립에 적용합니다. 검색기를 이용하면 쉽게 찾을 수 있습니다.

03 이제 [펜 도구(자유로운 그리기 베지어)]를 선택한 후 앞서 학습한 펜 마스크 만드는 방법을 활용하여 그림처럼 가운데 클립 모양과 똑같은 마스크를 만들어줍니다. 이때 시간은 시작 프레임으로 되어있어야 하며, [마스크 패스]에 키프레임을 생성해야 합니다.

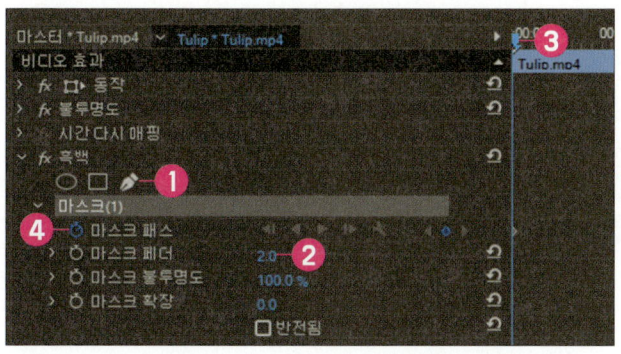 

04 계속해서 시간을 2프레임 정도 뒤로 이동해봅니다. 그러면 튤립이 오른쪽으로 움직였기 때문에 방금 만든 마스크 영역과 어긋나게 됩니다. 이럴 땐 마스크 영역 안쪽에 마우스 커서를 갖다 놓고 마스크를 이동

하여 튤립 모양에 맞춰주면 됩니다.

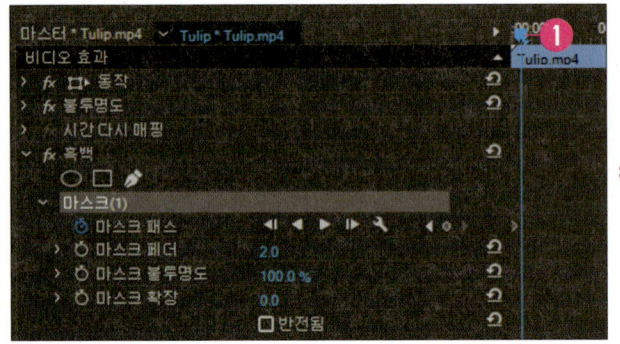 

마스크 포인트 설정하기 만약 튤립의 모양에 변화가 생긴다면 마스크의 포인트와 핸들을 이용하여 변한 튤립의 모양에 맞게 수정해주면 됩니다. 또한 새로운 마스크 포인트가 필요하다면 필요한 지점을 클릭(선택)하면 되고, 불필요한 마스크는 제거할 포인트에서 [Ctrl] 키를 누른 상태로 클릭하면 되며, 직선 또는 곡선으로 포인트 속성을 전환하고자 한다면 전환하고자 하는 포인트에서 [Alt] 키를 누른 상태로 클릭하면 됩니다.

   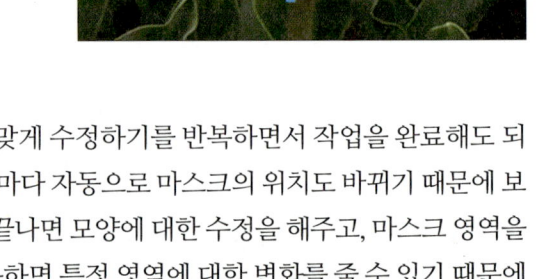

▲ 포인트 추가   ▲ 포인트 삭제   ▲ 포인트 전환

05 같은 방법으로 시간 이동하고, 마스크 모양을 튤립에 맞게 수정하기를 반복하면서 작업을 완료해도 되겠지만 [추적] 기능을 사용하면 튤립의 위치가 바뀔 때마다 자동으로 마스크의 위치도 바뀌기 때문에 보다 간편하게 작업을 수행할 수 있습니다. 추적 작업이 끝나면 모양에 대한 수정을 해주고, 마스크 영역을 반전시켜 작업을 마무리합니다. 이처럼 마스크를 사용하면 특정 영역에 대한 변화를 줄 수 있기 때문에 정교한 합성 작업이 가능합니다.

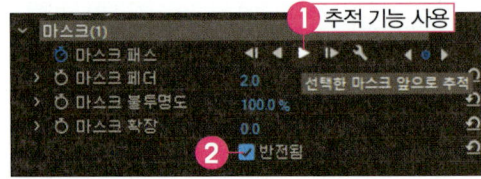 

지금의 작업에서는 튤립의 색상을 다른 색상으로 바꿔주어 변화를 줄 수도 있습니다.

예제로 익히기   마스크를 이용한 줄어드는 음료수 만들기

01 학습을 위해 [학습자료] - [Project] - [줄어드는 음료] 프로젝트 파일을 실행해보면 컵에 음료가 담겨있는 장면인 것을 알 수 있습니다. 이제 컵에 담긴 음료가 마스크에 의해 줄어들도록 해보겠습니다. 맨 위쪽의 [음료] 클립을 선택한 후 효과 컨트롤 패널의 불투명도에서 [펜 도구]를 선택하여 마스크를 생성합니다. 그다음 [마스크 페더] 값을 [0]으로 설정하여 경계를 뚜렷하게 해주고, 프로그램 모니터에서 그림처럼 컵에 담긴 음료보다 조금 더 크게 마스크를 만들어줍니다. 이때 음료 위쪽의 물결 모습은 곡선 마스크로 만들어 자연스럽게 해줍니다.

02 이제 마스크 애니메이션을 만들어주기 위해 시간을 시작 프레임으로 이동한 후 [마스크 패스]에 키프레임을 생성합니다. 그다음 앞서 만든 마스크의 위쪽 곡선 부분의 포인트들만 선택합니다.

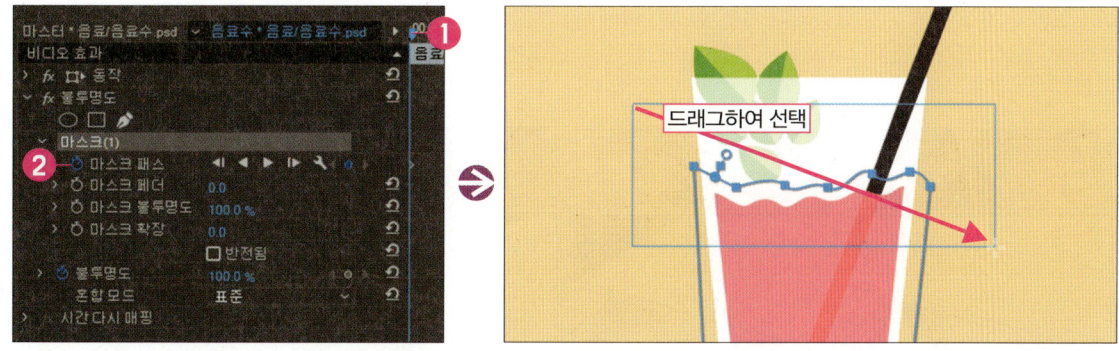

03 계속해서 시간을 3초 정도 뒤로 이동한 후 앞서 선택한 위쪽 포인트들을 아래로 내려줍니다. 그러면 3초 동안 음료가 줄어드는 애니메이션이 만들어집니다.

작업을 여기서 끝낼 수도 있지만, 여기에서 잠시 머물렀다가 다시 조금씩 줄어드는 장면을 만들고자 한다면 같은 방법으로 시간과 마스크 모양에 변화를 주면 됩니다. 이 장면은 여러분이 직접 표현해보기 바랍니다.

▶ 최종 결과물 ▶

마스크를 잘 활용하면 아래 그림처럼 카툰 프레임 안에 이미지(장면) 클립들을 배치한 후 각 클립들에 마스크 애니메이션을 만들어 프레임 안에 나타나는 장면을 표현할 수도 있습니다. 이 작업은 다음 예제인 [로고가 나타나는 애니메이션] 학습을 참고하여 여러분이 직접 표현해보기 바랍니다.

예제로 익히기 로고가 나타나는 애니메이션

01 학습을 위해 [학습자료] - [Project] - [로고가 나타나는 애니메이션] 프로젝트 파일을 실행해보면 3개의 클립이 사용되며, 맨 위쪽 트랙에는 로고의 모습이 있는 클립이 적용된 상태입니다. 이제 이 로고가 그려지듯 나타나는 애니메이션을 만들어보겠습니다.

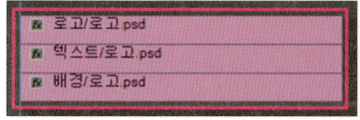 

02 로고 클립을 선택한 후 불투명도의 [펜 도구]를 선택하여 마스크를 생성합니다. 그다음 그림처럼 로고의 모습에서 벗어난 아래쪽 부분에 마스크를 만들어 로고의 모습이 나타나지 않도록 해줍니다.

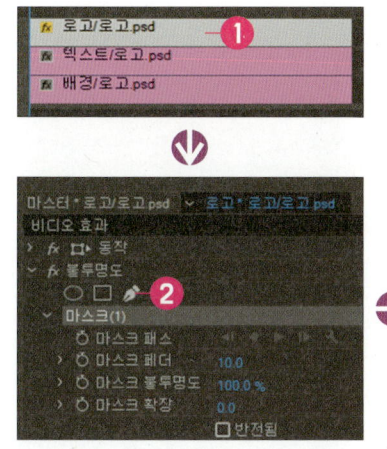 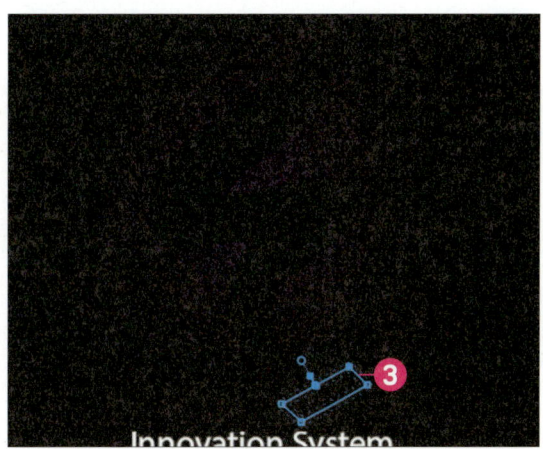

03 이제 애니메이션을 만들기 위해 시간을 시작 프레임으로 이동한 후 [마스크 패스]에 키프레임을 생성합니다. 그다음 마스크의 모습을 변형하기 위한 새로운 마스크 포인트 2개를 추가합니다.

 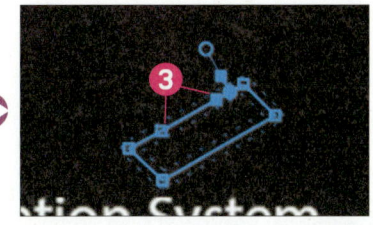

04 시간을 5프레임 정도 뒤로 이동한 후 앞서 추가한 2개의 마스크를 이동하여 그림처럼 로고의 아래쪽 모

습이 나타나도록 해줍니다. 그러면 보이지 않았던 로고의 모습이 5프레임까지 조금 나타나게 됩니다.

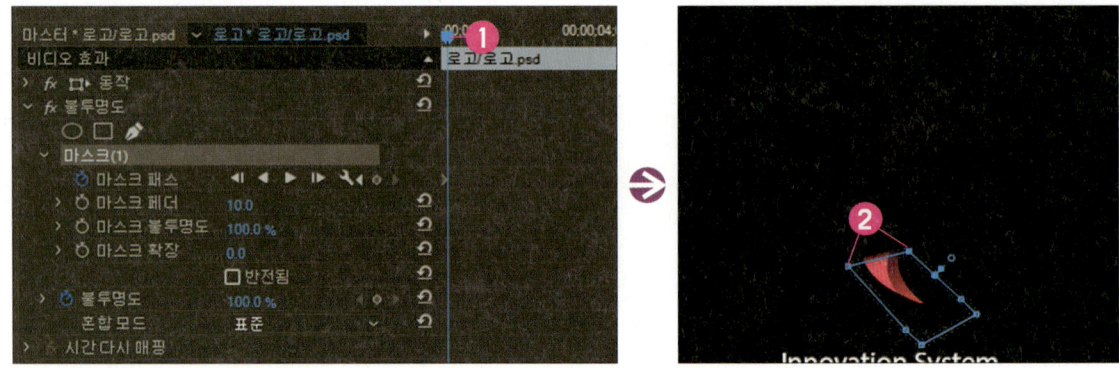

05 시간을 5프레임 정도 뒤로 이동한 후 위쪽 마스크에 2개의 포인트를 추가합니다. 그리고 추가된 포인트를 그림처럼 위쪽으로 이동하여 로고의 모습이 더 많이 나타나도록 해줍니다. 같은 방법으로 5프레임 또는 적당한 간격으로 마스크의 모양에 의해 로고의 모습이 서서히 나타나는 애니메이션을 만들어줍니다.

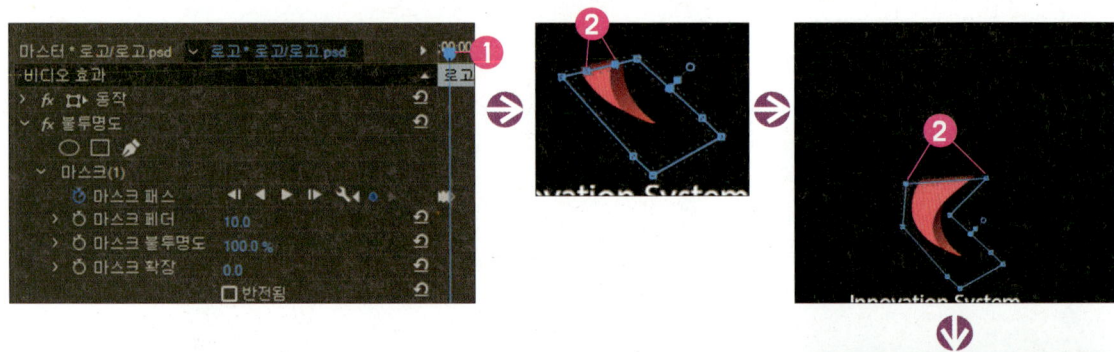

만약 로고가 나타나는 속도가 너무 빠르거나 느리다면 속도를 조절해야 합니다. 속도를 조절하기 위해서는 해당 키프레임을 일일이 이동해야 하는데, 사용된 키프레임이 많다면 해당 클립을 시퀀스화해서 키프레임 없이 사용되는 비디오 클립처럼 속도를 조절하면 됩니다. 다음 페이지에서 설명하는 [또 다른 시퀀스, 네스트]를 참고하십시오.

> 최종 결과물

또 다른 시퀀스, 네스트

시퀀스(Sequence)는 하나의 프로젝트에서 작업을 할 때 실제 작업을 하는 공간입니다. 이 공간의 규격은 사용되는 클립이나 최종적으로 파일을 만들 때의 출력(렌더) 설정에 따라 달라집니다. 하나의 프로젝트를 수행하는데 있어 시퀀스는 반드시 하나 이상을 사용해야 하며, 때에 따라서는 수십 개의 시퀀스를 만들어 각각의 작업을 분산(구분)하여 사용할 경우도 있습니다. 이렇듯 실제 작업을 위해 사용되는 시퀀스는 기본적으로 [파일] – [시퀀스] 메뉴나 단축키 [Ctrl] + [N]을 통해 생성되지만 작업 중인 클립(들)을 선택하여 선택된 클립을 새로운 시퀀스로 묶어서 하나의 클립처럼 사용할 수도 있습니다. 이러한 과정을 네스트(Nest)라고 합니다.

네스트와 시퀀스의 관계를 더욱 심도있게 살펴보기 위해 앞서 작업했던 프로젝트(로고가 나타나는 애니메이션_완성)를 열어줍니다. 현재 이 프로젝트는 맨 위쪽 로고 이미지 클립에 마스크 애니메이션을 이용하여 로고나 나타나는 장면을 표현한 상태입니다. 여기에서 만약 로고가 나타나는 속도가 너무 느리다고 가정했을 때 기본적으로 키프레임의 간격을 좁혀 속도를 빠르게 해야 한다고 생각할 것입니다. 하지만 이것은 키프레임이 많았을 때에는 원시적인 방법에 지나지 않습니다. 이럴 땐 해당 클립을 네스트화해서 하나의 비디오 클립처럼 사용한다면 속도 조정 도구(기능)들을 통해 원하는 속도로 간편하게 조정할 수 있습니다. 살펴보기 위해 맨 위쪽의 로고 클립을 선택한 후 [오른쪽 마우스 버튼] – [중첩(Nest)] 메뉴를 선택해봅니다. 중첩된 시퀀스 이름 입력 창이 열리면 적당한 이름(로고 클립 중첩)을 입력한 후 적용합니다. 그러면 해당 클립이 하나의 시퀀스 클립으로 사용됩니다. 이때 원래 사용되던 클립의 색상도 바뀌게 되어 바뀐 클립이 시퀀스 형태의 클립이라는 것을 쉽게 구분할 수 있도록 해줍니다.

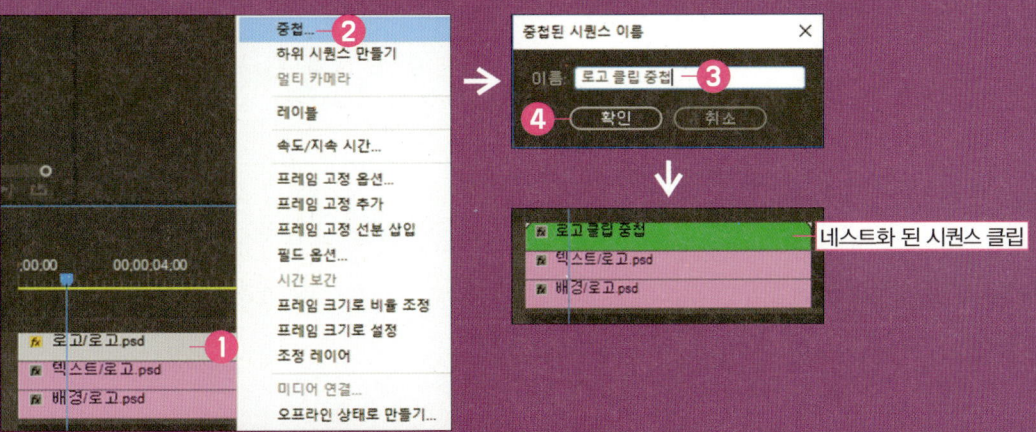

네스트가 되었다는 것은 새로운 시퀀스가 자동으로 생성되고, 생성된 시퀀스에 선택된 클립(일반적으로 여러 개의 클립을 하나로 묶는데 사용됨)이 옮겨진 상태이며, 최종적으로 존재하는 클립은 선택된 클립이

있는 시퀀스가 원래 클립을 대체한 것입니다. 좀더 쉽게 이해하기 위해 중첩(네스트)된 클립을 [더블클릭]해봅니다. 그러면 해당 클립이 들어있는 시퀀스(로고 클립 중첩)가 열리게 됩니다. 이처럼 앞서 선택된 클립은 원래 있었던 시퀀스가 아닌 새로운 시퀀스로 옮겨진 것입니다.

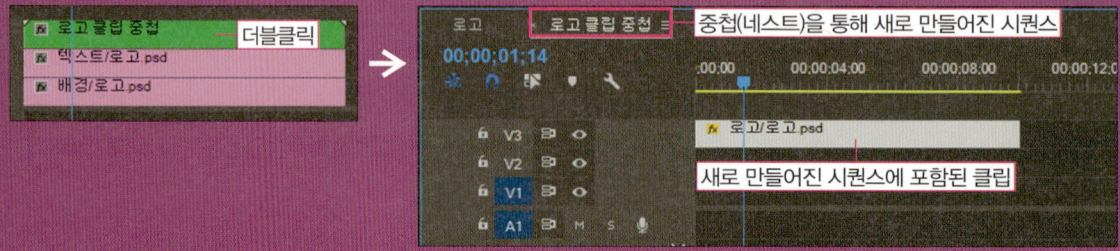

다시 원래 시퀀스(로고)로 이동한 후 [속도 조절 도구]를 이용하여 클립의 길이를 줄여주면 비디오 클립처럼 속도가 빨라지게 됩니다. 이것은 현재의 클립, 즉 중첩(네스트)된 시퀀스 클립은 선택된 클립에 사용되었던 키프레임들이 새로운 시퀀스로 옮겨진 클립과 함께 옮겨졌기 때문입니다. 효과 컨트롤 패널의 마스크를 보면 키프레임이 없다는 것으로 쉽게 이해할 수 있습니다.

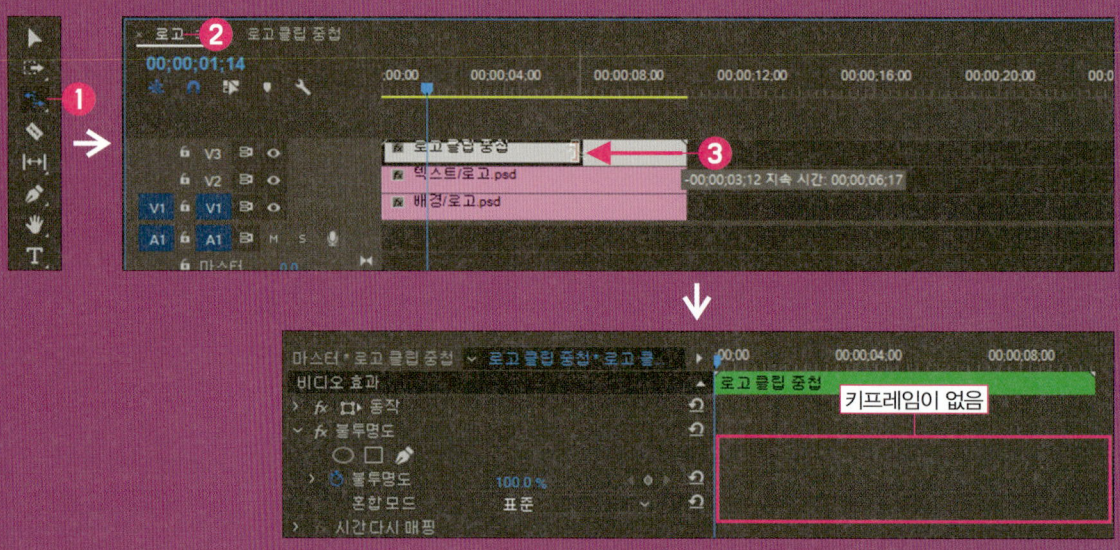

만약 하나의 클립이 아니라 여러 개의 클립을 사용하여 중첩(네스트)을 했다면 선택된 모든 클립이 새로운 시퀀스로 옮겨지고, 옮겨지고 난 자리엔 중첩된 하나의 시퀀스 클립으로 대체될 것입니다. 네스트는 키프레임에 의해 애니메이션되는 클립을 비디오 클립처럼 사용하기 위해 목적뿐만 아니라 여러 개의 클립을 하나로 묶어 시퀀스 공간을 여유롭게 사용하기 위한 목적으로도 사용됩니다.

예제로 익히기 | 마스크 영역에만 자막이 나타나게 하기

01 학습을 위해 [학습자료] - [Project] - [마스크 영역에만 자막 나타나게 하기] 프로젝트 파일을 실행해 보면 앞서 작업했던 크레딧 롤 자막이 맨 마지막 지점에 있습니다. 현재 크레딧 롤 자막은 화면 아래에서 시작하여 위쪽으로 흘러 나가는 상태입니다. 이제 이 흐르는 자막이 특정 영역에만 나타나도록 해보겠습니다. 먼저 위쪽 크레딧 클립을 선택합니다.

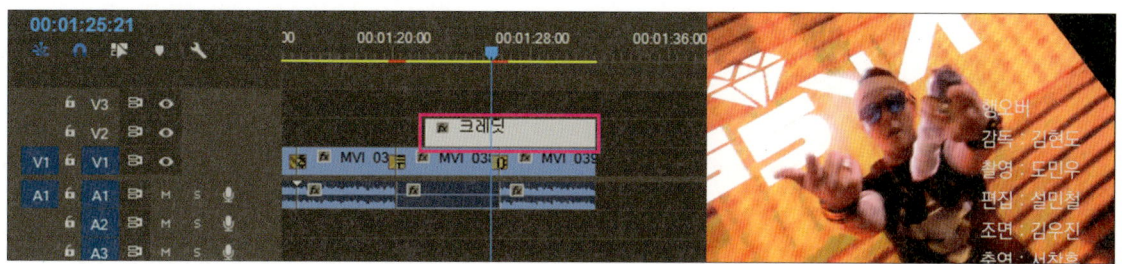

02 그다음 효과 컨트롤 패널에서 불투명도의 마스크를 사용하여 자막이 나타날 영역을 만들어주면 됩니다. 여기에서는 사각형 마스크를 만든 후 원하는 크기(영역)로 만들어주면 됩니다. 지금까지 다양한 예제를 통해 마스크를 활용하는 방법에 대해 알아보았습니다. 프리미어 프로에서의 마스크는 그만큼 중요하기 때문에 마스크에 대한 응용법이 생기도록 충분한 연습을 해보기 바랍니다.

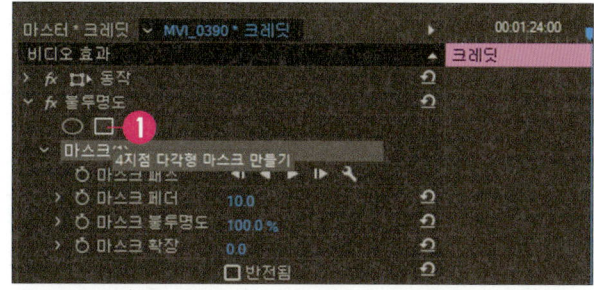 

최종 결과물

키잉(Keying) 효과를 이용한 합성

크로마키(Chroma key)는 합성 작업의 가장 기본적인 형태로써 배경에 블루 스크린(Blue Screen) 또는 그린 스크린(Green Screen) 등의 배경으로 촬영된 영상에서 배경을 뺀 후 다른 장면(이미지)과 합성을 하기 위한 작업입니다. 완벽한 크로마키 작업을 하기 위해서는 조명에 의한 그림자가 생기지 않도록 주의해야 하는데, 만약 크로마키에 여러 가지 문제가 발생된다면 앞서 학습한 마스크를 이용하여 문제를 해결할 수도 있습니다. 학습을 위해 [학습자료] - [Project] - [크로마키] 프로젝트 파일을 열어보면 크로마키를 위한 6개의 클립이 있는 것을 알 수 있습니다. 이제 이 클립들을 이용하여 크로마키 작업을 해보도록 하겠습니다.

울트라 키를 이용한 크로마키(Chroma key) 합성

먼저 크로마키 작업을 하기 위해 위쪽 V2 트랙에 [Blue Screen] 클립을 갖다 놓은 후 일단 아래쪽 트랙은 비워둡니다. 위쪽 트랙에 적용한 클립은 배경을 빼기 위한 파란색 배경으로 촬영된 블루 스크린입니다. 이제 위쪽 트랙에 적용된 클립에 [울트라 키] 효과를 적용합니다.

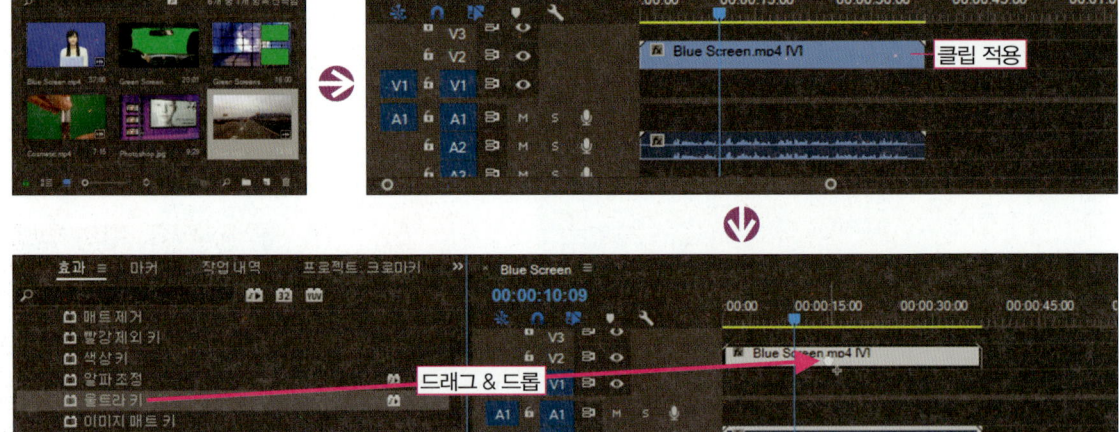

효과가 적용되면 효과 컨트롤 패널에서 울트라 키의 키 색상에서 스포이트 아이콘을 선택한 후 프로그램 모니터에 나타나는 화면에서 파란색 부분을 클릭합니다. 그러면 클릭한 지점의 파란색 색상과 같은 색상이 모두 빠집니다. 이처럼 울트라 키를 사용하면 간편하게 특정 색상을 뺄 수 있습니다. 그러나 아직은 완전한 상태가 아닙니다. 색상을 뺀 영역이나 최종적으로 사용될 사물(모델)의 경계에 아직 얼룩이 남아있기 때문입니다.

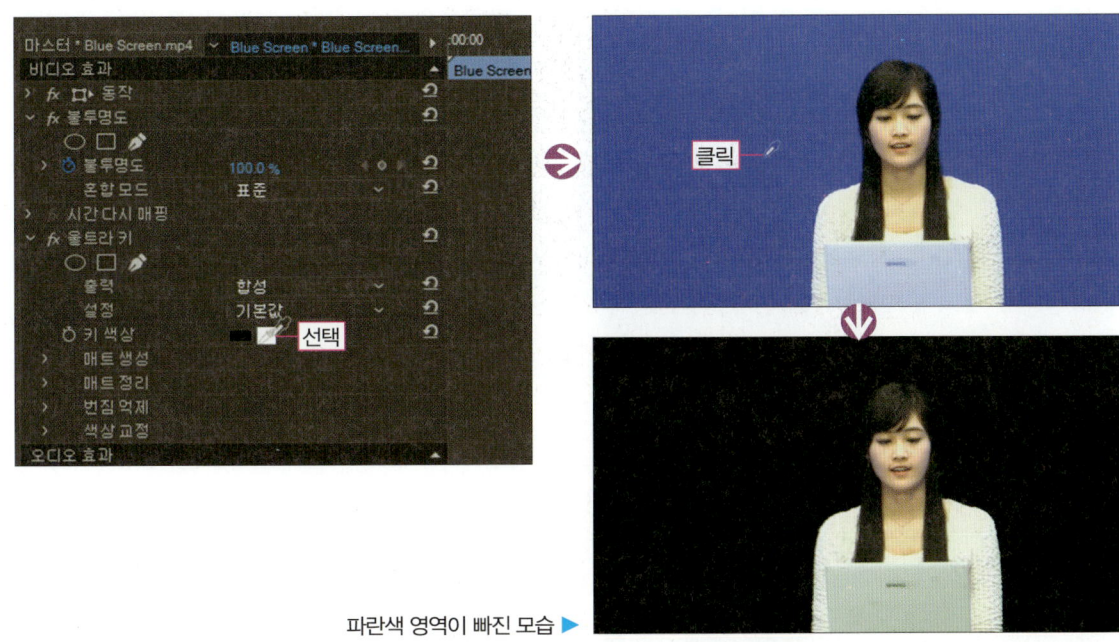

▶ 파란색 영역이 빠진 모습

이제 얼룩진 영역을 깨끗하게 지워주기 위해 [출력]을 [알파 채널]로 설정합니다. 그러면 화면에 나타나는 모습이 흰색과 검정색으로 표시되는 알파 채널 형태로 바뀝니다. 이렇게 전환된 후에는 최종적으로 나타날 사물(모델) 또한 흰색으로 나타나기 때문에 훨씬 세밀한 설정이 가능합니다.

이 상태에서 매트 생성의 [페데스탈] 값을 [69] 정도로 증가하여 키가 빠진 영역(검정색으로 보이는 영역)에 묻은 얼룩을 제거합니다. 그다음 모델 앞쪽의 노트북 로고가 희미하게 나타나기 때문에 [밝은 영역] 값을 조금 증가하여 어두운 로고를 흰색으로 만들어줍니다. 이와 같은 방법으로 빠지는 영역과 남아 있는 영역을 깨끗하게 정리합니다.

이번에는 최종적으로 사용될 사물(모델)의 경계를 다듬어주기 위해 [출력]을 다시 [합성]으로 바꿔준 후 매트 정리에서 [경계 감소] 값을 [9] 정도로 설정하여 사물의 경계를 조금 다듬어줍니다. 이것은 대패로 나무의 면을 벗겨내는 것과 같은 작업입니다. 그다음 경계를 부드럽게 해주기 위해 [부드럽게] 값을 조금 증가하고, [대비]와 [중간 점]을 설정하여 가장 보기 좋은 상태로 해줍니다.

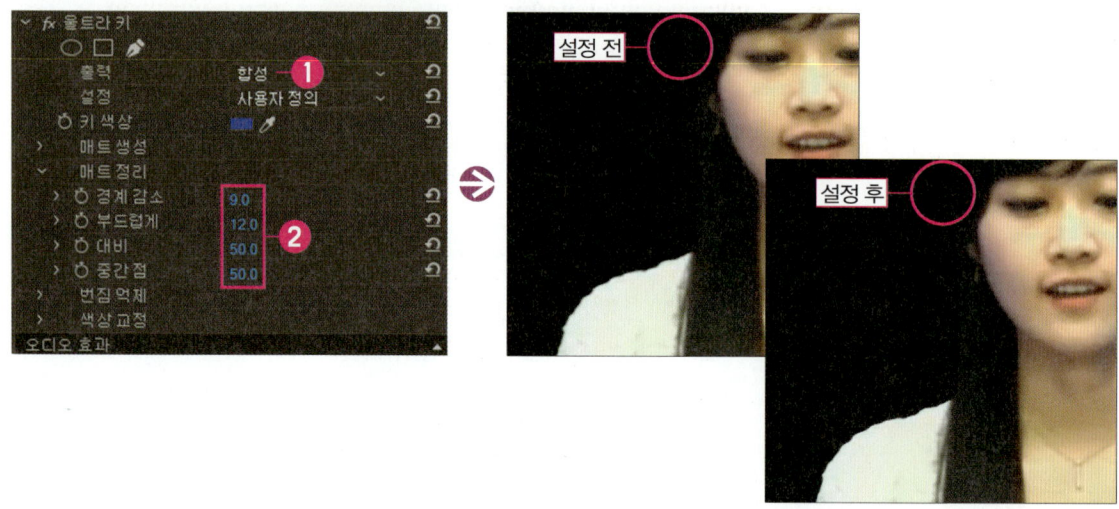

이제 마지막으로 배경과 색상 매칭 작업을 하기 위해 배경에 사용될 [Photoshop] 클립을 비어두었던 아래쪽 트랙에 갖다 놓고 길이를 위쪽 비디오 클립에 맞게 늘려줍니다. 그다음 다시 위쪽 클립에 적용된 울트라 키 효과를 설정해봅니다. 여기에서는 채도 감소, 범위, 번짐, 루마는 그대로 사용하고, 색상 교정에 대해서만 설정해보겠습니다. 먼저 [채도] 값을 [140] 정도로 증가하여 좀더 생기 있게 해주고, [색조]를 [-8] 정도로 설정하여 배경 색상과 전체적으로 매칭되도록 합니다. 마지막으로 [광도] 값을 조금만 증가하여 밝게 해줍니다.

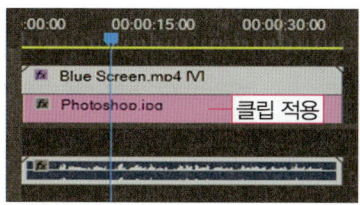

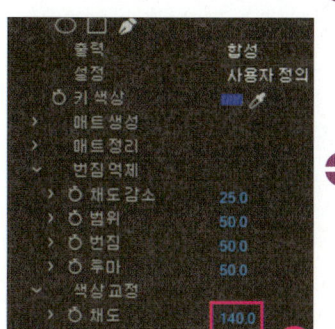

이것으로 울트라 키 효과를 이용하여 기본적인 크로마키 작업을 해보았습니다. 크로마키 작업에서 가장 중요한 것은 합성되는 두 장면이 같은 공간에 실제로 있는 것 같은 느낌이 들어야 하기 때문에 색상 매치 작업도 매우 중요합니다. 그러므로 색보정에 관한 작업은 레스 16 [색 보정] 학습을 통해 보다 섬세한 색 설정을 해보기 바랍니다.

트랙 매트(루마) 키를 이용한 합성

이번 학습에서는 루마 키 방식 중 보다 다양하게 활용할 수 있는 트랙 매트 키 효과를 사용하여 합성 작업을 해보겠습니다. 학습을 위해 [학습자료] - [Project] - [트랙 매트(루마) 키를 이용한 합성] 프로젝트 파일을 실행합니다. 이 프로젝트에는 2개의 비디오 클립과 1개의 매트 클립이 있으며, V3 트랙에는 매트 클립(행오버), V2 트랙에는 비디오 클립(MVI_0382)이 적용된 상태입니다. 참고로 아래쪽 비어있는 V1 트랙은 차후 배경으로 사용될 비디오 클립(MVI_0379)을 적용하기 위해 비워둔 상태입니다.

 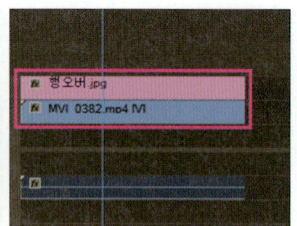 

이제 트랙 매트 키 합성 작업을 하기 위해 V2 트랙에 있는 비디오 클립에 [트랙 매트 키] 효과를 적용합니다.

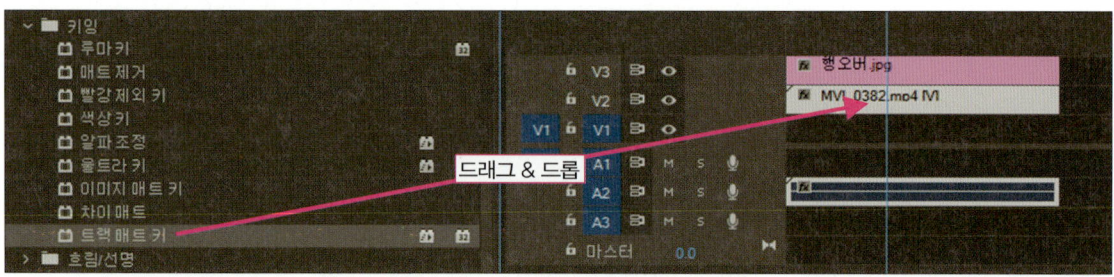

효과 컨트롤 패널에서 방금 적용한 트랙 매트 키 효과의 매트를 [비디오 3]으로 설정합니다. 그러면 효과가 적용된 비디오 클립의 매트로 사용할 트랙이 V3 트랙이 됩니다. 그다음 현재 매트로 사용되는 클립이 알파 채널이 아닌 일반 JPG 이미지이기 때문에 [다음을 사용하여]를 [매트 루마]로 설정합니다. 그러면 [행오버]라는 글자가 검정색으로 나타나고, 나머지 영역은 투명하게 처리되어 해당 비디오 클립의 모습이 나타나게 됩니다.

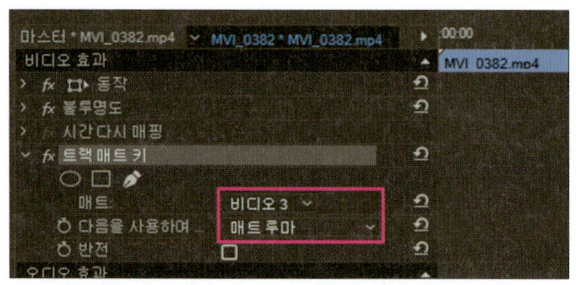 

계속해서 이번에는 [반전] 옵션을 체크하여 트랙 매트 키 영역을 반전시킵니다. 그러면 이전과는 다르게 [행오버] 글자 영역이 투명해져 해당 비디오 클립의 모습이 나타나고, 나머지 영역은 검정색(투명한 영역)으로 처리됩니다. 이처럼 트랙 매트 키 효과는 다양한 방식으로 합성이 가능합니다.

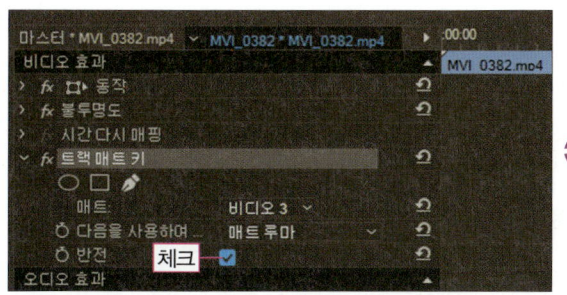 

이번에는 검정색, 즉 투명한 영역에 또 다른 영상이 나타나도록 하기 위해 프로젝트 패널에 있는 [MVI_0379] 클립을 비어있었던 V1 트랙에 갖다 적용합니다. 그러면 투명한 영역에 방금 적용한 비디오 클립의 모습이 나타납니다. 이것으로 3개의 클립이 하나의 장면으로 합성되었습니다.

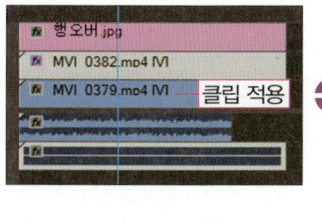 

매트에 모션 만들기

앞서 학습한 루마 키 합성에서 매트로 사용되는 글자에 움직임을 주면 더욱 역동적이고 세련된 느낌의 영상이 될 것입니다. 이와 같은 작업을 하기 위해 맨 위쪽에 있는 매트 클립(행오버)을 선택한 후 동작 (Motion)에서 [비율 조정] 값을 증가하여 그림처럼 글자가 보이지 않도록 해줍니다. 그다음 시간을 시작 프레임으로 이동한 후 키프레임을 생성합니다.

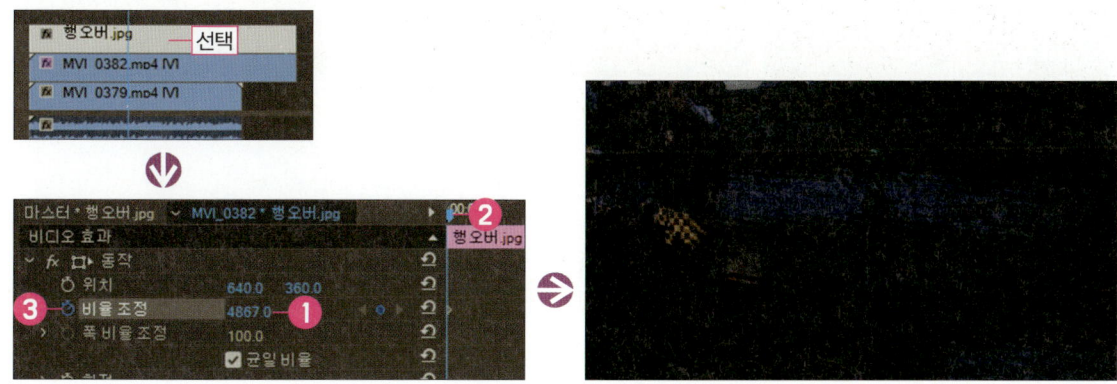

마지막으로 시간을 3초 정도 뒤로 이동한 후 [비율 조정] 값을 초기 값으로 설정하여 매트(글자)의 크기를 원래 크기로 복귀시킵니다. 그러면 매트가 작아지는 애니메이션이 만들어집니다. 이제 확인해보면 글자 사이로 나타나는 장면이 그냥 멈춰있을 때보다 훨씬 생동감 있게 느껴집니다. 지금까지 루마 키 효과에 대해 알아보았습니다. 학습한 내용을 응용하여 다양한 장면을 표현해보기 바랍니다.

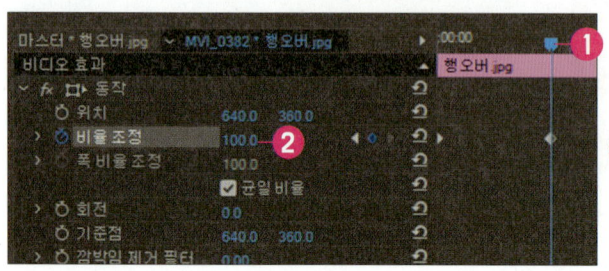 

최종 결과물

 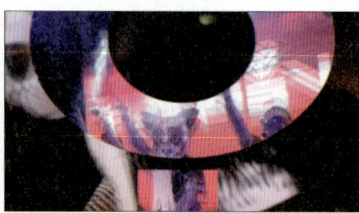 

다음은 트랙 매트 키 효과를 응용하여 잉크가 아래로 번지는 장면을 매트로 사용한 예입니다. 이와 같은 비디오 클립 매트를 이용하면 멋진 장면전환 효과를 표현할 수도 있습니다. 해당 프로젝트는 [학습자료] - [Project] - [잉크 매트를 이용한 합성] 프로젝트를 참고하기 바랍니다.

예제로 익히기 | 화장품 광고를 위한 크로마키와 배경 작업

01 학습을 위해 [학습자료] - [Project] - [화장품 광고를 위한 크로마키와 배경 작업] 프로젝트 파일을 실행해보면 [Cosmetic]이란 비디오 클립이 V2 트랙에 적용된 상태입니다. 이제 앞서 학습한 것처럼 크로마키작업을 통해 이 클립을 배경과 합성해보도록 하겠습니다.

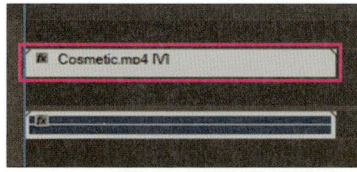

02 클립에 [울트라 키] 효과를 적용한 후 초록색 영역을 스포이트로 빼준 후 [출력]을 [알파 패널]로 설정합니다. 그다음 [매트 생성]에 있는 옵션들을 설정하여 검정색(투명) 영역의 얼룩을 깨끗하게 제거하고, [번짐 억제]에 있는 옵션들을 설정하여 화장품 용기 주변이 비치는 초록색 얼룩도 제거해줍니다.

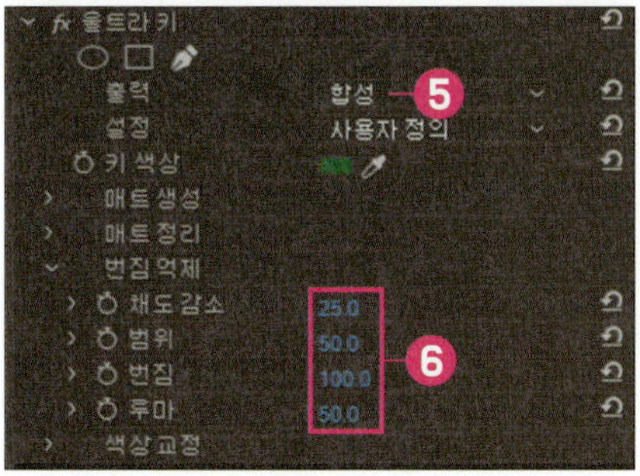

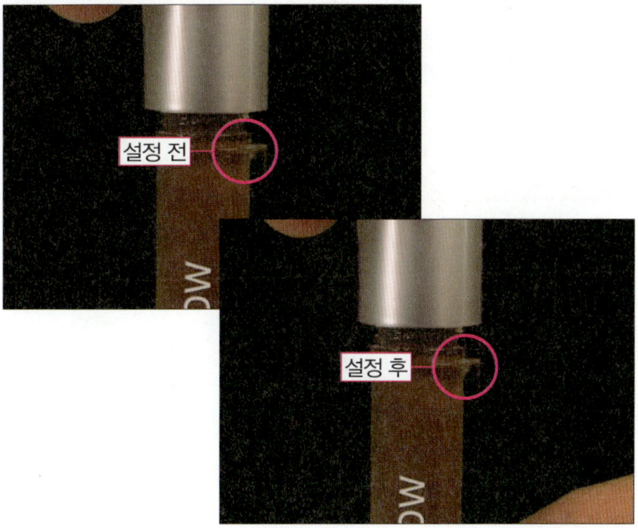

03 크로마키 작업이 끝나면 이제 배경을 만들어보겠습니다. 화장품과 어울리도록 흰색 매트를 만들어주기 위해 프로젝트 패널에서 [새 항목] – [색상 매트] 메뉴를 선택한 후 흰색으로 설정하여 적용합니다.

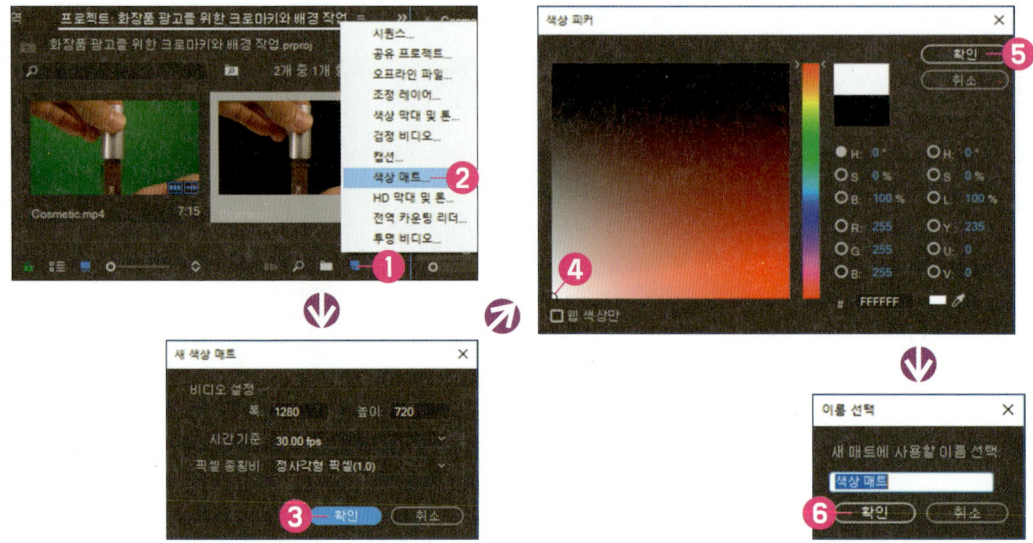

04 이제 방금 생성한 흰색 매트를 비어있는 V1 트랙에 적용한 후 길이를 조절하여 위쪽 비디오 클립에 맞춰 줍니다. 이처럼 화장품 광고와 같이 깔끔한 느낌으로 합성되어야 하는 작업은 새 항목의 색상 매트를 이용하여 배경으로 사용할 수도 있습니다.

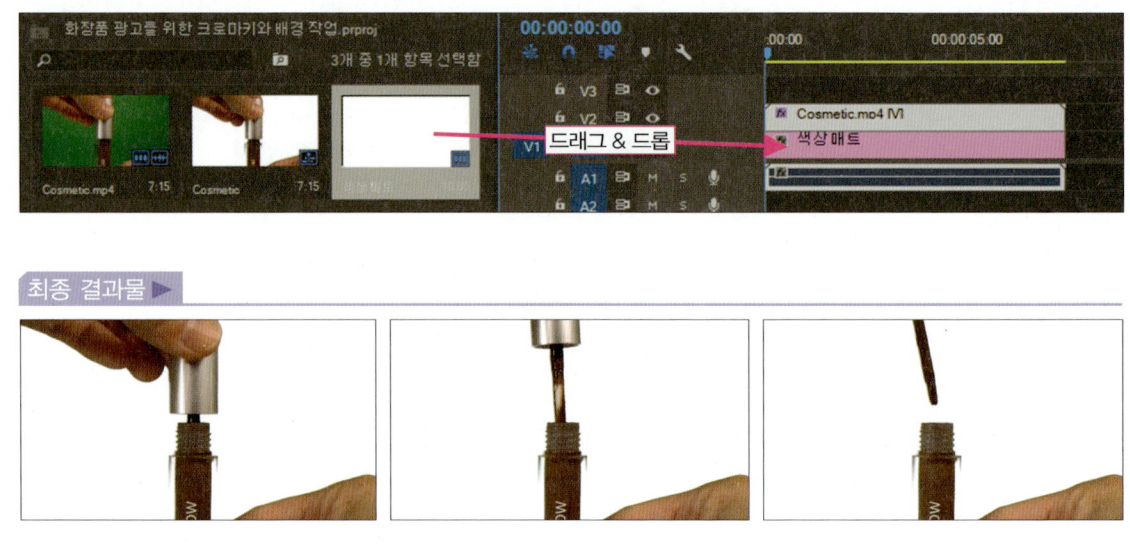

예제로 익히기 | 모퉁이 고정(Corner Pin) 효과를 이용한 합성

01 효과를 이용한 합성 작업은 크로마키나 루마 키뿐만 아니라 다른 효과로도 가능합니다. 학습을 위해 **[학습자료] - [Project] - [코너핀 효과를 이용한 합성]** 프로젝트 파일을 실행합니다. 현재는 [TV] 이미지 클립만 타임라인에 적용된 상태입니다. TV 클립을 보면 벽에 걸려있으며, 액정에는 아무 장면도 없이 그냥 흰색으로 된 상태입니다. 또한 측면에서 촬영된 이미지이기 때문에 원근감(입체)이 느껴집니다. 이제 이 TV의 액정 속에 비디오 클립을 적용해서 실제 TV 화면처럼 표현해보도록 하겠습니다.

02 TV 클립 위쪽에 [Beach] 클립을 적용합니다. 비치 클립이 TV보다 길기 때문에 TV 이미지 클립의 길이를 비치 클립에 맞게 늘려줍니다.

03 위쪽 Beach 클립에 [모퉁이 고정(Corner Pin)] 효과를 적용한 후 왼쪽/오른쪽 위, 왼쪽/오른쪽 아래 값을 설정하거나 직접 프로그램 모니터의 모서리(코너 핀)를 이동하여 TV 액정에 맞게 조정해줍니다. 이처럼 모퉁이 고정 효과를 사용하여 서로 다른 두 장면을 합성시켜줄 수 있습니다.

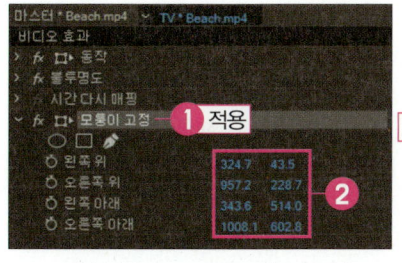

혼합 모드를 이용한 합성

혼합 모드(Blend Mode)는 상하로 배치된 2개의 클립(이미지, 동영상)의 색상과 밝기 그리고 채도 값을 연산한 결과를 통해 독특한 합성 결과물을 얻을 수 있으며, 동영상 배경을 만들기 위해서도 사용됩니다. 학습을 위해 [학습자료] - [Project] - [합성 모드] 프로젝트를 실행합니다. 이 프로젝트에는 2개의 이미지 클립이 위/아래 트랙에 적용된 상태입니다. 혼합 모드는 기본적으로 위쪽 트랙에 있는 클립을 통해 설정을 하게 되므로 위쪽 클립(Image23)을 선택해야 합니다. 그다음 컨트롤 패널의 불투명도에 있는 [혼합 모드]에서 설정을 하면 됩니다. 현재 혼합 모드는 기본 값인 [표준]으로 되어있는데, 이 모드는 아무런 변화가 생기지 않은 모드입니다.

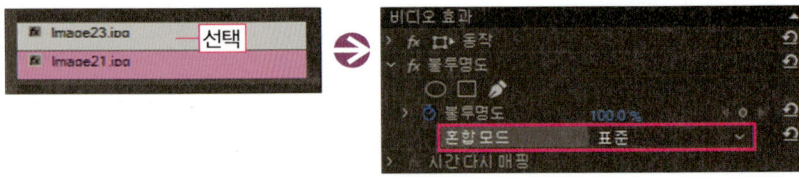

혼합 모드 살펴보기

혼합 모드는 색상, 채도, 밝기를 혼합하여 결과물을 산출하는데, 결과는 쉽게 예측할 수 없으므로 직접 한번씩 설정하여 원하는 결과를 얻어야 합니다. 다음은 각 혼합 모드에 대한 설명으로써 그림은 위아래 두 이미지(레이어)에 대한 합성 결과입니다.

▲ 위쪽 Image23 클립의 모습

▲ 아래쪽 Image21 클립의 모습

디졸브(Dissolve) 위쪽에 알파 패널이 포함된 단일 색상의 장면(글자)을 사용할 경우 장면을 입자 형태로 보여줍니다. 여기에 흐림(Blur) 효과를 적용하여 수치를 증가하거나 불투명도(Opacity)를 낮출 경우 입자가 더욱 도드라집니다.

어둡게 하기(Darken) 두 장면(이미지)에서 가장 어두운 영역만 도드라지게 합성됩니다.

곱하기(Multiply) 두 장면(이미지)의 색상을 1:1로 혼합해줍니다. 위쪽 장면의 어두운 영역은 그대로 표현되며, 전체적으로 어두워집니다.

색상 번(Color Burn) 두 장면(이미지)에서 위쪽 장면의 영역이 흰색보다 어두울 경우 두 장면은 불에 탄 것처럼 어둡게 표현됩니다.

선형 번(Linear Burn) 위쪽 장면(이미지)이 아래쪽 장면보다 어두운 영역은 제외하고, 나머지 부분에 빛을 추가하여 불에 탄 것처럼 표현됩니다.

어두운 색상(Darker Color) 두 장면(이미지)의 색상에서 어두운 색상이 도드라지게 표현됩니다.

밝게 하기(Add) 두 장면(이미지)이 전체적으로 밝게 합성됩니다. 강렬한 화면을 표현할 때 사용됩니다.

밝게 하기(Lighten) 두 장면(이미지)에서 더욱 밝은 영역의 색상이 표현됩니다.

화면(Screen) 두 장면(이미지)을 1:1로 혼합하며, 위쪽 장면에는 영향이 없지만 아래쪽 장면의 흰색 영역은 더욱 밝게 표현됩니다.

색상 닷지(Color Dodge) 위쪽 장면이 검정색보다 밝을 경우 색상의 밝은 부분이 아래쪽 장면에 반영됩니다.

선형 닷지(추가)(Linear Dodge)(Add) 스크린과 비슷하지만 위쪽 장면의 밝은 부분을 증가시켜 아래쪽 장면에 반영합니다.

밝은 색상(Lighten Color) 두 장면(이미지)의 색상에서 밝은 색상이 도드라지게 표현됩니다.

오버레이(Overlay) 두 장면(이미지)에서 Multiply와 Screen을 섞어 놓은 것과 같이 반반씩 혼합되어 표현됩니다.

소프트 라이트(Soft Light) 오버레이와 비슷하며, 조명을 비춘 것과 같이 표현됩니다.

하드 라이트(Hard Light) 소프트 라이트보다 강한 조명을 비춘 것과 같이 표현됩니다.

선명한 라이트(Vivid Light) 리니어 라이트와 비슷하지만 아래쪽 장면의 색상에 따라 콘트라스트가 증가하거나 감소되어 표현됩니다.

선형 라이트(Linear Light) 하드 라이트와 비슷하지만 아래쪽 장면의 색상에 따라 밝은 부분이 증가되거나 감소되어 표현됩니다.

핀 라이트(Pin Light)/하드 혼합(Hard Mix) 핀 라이트 모드의 중간 정도의 색상 톤이며, 하드 혼합은 핀 라이트와 반대의 결과로 위쪽 장면에 아래쪽 장면의 콘트라스트가 증가되어 거친 느낌으로 표현됩니다.

차이(Difference) 위쪽 장면의 색상이 아래쪽 장면의 색상에 의해 반전되어 보이게 되며, 검정색일 경우에는 아무런 영향을 받지 않습니다.

제외(Exclusion) 디프런스와 비슷하지만 콘트라스트가 낮아 탁한 회색톤으로 표현됩니다.

빼기(Subtract) 두 장면(이미지)의 어두운 값을 기준으로 합성을 해줍니다.

나우기(Divide) 두 장면(이미지)의 색상을 분할하여 흰색에 가까울수록 기본 색상으로 표현됩니다.

색조(Hue) 위쪽 장면(이미지)의 색상이 아래쪽 장면의 명도와 채도에 의해 흡수됩니다.

채도(Saturation) 위쪽 장면(이미지)의 채도가 아래쪽 장면의 채도에 의해 흡수됩니다.

색상(Color) 두 장면(이미지)에서 위쪽 장면의 색상과 채도, 아래쪽 장면의 명도가 반반씩 혼합되어 표현됩니다.

광도(Luminosity) 컬러와 반대되는 모드로써 아래쪽 장면의 밝은 영역이 위쪽 장면의 채도를 흡수합니다.

Lesson 16 색 보정(컬러 커렉션)

색 보정, 즉 컬러 커렉션(Color Correction)은 컬러 그레이딩(Color Grading)이라고도 합니다. 컬러 커렉션은 일반적으로 편집 과정의 후반부에 이루어지며, 대표적으로는 장면과 장면의 색상을 일치시키기 위한 컬러 매치(Color Match), 촬영 시 발생된 색상의 문제를 보정하는 컬러 밸런스(Color Balance), 영상의 특정 부분을 특별한 효과나 색상(채도, 명도 포함)으로 변화를 주는 체인지 컬러(Change Color)가 있습니다. 프리미어 프로는 색 보정을 위한 루메트리(Lumetri) 색상 도구를 이용하여 보다 세밀한 색 보정 작업을 할 수 있습니다.

비디오 스코프 이해하기

비디오 스코프(Video Scope)는 영상의 색상, 채도, 밝기를 객관적인 수치로 판단할 수 있도록 나타내는 일종의 그래프와 같습니다. 프리미어 프로에서는 기본적으로 파형 RGB(Waveform), 벡터스코프(Vectorscope), 막대(Histogram), 퍼레이드 RGB(Parade) 방식이 제공되어 보다 섬세한 색 보정 작업을 할 수 있게 해줍니다. 비디오 스코프를 사용하기 위해서는 [창] 메뉴에서 [Lumetri 범위]를 선택하거나 레이아웃 프리셋의 [색상]을 선택하면 됩니다. 비디오 스코프는 색 보정 작업을 위해 사용하기 때문에 색 보정 작업 도구인 [Lumetri 색상]도 같이 열어놓고 작업을 합니다.

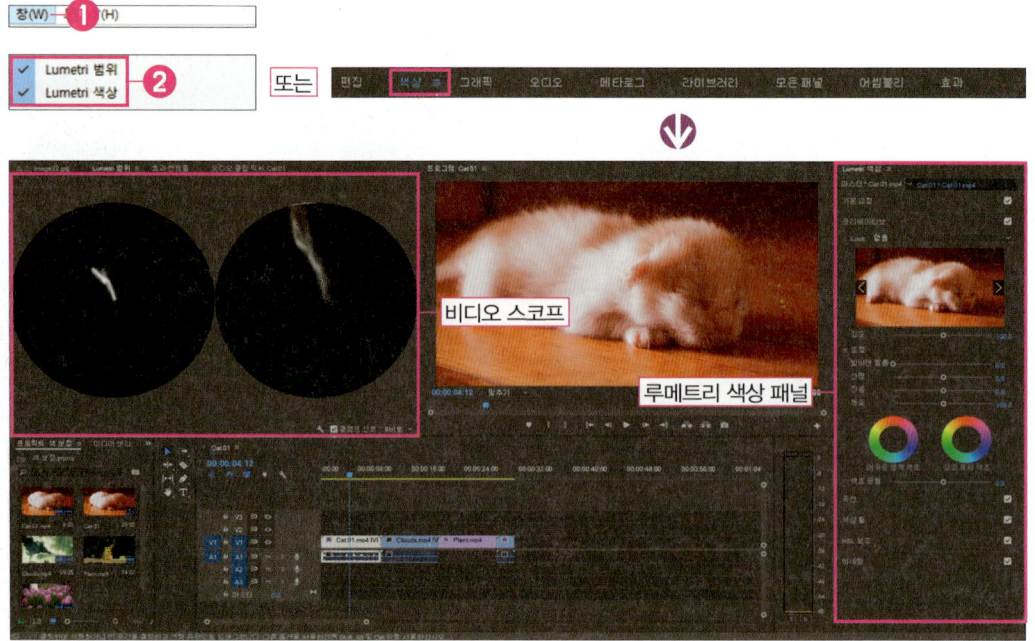

색(Color) 이해하기

비디오 스코프에 대해 이해하고 사용하기 위해서는 먼저 색(Color)에 대한 이해를 해야 합니다. 물론 색을 모르는 사람은 없겠지만, 영상 편집 디자인을 하는 작업자에게 있어 색은 단순히 색이란 뜻 이외에 색이 어떤 원리로 생성되고, 상황에 맞게 색을 어떻게 표현해야 하는지 이해하고 있어야 합니다.

RGB 이해하기 프리미어 프로에서 다루는 색은 인쇄(CMYK) 매체와는 다르게 빛의 삼원색인 RGB(빨강, 초록, 파랑) 색상 채널을 사용하여 색을 표현하게 됩니다. 이것은 사용되는 비트(Bit)에 따라 다르며, 기본적으로 8비트에서는 256 단계의 색이 표현되고, 16비트에서는 65536 단계의 색까지 표현됩니다. 이렇듯 RGB 색상의 가산 혼합으로 엄청난 양의 색을 표현할 수 있습니다.

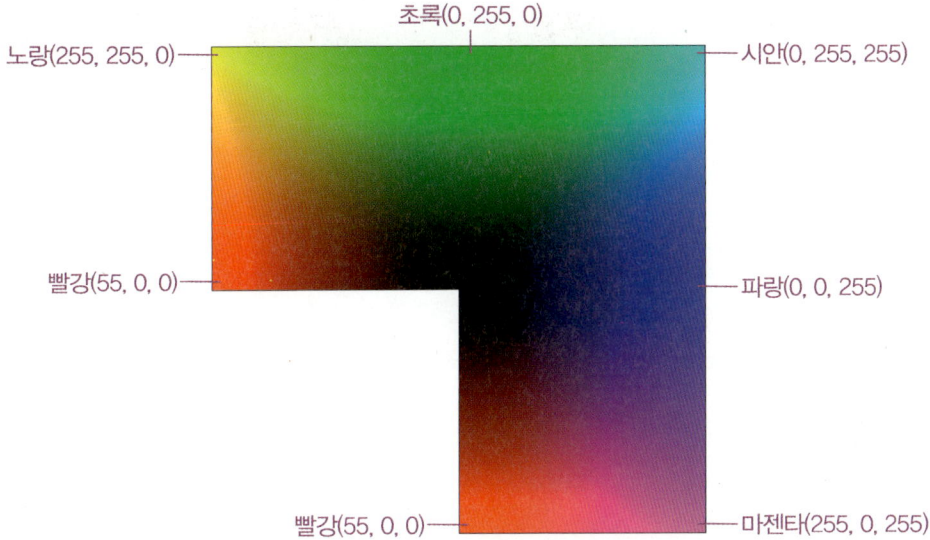

색상, 명도, 채도 이해하기 색의 속성에는 색을 표현하는 색상과 밝기에 대한 명도 그리고 색상의 선명한 정도에 대한 채도가 있습니다. 색상은 빛의 파장에 따라 느끼는 색의 종류도 매우 다양하며, 색의 성질을 색상(Hue)이라고 합니다. 유채색은 각각의 색에 따라 색감과 성질이 다른데, 특히 원색이나 순색은 그 특성이 분명하게 구별되지만 혼합색인 경우에는 색상을 지각하기 쉽지 않습니다.

명도(Brightness, Lightness, Value)는 색의 밝음과 어두움에 대한 것으로써 피사체의 표면에서 빛이 흡수되는 것으로 어두운 정도를 느끼고, 빛이 반사되는 것으로 밝은 정도를 느끼게 됩니다. 그러므로 명도는 색의 밝고 어두움을 나타내는 색의 속성이며, 유채색과 무채색 모두 공통적으로 갖는 성질이기도 합니다. 참고로 하얀색을 증가할 수록 명도가 높아지고, 검은색을 증가할 수록 명도는 낮아집니다. 명도와 관계가 깊은 콘트라스트(Contrast)는 대비라고 하는데, 쉽게 말해 밝기에 대한 차이입니다. 예를 들어 콘트라스트가 높다는 것은 명도차가 크다는 것이고, 콘트라스트가 낮다는 것은 명도차가 낮다는 것입니다.

▲ 명도 단계

그리고 채도(Saturation, Chroma)는 색상의 선명한 정도, 다시 말해 색의 맑고 탁한 정도를 의미합니다. 여러 가지 색 중에 가장 깨끗한 색으로써 채도가 가장 높은 색을 맑은 색(Clear Color)이라고 하며, 탁하거나 선명하지 못한 색을 탁색(Dull Color)이라고 합니다. 또한 동일한 색상의 맑은 색 중에서도 가장 채도가 높은 색을 순색(Pure Color)이라고 하는데, 색채의 강하고 약한 정도, 즉 색 파장이 얼마나 강하고 약한가를 느끼는 것으로써 특정한 색 파장이 얼마나 순수하게 반사되는가의 정도를 나타내며, 색의 순도 또는 포화도를 채도라고 이해하면 됩니다.

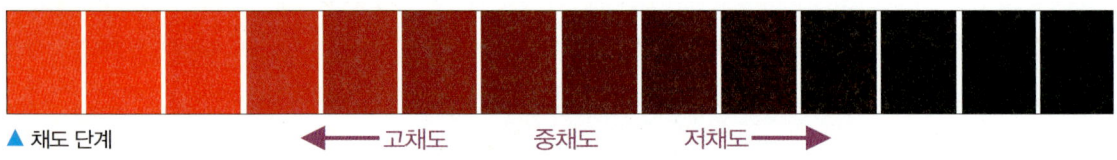

▲ 채도 단계   ← 고채도   중채도   저채도 →

비디오 스코프 사용하기

프리미어 프로에서는 기본적으로 파형 RGB(Waveform), 벡터스코프(Vectorscope), 막대(Histogram), 퍼레이드 RGB(Parade) 방식이 제공되어 보다 섬세한 색 보정 작업을 할 수 있습니다. 학습을 위해 [학습자료] - [Project] - [색 보정] 프로젝트를 실행하거나 여러분이 사용하고자 하는 비디오 클립을 가져와서 사용해보기 바랍니다.

벡터스코프 살펴보기

벡터스코프(Vectorscope)는 영상(이미지)의 색상 및 채도의 범위를 측정하는 비디오 스코프로써 둥근 휠 형태의 그래프로 나타내며, 그래프의 범위는 색 보정을 위한 기준으로 사용됩니다. 벡터스코프를 비롯한 모든 비디오 스코프를 디스플레이하기 위해서는 Lumetri 범위 패널 우측 하단의 [설정] 버튼을 클릭하여 나타나는 메뉴에서 선택할 수 있습니다. 이번에는 벡터스코프에 대해 알아보기 위해 일단 두 가지의 [벡터 스코프 HLS/YUV]만 선택하여 열어줍니다.

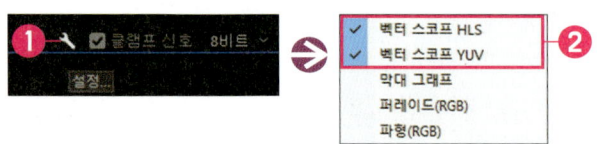

그러면 두 가지의 벡터 스코프가 나타나는데, 왼쪽에 있는 벡터 스코프는 YUV 방식이고, 오른쪽은 HLS 방식입니다. 이 두 방식은 색상을 분석하는 색 공간(Color space)은 다르지만, 두 스코프 모두 둥근 휠 형태로 사용되며, 색상 및 채도에 대한 색 보정을 하기 위해 사용됩니다. 또한 벡터스코프 가운데 지점을 기준으로 색의 분포를 확인 및 설정할 수 있는데, 만약 흰색 트레이스(Trace) 영역이 가운데 기준점과 멀어질수록 채도에 대한 문제(지나치게 채도 값이 높은 것)가 있다는 의미이며, 기준점에 가깝게 분포될수록 정상적인 색에 가까워지게 됩니다. 또한 왼쪽의 벡터스코프 YUV 주변을 보면 R, Mg, B, Cy, G, Yl의 각 색상이 표시되어있기 때문에 어떤 색상의 채도에 문제(많이 사용되었는지)가 있는지 쉽게 구별할 수 있습니다.

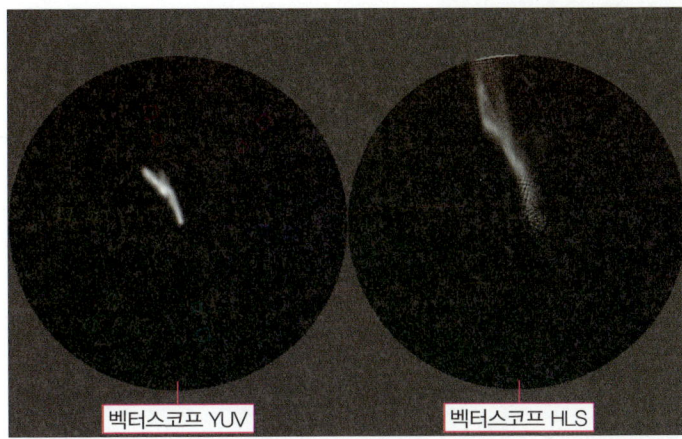

벡터스코프 YUV   벡터스코프 HLS

▲ 왼쪽 스코프에 대한 현재 장면

위의 스코프를 보면 흰색 트레이스 영역이 가운데에서 지나치게 많이 벗어나 좌측으로 기울어진 상태입니다. 이것은 현재 장면(클립)이 R(레드) 색상에 가까운 것으로써 화면 전체가 붉은 톤으로 된 색상에 문제가 있는 장면이라는 것을 의미합니다. 만약 이와 같은 색상에 대한 문제를 해결하고자 한다면 색상 도구(Lumetri 색상)를 이용하여 정상적인 색상으로 보정할 수 있습니다.

> **팁 & 노트** 색 공간(Color space)에 대하여
>
> 색 공간은 색 표시계(Color system)를 3차원으로 표현한 공간 개념이며, 색 표시계의 모든 색들은 이 색 공간에서 3차원 좌표로 나타냅니다. 이것은 색채 디자인 또는 시각 디자인, 카메라, 스캐너, 모니터, 컬러 프린터 등의 컬러 영상 장비 개발 및 응용 단계에서 정확한 색을 재현하기 위하여 필수적으로 활용되고 있습니다. 이러한 색 공간은 기본적으로 색상(Hue), 명도(Lightness), 채도(Chroma 또는 Saturation)를 3차원 공간에서 각각의 기본 축으로 사용됩니다. 영상에서의 색 공간은 주로 HSV, HLS, YUV 등의 색 공간을 사용하는데, HSV는 색상(Hue), 채도(Saturation), 명도(Value)를 사용하며, HLS는 HSV와 비슷하지만 V대신 밝기(Lightness) 성분이 들어갑니다. 그리고 YUV는 좀 더 사람 눈에 민감한 명암에 대한 정보는 좀 더 많은 데이터로, 덜 민감한 색상에 대한 정보는 적은 데이터로 이미지를 구현하는 방식으로 Y는 밝기에 대한 정보, U와 V는 색상에 대한 정보를 의미합니다. 여기에서 U는 RGB의 파란색 채널에서 밝기 성분을 뺀 값이고, V는 빨간색 채널에서 밝기 성분을 뺀 값입니다.

아래 그림은 흰색 트레이스 영역이 가운데에 가까워질수록 정상적인 색상(채도) 값을 갖는 다는 것을 알 수 있게 해줍니다.

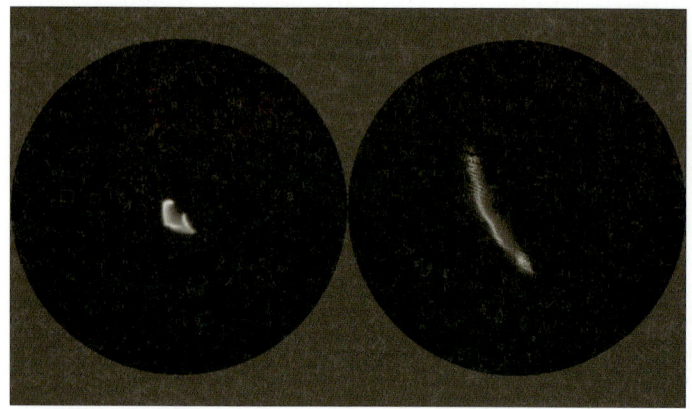

▲ 왼쪽 스코프에 대한 현재 장면

벡터스코프에 흰색 트레이스 영역이 없고, 스킨 톤 인디케이터(Skin Tone Indicator) 라인으로만 되어있다면 이것은 색상 정보가 없는 그레이 스케일(Gray Scale), 즉 흑백 영상이라는 의미입니다. 흑백 영상은 밝기와 상관없이 트레이스(Trace) 영역은 가운데에 위치하며, 색상 정보가 없는 장면이기 때문에 벡터스코프에서 또한 어떠한 색상 정보도 나타나지 않게 됩니다.

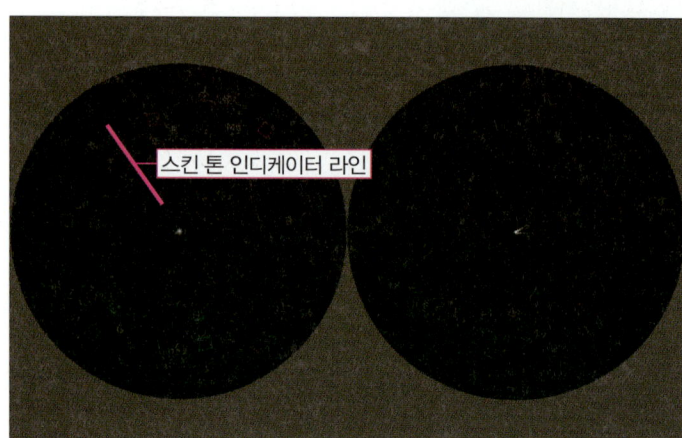

▲ 왼쪽 스코프에 대한 현재 장면

파형(Waveform) 살펴보기

웨이브폼(Waveform)은 영상(이미지)의 밝기, 즉 휘도(노출)의 범위를 측정하는 비디오 스코프로써 웨이브(파형) 형태로 되어있습니다. RGB 색상 채널별로 확인을 할 수 있으며, 그래프의 0%가 가장 어두운 레벨이고, 255%가 가장 밝은 레벨입니다. 웨이브폼에서는 RGB 퍼레이드(Parade)와 RGB 오버레이

(Overlay) 그밖에 RGB 각 채널과 루마(Luma), 크로마(Chroma) 등의 부가적인 비디오 스코프를 사용할 수 있습니다.

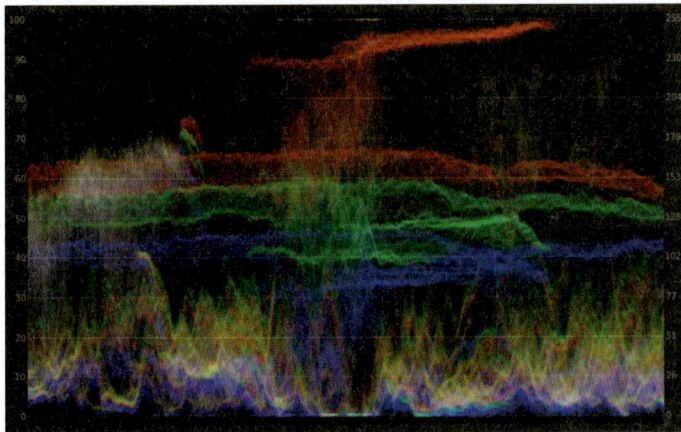

▲ 왼쪽 스코프에 대한 현재 장면

색 보정 작업 시 가장 먼저 웨이브폼을 통해 밝기(휘도)에 대한 설정을 하는 것이 좋습니다. 웨이프폼은 기본적으로 RGB 퍼레이드로 사용되며, 상황에 따라 파형 유형을 루마나 YC, YC 크로마 없음 등을 사용할 수 있습니다.

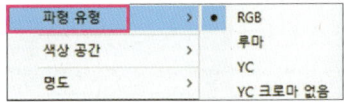

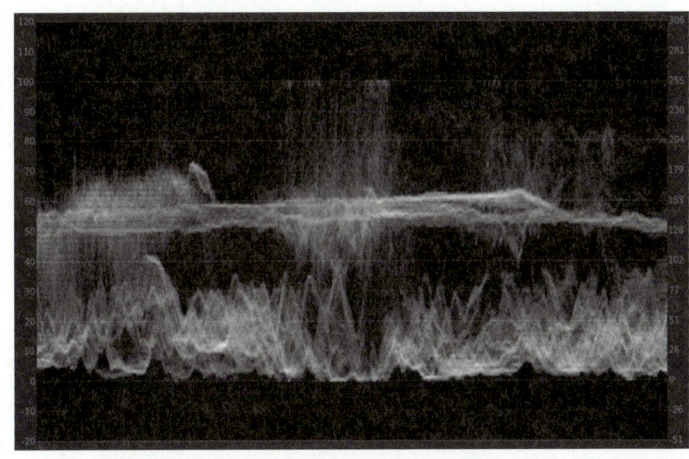

▶ 루마 파형 유형일 때

다음의 두 그림 중 위쪽은 노출(휘도) 값이 너무 낮았을 때의 화면이고, 아래쪽은 노출이 지나치게 높았을 때의 화면입니다. 그림으로 보아 위쪽은 지나치게 어둡고, 아래쪽은 지나치게 밝기 때문에 정상적인 화면으로 사용할 수 없습니다. 그러므로 웨이브폼에서 정상적인 밝기를 각 색상 채널의 레벨 값이 0~100 사이에서 골고루 분포되도록 설정해야 합니다. 방송에 적합한 웨이브폼 그래프는 레벨 값이 100을 넘어서는 안되며, 100 레벨이 넘는 슈퍼 화이트(Super White) 신호는 송출 과정에서 검은 점으로

색 보정(컬러 커렉션) **309**

변형되고, 음향에도 영향을 미칠 수 있으므로 주의해야 합니다.

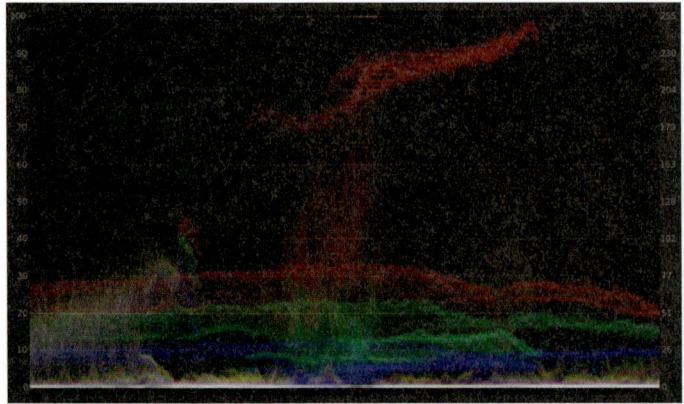

▲ 왼쪽 스코프에 대한 현재 장면

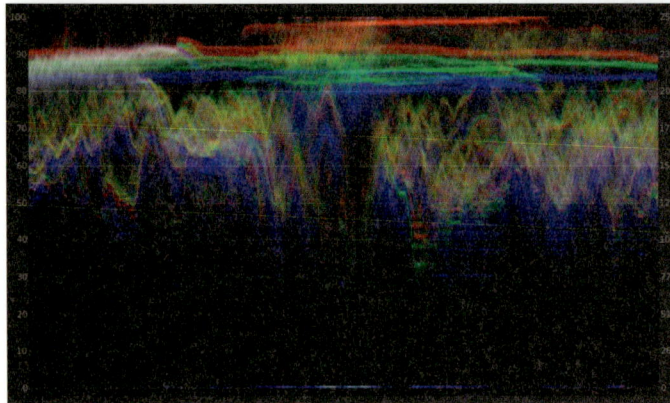

▲ 왼쪽 스코프에 대한 현재 장면

웨이브폼을 3등분 했을 때 위쪽 1/3은 하이라이트(Highlights : 밝은 영역), 가운데 1/3은 미드톤(Midtone : 중간 밝기 영역), 아래쪽 1/3은 섀도우(Shadow : 어두운 영역) 톤으로 구분되며, 웨이브폼은 퍼레이드 RGB(Parade) 방식과 함께 사용하면 보다 세밀한 분석을 할 수 있습니다.

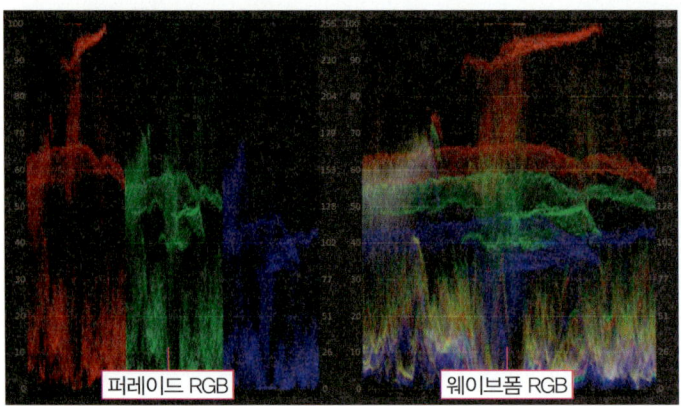

▲ 왼쪽 스코프에 대한 현재 장면

막대 그래프(Histogram) 살펴보기

히스토그램은 영상(이미지)의 밝기와 색상 범위를 측정하는 비디오 스코프로써 웨이브(파형) 형태로 되어있습니다. RGB 색상 채널별로 확인할 수 있으며, 그래프의 오른쪽이 낮은 레벨이고, 왼쪽으로 갈수록 레벨이 높아집니다. 히스토그램은 RGB 퍼레이드(Parade)와 RGB 오버레이(Overlay)를 비롯하여 RGB 각 채널과 루마(Luma), 크로마(Chroma) 등의 비디오 스코프를 부가적으로 사용할 수 있으며, 기본적으로 RGB 오버레이가 사용됩니다.

▲ 왼쪽 스코프에 대한 현재 장면

히스토그램은 벡터스코프와 웨이브폼에 비해 그래프를 분석하기가 다소 까다롭게 때문에 사용 빈도가 떨어지지만 색상과 밝기를 동시에 측정할 수 있다는 장점을 가지고 있습니다. 아래 그림은 G(초록) 색상 값이 낮아져 상대적으로 RB(빨강, 파랑) 색상 값이 증가된 것처럼 표현된 히스토그램의 모습입니다. 이렇듯 각 색상 채널이 균등하지 않게 되면 색상에 문제가 발생됩니다.

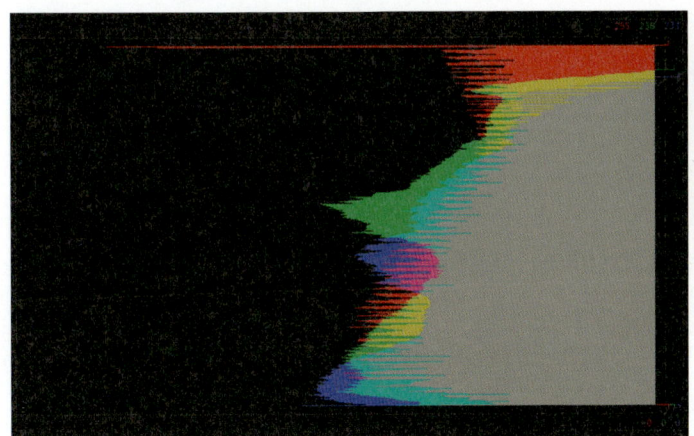

▲ 왼쪽 스코프에 대한 현재 장면

다음의 그림은 휘도(노출) 값이 지나치게 높아져 히스토그램의 그래프 분포가 위쪽으로 많이 치우쳐있는 상태입니다. 이 또한 밝기에 대한 문제가 되기 때문에 전체적으로 균등하게 설정을 해야 합니다. 살펴본 비디오 스코프들은 색상, 채도, 밝기에 대한 범위를 분석할 수 있기 때문에 색 보정 작업에 유용합니다. 그러므로 상황에 맞는 비디오 스코프의 선택과 각 그래프를 읽는 방법에 대해 확실하게 이해해야 할 것입니다.

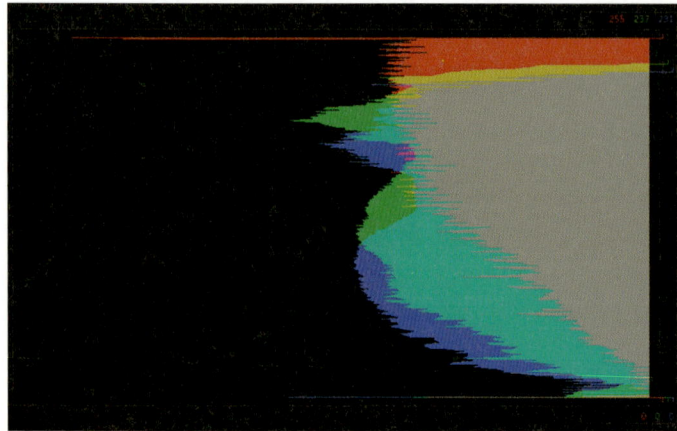

▲ 왼쪽 스코프에 대한 현재 장면

색 보정(프라이머리 보정)하기

프리미어 프로에서의 색 보정 작업은 자동화 기능과 수동화 기능으로 나눠지지만 일반적으로는 루메트리(Lumetri) 색상 도구 패널을 통해 색 보정 작업을 하게 됩니다. 루메트리 색상 패널에서는 기본 교정, 크리에이티브, 곡선(Curve), 색상 휠, HSL 보조, 비네팅으로 세분화하여 보정할 수 있습니다.

자동 설정으로 화이트(컬러) 밸런스 맞추기

프리미어 프로에서의 색 보정 작업은 주로 루메트리 색상 도구 패널에서 하게 되지만 컬러 밸런스(Color Balance)에 문제가 있는 영상일 경우에는 간편하게 자동으로 보정할 수도 있습니다. 앞서 학습을 위해 실행된 [색 보정] 프로젝트를 보면 Cat.01, Clouds, Plant, Tulip 클립이 차례대로 적용된 상태입니다. 먼저 첫 번째 새끼 고양이가 있는 클립을 보면 벡터스코프의 흰색 트레이스 영역을 보지 않고 눈으로도 화면에 붉은 톤이 강하다는 것을 알 수 있습니다. 이제 자동화 기능을 통해 이 문제가 있는 장면을 정상적인 색상으로 보정을 해보겠습니다. 먼저 [Cat01] 클립을 선택합니다.

재생 헤드를 해당 클립으로 갖다 놓아도 클립을 선택하는 것과 같습니다.

색 보정 자동화 기능을 사용하기 위해 [기본 교정]의 [자동] 버튼을 클릭합니다. 그러면 몇몇 설정 옵션들에 변화가 생기고, 해당 장면에도 변화가 생기게 됩니다. 하지만 생각한 것보다 색 보정이 잘 안된 것 같습니다. 이것은 벡터스코프에서도 별 차이가 없다는 것을 알 수 있습니다. 확인이 끝나면 [다시 설정] 버튼을 눌러 초기 상태로 복귀합니다.

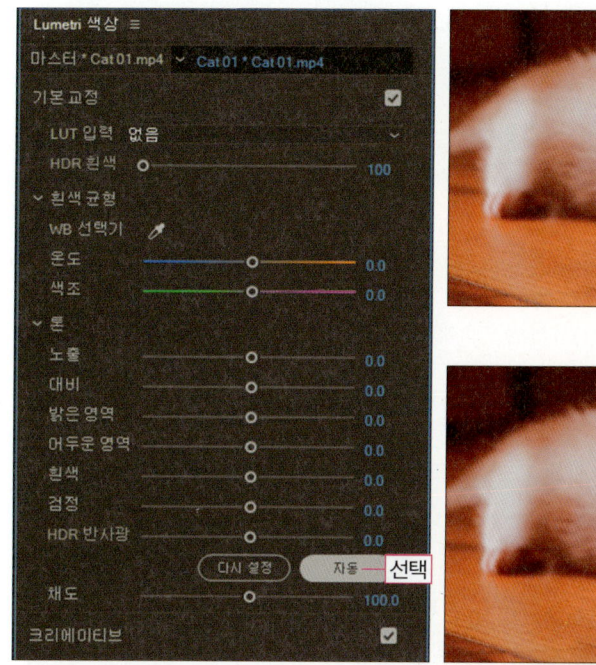

일단 Lumetri 색상 패널에서 설정이 이루어지면 해당 클립에 Lumetri 색상에 대한 효과가 적용됩니다. 이것 또한 하나의 효과로써 받아들이기 때문입니다. 만약 색상 효과가 필요 없다면 해당 효과를 삭제하면 됩니다.

루메트리 색상 효과가 적용된 모습

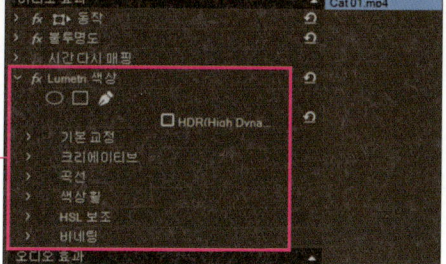

방금 살펴본 자동화 기능은 다소 실망스러운 결과가 나타났기 때문에 이번에는 비디오 효과를 적용하여 색 보정을 해보겠습니다. [사용되지 않음(Obsolete)]의 [자동 색상(Auto Color)] 효과를 새끼 고양이가 있는 [Cat01] 클립에 적용합니다. 그러면 이전과는 다르게 제법 정상적인 색상과 유사하게 색 보정이 된 것을 알 수 있습니다. 이처럼 프리미어 프로의 자동화 기능은 매우 간편하게 색 보정을 해줍니다. 하지만 이 또한 실제 작업자의 눈으로 보는 것(생각했던 것)과 차이가 날 수 있기 때문에 보다 섬세한 색 보정 작업을 원한다면 색 보정 자동화 기능보다는 작업자가 직접 색 보정 작업을 하기를 권장합니다.

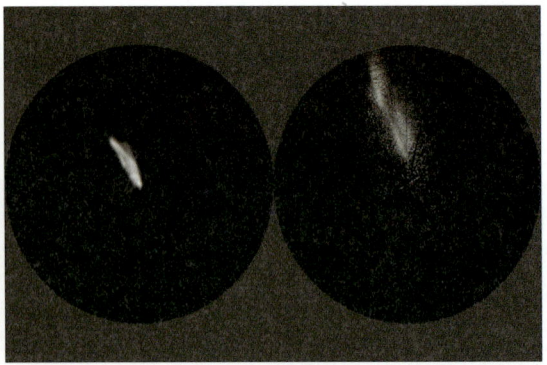

> **팁 & 노트** 인간이 인지하는 색과 프로그램이 인지하는 색에 대하여
>
> 디자인 작업에서의 색은 인간의 눈을 통해 보고 느끼는 것으로 결과물을 만들게 됩니다. 하지만 인간의 눈으로 보는 사물의 색이 과연 정확한 것일까요? 이것에 대해 색 보정 자동화 기능은 인간의 눈에 오류가 있음을 지적하고 있을지도 모르겠습니다. 다음의 두 그림을 보면 물조리개로 물을 뿌리고 있는 장면입니다. 여러분 눈에는 이 두 장면 중 어떤 장면의 색이 정상적인 색으로 보이나요? 사람에 따라 다르게 느껴지겠지만 필자의 눈에는 왼쪽 그림이 정상적인 색으로 느껴집니다.
>
>
>
> ▲ 원본 클립의 모습　　　　　　　　　　　　▲ 자동화 기능을 이용한 색 보정 후의 모습
>
> 하지만 기계(프로그램)가 보는 이 장면은 정상적인 색상이 아님을 인지하고 있습니다. 색 보정 자동화 효과를 적용하여 확인해보면 그 이유를 알 수 있을 것입니다. 위의 두 그림 중 오른쪽 그림은 색 보정 자동화 효과를 적용한 후의 화면입니다. 왼쪽의 원본과 색상 달라진 것을 알 수 있습니다. 이렇듯 색을 어떻게 보고 느끼느냐에 대해서 완전한 정의를 내린다는 것은 결코 쉬운 일이 아닐 것입니다. 이것으로 보아 어쩌면 인간은 감각적으로만 색을 인식하고 있는지도 모른다는 생각을 하게 됩니다.

Lumetri 색상 도구 패널을 이용한 색 보정

루메트리(Lumetri) 색상 도구를 이용한 색 보정은 수동화 작업에 해당되기 때문에 작업자가 일일이 설정을 하여 원하는 색상을 찾아야 합니다. 이처럼 수동화 작업은 다소 어렵게 느껴질 수도 있지만 결국 작업자 또는 클라이언트의 눈을 만족시키기 위해서는 수동화 작업을 할 수 밖에 없다는 것을 깨닫게 될 것입니다. 루메트리 색상 도구를 통해 색 보정을 하기 위해서는 일반적으로 기본 교정을 시작으로 상황에

맞게 아래쪽의 색 보정 도구를 이용하면 됩니다. 이제 [기본 교정]을 사용하여 색 보정을 해보겠습니다. 사용되는 클립은 색상에 문제가 있는 [Cat01] 클립을 사용합니다. 먼저 흰색 트레이스 영역을 가운데 지점으로 분포되도록 [온도] 값을 좌측으로 이동하고, [색조] 값 또한 좌측으로 이동합니다. 그러면 원본 상태보다 훨씬 좋아진 것을 알 수 있습니다. 하지만 기본 교정에서는 노출, 대비, 밝고 어두운 영역, 흰색, 검정색에 대한 톤 설정과 채도 설정만 하기 때문에 지금보다 세밀한 보정은 할 수 없습니다.

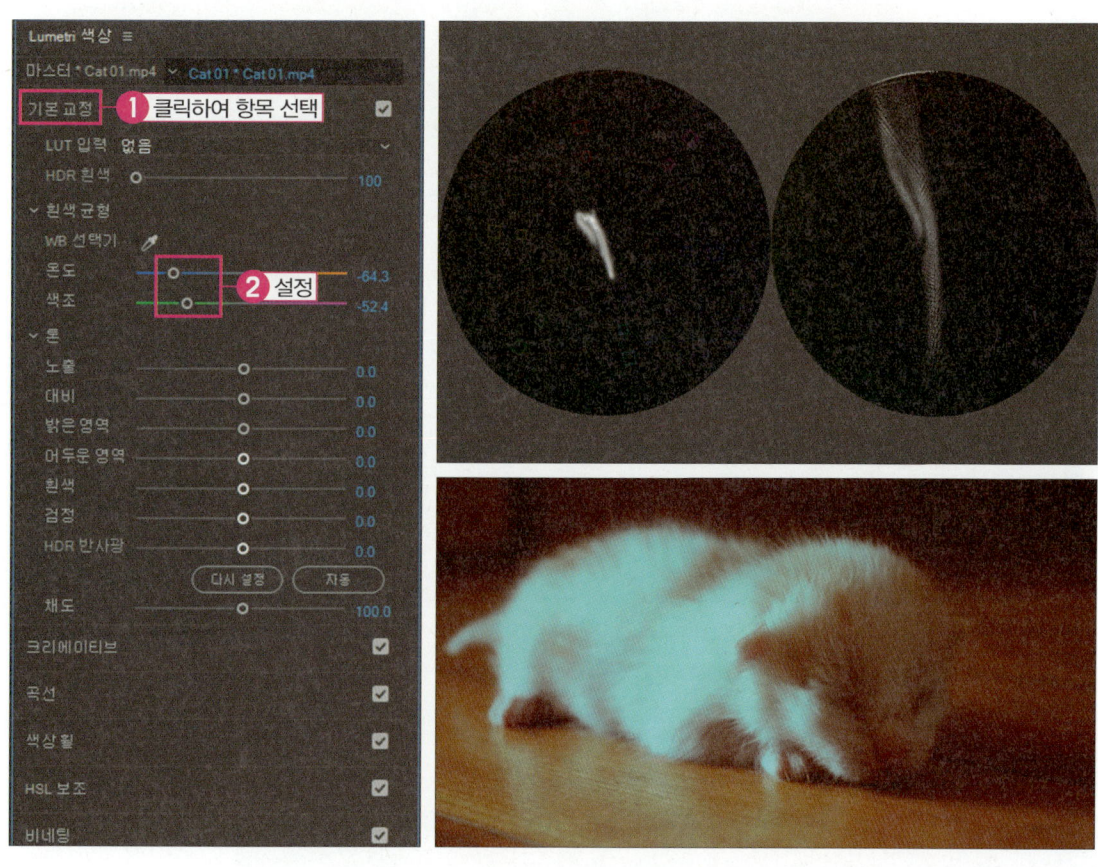

색조 보정 계속해서 이번에는 색조에 대한 설정을 해보겠습니다. [크리에이티브] 항목으로 이동한 후 [어두운 영역 색조] 휠 가운데 부분을 클릭 & 드래그하여 파란색 영역으로 이동합니다. 그러면 붉은 톤의 화면이 조금 더 정상적인 색상으로 바뀌게 됩니다. 이것은 과하게 많은 붉은 톤을 상쇄하고자 파란색 톤을 더 추가했기 때문입니다. 크리에이티브에서는 강도, 선명, 진동, 채도, 색조 균형 등을 설정할 수 있습니다. 특히 [Look]에서는 극장에서 보는 영화처럼 보이게 할 수 있는데, 룩(Look)만 사용할 수도 있고, 사용자 정의 등급 지정 전이나 후에 룩을 적용할 수도 있습니다.

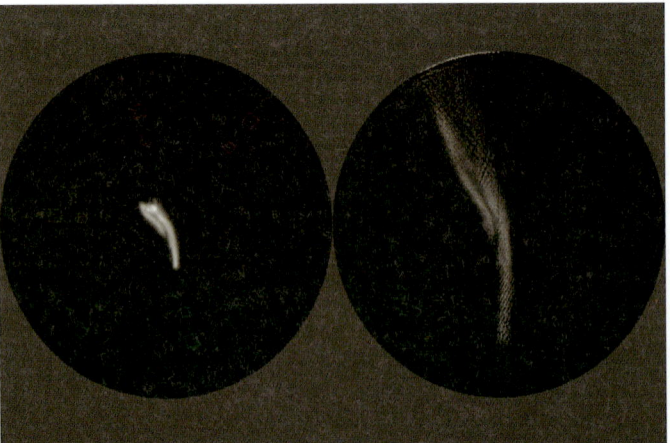

색상 톤 보정 이번에는 색상 휠을 이용하여 각 색상 톤에 대한 세부적인 설정을 해보겠습니다. [색상 휠] 항목으로 이동한 후 어두운 영역, 미드톤(중간 영역), 밝은 영역의 휠을 각각 그림처럼 설정하여 붉은 톤을 최소화합니다.

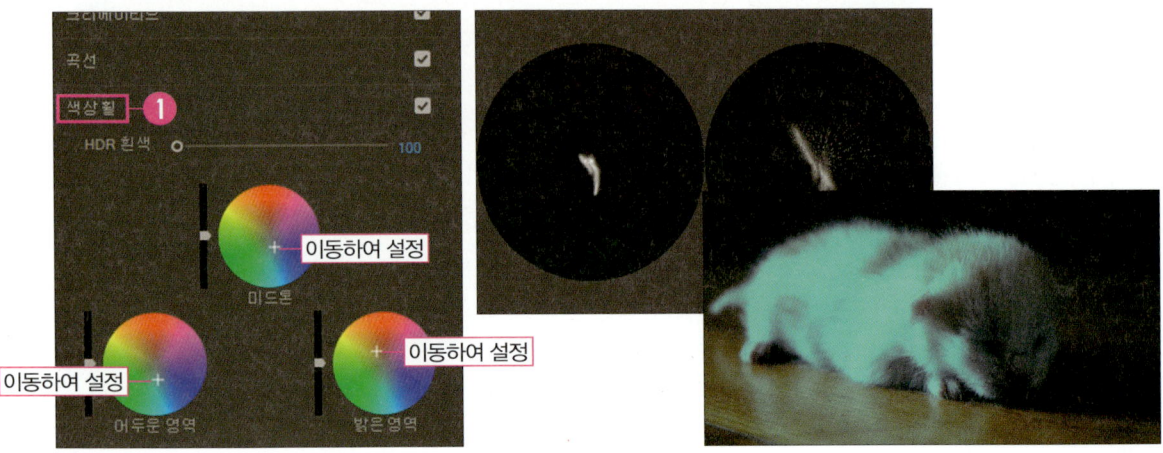

316 PART 03 고급 편집

색상 채널 보정 마지막으로 [곡선] 항목으로 이동한 후 [색조 채도 곡선]에 그림처럼 포인트(클릭하여 추가함)를 추가하여 설정합니다. 그다음 [RGB 곡선]의 빨간색 채널을 선택한 후 그림처럼 곡선을 설정하여 정상적인 색상과 가장 근접하도록 해줍니다. 살펴본 것처럼 다양한 색 보정 도구를 이용하면 작업자가 원하는 색상을 완벽하게 표현할 수 있습니다. 물론 지금의 작업은 매우 섬세한 작업이기 때문에 작업 시간도 제법 오래 소요될 수 있습니다.

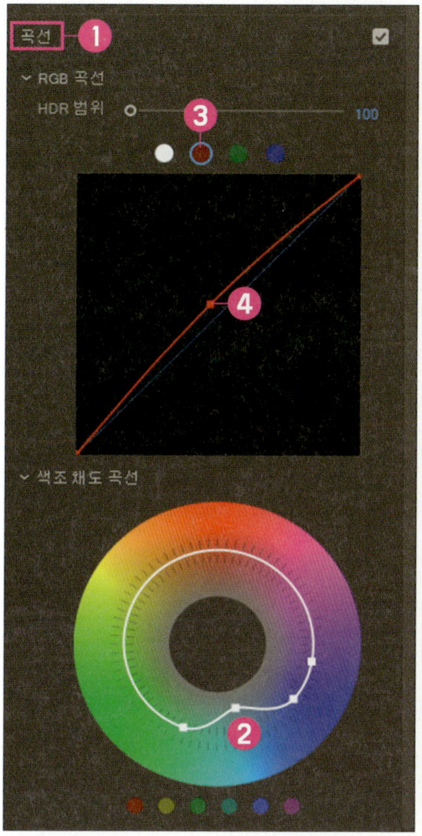

색 보정 작업의 순서는 정해진 것이 없습니다. 작업자가 편하게 느끼는 방법을 우선적으로 사용하면 되는 것입니다. 하지만 기본적으로 노출, 즉 밝기에 대한 설정부터 하기를 권장합니다. 그것은 적당한 밝기가 만들어지면 색상에 대한 설정이 훨씬 쉬워지기 때문입니다. 아래 그림은 색 보정 전(왼쪽)과 후(오른쪽)의 모습입니다. 물론 필자는 몇몇의 색상 도구(채도, 노출, 대비, 선명 등)를 통해 더욱 세밀한 설정을 한 상태입니다.

색 보정 전

색 보정 후

Lumetri 색상 패널의 그밖에 [HSL 보조] 항목에서는 H(색조), S(채도), L(밝기)에 대한 색상 설정 및 색상 추가/제거를 할 수 있으며, 맨 아래쪽 [비네팅] 항목에서는 촬영 시 렌즈 주변부의 광량(노출) 저하로 이미지(사진)의 모서리나 외곽 부분이 어두워지거나 검게 가려지는 비네팅(Vignetting)현상을 의도적으로 표현할 수 있습니다.

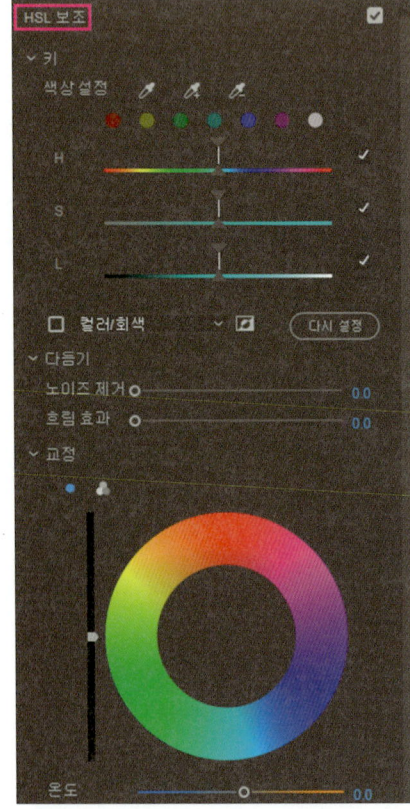
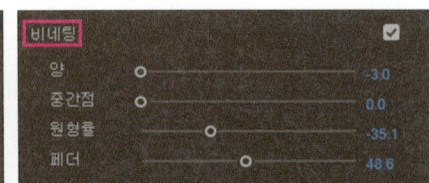

▲ 비네팅 효과로 설정된 모습

색은 사물의 감정과 상태(계절) 등을 표현할 때에도 사용되는데, 예를 들어 채도 값을 낮추면 피부톤이 창백해져 건강에 문제가 있어 보이게 되며, 채도를 높이면 매우 흥분된 느낌과 뜨거운 느낌, 명도를 낮추게 되면 우울(암울)한 느낌과 공포스러운 느낌, 빨간색을 증가하면 여름의 뜨거움, 파란색을 증가하면 차가움, 초록색을 증가하면 봄의 싱그러움을 느끼게 됩니다. 이렇듯 색은 사물의 감정과 상태를 섬세하게 표현할 수 있기 때문에 색에 대해 보다 깊은 연구가 필요합니다.

LUT 설정하기

LUT(Lookup Table)는 색상(Hue), 채도(Saturation), 조도(Brightness)를 수학적으로 정확하게 조정하여 특정 카메라로 촬영된 원본(RAW 및 LOG) 이미지(영상)의 RGB 값을 새로운 RGB 값으로 만들어주는 기술입니다. LUT를 사용하기 위해서는 [기본 교정] 항목의 [LUT 입력]을 이용하면 되며, 프리미어 프로에서는 클립에 직접 적용할 수 있는 여러 LUT가 사전 설정되어 있으며, 저장한 사용자 정의 LUT를 선택할 수도 있습니다.

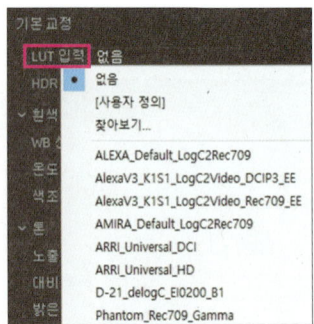

LUT는 두 가지 종류가 있습니다. 첫 번째로는 테크니컬 LUT입니다. LUT는 사용자로부터 하나의 컬러 스페이스(Color Space)에서 다른 컬러 스페이스로 이동하도록 해줍니다. 즉 특정 이미지로부터 다른 특정 이미지로 혹은 고화질 컬러 스페이스로부터 디지털 영상 컬러 스페이스로 이동이 가능하도록 되어있는 것이 바로 테크니컬 LUT인 것입니다. 다음으로 창의적(Creative) LUT가 있습니다. 이것은 이미지의 콘트라스트를 확장시키는 역할을 합니다. ARRI의 경우에는 12종류의 LUT을 제공하는데 사용자의 목적에 알맞은 LUT을 선택하여 사용할 수 있습니다. 참고로 어떤 카메라 제조사들은 LUT을 제공하지 않기도 합니다. 아무튼 LUT에 있어 가장 중요한 점은 LUT를 사용하는 목적을 잘 알아야 한다는 점입니다. 다시 말해 LUT를 사용할 때의 의도를 잘 파악해야 한다는 것입니다. 그렇지 않으면 LUT 적용 후 또 다시 보정을 해주어야 할 확률이 99퍼센트 이상 되는 것이 뻔하기 때문입니다. 이렇듯 LUT는 이미지를 한 번에 보기 좋게 만들 수도 있지만 LUT을 사용하기 이전에 이미지(장면)에 많은 준비를 해놓아야 할 것이며, LUT을 이미지에 적용한 후에도 장면 매칭(Shot Matching) 혹은 마무리 보정 등을 해주어야 할 작업이 생길 것입니다.

팁 & 노트 색 보정 전문 프로그램인 다빈치 리졸브에 대하여

색 보정 작업을 통해 알 수 있듯 프리미어 프로에서도 제법 쓸만한 색 보정 도구를 제공하지만, 프리미어 프로는 전문 색 보정 프로그램이 아니기 때문에 색 보정 작업을 완벽하게 수행하기는 아직 부족한 부분이 많습니다. 만약 전문적인 색 보정 작업을 원한다면 다빈치 리졸브(DaVinci Resolve)와 같은 전문 색 보정 프로그램을 사용하기를 권장합니다. 다빈치 리졸브는 무료로 사용할 수 있는 버전을 제공하여 부담 없이 사용할 수 있으며, 무료 버전이라 하더라도 영화부터 모든 영상 제작까지 디지털 비디오 파일로 만들어진 영상에 대한 색 보정 작업을 수행하는 데에는 아무런 제약이 없습니다. 또한 다빈치 리졸브는 색 보정에 특화된 프로그램이지만, 12 버전부터는 색 보정 기능뿐만 아니라 비선형 편집(Non-linear Editing)까지 가능하도록 진화되어 최적의 디지털 편집 작업 환경을 제공하는 완성형에 가까운 소프트웨어가 되었습니다. 관심이 있는 분들은 아래 주소를 통해 다운로드 받아 사용해보기 바랍니다.

www.BlackMagicDesign.com

세컨더리 보정(부분 보정)하기

세컨더리(Secondary) 색 보정을 2차 색 보정이라고 합니다. 세컨더리 색 보정은 특정 영역에 대해서만 보정을 하게 되며, 프라이머리 색 보정에서 더 이상 색 보정이 필요 없다고 느껴진다면 굳이 세컨더리 보정을 할 필요는 없습니다. 세컨더리 색 보정을 위한 영역은 주로 크로마키나 마스크를 이용합니다. 세컨더리 색 보정 작업을 해보기 위해 앞서 학습한 크로마키 및 마스크에 대한 작업에서 얻어진 프로젝트를 실행하여 여러분이 직접 해보기 바랍니다.

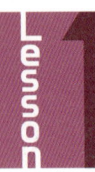

최종 출력(파일 만들기)

모든 편집 작업이 완료되면 작업한 내용을 텔레비전이나 극장용 무비, DVD, Blu-ray, PC, 모바일 그밖에 다양한 재생 장치를 통해 감상하거나 유튜브나 비메오와 같은 인터넷에 업로드하기 위해서는 해당 형식에 맞는 비디오, 오디오, 스틸 이미지 등의 미디어 파일로 만들어주어야 합니다. 이러한 과정을 렌더(Render)라고 합니다. 프리미어 프로에서는 내보내기(Export) 메뉴를 통해 원하는 형식의 미디어 파일로 만들 수 있습니다.

비디오(동영상) 파일 만들기

비디오 파일은 편집 작업이 끝난 후 가장 많이 만드는 미디어 파일 형식입니다. 이것은 단순히 컴퓨터를 통해 재생하는 것뿐만 아니라 텔레비전, 영화, DVD, PC, 모바일 등과 같은 각종 매체 및 기기를 통해서도 파일을 재생(감상)하기 때문입니다. 비디오 파일이나 그밖에 미디어 파일을 만들어주기 위해서는 [파일] – [내보내기] – [미디어] 메뉴를 선택해야 합니다.

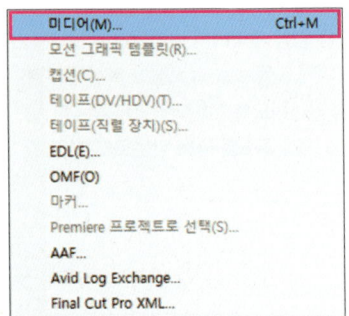

내보내기 메뉴에서는 그밖에 모션 그래픽 템플릿이나 캡션, 비디오 테이프로 녹화 등의 작업을 할 수 있으며, 프리미어 프로에서 작업한 프로젝트(시퀀스)를 다른 편집 프로그램(파이널 컷 프로, 베가스, 아비드 등)에서 가져와 사용할 수 있게 해주는 EDL, OMF, AAF, Avid Log Exchange, Final Cut Pro XML 작업 데이터 파일을 만들 수 있습니다. 하지만 이 데이터 파일들은 각 편집 프로그램마다 다른 기능(메커니즘)을 가지고 있기 때문에 완전한 교류는 힘들다는 단점이 있습니다.

유튜브(모바일)를 위한 비디오 파일 만들기

최근 개인 방송이나, 교육, 엔터테이먼트, 광고 등으로 많이 활용되고 있는 유튜브에서 사용하기 위한 비디오 파일을 만들어보겠습니다. 프리미어 프로에서는 가장 즐겨 사용되는 규격을 미리 만들어놓은 프리셋을 선택하여 간편하게 설정을 할 수 있습니다. 참고로 [내보내기] 메뉴를 사용하기 위해서는 파일로 만들고자 하는 시퀀스(타임라인)가 활성화되어있어야 합니다.

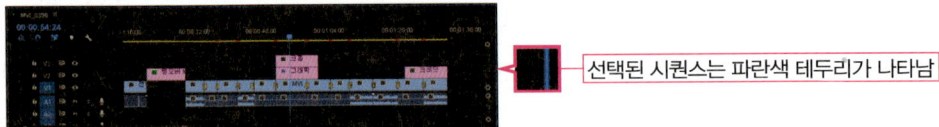

선택된 시퀀스는 파란색 테두리가 나타남

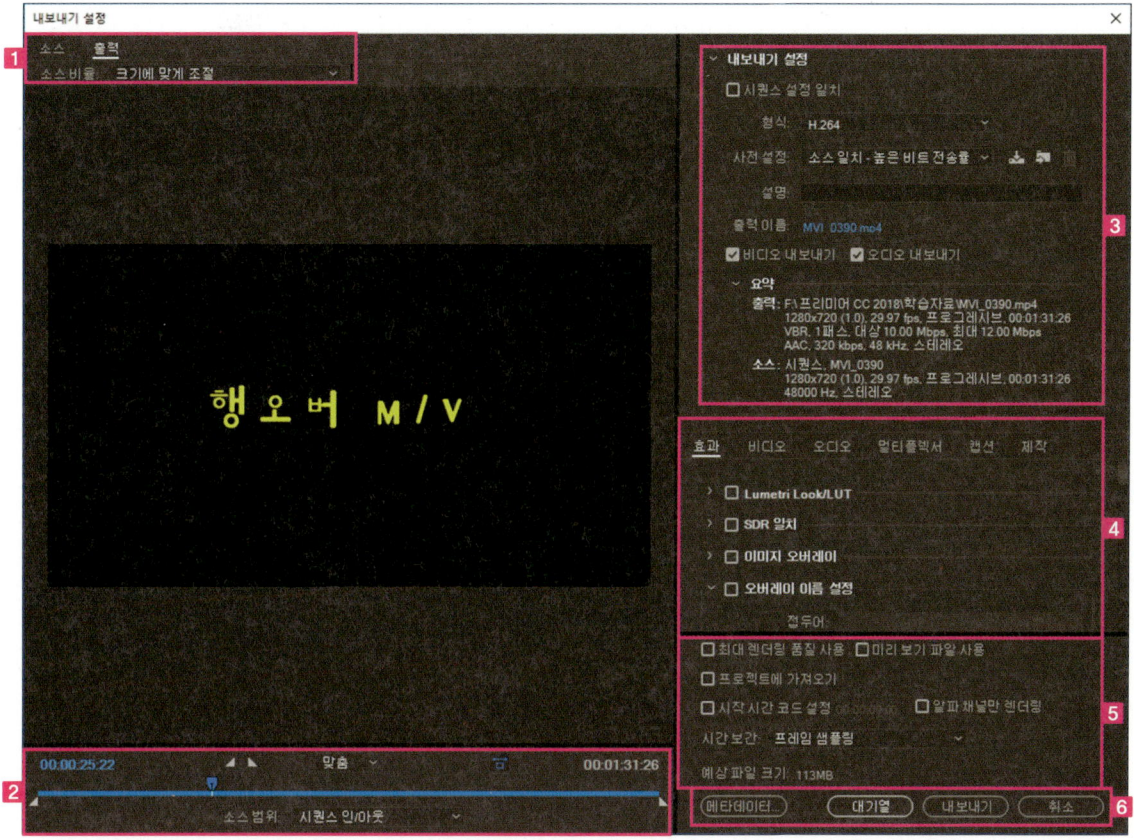

1. **화면 크기 설정** 소스에서는 최종 출력되는 화면을 원하는 부분만 잘라서 파일을 만들어주고자 할 때 사용되며, 출력에서는 시퀀스 규격과 최종 출력되는 규격이 다를 경우 비율을 맞춰줄 때 사용합니다. 비율이 맞지 않을 때 생기는 레터박스(상하 검정색 띠)를 제거할 수 있습니다.

2. **출력 구간 설정** 최종적으로 출력될 구간(장면)을 설정할 수 있습니다. 작업된 전체 길이가 아닌 원하는 일부만 파일로 만들 때 사용하며, 양쪽 2개의 삼각형 슬라이더를 드래그하여 구간을 지정할 수 있습니다.

3. **내보내기 설정** 출력(파일 만들기)할 파일 형식을 설정합니다. 시퀀스 설정 일치를 통해 시퀀스 규격과 동일하게 해줄 수 있으며, 형식과 사전 설정에서는 파일 형식, 즉 포맷 방식을 선택할 수 있습니다. 또한 출력 이름에서는 출력될 파일의 위치(폴더)와 파일명을 지정하며, 출력될 파일에 비디오 또는 오디오 부분을 포함할 것인지에 대한 선택을 할 수 있습니다.

4. **속성 설정** 출력될 파일에 대한 속성을 설정을 할 수 있습니다. 효과에서는 루메트리 룩 효과, 오버레이 효과, 타임코드 등을 적용하고, 비디오에서는 설정된 파일 형식에 대한 세부 규격(화면 크기, 비율, 프레임 속도 등)을 설정하며, 오디오에서는 오디오 속성에 대한 설정을 할 수 있습니다. 그리고 캡션은 캡션 사용 유무, 제작에서는 출력된 파일을 각 인터넷 웹사이트로 자동으로 업로드할 수 있게 해줍니다. 하지만 이 항목은 일반적으로 파일을 만든 후 직접 업로드하기 때문에 거의 사용하지 않습니다.

5. **출력 옵션 사용 유무** 출력 시 최대 렌더링 품질 사용 유무, 출력 후 미리 보기 파일 사용 유무 및 해당 프로젝트 패

널에 파일 가져오기 유무에 대한 설정을 할 수 있으며, 출력될 파일의 타임코드 설정, 알파 채널에 대한 사용 유무와 시간 보간에 대한 설정을 할 수 있습니다. 참고로 예상 파일 크기를 통해 설정된 파일 형식에 대한 최종 파일 크기를 미리 예상할 수 있습니다.

6 **렌더** 설정 후 내보내기 버튼을 클릭하여 렌더링을 시작할 수 있으며, 메타데이터를 통해 출력될 파일에 대한 정보를 확인 및 설정할 수 있습니다. 참고로 대기열은 어도비 미디어 인코더를 통해 여러 가지로 설정된 파일 형식을 모아놓고, 한꺼번에 파일로 만들어줄 수 있습니다. 이것은 어도비 미디어 인코더가 설치되어있어야 합니다.

내보내기 설정 내보내기 설정에서 형식을 [H.264]로 설정한 후 사전 설정을 [YouTube 720p HD]로 설정합니다. 그다음 사전 설정 이름의 파란색 글자를 클릭하여 출력될 파일이 저장될 위치 선택과 적당한 파일명을 입력합니다. 여기에서 만약 비디오만 파일로 만들고자 한다면 오디오 내보내기를 해제하면 됩니다.

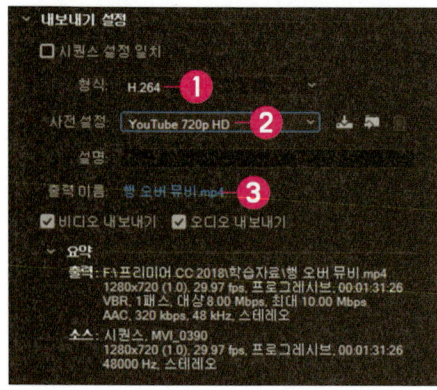

지금 설정된 H.264 형식(코덱)은 최근에 가장 많이 사용되는 파일 형식으로써 최종적으로 MP4 포맷의 파일이 만들어지며, 인터넷, 스마트폰, 테블릿 PC, 네비게이션 등과 같은 모바일 장치에서 사용되며, PC에서도 일반적인 재생(감상)용으로도 사용됩니다. 또한 H.264 형식을 선택하면 사전 설정에서 즐겨 사용되는 규격을 선택할 수 있는데, 여기에서는 유튜브, 비메오, 페이스북, 트위터, 모바일, VR 등의 규격을 사용할 수 있습니다. 만약 원본 데이터 보관을 위한 무압축 초고화질 파일로 만들고자 한다면 AVI(비압축) 형식을 사용하며, DVD 및 블루레이 제작을 하고자 한다면 MPGE2 방식을 사용하면 됩니다. 비디오(오디오) 파일 형식에 대한 자세한 정보는 인터넷 검색을 이용하기 바랍니다.

비디오 설정 비디오 항목에서는 폭/높이를 작업자가 원하는 비율(크기)로 재설정할 수 있습니다. 재설정하기 위해서는 우측 체크 박스를 해제해야 합니다. 그밖에 프레임 속도(초당 사용되는 프레임 개수), 필드 방식(순서), 종횡비 등과 비트 전송률을 설정할 수 있습니다. 전송률(메가 바이트당 초당 전송률)은 값이 높을수록 우수한 화질을 얻을 수 있으나 상대적으로 파일 용량은 커집니다. 참고로 360 VR 비디오를 만들고자 한다면 VR 비디오를 체크하면 됩니다.

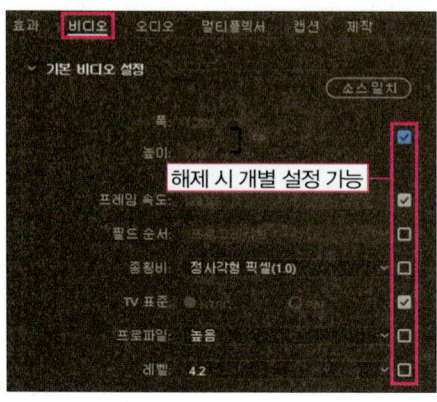
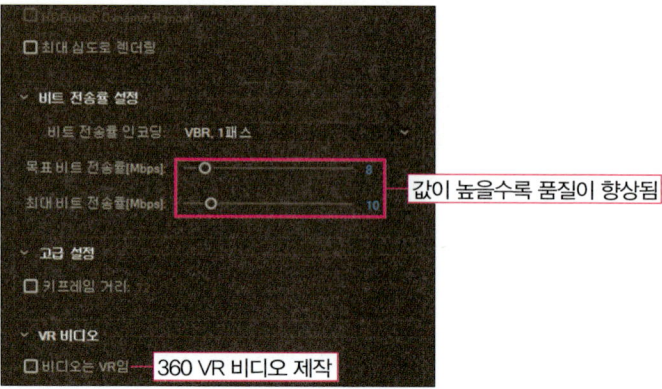

오디오 설정 오디오 항목에서는 오디오 형식을 설정할 수 있는데, 일반적으로 AAC(H.264 형식을 사용했을 때) 코덱(압축 방식)을 사용하며, 샘플 속도는 오디오 음향 주파수에 영향을 주기 때문에 높은 값이 좋지만, 오케스트라와 같은 고음질 오디오가 필요한 것이 아니라면 44100 Hz(헤르츠)급이나 그 이하도 괜찮으며, 채널은 일반적으로 스테레오 채널을 사용합니다. 비트 전송률 또한 오디오 품질에 영향을 주기 때문에 상황에 맞게 설정하면 되는데, 256~320kbps(킬로 바이트당 초당 전송률) 정도면 특별한 문제가 없을 것입니다.

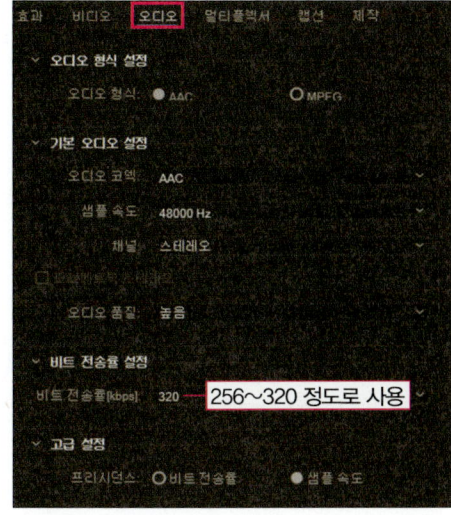

채널을 5.1로 사용하기 위해서는 작업 시 5.1 채널에 대한 오디오 편집이 이루어져야 하며, 촬영 시에도 5.1 채널을 대비한 오디오 레코딩 작업을 사전에 해놓아야 만족스런 5.1 서라운드 입체 음향을 얻을 수 있습니다. 고급 설정에서는 오디오 출력 시 우선시 될 전송 방식을 선택할 수 있는데, 일반적으로 비트 전송률을 사용합니다.

내보내기 오디오 항목까지 설정이 끝났다면 대부분의 중요한 것에 대한 설정을 끝난 것으로 볼 수 있기 때문에 이제 파일로 출력하기 위해 [내보내기] 버튼을 클릭합니다. 그러면 인코딩 과정을 거쳐 최종적으로 파일이 완성됩니다. 완성된 파일은 실행(재생)하여 정상적으로 잘 만들어졌는지 확인하고, 만약 문제가 있는 부분을 발견했다면 수정 후 다시 렌더링을 합니다.

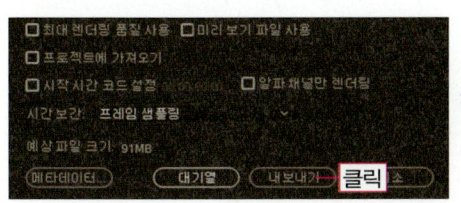

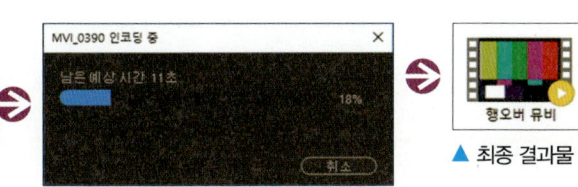

▲ 최종 결과물

만약 여러 가지 형식으로 설정된 규격을 대기열을 통해 모아놓고 한꺼번에 렌더링을 하고자 한다면 어도비 미디어 인코더 우측 상단의 [대기열 시작] 버튼을 눌러 모아놓은 규격 목록을 일괄적으로 출력할 수 있습니다.

▲ 미디어 인코더에서의 내보내기 출력 버튼

360 VR 비디오 만들기

최근 VR 영상이 이슈가 되면서 게임, 엔터테인먼트, 부동산, 쇼핑몰 등의 웹(모바일)사이트에서는 상하좌우 피사체의 모든 것을 회전하여 볼 수 있는 360 VR 비디오에 대한 관심 또한 높아지고 있습니다. 360 VR은 말 그대로 사물, 즉 공간을 회전하면서 360도 전체로 볼 수 있는 영상을 의미하는데, 촬영 시 360도로 촬영할 수 있는 카메라를 통해 촬영해야만 원하는 비디오를 얻을 수 있습니다. 프로미어 프로에서는 360도로 촬영된 영상을 가져오면 자동으로 파일을 인식하여 VR 환경에서 편집할 수 있도록 해줍니다. 또한 작업이 끝난 후에는 미디어 메타데이터(Media Metadata)와 같은 변환 프로그램 없이도 360 VR 비디오 파일을 만들어줄 수 있습니다. 학습을 위해 [학습자료] - [Project] - [360 VR] 프로젝트를 실행합니다. 이 프로젝트에는 360도로 촬영된 영상과 간단한 자막이 포함된 상태입니다.

이제 이 프로젝트를 360 VR 비디오로 만들어주기 위해 [파일] - [내보내기] - [미디어] 메뉴를 선택합니다. 그다음 앞서 살펴본 비디오 파일 만들기와 마찬가지로 원하는 파일 형식, 저장 위치 등을 설정한 후 비디오 항목의 VR 비디오를 체크합니다. 프레임 레이아웃 방식은 일단 [모노]로 해줍니다. 설정이 끝나면 [내보내기] 버튼을 클릭하여 파일을 출력합니다. 그러면 별도의 변환 프로그램 없이도 360 VR 비디오 파일이 만들어집니다.

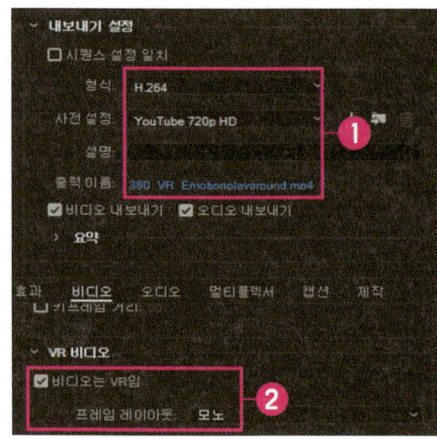

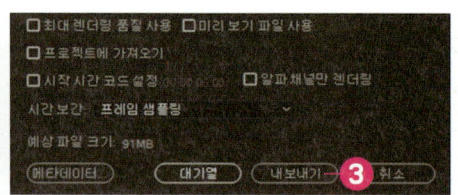

작업자가 새롭게 설정한 규격을 지속적으로 사용하고자 한다면 사전 설정에서 [사전 설정 저장] 버튼을 눌러 등록해놓을 수 있습니다.

유튜브로 업로드하기 360 VR 비디오 파일이 만들어졌다면 이제 유튜브로 업로드해보겠습니다. 유튜브 웹사이트(www.youtube.com)로 들어가 로그인을 한 후 우측 상단의 [업로드] 버튼을 누릅니다. 업로드 할 파일을 선택하라는 창이 열리면, 이 곳으로 방금 만든 360 VR 비디오 파일을 드래그하여 갖다 놓습니다. 그러면 유튜브는 자동으로 360 VR 비디오 속성을 분석하여 360 VR 비디오로 변환해줍니다. 그후 [게시] 버튼을 눌러 파일을 등록하면 됩니다.

유튜브에 업로드된 파일을 실행한 후 화면을 회전해보면 360 VR 비디오가 정상적으로 작동되는 것을 알 수 있습니다. 살펴본 것처럼 프리미어 프로에서는 다양한 미디어 파일을 제작할 수 있기 때문에 작업자가 원하는 대부분의 파일을 만들 수 있습니다.

최종 결과물 ▶

이미지 파일 만들기

작업을 하다 보면 특정 장면(프레임)을 정지 이미지로 만든 후 포토샵이나 김프(무료 포토샵)와 같은 프로그램에 가져와서 사용하거나 번호가 붙은 시퀀스 파일로 만들어 사용해야 할 경우가 있습니다. 프리미어 프로에서는 작업 중 프로그램(소스) 모니터에서 직접 이미지 파일을 만들 수 있으며, 최종 출력을 할 때에도 이미지 파일을 만들 수 있습니다.

정지(스틸) 이미지 만들기

정지 이미지는 일반적으로 이미지라고 부르는데, 이러한 이미지는 주로 포토샵 같은 프로그램에서 사용하기 위해 만들어집니다. 프리미어 프로에서는 작업 중 특정 장면(프레임)을 간단하게 이미지 파일로 만들어줄 수 있습니다. 예를 들어 아래 그림처럼 재생 헤드가 위치한 지점의 장면을 이미지 파일로 만들어주고자 한다면 프로그램(소스) 모니터 하단에 있는 카메라 모양의 [프레임 내보내기] 버튼을 누르면 됩니다. 이후 프레임 내보내기 창이 열리면 적당한 파일명과 형식(일반적으로 JPEG, JPG) 그리고 저장될 위치를 선택한 후 [확인] 버튼을 누르면 됩니다.

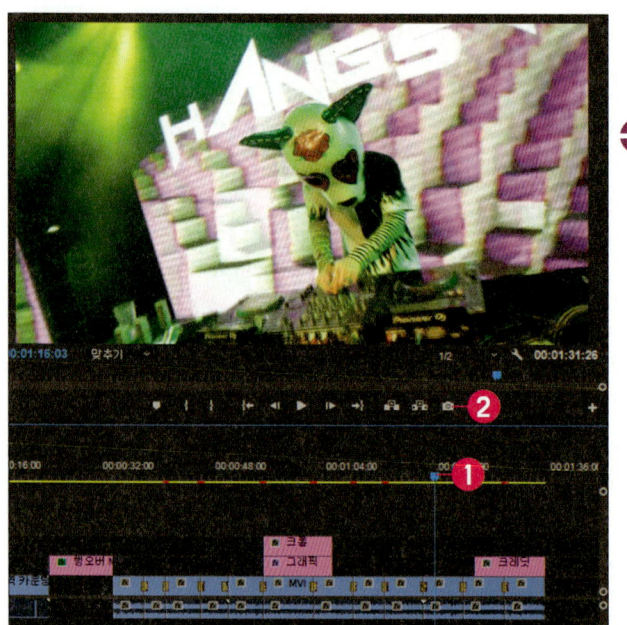
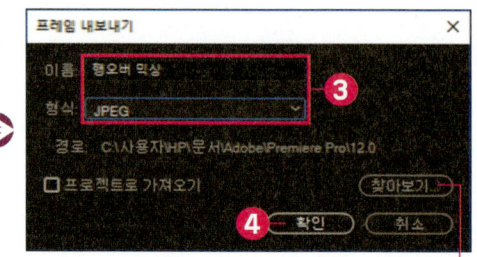

시퀀스 파일 만들기

시퀀스 파일은 번호가 붙은 낱장의 파일로써 주로 애니메이션 제작 프로그램에서 활용하며, 비디오 파일보다 품질이 뛰어나고, 특정 장면을 손쉽게 활용할 수 있다는 장점 때문에 이에 필요한 상황에서 사용합니다. 물론 시퀀스 파일은 프리미어 프로와 같은 영상 편집 프로그램에서도 타임 랩스(인터벌) 촬영이나 그밖에 낱장의 파일이 필요한 작업에서 사용할 수 있습니다. 파일을 만들기 위해서는 비디오 파일로 출력할 때처럼 [파일] - [내보내기] - [미디어] 메뉴를 선택하면 됩니다. 시퀀스 파일은 오디오가 없기 때문에 내보내기 설정에서 파일 형식만 설정하면 되며, 일반적으로 PNG, TIFF, TGA 등을 사용하는데, 그 이유는 이 파일들 모두 알파 채널을 포함하고 있기 때문입니다. 여기에서는 비교적 용량이 적은 PNG 형식을 선택한 후 적당한 파일명과 저장될 위치를 설정합니다. 그다음 가장 중요한 [시퀀스로 내보내기]를 체크합니다. 그래야만 번호가 붙은 시퀀스 파일이 만들어지기 때문입니다. 모든 설정이 끝나면 [내보내기] 버튼을 클릭하여 파일을 만들면 됩니다.

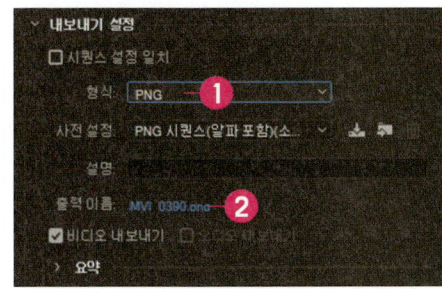 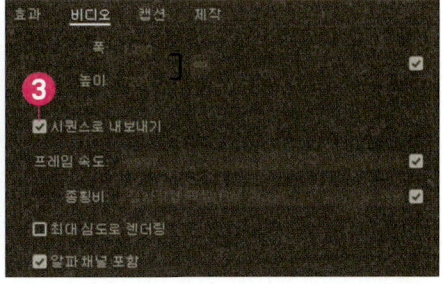

오디오 파일 만들기

비디오 편집 프로그램인 프리미어 프로에서 오디오 파일로 출력하는 경우는 매우 드물지만, 만약 오디오 파일로 출력을 해야 한다면 내보내기 설정에서 형식을 오디오 형식으로 선택해야 합니다. 프리미어 프로에서 제공되는 오디오 포맷은 AAC, AIFF(애플용), MP3, WAV(파형 오디오) 등이 있으며, 일반적으로 WAV, 즉 파형 오디오와 MP3 오디오 형식을 사용합니다. 특히 MP3는 가청 주파수(인간의 청각으로 들을 수 있는 음역대)를 제거하여 파일의 용량은 줄이고, 소리의 유실은 최소화한 파일이기 때문에 재생(감상)을 위한 목적뿐만 아니라 편집 작업용으로 즐겨 사용됩니다.

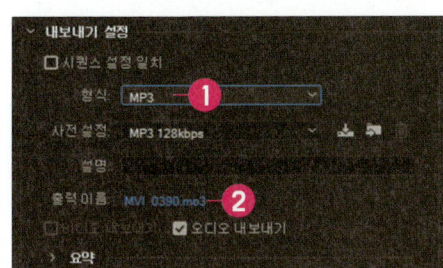 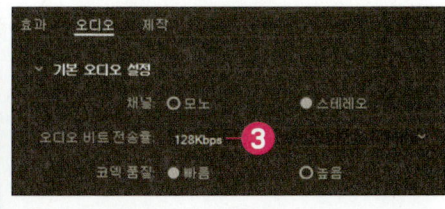

MP3는 가청 주파수 대역을 제거하기 때문에 주로 128~256Kbps급으로 설정해도 음질에 대한 차이를 느끼기 어렵습니다.

팁 & 노트 EDL 파일에 대하여

EDL(Edit Decision List)은 쉽게 말해 서로 다른 프로그램, 그러나 공통점이 있는 프로그램 간에 작업 데이터를 공유하기 위한 언어입니다. 이것은 프리미어 프로에서 만든 작업 데이터를 다빈치 리졸브, 파이널 컷 프로 X, 베가스 프로 등의 비디오 편집 프로그램에서 가져와 사용(주로 컷 편집하여 타임라인에 배치한 작업 내용 정도)할 수 있게 해줍니다. 이렇듯 EDL은 서로 다른 소프트웨어 간의 교류를 가능하도록 해주는 가교 역할을 하기 때문에 작업의 효율성을 증가시킬 수 있습니다. 반면 EDL의 불편한 점은 각 소프트웨어마다 다른 특성 및 기능(효과의 종류나 키프레임 방식 등)을 가지고 있기 때문에 완전한 EDL 교류는 힘들다는 것입니다. EDL 파일을 만들어주기 위해서는 [파일] – [내보내기] – [EDL] 메뉴를 선택하면 됩니다.

알아두면 유용한 기능들

앞서 학습한 내용들은 프리미어 프로에서 가장 기본적이면서도 가장 중요한 것들이며, 학습한 내용을 잘 활용한다면 여러분이 원하는 편집을 수행하는데 아무런 문제가 없을 것입니다. 하지만 작업을 하다 보면 좀 더 편리하고 간편하게 수행할 수 있는 방법을 찾게 됩니다. 이번 레슨에서는 작업 시 알아두면 유용하게 사용될 기능들과 사용법에 대해 알아보도록 하겠습니다.

클립(오디오) 동기화하기

멀티 캠 편집과 같이 여러 대의 카메라를 통해 촬영된 장면(클립)들은 대부분 촬영이 시작되는 시작점이 약간씩 다를 수 있기 때문에 모든 클립에 대한 동기화 작업을 해주어야 합니다. 프리미어 프로에서는 시작/끝점, 타임코드, 마커, 오디오 파형을 기준으로 동기화 작업을 자동으로 수행해줍니다. 학습을 위해 [학습자료] - [Project] - [클립 동기화] 프로젝트 파일을 실행합니다. 해당 프로젝트를 보면 4개의 클립이 각각 다른 트랙에 적용된 상태입니다. 이 클립들은 각각 다른 앵글에서 동시에 촬영된 장면들입니다. 하지만 재생을 해보면 오디오 부분에 소리가 완전히 일치되지 않는 것을 알 수 있을 것입니다. 이렇듯 동시에 촬영된 장면이라도 싱크(동기화)가 완전하지 않기 때문에 작업을 하기 전에 먼저 동기화 작업부터 해놓는 것이 좋습니다.

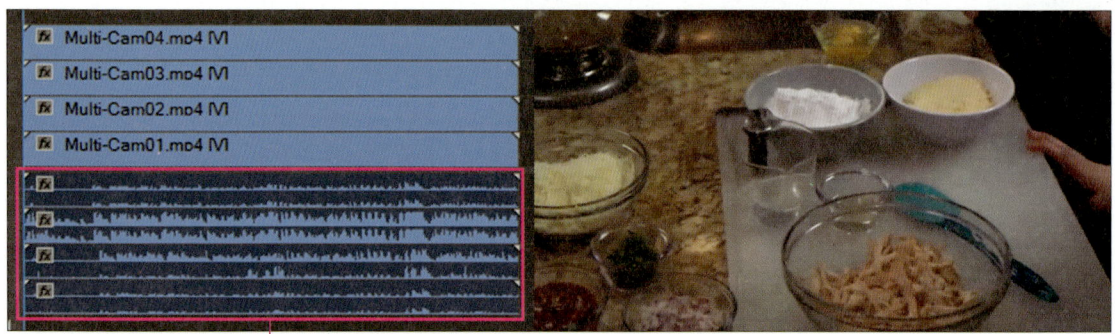

▲ 싱크가 맞지 않은 각각의 오디오 클립들

4개의 클립을 하나로 동기화하기 위해 모든 클립을 선택한 후 [클립] - [동기화(Synchronize)] 메뉴를 선택합니다. 클립 동기화 설정 창이 열리면 동기화될 방식을 선택합니다. 여기에서는 오디오 파형을 기준으로 동기화할 것이기 때문에 [오디오]를 체크하면 되고, 트랙 채널은 파형이 뚜렷한(문제가 없는) 1채널을 선택합니다. 설정이 끝나면 [확인] 버튼을 눌러 동기화합니다.

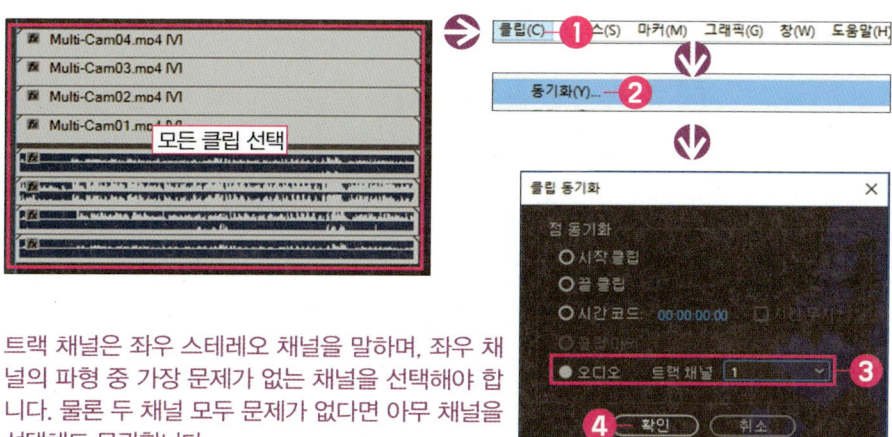

트랙 채널은 좌우 스테레오 채널을 말하며, 좌우 채널의 파형 중 가장 문제가 없는 채널을 선택해야 합니다. 물론 두 채널 모두 문제가 없다면 아무 채널을 선택해도 무관합니다.

동기화 작업이 끝난 후의 클립들을 보면 이전과는 다르게 위치에 대한 변화가 생긴 것을 알 수 있습니다. 이제 4개의 클립들에 대한 동기화 작업이 끝났기 때문에 가장 오른쪽으로 밀려난 클립의 시작점에 나머지 클립들의 시작점을 트리밍하여 맞춰주면 되며, 사용하고자 하는 하나의 오디오 클립만 남겨두고 나머지는 제거하면 됩니다.

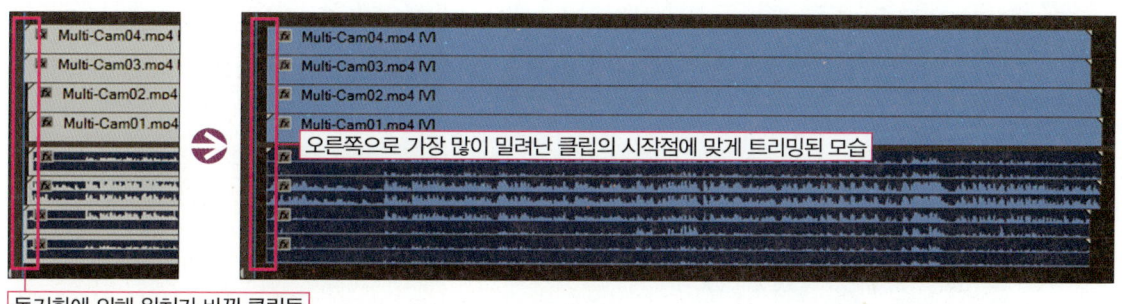

멀티 카메라 활용하기

멀티 캠 편집은 여러 대의 카메라를 통해 촬영된 비디오(오디오) 클립을 가지고 각 앵글을 선택해가면서 편집을 해주는 작업입니다. 이 편집 방법은 중계, 공연, 예능, 교양 등의 프로그램을 촬영할 때처럼 스위처(Switcher)를 통해 각 카메라에서 들어오는 장면(신호)을 선택하고 믹싱하는 것과 유사합니다. 프리미어 프로에서는 여러 카메라를 통해 얻어진 각각의 클립들에 대한 자동화된 동기화 기능을 제공하기 때문에 멀티 캠 편집 작업을 보다 간편하게 수행할 수 있습니다. 학습을 위해 [학습자료] - [Project] - [멀티 캠 편집] 프로젝트 파일을 실행합니다.

멀티 캠 편집을 위한 시퀀스 클립 만들기

앞서 실행된 프로젝트 파일을 보면 4개의 클립들이 있는데, 이제 이 파일들을 멀티 캠 편집을 할 수 있도록 합쳐주어야 합니다. 프로젝트 패널에 있는 4개의 클립을 모두 선택한 후 [오른쪽 마우스 버튼] - [멀티 카메라 소스 시퀀스 만들기] 메뉴를 선택합니다. 멀티 카메라 소스 시퀀스 만들기 창이 열리면 적당한 클립 이름을 입력하고, 동기화될 방식을 오디오로 설정합니다. 이 과정은 앞서 [클립 동기화하기] 학습과 같습니다. 그다음 시퀀스 설정은 [모든 카메라]로 설정하여 모든 오디오 클립이 나타나도록 하고, 카메라 이름은 클립 이름으로 사용합니다. 설정이 끝나면 [확인] 버튼을 눌러 선택된 클립들을 시퀀스 클립으로 만들어줍니다. 계속해서 프로젝트 패널에 만들어진 시퀀스 클립을 드래그하여 [새 항목]에 갖다 놓거나 비어있는 타임라인에 갖다 놓아 새로운 시퀀스를 생성합니다.

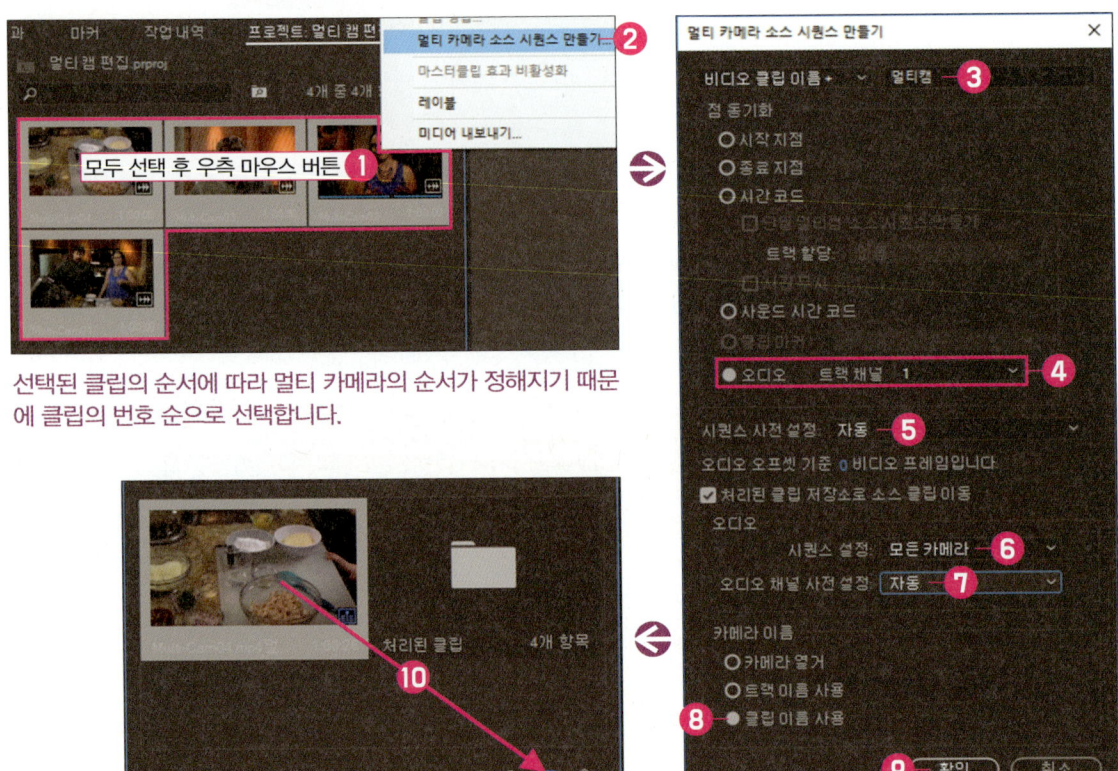

새로운 시퀀스가 생성되면 이제 재생하여 소리를 들어본 후 [연결된 선택] 도구를 사용하여 오디오 클립 중 가장 음질이 좋은 클립만 남겨두고 나머지는 제거합니다. 그리고 최종적으로 사용될 오디오 클립을 위쪽 A1 트랙으로 이동합니다.

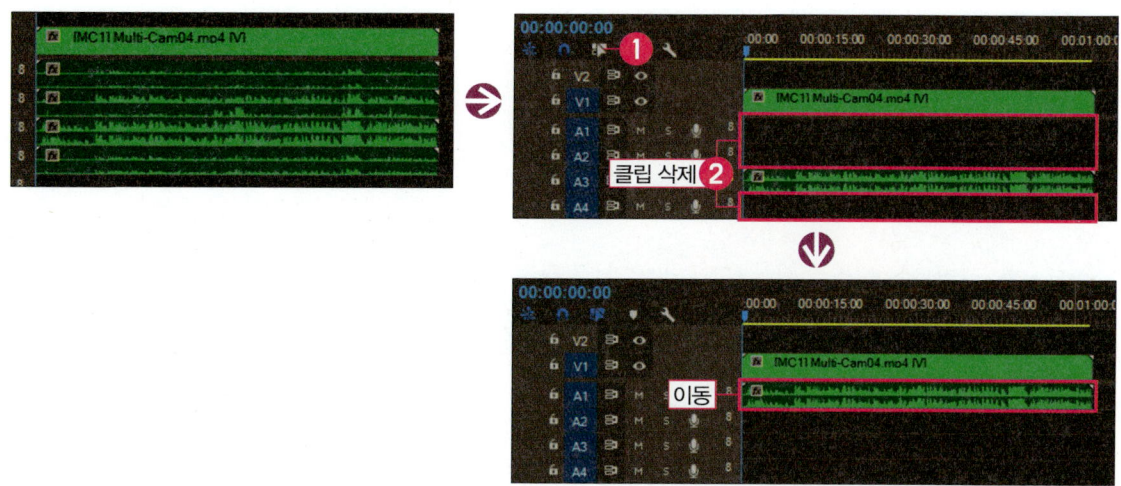

멀티 카메라 모드로 전환 및 편집하기

멀티 캠 편집을 위한 네스트, 즉 시퀀스 클립을 만들었다면 이제 멀티 카메라 편집을 하기 위해 해당 클립(멀티 캠 편집)을 선택한 후 [클립] - [멀티 카메라] - [사용] 메뉴를 선택합니다. 그러면 선택된 클립이 멀티 캠 편집을 할 수 있는 상태로 전환됩니다. 그다음 프로그램 모니터의 [설정] 메뉴에서 모니터 뷰 모드를 [멀티 카메라]로 전환합니다. 이것으로 멀티 캠 편집을 할 수 있는 상태가 되었습니다.

프로그램 모니터를 보면 2개로 분할되었으며, 분할된 왼쪽은 4개의 작은 화면으로 분할된 것을 알 수 있습니다. 4개로 분할된 화면은 멀티 캠 편집을 위해 합쳐놓은 시퀀스 클립의 각 장면이며, 위쪽부터 1, 2, 3, 4 카메라 순(번호 참고)입니다. 그리고 왼쪽 하나의 화면은 현재 선택된 카메라의 장면입니다. 현재는 1번 클립(카메라)이 선택된 상태입니다. 이 상태에서 재생을 하거나 재생 헤드를 이동하여 편집할 장면을 찾아 해당 카메라(클립)를 선택해나가면 됩니다.

여기에서 일단 재생을 해봅니다. 그러면 도입부에서 감독(PD)의 큐 사인 소리가 들린 후 여자 MC의 목소리가 들릴 것입니다. 이때 감독의 목소리는 제거되어야 하기 때문에 재생 헤드를 감독의 사인이 끝나고 난 후 여자 MC 목소리가 들리기 직전에서 편집(스위칭)이 되어야 합니다. 다시 처음부터 재생을 하거나 편집 점 이전으로 재생 헤드를 갖다 놓은 후 재생합니다. 그다음 편집 점에서 2번 카메라를 클릭(선택)합니다. 그러면 앞서 선택되었던 1번 카메라에서 2번 카메라로 장면이 전환, 즉 편집(스위칭)됩니다.

멀티 카메라 편집은 항상 재생 중일 때 원하는 번호의 카메라를 선택해야 가능합니다. 즉 정지 상태에서 카메라를 선택하게 되면 그것은 단순히 해당 번호의 카메라를 선택하는 것뿐이기 때문입니다. 또한 편집된 모습을 확인하기 위해서는 [정지] 버튼을 눌러 재생을 멈춰주어야합니다.

첫 번째 편집(스위칭)을 했다면 여기에서 일단 [정지] 버튼을 눌러봅니다. 그러면 시퀀스 비디오 클립이 해당 편집 점에서 잘려진 것을 알 수 있습니다. 이와 같은 방법으로 나머지 장면을 편집(스위칭)해나가면 됩니다.

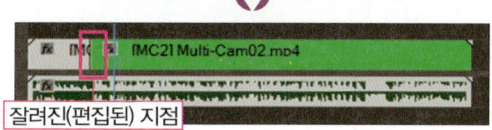

다시 재생을 하여 장면과 소리를 들어봅니다. 이번에는 여자 MC의 시작 멘트 중 남자 요리사를 소개하는 부분에서 남자 요리사의 얼굴만 나오는 3번 카메라를 선택합니다. 그러면 이 시간부터는 3번 카메라의 장면이 나타나게 됩니다. 같은 방법으로 나머지 장면을 편집해보기 바랍니다.

멀티 캠 편집이 끝나면 편집된 클립들을 병합해야 합니다. 병합이란 편집된 클립, 즉 장면들에 대한 원본 클립으로 전환하여 합쳐준다는 의미입니다. 병합하기 위해 편집된 클립을 모두 선택한 후 [클립] - [멀티 카메라] - [병합] 메뉴를 선택합니다. 그러면 초록색이었던 클립들이 다시 파란색으로 바뀐 것을 알 수 있습니다.

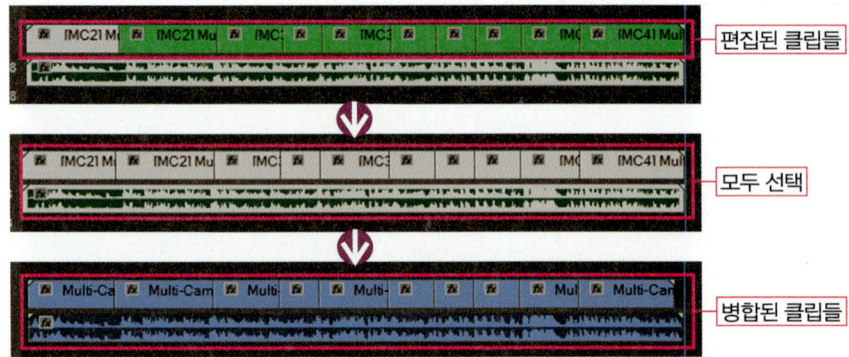

그다음 재생하여 장면과 소리를 들어본 후 병합된 클립 중 맨 앞쪽에 있는 감독의 큐 사인 부분(비디오 클립)을 제거한 후 최종적으로 사용되는 오디오 클립의 시작점을 트리밍하여 여자 MC의 소개 멘트가 시작되는 비디오 클립의 시작점에 맞춰줍니다. 그리고 오디오 클립의 끝점 또한 트리밍하여 맨 마지막 비디오 클립의 끝점에 맞춰줍니다.

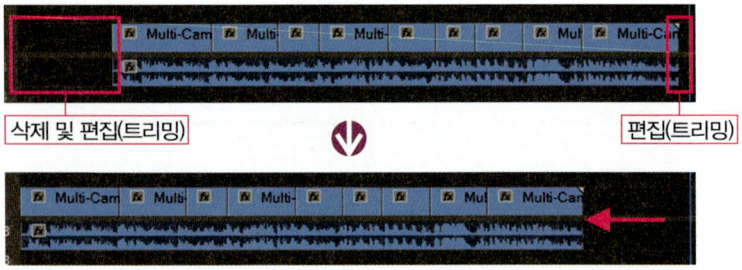

편집된 모든 클립을 선택한 후 [클립] – [그룹화] 메뉴를 선택하여 하나의 그룹으로 만들어주면 그룹화된 클립은 한꺼번에 선택 및 이동, 삭제가 가능합니다.

시퀀스 자동화로 선택된 클립 한꺼번에 적용하기

시퀀스 자동화 기능을 사용하면 프로젝트 패널에서 선택된 클립들을 한꺼번에 타임라인에 적용할 수 있습니다. 적용되는 순서는 선택된 클립 또는 클립의 이름 순이며, 때에 따라 시퀀스 마커를 기준으로 적용할 수도 있습니다. 학습을 위해 [학습자료] – [Project] – [시퀀스 자동화] 프로젝트 파일을 실행합니다. 실행된 프로젝트는 여러 개의 클립이 프로젝트 패널에 적용된 상태이며, 타임라인에는 아무 클립도 적용되지 않은 상태입니다. 이제 시퀀스 자동화 기능을 사용하기 위해 모든 클립을 선택합니다. 그다음 [시퀀스 자동화] 버튼을 클릭하여 시퀀스 자동화 창을 열어줍니다. 여기에서는 일단 순서 지정을 [선택 순서]로 설정하여 선택된 클립 순으로 적용이 되도록 해주고, 나머지는 기본 값 그대로 사용합니다. 설정 후 [확인] 버튼을 눌러 적용해보면 선택된 클립들이 순서대로 타임라인에 적용된 것을 알 수 있으며, 각 클립과 클립 사이에는 기본 장면전환 효과인 교차 디졸브가 적용된 것을 알 수 있습니다. 이렇듯 시퀀스 자동화를 사용하면 여러 클립들은 한꺼번에 타임라인에 적용할 수 있습니다.

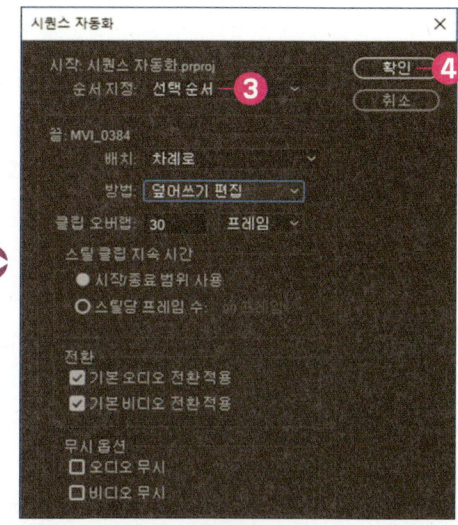
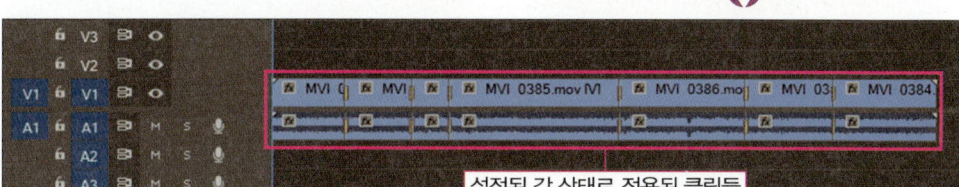

순서 지정 프로젝트 패널에서 선택된 순서 또는 파일명(가나다, 알파벳, 번호 등) 순으로 적용되도록 설정합니다.

배치 선택된 클립의 순서대로 적용할 것인지 시퀀스 마커를 기준으로 적용할 것인지 설정합니다. 시퀀스 마커 방식으로 배치하기 위해서는 사전에 시퀀스 마커를 만들어주어야 합니다.

방법 타임라인에 다른 클립들이 있다면 그 클립에 대해 덮어쓰기 편집(오버랩)을 할 것인지 삽입 편집(인서트)을 할 것인지 설정합니다.

클립 오버랩 클립과 클립 사이에 장면전환 효과를 사용하며, 지속되는 시간을 설정합니다.

시작/종료 범위 사용 적용되는 클립이 정지 이미지 클립일 경우 환경 설정에서 설정된 기본 길이(시간)를 사용합니다.

스틸당 프레임 수 적용되는 클립이 정지 이미지 클립일 경우 직접 적용되는 길이(시간)를 설정합니다.

전환 비디오 또는 오디오 클립에 대한 전환 효과 사용 유무를 설정합니다.

무시 옵션 적용되는 클립에서 비디오 또는 오디오 클립을 포함시키지 않게 할 수 있습니다.

캡션 활용하기

캡션(Caption)은 일종의 자막과 같습니다. 하지만 앞서 학습한 자막과는 다른 상황에서 사용됩니다. 그것은 캡션이 외국 영화를 볼 때 한글 자막을 띄어서 볼 때와 같은 자막으로 사용하되 때문입니다. 프리미어 프로에서는 캡션을 만들고 별도의 캡션 파일로 내보내기 할 수 있습니다. 학습을 위해 [학습자료] - [Project] - [캡션 만들기] 프로젝트 파일을 실행합니다. 실행된 프로젝트에는 1개의 클립이 적용된 상태입니다. 이제 이 장면에 캡션을 만들어보겠습니다. 캡션을 만들기 위해 프로젝트 패널 우측 하단의 [새 항목] 버튼을 클릭한 후 [캡션] 메뉴를 선택합니다. 새 캡션 창이 열리면 표준을 CEA-708로 설정한 후 [확인]합니다.

 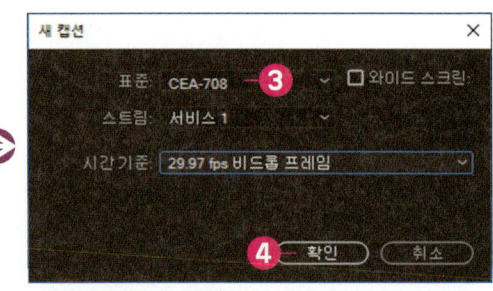

표준에서 CEA-608은 영어, 스페인어, 프랑스어, 포르투갈어, 이태리어, 독일어, 네덜란드어를 지원하고 CEA-708은 한글을 지원하며, 텔레텍스트(Teletext)는 PAL 방식일 때 사용됩니다. 또한 자막 열기와 캡션 열기는 항상 열려있는 자막(캡션)을 만들 때 사용됩니다.

새로운 캡션이 만들어지면 [더블클릭]하여 캡션 패널을 열어줍니다. 캡션 패널에서는 사용될 캡션을 입력하고, 길이를 설정합니다. 먼저 캡션 입력 필드에 원하는 캡션을 입력합니다. 그리고 필요하다면 시작/종료를 설정하여 캡션이 나타났다 사라지는 시간을 설정합니다. 여기에서는 그냥 기본 길이로 사용할 것입니다. 계속해서 캡션을 하나 더 추가하기 위해 아래쪽 [+] 버튼을 클릭합니다. 새로 추가된 캡션에서 원하는 캡션을 입력합니다.

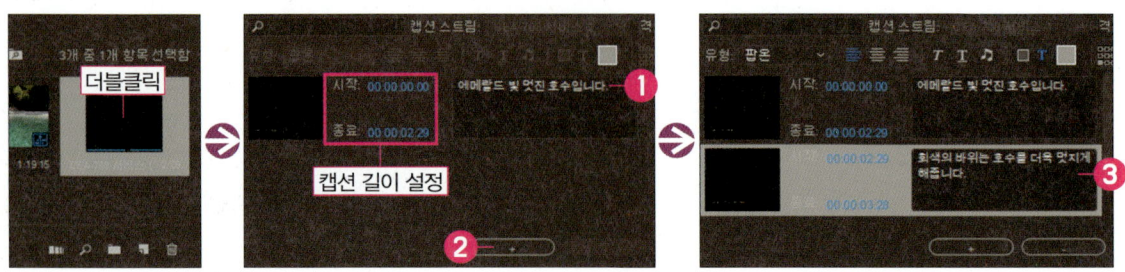

캡션이 만들어졌다면 다시 프로젝트 패널로 이동한 후 캡션을 타임라인에 적용합니다. 이때 캡션 또한 자막이기 때문에 비디오 클립 위쪽 트랙에 적용해야 하며, 시작 프레임에 맞게 적용합니다.

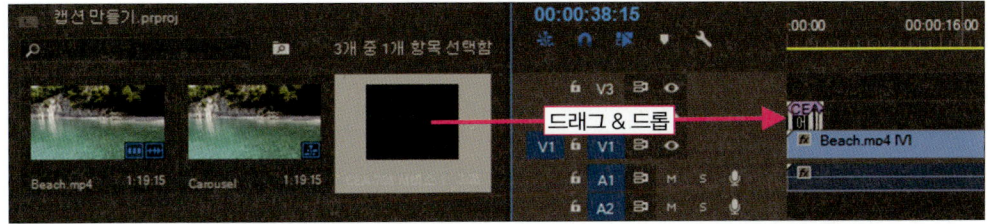

방금 적용한 캡션이 프로그램 모니터 화면에 나타나지 않는다면 프로그램 모니터의 [설정] 메뉴에서 먼저 [닫힌 캡션 표시] - [사용]을 선택해준 후 다시 같은 메뉴에서 [설정]을 선택합니다. 닫힌 캡션 표시 설정 창이 열리면 [표준]을 앞서 캡션을 만들 때 사용했던 것처럼 [CEA-708]로 설정합니다. 그러면 이제 캡션이 화면에 나타날 것입니다.

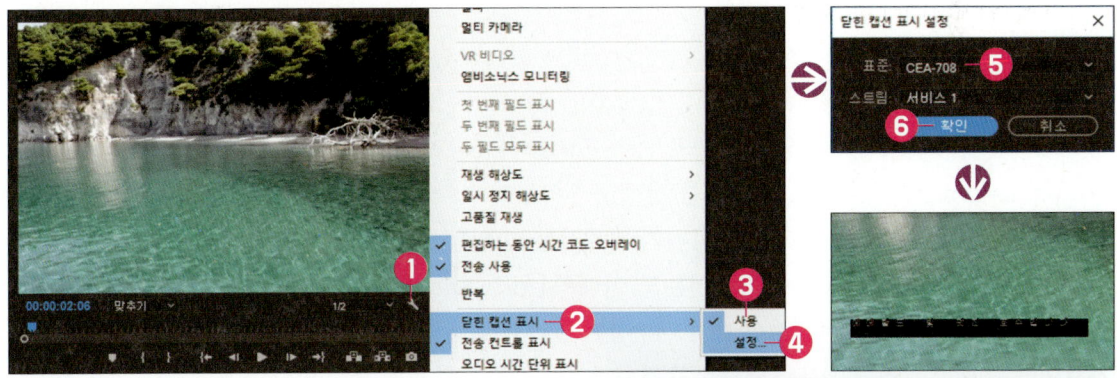

캡션이 나타나는 길이, 즉 시간은 해당 캡션 클립에서도 가능합니다. 이것은 비디오/오디오 클립의 길이를 조절(트리밍)할 때처럼 캡션 클립 아래쪽 검정색 바의 시작/끝점을 이동하면 됩니다.

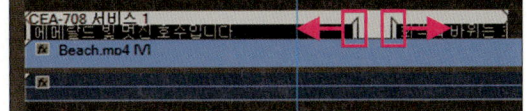

캡션 내보내기

앞서 만든 캡션을 내보내기 위해서는 [파일] - [내보내기] - [미디어] 또는 같은 메뉴의 [캡션] 메뉴를 사용할 수 있는데, 미디어 메뉴는 비디오 파일을 만들 때 캡션을 별도로 만들기 위해 사용되며, 캡션 메뉴는 캡션 파일만 별도로 만들어 보관 및 다른 곳에서 사용하기 위해 사용됩니다. 먼저 캡션 메뉴를 사용해 보겠습니다. 프로젝트 패널에 있는 캡션을 선택한 후 캡션 메뉴를 선택하면 캡션 설정 창이 열리는데, [파일 형식]에서 원하는 형식을 선택하면 됩니다. 여기에서는 기본 형식인 [.xml] 형식을 사용합니다. 설정이 끝나면 [확인] 버튼을 눌러 캡션을 저장합니다.

 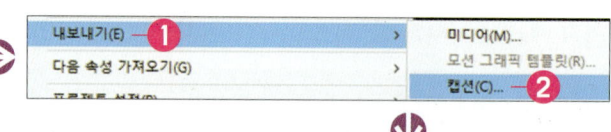

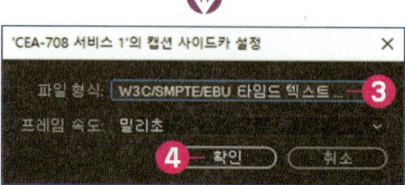

캡션 파일은 다른 작업에서 가져와 사용할 수 있으며, 프리미어 프로에서는 영화를 볼 때 흔히 사용하는 SIM 형식은 지원되지 않고, SRT 형식만 지원됩니다. 참고로 [파일] – [내보내기] – [미디어] 메뉴에서의 캡션은 [캡션] 항목에서 설정할 수 있습니다.

다이내믹 링크 활용하기

만약 여러분이 애프터 이펙트와 함께 프리미어 프로를 사용하며, 이 둘의 프로그램에서 사용된 컴포지션(Composition)과 시퀀스(Sequence)를 서로 공유하고자 한다면 다이내믹 링크(Dynamic Link)를 사용할 수 있습니다. 다이내믹 링크를 사용하기 위해서는 [파일] – [Adobe Dynamic Link] 메뉴에서 세 가지 방식을 사용할 수 있습니다. 여기에서는 맨 아래쪽 [After Effect 컴포지션 가져오기] 메뉴를 선택해보겠습니다. 애프터 이펙트 컴포지션 가져오기 창이 열리면 컴포지션이 있는 위치를 찾아 준 후 선택하여 가져오면 됩니다. 그러면 애프터 이펙트의 컴포지션을 클립처럼 사용할 수 있습니다.

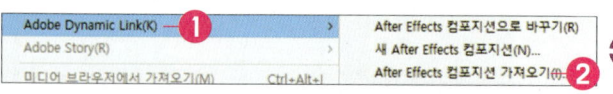

맨 위쪽의 [After Effects 컴포지션으로 바꾸기] 메뉴를 사용하면 현재 프리미어 프로의 시퀀스를 애프터 이펙트의 컴포지션으로 변환하여 애프터 이펙트에서 가져올 수 있으며, 두 번째 [새 After Effects 컴포지션] 메뉴는 프리미어 프로에서 아예 새로운 컴포지션 만들어놓고자 할 때 사용됩니다.

다이내믹 링크는 애프터 이펙트가 설치되고, 컴포지션 작업을 해놓은 경우에만 사용할 수 있습니다.

 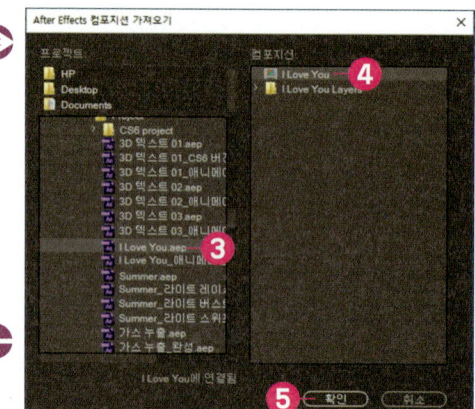

단축키 만들기

단축키는 해당 메뉴나 기능 및 도구를 선택하지 않고도 키보드에 할당(조합)된 키를 눌러 신속하게 사용할 수 있도록 해줍니다 프리미어 프로에서는 기본적으로 지정된 단축키 이외에 새로운 단축키를 만들어 사용할 수 있습니다. 단축키 설정을 하기 위해서는 [편집] - [키보드 단축키(Keyboard Customization)] 메뉴를 선택하면 됩니다. 키보드 단축키 설정 창이 열리면 그림처럼 키보드의 모습과 보라, 초록, 회색의 자판이 나타납니다. 보라색 키는 프리미어에서 전반적으로 사용되는 단축키이며, 초록색 키는 패널 고유의 단축키입니다. 그리고 보라색과 초록색이 같이 있는 키는 현재 할당되어있는 키입니다.

상단의 [키보드 레이아웃 사전 설정]에서는 프리미어 하위 버전에서 사용되던 단축키나 아비드, 파이널 컷 프로의 단축키로 전환하여 사용할 수 있게 해줍니다.

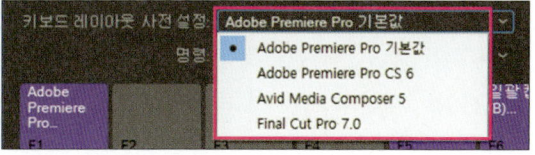

새로운 단축키를 만들어주기 위해서는 우선 즐겨 사용되는 기능 중 단축키가 없는 것을 선택한 후(필자는 사각형 도구를 선택했음) 위쪽 키 중에서 원하는 키를 드래그하여 선택된 기능에 갖다 놓으면 됩니다. 만약 Ctrl 키나 Alt 키와 같은 보조키를 병행하여 사용하고자 한다면 다음의 그림처럼 원하는 보조키를 먼저 선택한 후 사용될 키를 드래그하여 선택된 기능에 갖다 놓으면 됩니다. 이때 새로 설정된 단축키를 다른 기능(메뉴)에서 사용하지 않는다면 충돌이 발생되지 않기 때문에 [확인] 버튼을 눌러 적용하면 됩니다.

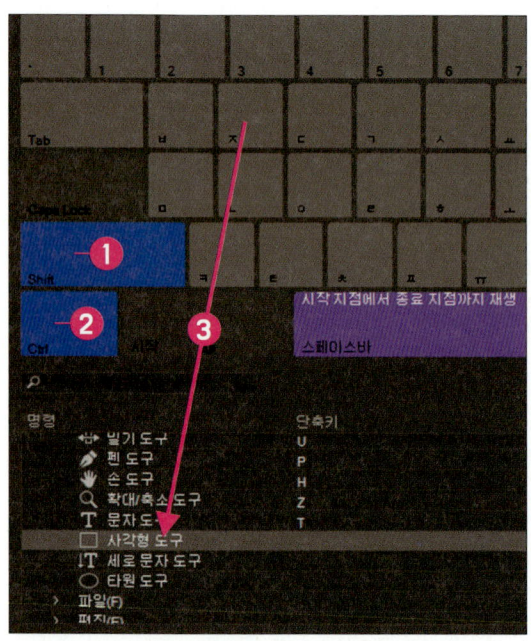 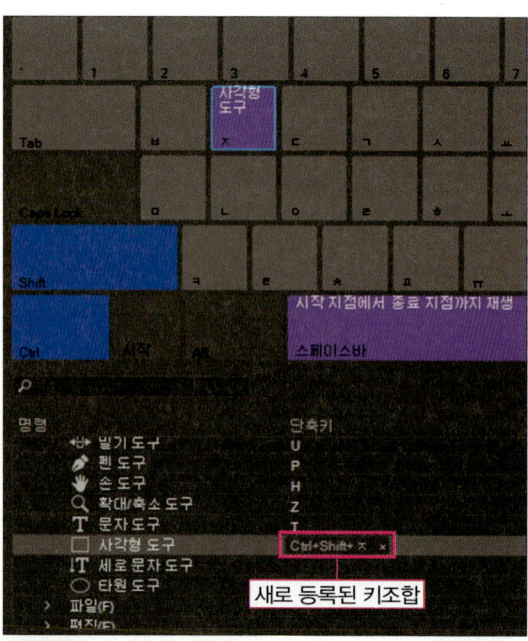

> **팁 & 노트** 작업에 사용되지 않은 클립 제거하기
>
> 작업에 사용하기 위해 가져온 클립 중 실제로는 타임라인에 사용되지 않는 클립도 있기 마련입니다. 만약 이러한 클립이 있다면 프로젝트 패널에서 제거하는 것이 좋습니다. 불필요한 클립은 프로젝트 패널의 공간만 혼잡하게 만들기 때문입니다. 이럴 땐 [편집] – [사용되지 않는 항목 제거] 메뉴를 선택하면 간단하게 사용되지 않는 클립이 제거됩니다.

작업에 사용된 파일 통합하기

작업에 사용되는 클립들은 대부분 한 곳이 아닌 다양한 위치(폴더)에서 가져오게 됩니다. 이와 같은 상태에서 작업이 끝났을 경우에는 여기저기 흩어져있는 클립(파일)들을 한 곳에 모아 관리를 하는 것이 좋습니다. 프리미어 프로에서는 프로젝트 관리자를 통해 작업에 사용된 클립들만 특정한 위치(폴더)에 모아놓을 수 있습니다. 이렇게 통합된 미디어 클립들은 공유 작업을 위해 사용되며, 또한 다른 컴퓨터로 옮겨놓고 사용할 때도 아주 유용합니다. 사용하기 위해 [파일] – [프로젝트 관리자(Project Manter)] 메뉴를 선택하여 프로젝트 관리자 창을 열어줍니다. 여기에서는 기본적으로 [대상 경로]의 [찾아보기]를 통해 파일들이 저장될 경로 설정과 파일들이 저장될 경로(위치)의 공간이 충분한지 확인하기 위해 [계산]을 한 후 [확인] 버튼을 눌러 작업 파일을 통합합니다.

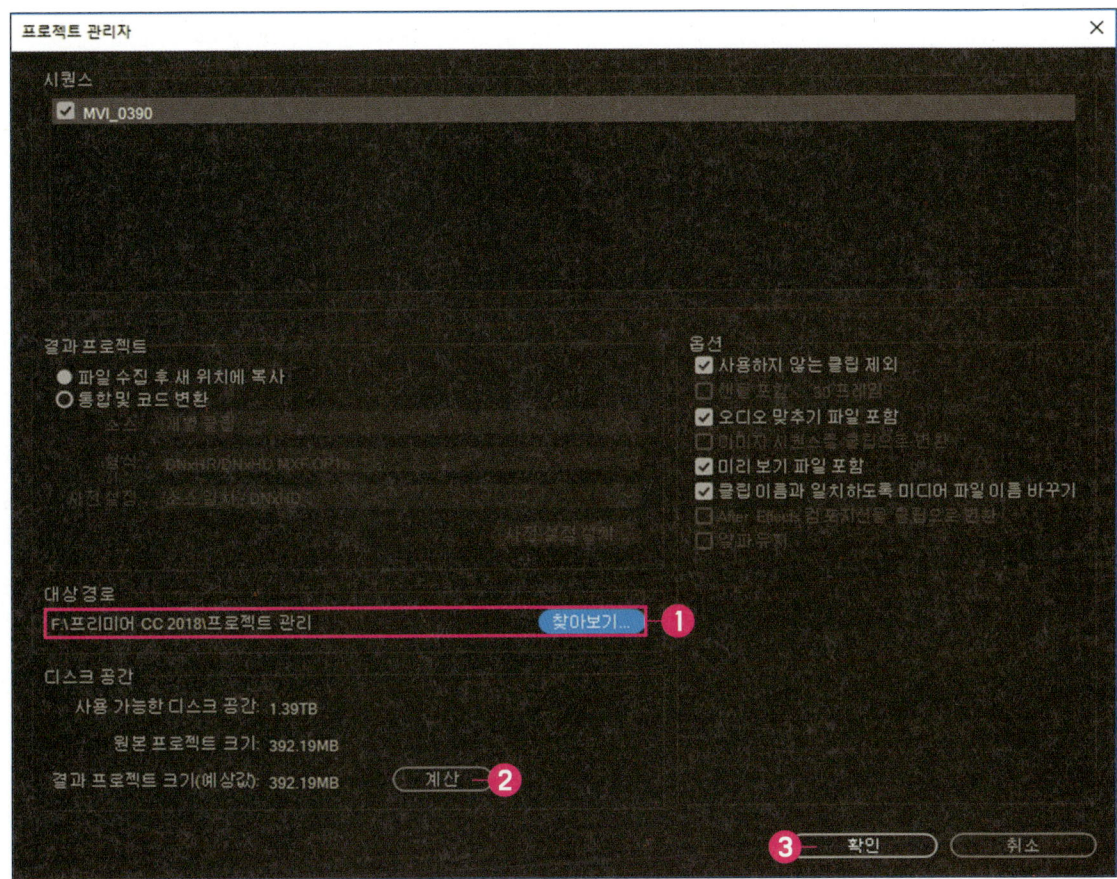

시퀀스 통합할 시퀀스를 선택합니다. 프로젝트에 여러 개의 시퀀스를 사용할 때 주로 사용합니다.

파일 수집 후 새 위치에 복사 작업에 사용된 클립들을 새로운 위치(폴더)에 복사합니다.

통합 및 코드 변환 작업에 사용된 클립들에 대해 새로운 규격으로 설정한 후 복사합니다.

대상 경로 파일이 복사될 위치(폴더)를 설정합니다.

디스크 공간 복사될 클립(파일)들의 용량과 복사될 위치에 대한 공간을 사전에 계산할 수 있습니다.

사용하지 않는 클립 제외 작업(타임라인)에 사용되지 않는 클립을 복사 대상에서 제외시킵니다.

핸들 포함 클립이 편집(트리밍)된 구간, 즉 핸들링 구간이 있다면 다시 복원할 수 있는 여유의 구간을 설정할 수 있습니다.

오디오 맞추기 파일 포함 원본 프로젝트에서 맞춘 오디오가 새 프로젝트에서도 일치된 상태로 유지되도록 합니다.

이미지 시퀀스를 클립으로 변환 정지 이미지 클립을 비디오 클립으로 변환합니다.

미리 보기 파일 포함 미리 보기를 위해 렌더링된 파일도 복사를 해줍니다.

클립 이름과 일치하도록 미디어 파일 이름 바꾸기 작업에 사용된 클립과 같은 이름으로 복사합니다.

After Effects 컴포지션을 클립으로 변환 다이내믹 링크를 통해 애프터 이펙트의 컴포지션을 가져와서 사용했다면 이 컴포지션을 비디오 클립을 변환합니다.

알파 유지 알파 채널이 포함된 클립에 대해 그 속성을 그대로 보존합니다.

프로젝트 관리자를 통해 통합된 결과를 확인해보면 앞서 설정된 위치(폴더)에 해당 프로젝트와 동일한 이름의 폴더가 생성되었으며, 이 폴더 안으로 들어가 보면 작업에 사용된 프로젝트 파일 및 모든 클립들이 복사된 것을 알 수 있습니다. 이렇듯 프로젝트 관리를 통해 작업에 사용된 자료들만 깔끔하게 관리할 수 있게 되었습니다. 이제 복사된 자료들은 다른 곳에서 사용해도 문제가 없습니다.

하위(서브)클립 만들기

서브 클립은 편집(트리밍)된 특정 클립에 대한 새로운 클립을 말합니다. 예를 들어 편집된 비디오 클립을 다른 곳에서 재사용할 경우라면 이 편집된 클립을 하나의 서브 클립으로 만들어 원하는 곳에서 아무런 제약 없이 사용할 수 있습니다. 서브 클립을 만들기 위해서는 해당 클립을 선택한 후 [오른쪽 마우스 버튼] - [하위 클립 만들기] 메뉴를 선택하면 되며, 하위 클립 만들기 창에서 적당한 이름을 입력한 후 [확인]을 하면 됩니다. 그러면 프로젝트 패널에 등록됩니다.

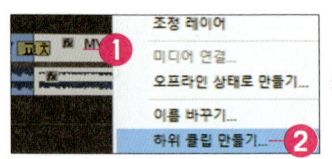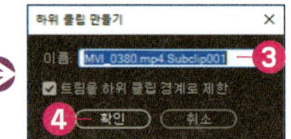

이때 [트림을 하위 클립 경계로 제한] 옵션을 체크하면 서브 클립으로 만들어진 클립은 편집된 상태를 그대로 반영하기 때문에 트리밍된 구간(장면)을 다시 복원할 수 없습니다.

> **팁 & 노트** 작업(타임라인)에 사용된 클립 찾기
>
> 작업 중 타임라인에서 사용되는 특정 클립을 프로젝트나 원본 클립이 있는 폴더를 찾아 선택해야 한다면 해당 클립을 선택한 후 [오른쪽 마우스 버튼] - [프로젝트에 표시] 메뉴나 [탐색기에 표시] 메뉴를 선택하면 됩니다.
>
>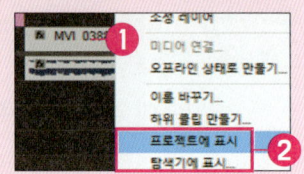

360 VR 비디오 활용하기

프리미어 프로에서는 360 VR 카메라로 촬영된 비디오를 표현할 수 있는 VR 편집 및 제어 기능을 제공하며, 360 VR 비디오 클립을 가져와 시퀀스로 생성하면 자동으로 VR 작업 환경이 제공되어 간편하게 VR 편집 작업을 할 수 있습니다. 학습을 위해 [학습자료] - [Video] - [360_VR_Emotionplayground] 파일을 가져와 [새 항목]에 갖다 적용해보면 해당 클립의 속성에 맞게 360 VR 편집 모드로 전환됩니다. 이 상태에서 원하는 편집을 하면 됩니다. 여기에서 VR 제어를 하기 위해 프로그램 모니터의 [설정] 메뉴에서 [VR 비디오] - [사용] 메뉴를 선택해봅니다.

360 VR 비디오라고 해서 특별히 다른 방법으로 편집을 하는 것은 아닙니다.

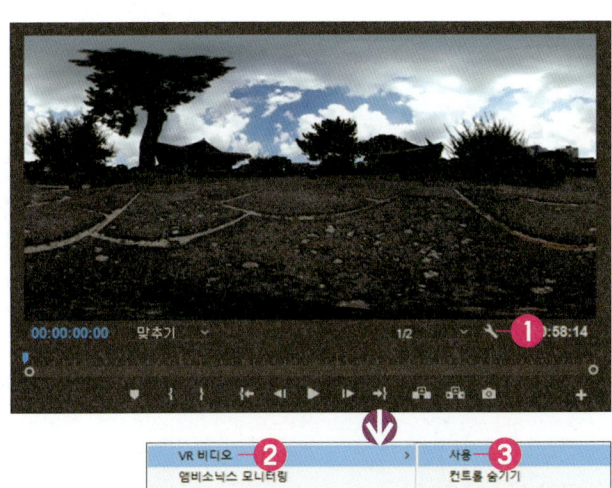

그러면 VR 화면을 제어할 수 있는 상태로 전환되기 때문에 실제 VR 비디오에 대한 결과를 미리 확인할 수 있습니다. VR 편집이 끝나면 특별한 변환 작업 없이 출력하면 유튜브와 같은 비디오 셰어 웹사이트에 업로드하여 사용할 수 있습니다.

최근 게임, 엔터테인먼트, 부동산, 쇼핑몰 등의 웹(모바일)사이트에서는 상하좌우 모든 것을 회전하여 볼 수 있는 360 VR 비디오 사용 비중이 높아가고 있는데, 피사체(공간) 전체를 360도로 볼 수 있기 때문입니다. VR 비디오를 만들어주는 방법은 앞서 학습한 [최종 출력]의 [360 VR 비디오 만들기]를 참고하기 바랍니다.

오프라인 클립의 활용법

오프라인 클립은 단순히 원본 클립의 경로가 깨져서 생긴 클립 정도라고 생각하면 잘못된 생각입니다. 그것은 오프라인 클립을 고의로 만드는 경우도 있기 때문입니다. 고의로 만든 오프라인 클립은 아직 결정되지 않은 장면, 즉 미완의 신(Scene)이며, 아직 결정되지 않은 장면을 위해 자리를 보존하고 있는 역할을 한다고 이해하면 될 것입니다. 이번 학습에서는 오프라인 클립을 만드는 방법과 최종적으로 사용할 클립과 오프라인 클립을 대체하는 방법에 대해 알아보도록 하겠습니다.

오프라인 클립 만들기

오프라인 클립을 만들기 위해 [학습자료] - [Video] 폴더에서 여러 개의 클립을 가져와 타임라인에 갖다 놓습니다. 여기에서 만약 세 번째 클립이 아직 결정되지 않았다면 일단 자리 보존을 위해 오프라인 클립으로 만들어주는 것이 좋습니다. 세 번째 클립을 선택하고 [오른쪽 마우스 버튼] - [오프라인 상태로 만들기] 메뉴를 선택한 후 오프라인 상태로 만들기 창이 열리면 원본은 그대로 유지시키기 위해 [미디어 파일 디스크에 유지]를 체크하고 [확인]합니다. 그러면 해당 클립이 빨간색 배경의 오프라인 클립으로 전환됩니다.

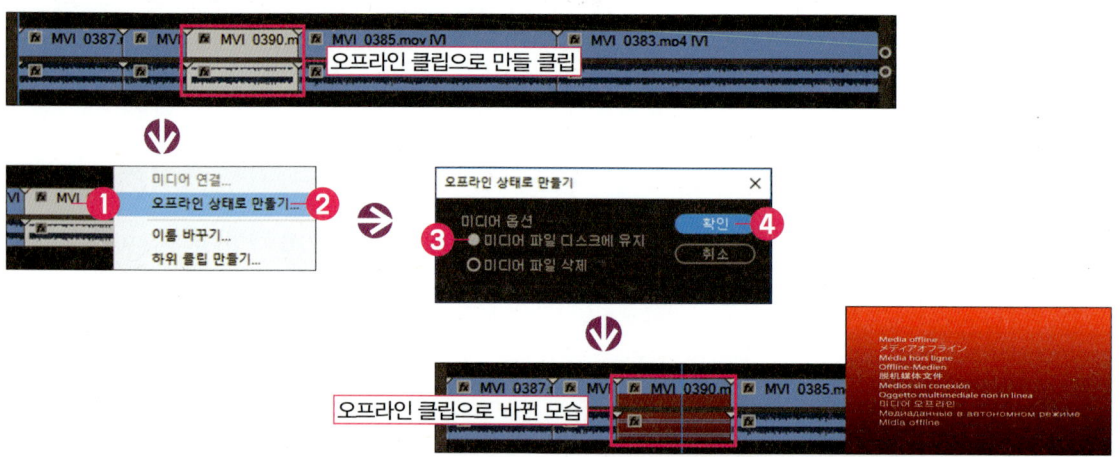

이렇듯 오프라인 클립으로 전환하면 프로그램 모니터에서 나타나는 모습과 클립의 색상도 변하기 때문에 나중에 최종 클립으로 대체할 때 쉽게 오프라인 클립을 찾을 수 있습니다.

다른 클립으로 대체하기

오프라인 클립은 [미디어 연결]이라는 메뉴를 통해 다시 정상적인 모습으로 되돌려줄 수 있지만 이것은 원래의 클립으로 다시 연결하는 것이므로 본 학습에서 설명하고자 하는 의도와는 거리가 있습니다. 이제 오프라인 클립을 최종적으로 사용할 클립으로 대체해보도록 하겠습니다. 프로젝트 패널에서 앞서 만든 오프라인 클립을 선택한 후 [오른쪽 마우스 버튼] – [푸티지 바꾸기(Replace Footage)] 메뉴를 선택한 후 바꾸고자 하는 클립을 선택하여 가져옵니다. 그러면 오프라인 클립이 방금 가져온 클립으로 대체됩니다.

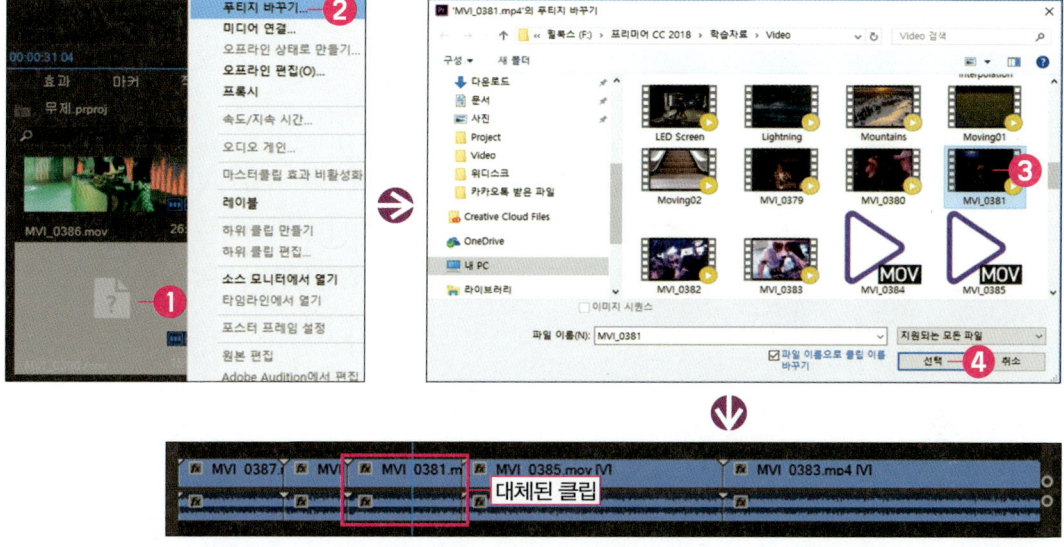

푸티지 바꾸기 메뉴는 오프라인 클립뿐만 아니라 일반적인 미디어 클립에 대해서도 대체할 수 있기 때문에 작업 중 다른 클립과 대체하고자 할 때 유용합니다.

단축키를 이용한 클립 대체하기

타임라인에 사용되는 클립을 프로젝트 패널에 있는 다른 클립으로 대체할 수도 있습니다. 이때는 단축키 [Alt] 키를 누른 상태로 대체될 클립을 프로젝트 패널에서 드래그하여 타임라인에 있는 대체될 클립 위로 갖다 놓으면 됩니다.

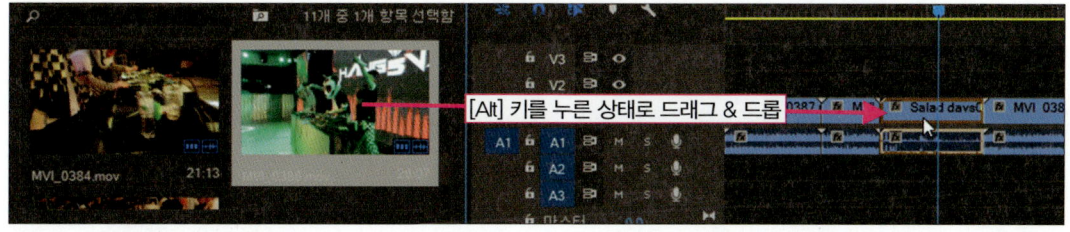

비디오 클립 안정화하기

촬영 시 핸드헬드(Handheld)로 촬영하거나 멀리 있는 사물을 줌 인(Zoom In)하여 촬영 시 삼각대를 사

알아두면 유용한 기능들 **345**

용하지 않을 경우, 카메라가 흔들려 촬영된 영상의 화면도 흔들리게 되며, 스마트 폰이나 DSLR과 같은 카메라로 비디오 촬영을 할 때 카메라를 빠르게 움직이게 되면 물결 치듯 출렁이는 롤링 셔터(Rolling Shutter) 현상이 생기게 됩니다. 프리미어 프로에서는 이러한 문제들을 비틀기 안정기와 롤링 셔터 복구 효과를 통해 간단하게 해결할 수 있습니다.

흔들리는 화면 안정화하기

촬영 시 카메라가 흔들려 영상의 장면도 흔들리게 되면 프리미어 프로에서는 비틀기 안정기 VFX(Warp Stabilizer VFX) 효과를 적용하여 안정적인 화면으로 만들어 줄 수 있습니다. 학습을 위해 [학습자료] - [Video] - [흔들리는 화면 안정화하기] 프로젝트 파일을 실행해보면 거리를 걷는 사람의 뒷모습이 보이는데, 화면이 많이 흔들리는 것을 알 수 있습니다.

▶ 프리뷰

이제 이 흔들리는 화면을 안정시켜보겠습니다. [Walking] 클립에 [비틀기 안정기VFX(Warp Stabilizer VFX)] 효과를 적용합니다. 그러면 자동으로 화면을 분석하는 백그라운드 분석(Analyzing in background) 과정과 안전화(Stabilizing) 과정을 통해 화면이 안정화됩니다. 이렇듯 비틀기 안정기 효과를 이용하면 간단하게 흔들리는 화면을 안정화할 수 있습니다.

워프 스테이빌라이저의 설정은 효과 컨트로 패널에서 이루어지는데, 어떤 방식과 설정으로 안정화할 것인지 세부 설정을 할 수 있습니다.

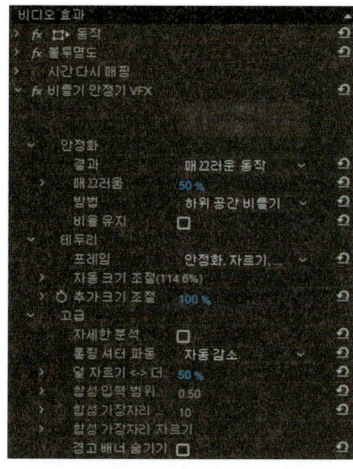

분석(Analyze) 동영상 화면을 다시 분석할 때 사용합니다. 분석을 실행하면 자동으로 실행되기 때문에 기본적으로 비활성화되어있지만 만약 옵션 값을 수정하게 되면 수정된 값을 다시 분석할 수 있습니다.

안정화(Stabilization) 화면의 안정화에 대한 방식을 설정합니다. 매끄러운 동작(Smooth Motion)은 카메라의 움직임을 유지한 상태로 매끄럽게 안정화하는데, 값이 낮을수록 원래 동작에 가깝고, 높을수록 더 매끄러워집니다. 동작 없음(No Motion)은 최대한 움직임을 제거하도록 합니다. 그리고 방법(Method)은 화면을 안정화하는 작업 방식을 설정하는데, 위치(Position)는 위치를 기반으로 안정화하며, 위치(Position), 크기(Scale), 회전(Rotation)은 위치, 크기, 회전에 대한 데이터 방식, 원근(Perspective)은 전체 프레임이 효율적으로 모서리에 고정되는 방식, 하위 공간 비틀기(Subspace Warp)는 기본 값으로써 프레임의 다양한 부분을 서로 다르게 비틀어서 안정화하는 방식입니다.

테두리(Borders) 테두리에 대한 설정으로써 프레임 방식을 설정한 후 테두리에 대한 방식을 설정합니다.

고급(Advanced Detailed Analysis) 이 옵션을 체크하면 다음 분석 단계에서 추적할 요소를 찾는 작업을 추가적으로 수행하게 됩니다. 그리고 롤링 셔터 파동(Rolling Shutter Ripple)은 카메라가 빠르게 움직일 때 발생되는 화면의 파동(출렁거림)을 자동으로 제거할 때 사용되는데, 큰 파동일 경우에는 고급 감소(Enhanced Reduction)를 사용하는 것이 효과적입니다. 하지만 화면의 흔들림이 아닌 파동을 제거하고자 한다면 다음에 학습할 롤링 셔터 복구(Rolling Shutter Repair) 효과를 사용하기를 권장합니다.

롤링 셔터를 이용한 출렁이는 화면 안정화하기

롤링 셔터(Rolling Shutter)는 스마트 폰이나 DSLR과 같은 카메라로 비디오 촬영 시 카메라를 빠르게 움직일 때 물결이 치듯 출렁이는 왜곡 현상을 말합니다. 이러한 문제의 장면도 롤링 셔터 복구 효과를 이용하면 간단하게 화면을 안정화할 수 있습니다. [학습자료] - [Project] - [롤링 셔터] 프로젝트 파일을 실행해보면 타임라인에 적용된 클립의 장면에서 카메라가 좌우로 패닝될 때 화면이 많이 기울어지면서 출렁이는 것을 볼 수 있습니다.

프리뷰

이제 롤링 셔터 현상을 제거하기 위해 [롤링 셔터 복구(Rolling Shutter Repair)] 효과를 [Rolling Shutter] 클립에 적용합니다. 그러면 심각하게 기울어졌던 화면이 곧바로 안정화된 것을 알 수 있습니다.

최종 결과물 ▶

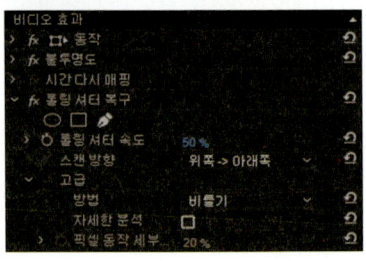

효과 컨트롤 패널에서는 롤링 셔터 복구 효과의 세부 설정을 할 수 있는데, 롤링 셔터 속도(Rolling Shutter Rate)는 기울기 보정 상태(각도)를 설정하며, 스캔 방향(Scan Direction)은 보정할 방향, 고급(Advanced)은 안정화 방식을 설정할 수 있습니다. 또한 자세한 분석(Detailed Analysis)을 체크하면 더욱 섬세한 안정화 과정이 이루어집니다.

클립 레이블 색상 활용하기

작업에 사용되는 클립들은 작업자가 원하는 색상으로 만들어줄 수 있습니다. 이것은 클립의 색상을 다르게 하여 각 클립의 특성(장면, 효과 등)을 구분하여 관리할 수 있게 해줍니다. 학습을 위해 [**학습자료**] - [Project] - [**클립 레이블 색상**] 프로젝트 파일을 실행해보면 첫 번째와 네 번째 클립만 주황색으로 되어있는 것을 알 수 있습니다.

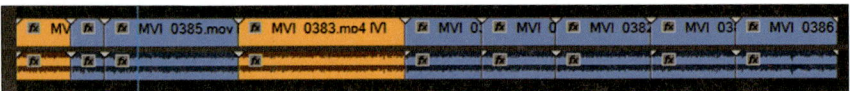

클립 레이블 색상 선택 및 그룹 선택하기

이제 다른 클립에 대해서도 색상을 바꿔보도록 하겠습니다. 이번에는 일곱 번째 클립의 색상을 주황색으로 바꿔봅니다. 해당 클립에서 [오른쪽 마우스 버튼] - [레이블] - [주황색]으로 선택합니다. 그러면 해당 클립의 색상이 주황색으로 바뀌게 됩니다.

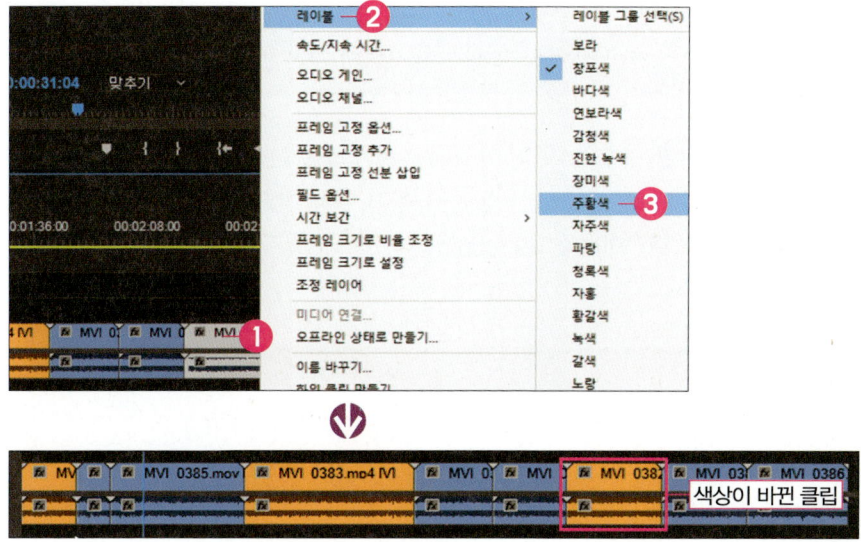

계속해서 이번에는 같은 색상을 가진 클립을 한꺼번에 선택해보도록 하겠습니다. 주황색 클립 중 아무 클립에서 [오른쪽 마우스 버튼] - [레이블] - [레이블 그룹 선택] 메뉴를 선택합니다. 그러면 해당 클립, 즉 주황색 클립이 모두 선택되는 것을 알 수 있습니다.

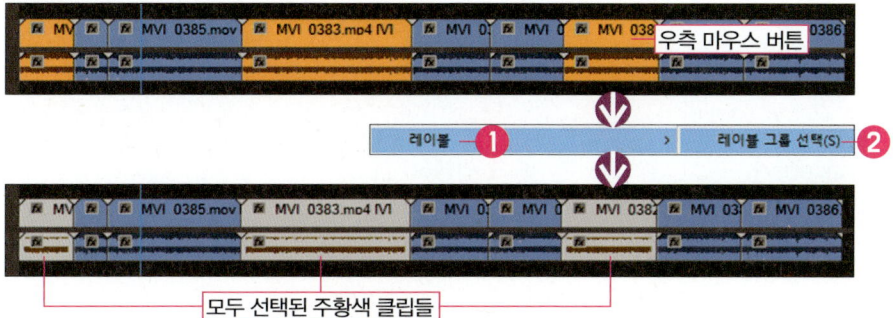

클립 레이블 색상을 추가하거나 수정하고자 한다면 [편집] - [환경 설정] - [레이블] 항목에서 원하는 색상 및 이름을 새롭게 설정할 수 있습니다.

이것으로 프리미어 프로에 대한 모든 학습이 끝났습니다. 비디오 편집 그래픽을 어떻게 꾸미느냐는 전적으로 여러분의 창의력에 달려 있습니다. 지금까지 학습한 내용을 참고하여 여러분이 원하는 멋진 결과물을 만들어보기 바랍니다.

프리미어 프로 CC 주요 단축키

단축키를 사용하면 작업 시간을 단축시켜줄 수 있습니다. 아래에서 소개하는 단축키는 프리미어 프로에서 가장 즐겨 사용되는 중요한 단축키이기 때문에 작업 효율을 높이기 위해 반드시 외워두기 바랍니다. 참고로 윈도우(Windows)의 [Ctrl]와 [Alt] 키는 맥(MAC)의 [command]와 [option] 키와 같습니다.

프로젝트 관련 단축키

새 프로젝트 만들기 [Ctrl] + [Alt] + [N]
클립 가져오기 [Ctrl] + [I]
프로젝트 저장하기 [Ctrl] + [S]

저장된 프로젝트 열기 [Ctrl] + [O]
파일 내보내기 [Ctrl] + [M]

시퀀스 관련 단축키

새 시퀀스 만들기 [Ctrl] + [N]
클립 가져오기 [Ctrl] + [I]
작업 영역 렌더링하기 [Enter]

시퀀스 다음 간격으로 이동하기 [Shift] + [;]
시퀀스 이전 간격으로 이동하기 [Alt] + [;]
비디오 전환 효과 적용하기 [Ctrl] + [D]

재생 관련 단축키

재생/일시 정지하기 [Spacebar]
재생 헤드 한 프레임씩 앞(우측)으로 가기 [←]
재생 헤드 한 프레임씩 뒤(좌측)로 가기 [→]

배속 재생하기 [L]
배속 재생 정지하기 [K]
역 배속 재생하기 [J]

타임라인 패널 관련 단축키

작업 취소하기 [Ctrl] + [Z]
잘라내기 [Ctrl] + [X]
붙여넣기 [Ctrl] + [V]
그룹 만들기 [Ctrl] + [G]
비디오 트랙 확대하기 [Ctrl] + [=]
오디오 트랙 확대하기 [Alt] + [=]

작업 취소 복구하기 [Ctrl] + [Shift] + [Z]
복사하기 [Ctrl] + [C]
삭제하기 [Delete]
그룹 해제하기 [Ctrl] + [Shift] + [G]
비디오 트랙 축소하기 [Ctrl] + [−]
오디오 트랙 축소하기 [Alt] + [−]

클립 관련 단축키

클립 한 프레임 앞으로 이동하기 [Alt] + [←]
클립 시작/끝점으로 이동하기 [↑] 또는 [↓]
클립 한 프레임 뒤로 이동하기 [Alt] + [→]
재생 헤드 지점 클립 자르기 [Ctrl] + [K]

마커 관련 단축키

마커 추가하기 [M]
마크 인 지정하기 [I]
다음 마커로 이동하기 [Shift] + [M]
선택한 마커 삭제하기 [Ctrl] + [Alt] + [M]
마크 아웃 지정하기 [O]
이전 마커로 이동하기 [Ctrl] + [Shift] + [M]

기타 유용한 단축키

재생 헤드 지점에서 클립 시작점 트리밍하기 [Q]
시작 프레임으로 이동하기 [Home]
선택한 클립 끝점으로 이동하기 [Shift] + [End]
느리게 재생하기 [Shift] + [L]
모든 트랙 확장하기 [Shift] + [=]
마커 지점의 패널 전체 화면 만들기 [`]
효과 패널 열기 [Shift] + [7]
시간자(타임라인) 확대하기 [=]
타임라인 공간 좌우로 이동하기 [휠 버튼 회전]
재생 헤드 지점에서 클립 끝점 트리밍하기 [W]
선택한 클립 끝점으로 이동하기 [Shift] + [Home]
느리게 역 재생하기 [Shift] + [J]
재생 헤드 지점의 클립 선택하기 [D]
모든 트랙 축소하기 [Shift] + [−]
재생 헤드 지점의 클립 선택하기 [D]
효과 컨트롤 패널 열기 [Shift] + [5]
시간자(타임라인) 축소하기 [−]

단축키가 실행되지 않는다면 글자 입력 모드가 한글 입력 모드로 되었는지 확인한 후 영문 입력 모드로 전환하기 바랍니다. 모든 단축키는 영문 입력 모드에서만 실행이 가능합니다. 여기에서 살펴보지 않은 단축키 중에서 필요한 단축키가 있다면 [편집] – [키보드 단축키] 메뉴를 통해 확인 및 설정하기 바랍니다.

{ 찾아보기 }

숫자

3점 편집   117, 157
4점 편집   157
5.1 서라운드   220

A ~ D

Add Edit   144
Adjust   192
Adjustment Layer   166
Alpha Channel   102
ASC   180
Assemble editing   114
Blend Mode   298
Blue Screen   288
Blur   196
Bridge   273
Brightness   181, 305
Caption   336
Channel   193
Chroma   306
Chroma key   288
Cineon   190
Clipping   216
Close Gap   075
Codec   094
Color Balance   181, 312
Color Correction   180
Color space   307
Composition   338
Contrast   181, 305
Creative Cloud   031
CUDA   040

CUDA   057
Dissolve   201
Distort   187
Drop zone   081
Dynamic Link   338

E ~ K

EDL   327
Fade In/Out   147
Flicker   251
Frame In/Out   209
Frame Rate   043, 109
GPU   040
Gradient Wipe   206
Gray Scale   308
Green Screen   288
H.264   322
Handheld   345
Handle   136, 260
Handles   197
HDR   178
HLS   181, 307
Immersive Video   175
Insert   116
Iris   204
Jump Cut   209
J컷   157
Keyframe   054, 256
Keyframe Interpolation   262
Keying   194
Large Trim Offset   151
Lens Flare   183

Lightness 305

Lumetri 174, 304

LUT 318

L컷 157

Mark In/Out 115, 152

Marker 152

Mask 274

Mercury 057, 040

Motion 256

MP3 327

Nest 285

Noise 175

Non Linear 114

Obsolete 179

Overwrite 118

Page Peel 207

Paste Attributes 264

Pen 146, 274

Perspective 189

PIP 263

Play Head 051

Plug In 208

Preset 173

Project Manter 340

Properties 120

Proxy 093

Ramp 183

Razor 143

RED 093

Replace Footage 345

RGB 179

RGB 305

Ripple 076, 138

Ripple Delete 128

Rolling Shutter 346

Rough editing 114

Saturation 306

Scene Marker 162

SDR 178

Selection 136

Sequence 042, 106

Set Matte 193

Skimmer 119

Skin Tone Indicator 308

Slide 141

Slip 140

Stylize 184

Surround Panner 220

Synchronize 328

Time 186

Time Interpolation 248

Time lapse 106, 108

Time Remapping 249

Timecode 179

Timewarp 186

Tint 182

Trace 307, 308

Transform 177

Transition 191, 197

Trim 148

{ 찾아보기 }

Trimming 050
Typekit 239, 240

Value 305
Vectorscope 304
Video Scope 304
Vignetting 318
VR 324, 343
Warp Stabilizer VFX 346
WAV 327
Waveform 099
YUV 307

가우시안 블러 196
가청 주파수 327
간격 닫기 075
경사 183
곡선 317
그라디언트 183
그래픽 템플릿 238
그레이 스케일 308
그룹 334
그린 스크린 288
내레이션 222
넌리니어 114
넛지 편집 137
네스트 285
노멀라이즈 210
노이즈 175
노이즈 제거 211, 223

다이내믹 링크 338
닦아내듯 지우기 206
대비 181, 305
대비 효과 179
덮어쓰기 118
동기화 328
동작 256
되돌리기 129
듀오톤 182
드롭 존 081
디졸브 201
러프 편집 114
레이블 색상 348
레이아웃 074
레이아웃 079
레코딩 222
렌더러 040
렌즈 플레어 183
롤링 셔터 346
롤링 편집 도구 139
루마 키 291
루메트리 174, 304

마스크 168, 274
마커 152
마크 인/아웃 115, 152
매트 설정 193
머큐리 040, 057
멀티 카메라 329

메타데이터 069
명도 181, 305
모션 트래킹 172
몰입형 비디오 175
밀기 도구 141
밀어넣기 도구 140
베지어 핸들 170, 261
벡터스코프 304
변형 177
복수 트림 오프셋 151
볼륨 패너 219
분할 항목 표시 157
불투명도 259
블러 196
블루 스크린 288
비네팅 318
비디오 스코프 304

스키머 119
스킨 톤 인디케이터 308
스타일화 184
시간 186
시간 다시 매핑 249
시간 변형 186
시간 보간 248, 262
시간 코드(타임 코드) 040
시네온 190
시퀀스 042, 049, 106
시퀀스 마커 159
아웃 포인트 116
알파 채널 102
앞으로 트랙 선택 도구 125
어도비 미디어 인코더 041
어도비 브릿지 273
어셈블 편집 114
오디션 212, 223
오디오 게인 210
오디오 미터 071, 216
오디오 볼륨 균형 211
오디오 볼륨 조절 216
오디오 채널 설정 215
오버라이트 118
오프라인 클립 344
왜곡 187
울트라 키 288
원근 189
웨이브폼 099
웹 링크 162
인 포인트 115
인/아웃 포인트 136

사용되지 않음 179
삽입 117
색 공간 307
색상 휠 316
색조 182
서드파티 208
서라운드 패너 220
서브 클립 342
선택 136
세피아톤 182
소스 모니터 114
속성 120
스냅 131

{ 찾아보기 }

인서트　116
인제스트　041, 095
인터벌　106, 108
인터페이스　070
인터폴레이션　262

ㅊ ~ ㅋ

자르기 도구　143
잔물결　076
잔물결 편집 도구　138
장면전환　061, 197
장면전환 효과　198
재생 헤드　051, 056
전환　191
점프 컷　209
조리개　204
조정　192
조정 레이어　166
중첩　285
참조 모니터　119
채널　193
채도　306
캡션　336
캡처　040
컨트롤 핸들　170
컬러 밸런스　312
컴포지션　338
코덱　094
콘트라스트　305
쿠다　040, 057
퀵타임　094
크레딧 롤　231

크로마키　288
크롤　231, 234
클리핑　216
클립 마커　160
키잉　194
키프레임　054, 256

ㅌ ~ ㅎ

타이틀/액션 세이프 존　235
타이프킷　239
타임 랩스　106, 108
타임 리매핑　249
타임라인　120
테두리 만들기　263
트랙　135
트랙 매트　291
트랙 추가　132
트레이스　307, 308
트리밍　050, 136
트림　137
트림 모니터　149
트림 패널　148
트위닝　262
특성 붙여넣기　264
파라미터　054
페이드 인/아웃　146
페이지 벗기기　207
펜　274
펜 도구　146
편집 도구　136
편집 점　115
편집 추가　144

포스터 프레임　119
푸티지 바꾸기　345
프레임 개수　043
프레임 레이트　109
프레임 인/아웃　209
프레임 크기로 비율 조정　122
프로젝트 관리자　340
프록시　093
프리셋　173
플러그인　208
플리커　251
필드　091, 251
하위 클립　342
하이 다이내믹 레인지　178
핸드헬드　345
핸들　136, 170, 197, 260
혼합 모드　298
환경 설정　037
흐림　196
히스토그램　311